千村故事

礼仪道德卷

浙江省农业和农村工作办公室
浙江农林大学中国农民发展研究中心
浙江省农民发展研究中心
中国名村变迁与农民发展协同创新中心

本卷主编　洪千里

中国社会科学出版社

图书在版编目(CIP)数据

千村故事·礼仪道德卷／洪千里主编 .—北京：中国社会科学出版社，2019.12
ISBN 978-7-5203-0897-7

Ⅰ.①千… Ⅱ.①洪… Ⅲ.①村落文化—介绍—中国②农村—风俗习惯—介绍—中国 Ⅳ.①K928.5②K892

中国版本图书馆 CIP 数据核字（2017）第 210424 号

出 版 人	赵剑英
责任编辑	宫京蕾
特约编辑	李晓丽
责任校对	秦　婵
责任印制	李寡寡

出　　版	中国社会科学出版社
社　　址	北京鼓楼西大街甲 158 号
邮　　编	100720
网　　址	http://www.csspw.cn
发 行 部	010-84083685
门 市 部	010-84029450
经　　销	新华书店及其他书店
印刷装订	北京君升印刷有限公司
版　　次	2019 年 12 月第 1 版
印　　次	2019 年 12 月第 1 次印刷
开　　本	710×1000　1/16
印　　张	23.25
插　　页	2
字　　数	381 千字
定　　价	128.00 元

凡购买中国社会科学出版社图书，如有质量问题请与本社营销中心联系调换
电话：010-84083683
版权所有　侵权必究

浙江省历史文化村落《千村故事》丛书编委会

编委会主任

王辉忠　黄旭明

编委会副主任

章文彪　张才方　蒋珍贵　宣　勇　周国模
严　杰　金佩华　王景新

编委会成员

王长金　王旭烽　王思明　车裕斌　包志毅
沈月琴　陈华文　何秀荣　宋洪远　余振波
张梦新　李勇华　李建斌　邵晨曲　郑有贵
林爱梅　赵兴泉　顾益康　葛永明　温　锐
樊志民

编辑室

胥　亮　李琳琳　吴一鸣　朱　强

总　　序

　　村落是人类的摇篮，是人类文明的根脉。浙江是中华文明的发源地之一，历史悠久，农耕文明高度发达，地域文化独具特色。数千年来，勤劳智慧的浙江人民世世代代辛勤劳作，在浙山浙水之间聚居，形成了成千上万个传承着农耕文化和铭刻着乡愁记忆的历史文化村落。从写意山水的富春山居到流畅文脉的楠溪古村，从白帆渔歌的东海渔庄到听泉耕读的径山茶舍，从唐诗之路的会稽山坑到宋都遗风的天目山坞，当我们置身徜徉在这些诗画江南的古韵村落之中时，犹如正在穿越吴越文化的时空隧道，在翻阅农耕文明的历史画卷，在聆听浙人先贤的空谷放歌。这一个个的历史文化村落，不仅在岁月的长河中留下了农耕之源、文化之邦、丝绸之府、茶叶之都、鱼米之乡的浙江印记，望山看水，承载着乡愁，更是一部厚重的历史诗书，凝聚着浙江人民的智慧创意和人文精神，让我们在生机勃勃的现代化建设中，仍能感受到温情脉脉的文化传承。

　　习近平总书记强调，实现城乡一体化，建设美丽乡村，不能大拆大建，特别是要注意保留村庄的原始风貌，把古村落保护好，让居民望得见山、看得见水、记得住乡愁。浙江省委、省政府历来高度重视历史文化村落的保护、传承与利用工作。20世纪90年代以来，浙江就开始古村落保护利用的探索。2003年，浙江启动"千村示范、万村整治"工程，时任省委书记习近平强调："要正确处理保护历史文化与村庄建设的关系，对有价值的古村落、古民居和山水风光进行保护、整治和科学合理的开发利用。"2006年，浙江省委、省政府明确提出，在新农村建设过程中，要切实加强对优秀乡土建筑和历史文化环境的保护，努力实现人文与生态环境的有机融合。2012年，浙江出台《关于加强历史文化村落保护利用的若干意见》，全面启动历史文化村落的保护利用工作。在浙江多年的美丽乡村建设实践中，以西塘、乌镇、诸葛村、堰头村等为代表的一大批历史文化村落，走出了各具特色的保护利用之路，成为与现代文明有机结合的美丽乡村，在全国形成了较大影响。目前，浙江确定的历史文化村落有1237个，其中176个被列入中国传统村落名录，数量全国领先。

《千村故事》丛书，是按照接续历史文脉，让"古村落活起来"的要求，全面挖掘、整理和记载历史文化村落里的生态人居、经济社会、制度习俗、传统工艺、人物传记等物质和非物质文化遗产，通过深入细致的调查研究，整理出最能够体现每一个历史文化村落的人文特色和历史底蕴的故事。本套丛书收录了近千个历史文化村落的历史人文故事，以群众喜闻乐见、图文并茂的形式，系统地展现浙江丰富的农耕文化、深厚的历史积淀和向善向上的人文精神。可以说，这套《千村故事》丛书，是一部故事与史志相融合，集趣味性、科普性和教育性于一体，兼具史学意义、学术价值和教育科普功能的文化精品。

我期望这套丛书的出版发行，能让更多的人关心和保护历史文化村落，传讲好千村故事，传承好优秀文化，从而增强广大人民群众对中华优秀传统文化和乡土文化的认同感与归属感，为全面建成更高水平的小康社会提供精神支撑。

是为序。

2016年3月18日

前　言

"千村故事"书写中国美丽乡村建设浙江新篇章

一　缘起

寻乡愁，
祖宗兴村族规修。
劝农劝学基业定，
礼仪道德孝中求。
生态人居子孙旺，
民风民俗村史留。

寻乡愁，
千村故事话风流。
清廉大义万古传，
名人名流胜封侯。
手技手艺代际承，
特产特品我村优。

寻乡愁，
美丽乡村历史悠。
民族振兴中国梦，
村域发展是重头。
自在安然农民心，
共同富裕写春秋。

一首婉转悠扬的"千村故事"之"一碟影像"主题歌，唱出了浙江人民保护历史文化村落、寻访传统故事、定格乡土印象、回味乡愁记忆的诗意情怀，抒发了浙江人民践行自由平等、建设美丽乡村、奔向共同富裕的壮志豪情。

"《千村故事》'五个一'行动计划"（以下简称"千村故事"）缘起浙江历史文化村落保护、利用工作。"做好历史文化村落的保护利用工作，是彰显美丽乡村地方特色的需要。"① 浙江历史文化村落保护利用工作的启动，标志着浙江以"千村示范、万村整治"为载体的美丽乡村建设跃升到新阶段。这一阶段，是浙江社会主义新农村建设的"美丽成果"转化为农村经济社会发展"资源优势"的重要阶段，是"生产发展、生活宽裕、乡风文明、村容整洁、管理民主"的社会主义新农村建设目标的实现阶段，也是浙江"推动信息化和工业化深度融合、工业化和城镇化良性互动、城镇化和农业现代化相互协调，促进工业化、信息化、城镇化、农业现代化同步发展"和"城乡一体化发展"的大融合阶段。

浙江美丽乡村建设始于2003年。是年6月，时任中共浙江省委书记习近平启动了浙江"千村示范、万村整治"工程，揭开了中国美丽乡村建设的时代篇章。2005年10月，中共十六届五中全会提出了"建设社会主义新农村"的重大历史任务，将浙江"千村示范、万村整治"融入中国社会主义新农村建设大潮。至2007年，浙江省完成了10303个建制村的初步整治，其中1181个建制村建成"全面小康建设示范村"。2008年，浙江省安吉县提出"中国美丽乡村"计划。2009年9月，一批国内古建筑和文物保护专家集聚浙江省建德市新叶村，发表了《新叶共识》，希望政府"把遗产保护和民生工程建设结合起来……倡导全社会关注抢救正在日渐消失的中国乡土建筑"。2010年，浙江省制订了《美丽乡村建设行动计划（2011—2015年）》，同时，浙江省农业和农村工作办公室（以下简称省农办）、财政厅、住建厅、文化厅、林业厅、省文物局六部门联合开展历史文化村落普查。2012年4月，浙江省贯彻习近平总书记关于"优秀传统文化是一个国家、一个民族传承和发展的根本，如果丢掉了，就割断了历史命脉"的讲话精神，出台了《关于加强历史文化村落保护利用的若干意见》，把修复、保护、传承和永续利用历史文化村落作为美丽乡村建设的重要内容。2012年11月，党的十八大报告提出了"努力建设美丽中国，实现中华民族永续发展"的要求。习近平总书记指出："中

---

① 李强：《在全省历史文化村落保护利用工作现场推进会上的讲话》（2012年5月9日）。

国要强,农业必须强;中国要美,农村必须美;中国要富,农民必须富。"建设美丽中国,重点和难点都在农村,美丽乡村建设理所当然地成为当今中国的时代潮流。

"千村故事"在浙江美丽乡村建设跃升阶段应运而生。2014年5月20日,浙江省委副书记王辉忠、副秘书长张才方一行到浙江农林大学调研,在听取了中国农民发展研究中心关于"中国名村变迁与农民发展协同创新中心"的工作汇报后,表示要支持协同创新中心开展历史文化村落保护、利用研究,浙江农林大学随即向省委办公厅呈送了书面报告,王辉忠副书记做了批示。2014年11月,浙江省美丽乡村建设现场会和2015年1月浙江省农村工作会议,先后做出了"挖掘和传承好古村落古民居背后的故事"的部署。2015年3月2日,浙江省农业和农村工作办公室根据上述两次会议部署和省领导的指示精神,委派相关负责人到中国农民发展研究中心,共同商讨、制订了"千村故事"行动计划,并于3月24日呈送浙江省委、省政府。夏宝龙书记、李强省长、王辉忠副书记、黄旭明副省长分别对此做了重要指示:要把这件大事办好,全力创作"精品"。

浙江省委、省政府四位领导批示后,省农办相关负责人多次到浙江农林大学指导、对接和协调,讨论"千村故事"实施方案,部署和推进这项工作。浙江农林大学主要领导要求举全校之力抓好《千村故事》"五个一"行动计划,金佩华和王景新作为总负责和总主编。浙江农林大学中国农民发展研究中心按照上述要求,联络"中国名村变迁与农民发展协同创新中心"及省内外专家,成立了"千村故事"专家委员会,组建了"千村故事"研究团队和工作室,启动了"五个一"行动计划。

二 任务

浙江省提出的"历史文化村落"概念,涵盖了浙江省域内的中国历史文化名村、中国传统村落和古建筑村落、自然生态村落与民俗风情村落。中国历史文化名村是指保存文物特别丰富且具有重大历史价值或纪念意义的,能较完整地反映一些历史时期传统风貌和地方民族特色的村,由住建部和国家文物局共同组织评选。2003年10月至2014年3月,分6批公布了276个历史文化名村,其中浙江28个,占总数的10.1%。中国传统村落过去称"古村落",2012年,住建部、文化部、国家文物局、财政部联合组成了"传统村落保护和发展专家委员会",此后用"传统村落"替代了"古村落"概念。传统村落是指 1911 年辛亥革命以前建村,保留了较多传统建筑环境、建筑风貌,村落选址未有大的变动,具有独特民俗民风,虽年代久远,但至今仍为人们服务的村落。2012 年至 2014 年 12 月,该委员会分三批公布了"中国传统村落"2555 个,浙江入选 176 个,占总数的 6.9%。2012 年,浙委办〔2012〕38 号文件界定:"历史文化村落包括古建筑村落、自然生态村落和民俗风情村落等。"这份文件把现存古建筑等历史文化实物和非物质文化遗产比较丰富的村落,建筑与自然生态相和谐、历史建筑保护较好的村落,传统民俗风情等非物质文化遗产丰富、民俗文化延续至今、活动频繁的村落,都纳入了"历史文化村落"范畴。

"千村故事"主要针对纳入《浙江省历史文化村落保有数量和名单库》(以下简称"库内村")的 1237 个村,开展"寻访传统故事—编撰一套丛书,触摸历史脉搏—形成一个成果,定格乡土印象—摄制一碟影像,回味乡愁记忆—推出一馆展示,构建精神家园—培育一批基地"活动。

"编撰一套丛书",共 9 卷,其中,《千村故事·古村概览卷》是为"库内村"立档。《千村故事·礼仪道德卷》收集和编撰"库内村"在仁义、慈爱、孝道、勤俭、和睦、善行、清白、诚信、情谊(包括兄弟邻里情谊及民族和谐等)方面的典故。《千村故事·清廉大义卷》收集和编撰"库内村"宗族督导其入仕子孙为官清正廉洁、热爱国家、坚守民族大义的典故。《千村故事·生态人居卷》收集和编撰"库内村"经典的堪舆布局,合理的聚落结构,巧妙的给排水系统,精致的建筑园林,优美的自然景观及其传承、保护等方面的故事。《千村故事:劝农劝学卷》收集和编撰"库内村"戒子戒规、劝农劝学、耕读传家的那人、那事、那典范,弘扬勤奋苦读、乐于农耕、崇勤倡简、勤俭持家,以及自强不息、勤勉坚韧、艰苦奋斗的乡土文化。《千村故事·名人名流卷》收集和编撰"库内村"学而优则仕、则商,学而不优则耕读传家等名仕、名商、名师、名学、名绅的故事,弘扬干一行、爱一行,行行出状元,造福乡梓的优秀文化。《千村故事·民风民俗卷》收集和编撰"库内村"祭祀、婚嫁、丧葬、节庆、季节与农耕、族规乡约、邻里互助等方面的经典故事,弘扬村落民风、民俗、民习,以及村落秩序与基层治理的优秀文化。《千村故事·手技手艺卷》收集和编撰"库内村"独特的工匠技术，石雕、砖雕、木雕、竹雕、竹编、绘画、书法、剪纸、刺绣、女红、戏曲、民歌、武术等乡土非物质文化遗产及其传人的故事，传承乡土手艺、技术和民间艺术。《千村故事·特产特品卷》收集和编撰"库内村"著名农产品、林果蔬产品、畜产品、"老字号"手工产品和特产、名吃及其背后的故事。

"形成一个成果"，就是利用"编撰一套丛书"的调查资料和数据，研究和总结江南历史文化村落变迁（兴衰更替或持续发展）的历史脉络、发展条件、阶段性特征和一般规律，以及文化遗产保护、传承、利用的浙江特色、中国经验。出版《浙江历史文化村落社会经济变迁研究》（专著），提出"浙江历史文化村落保护利用现状和持续发展调研报告"及其"政策建议"，编制"浙江省2016—2020年历史文化村落保护利用规划"。

"摄制一碟影像"，其目的在于用影像手段记忆乡愁，记录"库内村"保护、利用现状，收集和保存"库内村"原有影像资料，宣传千村故事。任务包括：一是收集、整理"库内村"以往的纪录片、宣传片、新闻片，储备"千村故事"之"一馆展示"的馆藏影像资料；二是拍摄"库内村"的人居环境，记录"库内村"民居、宗祠、廊桥等历史建筑修复、保护、利用现状，复活"库内村"民风民俗、手技手艺等非物质文化遗产；三是按照"千村故事"一套丛书的8卷分类，挑选经典、精彩的故事，组织亲历者、传承人和典型代表人物讲述本村、本家和自己的故事，编辑成8集宣传性故事片。

"推出一馆展示"，是以浙江农林大学"浙江名村博物馆"建设为载体，设立浙江历史文化村落变迁展示馆。展示内容包括：一是农耕生产工具、手工业器具、传统生活用具、民间艺术作品等方面的实物；二是历史文化村落的村史、村志、名士、名人、名流传记和作品，档案及散落民间的契约文书等文献资料；三是村庄布局及其变迁的历史图片、碑刻拓片和影像资料；四是农村发展的对比材料，如村落景观对比、村域自然环境对比、农民居住条件对比、农户经济收入对比、生活质量和公共服务水平提升对比等，采集历史文化村落有记载的历史数据、图片、统计年报、农户记账资料、老照片、村集体经济组织所受的表彰及荣誉称号证件等，最终形成浙江历史文化村落数据库。

"培育一批基地"，是结合"库内村"保护利用重点村项目的实施，分"乡土历史文化保护传承示范村""时代印记文化保护传承示范村"两种类型，培育"看得见山、望得见水、记得住乡愁"的示范基地。

上述任务是一个整体，其中，"编撰一套丛书"既是"形成一个成果"的资料源泉、"摄制一碟影像"的脚本、"推出一馆展示"的脉络和线条，又是"培育一批基地"的重要依据。一套丛书、一个成果、一碟影像、一馆展示和一批基地相互支撑，共同托起浙江历史文化村落物质和非物质文化遗存保护利用的历史殿堂。

三 价值

"千村故事"是浙江省在历史文化村落物质文化遗存修复、保护和利用的基础上，对非物质文化遗产抢救性挖掘、整理、记忆和传承的乡土文化建设的重大任务。"千村故事"将为千秋万代留下一份诗意情怀的传统村落变迁史料，将为现代农业中如何继承中华传统农业精华发挥启迪作用，将为世界留下一份悠扬的、具有人文底蕴的中国江南鱼米之乡的乡愁记忆。

中国农村变迁发展以村庄为载体。农村变迁史本质上是村庄变迁史。历史文化村落是中国乡土文化遗产的博物馆，是乡愁记忆的百科全书，也是中国国学的思想宝库。历史文化村落镌刻着古代中国农业、农村和农民发展的历史印记，承载着近现代中国共产党领导新民主主义革命、社会主义革命和建设、改革开放和社会主义现代化建设的伟大功勋，展示着中国农业、农村和农民现代化的巨大业绩，凝聚着无数农民精英的历史贡献。我们从历史文化村落走过，仿佛走进了中国农耕文明、乡土文化及国学精髓的博物馆，走进了中国共产党领导农民革命和社会主义建设的纪念馆，走进了农业、农村和农民现代化的业绩馆，走进了祖宗先辈、农民精英和名人名流的传记馆。但是，"快速发展的工业文明正在疯狂地吞噬着农耕文明，乡村社会正在成片地急剧消失，作为整个人类摇篮的、绵延了数千年的带有中古韵味的原始村落正一个个地被五光十色的现代建筑群所取代"。[①] 中国历史文化村落保护时不我待，中国历史文化村落社会经济变迁研究时不我待，中国历史文化村落影像资料摄制和农耕文明博物馆建设时不我待！

---

① 王先明：《从东方杂志看近代乡村社会变迁——近代中国乡村史研究的视角及其他》，《史学研究》2004 年第 12 期。

浙江省历来高度重视历史文化村落的保护、利用工作，一直将其作为农村经济社会发展的重要支撑和作为美丽乡村建设的重要内容。2003年浙江省启动"千村示范、万村整治"工程时，时任中共浙江省委书记习近平就强调："要正确处理保护历史文化与村庄建设的关系，对有价值的古村落、古民居和山水风光进行保护、整治和科学合理地开发利用。"① 2012年，浙江省开全国传统村落保护、利用之先河，在一个省级区域内，有组织、有计划、大规模地展开历史文化村落保护、利用工作。自2012年始，浙江省委、省政府每年召开一次"全省历史文化村落保护利用工作推进会"，每年投入近10亿元资金，② 连续三年（三批）对全省历史文化村落"库内村"中的130个重点村、649个一般村开展了修缮和保护工作。浙江省各级党委、政府做了许许多多的好事、善事，提供了许许多多的新做法、新经验，功在当代、惠及子孙，得到了浙江农村干部和广大农民的肯定、赞扬和积极响应。而今浙委办〔2012〕38号文件提出的关于"到2015年，全省历史文化村落保有集中县规划全覆盖，历史文化村落得到基本修复和保护……的总目标"已经基本实现。

四 方法

"千村故事"是浙江省"政、学、研、民"合作、大规模调研、大团队协同调研的有益尝试。按照上级要求，"千村故事"由省农办组织协调，省财政厅保障相关经费，浙江农林大学联合"中国名村变迁与农民发展协同创新中心"的力量组织实施。

省农办与浙江农林大学研究团队密切合作，将"千村故事"的研究对象、故事收集撰写方法、要求与范本、工作进度等，通过省农办文件形式传达各地。2015年，省农办为"千村故事"发文、发函就有《关于组织开展"〈千村故事〉'五个一'行动计划"的通知》（浙村整建办〔2015〕11号）、《关于核对和完善"千村故事"千个历史文化村落名单的通知》（浙村整建办〔2015〕14号）、《关于组织开展〈千村故事〉丛书基础材料收集、整理编撰工作的通知》（浙村整建办〔2015〕18号）

---

① 转引自吴坚《箫鼓牵情古风淳——浙江历史文化村落保护利用工作纪实》，《今日浙江》2014年第16期。

② 2013年，浙江省、市、县三级共投入资金9.29亿元，其中省级下拨2.3亿元。参见王辉忠《在全省历史文化村落保护利用工作现场会上的讲话》（2014年7月1日）。

等。这些文件成为协同各方的重要依据。省农办要求：历史文化村落保有量大、入选"库内村"数量多的县（区、市）也要成立相应的指导委员会。要从县（区、市）文化局（文化馆）、方志办和档案馆等单位抽调专业人员，组成专门工作班子，负责有关乡镇（街道）、村的组织协调以及基础材料、经典故事、影像图片等的收集、整理、撰写、审读、修改和报送等工作。

定点定村是"千村故事"研究和编撰工作展开的基础。省农办以2012年六部门联合普查确定的历史文化村落"库内村"（971个村）为基础，按照"有价值、有形态、有文脉、有故事、有人脉"的标准，对各地历史文化村落的保有数量和名单进行核实、退出或补充。截至2015年年末，全省普查纳入历史文化村落"库内村"1237个。①

浙江农林大学研究团队于2015年4月上旬召开"千村故事"培训会，统一研究思路、方法，随即组织农村经济、建筑、规划、历史、文化、旅游、民俗等方面的专家，两次深入"库内村"开展预调研。其目的为：一是通过预调研拟定"一套丛书"总框架，以及《古村概览卷》和8卷故事的章、节与故事范本，方便基层参与者在收集、整理、编撰千村故事基础材料时参照；二是摸索"政、学、研、民"合作联动的方法，以及研究团队联合攻关机制。至2015年6月下旬，上述目标全部达成，并形成了关于"千村故事"一套丛书编撰总要求、体例和方法等方面的共识。

第一，编撰总要求。一套丛书编撰要按照省政府领导批准的"千村故事"行动计划所列框架破题，展现历史文化村落"那村、那人、那故事"，最终形成一部故事与史志结合的系列编著。一套丛书编撰要坚持"三性"并重原则：故事挖掘、整理和编撰要具有史实性，是历史文化村落里真实存在、广为流传的故事；要体现知识性，可读、可藏、可传；要发挥教育性，弘扬和传承历史文化村落的优秀文化。

第二，编撰对象。"千村故事"研究和编撰对象为浙江历史文化村落"库内村"，非"库内村"若确有经典故事的，亦可选编，但数量要严格控制。凡以人物为中心的故事，必须遵循"生不立传，顺应时代与表现'正能量'，大人物写小事、小人物写大事"等基本原则，如果几个村落撰写同

---

① 浙江历史文化村落"库内村"数量不断调整，三个阶段的数据分别为971个、1123个和1237个，因此，在"千村故事"研究过程中，不同时段撰写的研究成果中，其"库内村"数量不同，特予说明。

一个人物的故事，要合并为一个故事，但要体现这个人物在多个村庄的活动印记。以人物为中心的故事，不能异化为个人传记而见人不见村。

2015年6月25日，省农办根据上述共识，下发《关于组织开展〈千村故事〉基础材料收集、整理编撰工作的通知》，要求各县（区、市）农办会同文化、广电、史志、档案等部门，抽调相关专业人员，组成专门工作班子，按照上述要求扎实做好基础材料、影像图片等的收集、整理、编撰、审读、上报工作，于2015年8月1日前，分别上报省农办社会发展处与浙江农林大学"千村故事"工作室。

2015年7月8日，浙江省农办社会发展处牵头，项目研究团队协助，召开了省、市、县农办分管领导和"千村故事"基础材料编撰业务骨干培训班（400余人参加）。一套丛书各卷主编，以及一个成果、一碟影像、一馆展示的主持人，分别宣讲各卷和各项目的主旨、框架、要求、范本、方法及注意事项，省农办分管领导、浙江农林大学分管副校长先后提出要求。省培训会议后，各地用不同方式逐级传达落实。一时间，"千村故事"讲述、编撰、求证等，在浙江历史文化村落里蔚然成风、家喻户晓。

2015年暑假期间，浙江农林大学研究团队组织11个联络组带领百名大学生分赴浙江省11个地级市"寻访千村故事"、① 调查研究和巡回指导。其具体任务包括：一是选择典型村落，配合各地开展调查研究，寻访历史故事；二是接受邀请，为收集、编撰故事有困难的，特别需要帮助的村落提供援助；三是在编撰一套丛书的同时，收集一个成果、一碟影像、一馆展示和一批基地的资料和实物。

截至2015年8月25日，"千村故事"工作室共收到"历史文化村落信息采集表"1244份，其中有效信息1158个村；故事基础材料1227篇，其中《礼仪道德卷》136篇，《清廉大义卷》130篇，《生态人居卷》287篇，《劝农劝学卷》84篇，《名人名流卷》228篇，《民风民俗卷》179篇，《手技手艺卷》99篇，《特产特品卷》84篇。8月26日，浙江农林大学研究团队举行了"千村故事"暑期调研汇报交流会，进一步讨论了历史文化村落保护、利用现状及对策，部署各组统计分析历史文化村落本底数据，阅读筛选故事基础材料并提出修改意见。

---

① 浙江农林大学"寻访千村故事"暑期社会实践团，获中宣部、中央文明办、教育部、共青团中央、全国学联组织开展的"2015年全国大中专学生志愿者暑期'三下乡'社会实践活动优秀团队"荣誉称号。

"千村故事"研究团队调研和巡回指导村落,覆盖全省11个地级市、57个县(区、市)、163个村落,协助各地区修改或重写的故事达259篇。2015年年末和2016年年初,8卷故事初稿基本完成。2016年春节(寒假)前后,浙江农林大学研究团队再次进村入户调研,进一步修改、补充和完善历史文化村落的历史故事。2016年4月8—10日,浙江农林大学研究团队在湖州市南浔区荻港村召开了"千村故事"统稿会,"千村故事"专家委员会部分成员、中国社会科学出版社领导和相关编辑人员,以及"千村故事"一套丛书各卷主编和其他"四个一"的项目负责人齐聚一堂,审读一套丛书初稿,统一编撰要求,按照"表述精准,真正达到了史实性、知识性和教育性的作品,同时突出重点村,反映浙江区域特色"的原则,遴选《〈千村故事〉精选》(卷一、卷二、卷三)三卷样稿。至此"千村故事"一套丛书调研和编撰工作基本完成。接下来,"一套丛书"交由中国社会科学出版社进入辛苦而繁复的出版程序。

五 梗概

《古村概览卷》厘清了浙江历史文化村落物质文明遗存及其保护利用现状。据历史文化村落基础信息有效采集的1158个村的统计数据显示,浙江历史文化村落主要集中在浙西、浙南、浙中的山区和丘陵地区,而杭嘉湖平原地区、宁绍平原地区、海岛地区相对较少,其中丽水市228个村、台州市170个村、衢州市159个村、温州市150个村。浙江传统村落历史悠久,唐代及以前始建的村落160个,占13.82%,其中舟山市定海区马岙村被誉为"海上河姆渡"[①]、"千岛第一村",嘉兴平湖市曹桥街办马厩村至迟在春秋齐景公时期(前547—前489)便有村落;嵊州市华堂村金庭王氏始迁祖王羲之东晋永和十一年(355)三月称病弃官,"携子操之由无锡徙居金庭";[②] 宋代始建的村落居多,共有367个村,占总数的31.69%;元代始建的有103个村,占8.89%;明代始建的有297个村,占25.65%;清代始建的有149个村,占12.87%;民国及以后始建的有82个村,占7.08%。所有村落古建筑物质文化遗存中,有文物保护级别

---

① 距今6000多年的马岙海岛史前文化遗址,就位于马岙村,其代表性的"具有人造痕迹"的土墩文化群,被认为与宁波余姚境内的河姆渡古文化遗址互相佐证,因此也被称"海上河姆渡"。

② 参见华堂村《金庭王氏族谱》。

的共有4357处，其中国家级文物有375处，省级文物有699处，市级文物有400处，县级文物有2877处，216个村文物保护单位是古建筑群。各类古建筑数量主要统计各村的古民宅、古祠堂、古戏台、古牌坊、古桥、古道、古渠、古堰坝、古井泉、古街巷、古城墙、古塔、古寺庙、古墓十四类信息，汇总其数量有3.6万多处，其中最多的是古民宅，共23071处，古祠堂1624处，古城墙91处，古塔69处。有1022个村保存族谱，占"库内村"总数的82.15%，一村多部族谱也是常见现象，本次调查统计有4505部族谱。有295个村落保存有古书、名人手稿、字画等文物资源。906个村有古树名木，占"库内村"总数的73%，有的村拥有古树名木群。据不完全统计，这些村落中1000年以上的古树有135棵，如丽水莲都区路湾村有1600年的香樟，建德石泉村有1400多年的樟树7棵，建德乌祥村有1500多年树龄的古香榧，余杭山沟沟村汤坑汤氏宗祠前有1200多年树龄的红豆杉和银杏，景宁畲族自治县大漈乡西一村有1500多年树龄的柳杉王……在村落的非物质文化遗产中，国家级有89个，省级有187个，市级有172个，县级有237个。浙江省重视历史文化村落保护和利用，2012年至今，先后三期批准历史文化村落保护、利用重点建设村和一般村达779个，占"库内村"总数的62.6%。

《礼仪道德卷》述说浙江历史文化村落的价值追求。浙江历史文化村落里的人们，对礼仪道德的重视主要展现在三个方面：第一，有形载体众多。农村礼仪道德故事并不仅仅停留在村民的口耳相传之中，往往化为物质载体，传承着村民的共同记忆。第二，注重传承。许多农村礼仪道德故事对于村民而言并不仅仅是一个传说，而是化为族规家训，通过教育在子孙后代中传承。第三，影响深远。农村礼仪道德故事对于村民而言并非遥远的往事，而是真实地存在于村民的生活之中，影响着每一个人。浙江历史文化村落礼仪道德故事中，以下几个方面显得尤为丰富：一是慈爱孝悌。浙江历史文化村落有大量父慈子孝的故事，许多村庄将"孝"作为立村之本。慈孝故事可分为严父慈母的故事、寸草春晖的故事、慈孝传家的故事、节孝流芳的故事四类。慈孝故事在传统农村社会最为丰富，影响深远，对民风的端正起到了极大的作用。二是贵和尚中。浙江历史文化村落里的和谐故事大致可分为三类：第一类为家和事兴，第二类为乌鹊通巢，第三类为民族和睦。三是见利思义。浙江历史文化村落的见利思义故事也可分为三类：第一类为勤俭诚信的故事，第二类为公而忘私的故事，第三类为积善得报的故事。四是乐善好施。乐善好施是浙江历史文化村落美德故事的重大主题，总体可分为三类：第一类为回报桑梓的故事，第二类为扶危济困的故事，第三类为造福一方的故事。这些都是中国传统农村社会注重礼仪道德典型的体现，这些传统美德与农村社会生活密切相联，它们是农民创造的宝贵精神财富，是农村社会持续发展的不竭精神动力。

《清廉大义卷》传颂浙江"忠义廉正、光昭史策"的如林贤哲。忠诚爱国、廉洁奉公、心系天下是他们为官从政的基本价值取向，也是他们为官做宰的基本要求。他们在其位谋其政，勤于政事，为民请命，爱民如子，以民众和国家利益为先；他们志行修洁，清廉刚正，讲求以身任天下，把个人的安身立命与天下兴亡、百姓福祉联系在一起，得志时则兼济天下，不得志时则独善其身。在一乡则有益于一乡，在一邑则有益于一邑，在天下则有益于天下。每当国家兴盛时，士大夫多以廉洁自重，刻意砥砺德行；每当社稷衰颓之时，正是"义夫愤叹之日，烈士忘身之秋"（《晋书·慕容德载记》），竭忠效命、临难捐躯者指不胜屈。这充分显示："腐败"乃是贯穿历史败亡的一条基线。故事主人公们在道德实践上主要依靠内省、自律去克制欲望，抵制诱惑，诉诸的是主体向内用力的道德自觉，而不完全依靠外在他律的规范和约束，养廉多于治廉。他们的政治实践则主要体现在：责君之过，以正君臣；律己之行，以严公私；爱民如子，以和官民；进思尽忠，退思补过；先忧后乐，用舍皆行；等等。他们的政治诉求则是"天—君—民"三位一体的政治架构，在这个传统的政治架构中，臣民可忠于君主，也可忠于社稷天下。忠于君主者，以君主利益为第一位，唯君主马首是瞻；忠于社稷天下者，以民众和国家利益为先。在官与民、权与理、君与国的矛盾前面，站在民、理、国这三方面，"苟利国家生死以，岂因祸福避趋之"。而伴随着近代"国家""民族"概念的传入，政统与道统、君主与国家区分更为明显。杀身成仁，舍生取义，近代以来，浙江无数的仁人志士为了革命理想信仰、为了救亡图存、为了至高无上的道义精神，他们大义凛然、慷慨就义。

《生态人居卷》集萃浙江先民人居环境建设的智慧。"人居环境的灵魂即在于它能够调动人们的心灵"，各村落因地形地貌、水土植被、经济发展程度的不同，形成极具地域特色的个性。浙江历史文化村落大多是有着宗族体系的血缘村落，宗族伦理观念强烈地影响着村落的空间布局和建筑形态，村落布局形态讲究道德伦理关系，重视等级制度和长幼之分。出现了以宗祠为核心，以主要商业街、道路或河流为发展轴，根据地形因地制宜的布局模式。浙中地区特别讲究形成山水环抱、聚气藏风的"风水"格局，甚至不惜人力、物力改造风水，比较典型的如武义郭洞村。浙江历史文化村落的历史建筑营造匠心独具，除建筑艺术精美之外，还体现了浓郁的人文理念。建筑群体组合往往有着严谨的秩序，祠堂大多设置在传统村落的中心位置，而亭、廊、桥等风景建筑则体现"天人合一"与"文以载道"的思想观念，巧妙结合地形地貌，诠释伦理道德、承载美好愿望。浙江水系众多，形成了清新、淡雅、古朴的历史文化村落风貌，村落中合理科学的水系规划，不仅调节了小气候，满足了日常饮用、灌溉、排污、消防等功能，同时又形成了优美的人居环境。浙江历史文化村落大多是望得见山、看得见水的"山水田园村落"，植根于周围山水自然环境，因地制宜进行家园建设，并辅以恰当的人文景观，形成了既质朴自然又如诗如画的乡村风景园林。浙江自古以来人文鼎盛，历史文化村落中多有诗词歌咏、楹联题刻、文化典故等人文景观。在这些人文景观中，有的记录村落发展的重要历史事件，有的记录传说故事或歌颂风景名胜，彰显着村落的人文内涵之美。

《劝农劝学卷》夯实浙江历史文化村落兴村根基。耕读传统是浙江历史文化的重要传统之一，它的产生是与古代中国"劝农劝学"观念的内在要求和政策制度相契合的。浙江耕读传统始于农本经济（物质基础）、科举入仕（制度保障）、兴家旺族（直接动力）、隐逸文化（思想渊源）、人口迁徙（促成因素）五大基石，其中农本经济、科举入仕和兴家旺族是浙江耕读传统产生的一般要素，隐逸文化和人口迁徙则是浙江耕读传统产生的特殊要素。在中国农业社会的历史长河中，耕读并重作为农民的生活模式，是一种可保进退自如的持家方略，二者相辅相成、相得益彰。源于此，"耕读传家"作为宗法制的历史文化村落根深蒂固的生活理想，是宗族（家庭）事务的头等大事，每个宗族都期望自己的族人可以中举中进士，入朝为官，光耀门楣。因此，族规家训都极为强调耕读之首要性；士绅乡贤则扮演着文化教育的继承者和推动者的双重角色；而庙祠牌坊既是族人对其丰功伟绩的一种铭记，也是对族中后人的一种鞭策；兴教办学则是文脉传承背后的助推力。耕读传统使得浙江地区人才辈出，尤显家族代传性特征。如温州瑞安曹村自南宋高宗绍兴二十七年（1157）至明成祖永乐二年（1404），二百多年中一共出了82名进士，是全国闻名的

"中华进士第一村";永嘉屿北村的"一门三进士,父子两尚书";江山广渡村的"四代十登科,六子七进士";绍兴州山村的"父子两尚书""祖孙四进士""十八进士"等。近代以来,则有"状元村"之美誉的宁海梅枝田村和"博士村"之美誉的缙云姓潘村。劝农劝学观念的化身则是耕读传统在中国农耕社会中形成、发展和行将消亡的思想轨迹,鲜明地揭示了封建社会中富裕农家和仕宦之家对于家族(家庭)文化教育前景的企求实态,它表明耕读传家观念不仅源远流长,而且深远地影响了农业中国的乡村社会。

《名人名流卷》镶嵌着浙江历史文化村落一颗颗璀璨明珠。浙江历史文化村落名人故事丰富多彩,所述人物故事涉及名儒名臣、名贾名商、诗画艺人、乡贤民硕、侠客义士等。名人故事都寄托了村民的情感,反映了时代心理,有一定史料研究意义。浙江历史文化村落的名人名流,明代到近现代的居多。这与浙江省历史文化名村形成的历史相适应。从时代变迁看,中国文化经济重心不断南移,与浙江名人辈出是顺向同步的。浙江由于地处东南,战争较少,经济和文化得到长足发展。南宋定都临安,给浙江带来前所未有的发展机遇,从而使浙江成为全国举足轻重的经济和文化重镇,也造就了一批批由浙江历史文化村落走出的优秀儿女。地理对文化、对名人名流分布的影响显著。从地理类型上看,浙江历史文化村落名人名流的分布大致代表了西南山地文化、浙北平原文化、海洋文化三种类型。山区名人名流的特点有崇文尚武、武术医家、义士将军等;平原地区多半为鱼米之乡,交通发达,文化基础本身较好,多出巧匠、商人、科学家、文艺人士等;沿海名人名流具有开放冒险、抵御外侮、漂洋经商的生活经历。浙江人祖先多半是中原移民,经过几次大规模的南迁运动,很多北方家族南下,到浙江重新聚居,形成历史文化村落。新移民将北方的文明与本地特色结合,将优秀的中原文化传统延续下来。实际,自秦灭越之后,传统意义上的吴越土著文化特点并不突出,浙江文化与中原汉文化实现了自然接轨。如朱熹与郭村、包山书院,陆羽与余杭、吴兴、长兴等,赵孟頫与下昂村等,他们的活动丰富了历史文化内涵。

《民风民俗卷》延续浙江历史文化村落鲜活历史。浙江历史文化村落保留的民俗不仅多种多样,而且具有深厚的人文底蕴和独特的地域色彩。比如,素有"鱼米之乡""丝绸之府"之称的杭嘉湖地区,流传于该地区的蚕桑文化民俗将民间喜闻乐见的范蠡与西施的传说融合在内,使原本单纯的生产习俗增加了浓郁的人文色彩。浙江地域面积虽不大，但依山濒海，江河纵横，自然环境复杂，地形地貌丰富。因此坐落于不同地区村落的村民，生产、生活习俗也各有不同，且又与其所生活的区域自然环境息息相关。浙西多山，山地村落流行的生产、生活风俗，即与村民千百年所依赖的山地环境关系密切，如流传于衢州洋坑村的"喝山节"——喝山祈福习俗即为典型一例。浙北多平原水乡，流行的民俗不少与水上活动有关，如嘉兴地区民主村的水上庙会习俗；浙东南濒海、多岛屿，因此生活在滨海地区和离岛上的村落居民，其民俗就带有浓厚的海洋气息；浙南洞头县东沙村祭祀妈祖（海神）习俗。浙江是畲族的主要聚居地区，景宁是中国第一个也是唯一一个畲族自治县，有"中国畲乡"之称，在景宁及周边的几个畲族分布的县域村落内，流传着畲族独有的生产、生活风俗，成为浙江历史文化村落民俗中极具鲜明地域风格的代表。浙江历史文化村落的民俗大体归为：一是传统的岁时节令类；二是人生历程中的婚嫁、生育、寿庆、丧葬类；三是反映家族文化的祭祖、修谱、族规类；四是农事生产类；五是乡村美食与风物特产（指手工制作的，与自然生产的不同）类。此外，还有一些涉及居住建筑、传统体育、游戏娱乐和口头文学等。民俗是过去生活的记忆与缩影，也是村居民落在千百年的生产、生活中积淀的文化遗产，随着社会经济的高速发展和城镇化的快速推进，不少良风美俗也都面临着湮没之危。我们希望"千村故事"能够让这些乡村记忆传之久远。

《手技手艺卷》展示浙江历史文化村落里百姓与"这方水土"相互厮守的故事。浙江省历史文化村落手技手艺体现于生产、生活的方方面面，比如，将传统的绘画与雕刻工艺应用于传统建筑与装潢；竹编或草编则在保持手工艺品基本特征的基础上，使其成为乡村旅游的一个品牌；剪纸、陶艺依然维系着一方水土的温馨记忆。浙江省的手技、手艺是"一方水土"的百姓与这片山、这片水相互厮守的故事。从远古走来的浙江人民世世代代与这片土地同呼吸、共命运，并由此衍生了具有浓厚区域色彩的手技、手艺，这些手技、手艺曾经是普通百姓的重要谋生手段，尤其是在农耕社会时期，生产力水平不发达，交通闭塞，对一个家庭乃至一个家族而言，一门手艺的掌握将给他们带来相对稳定的收入，由此贴补家用、贴补再生产，当然也贴补愿望。由于区域的相通性，纵使有多达上千年的历史文化村落，很多手技、手艺都是相类似的，展现出手技、手艺的地域乡土性。传统技艺存在于生活之中,只要有适宜的环境,手工艺就会得到传承。比如,木作、雕琢、烧造、冶炼、纺织、印染、编织、彩扎、装潢、造纸、制笔、烹饪、酿造、印刷等,在当代社会的现实生活中仍然有着广阔的生存空间。费孝通先生曾说过,非物质文化遗产"之所以传下来就因为它们能满足当前人们的生活需要。既然能满足当前人们的生活需要,它们也就是当前生活的一部分,它们就还是活着。这也等于说一个器物、一种行为方式,之所以成为今日文化中的传统,是在它还发生'功能',能满足当前的人们的需要"。

《特产特品卷》印制浙江历史文化村落亮丽的名片。浙江历史文化村落的特产特品文化深厚,各地的每一种特产都不是简单的自然馈赠品,而是各地居民在千百年的生产、生活中积淀下来的文化遗产,每一种产品都有其独特的种养、加工技巧和工艺流程,许多产品还有一套与其生产过程相配套的地方习俗和文化故事。浙江历史文化村落农特产品具有鲜明的地域差异性。比如,浙北杭嘉湖平原地区是种、养、加特产集中区,农特产品主要以种植产品、淡水养殖品及加工制品为主,传统养殖产品以蚕桑最具特色,现代种植产品则主要以瓜果蔬菜为特色,如槜李、湖菱、大头菜、莼菜、雪藕等特色果蔬在区域内均有一定的分布;浙中金衢盆地地区是瓜果、药材、粮油肉加工产品集中区,如兰溪杨梅和枇杷,常山胡柚,磐安元胡、玄参和白芍等,金华火腿,金华两头乌猪,龙游乌猪,衢江三元猪,金华酥饼,龙游发糕,江山铜锣糕,常山山茶油等;浙西丘陵山地地区则盛产茶叶、竹木等产品;浙南山地地区是林木、山石产品集中区;浙东丘陵地区是特产多样性地区;浙东沿海平原地区则是蔬果、海产集中区;东南滨海岛屿地区则是海洋捕捞产品集中区,陆地特产相对较为贫乏。浙江历史文化村落的特产特品注入了深刻的文化印记,其中许多农特产品从一个村落发源,经过历代村民精心呵护与反复打磨,已经走出村落、走向世界,成为历史文化村落的名片。

(执笔:王景新,浙江农林大学中国农民发展研究中心暨浙江省农民发展研究中心常务副主任,中国名村变迁与农民发展协同创新中心首席专家;文中"梗概"由各卷主编撰写)

前　言

青山碧水，古树深屋，一个个美丽质朴的古村散落在钱塘大地上，为我们留住远去的乡愁记忆。古村的悠悠往事承载着乡民特有的人文情怀，其中的礼仪道德故事更是述说着乡民不变的精神追求。

一　礼仪道德是村落思想文化的集中体现

在一个社会的文化系统当中，道德理想是精神世界的核心部分，它集中体现了这个社会的文化类型，决定了这个社会的发展水平，是认识这个社会的重要切入点。经过数千年的历史发展，人类文明已经创造了庞大的道德观念体系和道德规范体系。然而，这庞大的道德体系并非千篇一律，不同的社会文明创造了不同的道德体系，不同的道德体系展现出彼此之间对"善"的不同理解和多样实践。在中国，传统的礼仪道德往往与农业生产以及家庭伦理密切关联。受生产方式的限制，中国古代社会经济主要表现为农耕自然经济。农耕自然经济铸就了中国传统的农业文明，塑造了中国国民的精神性格。理解中国农村社会，离不开对这套建立在农耕自然经济基础之上，以处理人伦关系为主要内容的伦理道德体系的认识。

古代中国是一个典型的农业文明社会。中华文明发源于黄河长江流域，成片的肥沃土地适合于农业生产，先进的生产工具的使用带来了经济社会的全面发展。农耕生产使古代中国在文明程度上一直处于较高水平，在社会生活的各个方面都远远高出周边的游牧地区，古代中国成为事实上的"中央帝国"。农业经济展现出强大的生命力，哪怕遭遇外族入侵导致剧烈社会动荡，依然能迅速恢复，并凭借自身的先进性实现对外族的融合。农业的重要性致使中国历代统治者对农业生产都高度重视，一贯强调以农立国，诸多政策推行的关键就在于是否有利于农业生产。比如通过土地和税赋制度将农民死死地束缚在土地上，目的就在于确保农业人口的稳定，保证农业生产能够可持续发展。因此古代中国人口主要集中在农村地区，人口聚集与迁移的主要目标在于服务农业生产。从民众的日常生活到国家的政治制度，整个社会打下了农业生产的烙印。

依托于封闭的小农生产方式，中国传统农村社会形成了以家庭血缘关系为纽带，家国同构的宗法制度。农业生产不同于商业贸易，从业人口缺少流动性，必须保持适当稳定，固定于土地之上；农业生产又不同于工业生产，作为简单的再生产活动，从业人口规模相对较小，过多人口容易导致土地的紧张。因此，基于血缘联系产生的，能够保证一定人口稳定聚集的家庭组织最有利于农业生产的开展。在小农经济条件下，家庭作为社会的基本单位构成了个体社会化生存的主要形态，家庭内部基于血缘产生的组织结构确定了个人的身份地位，进而规定着个人的各类生产生活活动。所谓宗族制，便是指国家在组织结构上对家庭的一种模仿和扩展，进而确定国家政治生活的方方面面。在个人—家庭—国家的社会结构中，家庭处于中心地位，家庭成了个体与社会整体得以连接的中介。

从社会功能上看，中国传统礼仪道德的首要任务就在于恰当处理家庭内部伦理关系，从而维系整个社会秩序的稳定。这套制度化了的礼仪道德体系一般被称作"礼"，它包含了从国家到个人各个方面的内容，是一套完整的指导个人行为的道德规范系统。一个人是否具有高尚的人格，直接表现就在于是否能够按照"礼"的要求行为处事。不过，"礼"对个人行为的约束最主要的还是表现在对家庭人伦关系的调整上，对个体内在人格以及对个体参与国家活动的要求，都是基于家庭人伦秩序衍生而来。在中国传统农村社会，个人的社会性首先在于家庭内部人伦关系，一个人首先是一个儿子、一个丈夫，然后才是一个邻居、一个臣民。同样，个人的道德性首先在于以合乎道德标准的方式处理家庭内部人伦关系，家庭构成了个人道德生活的主要方面，一个人只有先是一个好儿子、一个好丈夫，才有可能是一个好邻居、一个好臣民。对家庭人伦秩序的高度重视也成为中国传统农村社会和传统礼仪道德的典型特征。

礼制自古有之，但是它的理论化工作直到春秋战国时期才由孔孟儒学全面实现。从理论上看，礼仪道德作为当然之则，并非服务某种特定社会目的，它的出现表达了人们对某种确定的价值观念的认可，展示了人们对善的追求，孔孟儒家通过心性之学对礼背后的价值追求进行了说明。在孔孟看来，人之所以为人就在于人有善良的本性。孟子认为，"人之所以异于禽兽者几希，庶民去之，君子存之。"人与动物之间的差别似乎不多，却构成了动物与人无法跨越的鸿沟，也是人可以开展道德实践的前提。对于人自身的善良本性，孔子将其定义为"仁"，认为"仁者，人也"。在孔子看来，仁就是爱人，是一种求善行善的本能。孟子则将人自身的善良本性定义为"良知"，孟子认为"人皆有不忍人之心"，"不忍人之心"

也就是"恻隐之心",是面对特定情境自然产生的同情之心。在孟子看来,"不忍人之心"是一种普遍存在的道德情感,因为它是人先天所具备的,而非由外界强加。

既然人的天性本善,那么依据善良本性去行动也就是必然的要求。孔孟都指出,人先天的道德情感首先就表现为对家人的爱。孔子认为,"仁者,人也,亲亲为大"。爱人首先表现为对父母的爱,不爱父母而爱他人是不可能的,这种爱光靠物质上的赡养是不够的,还要对父母发自内心地尊敬。孟子认为,"不得乎亲,不可以为人,不顺乎亲,不可以为子"。一个人如果不能做到爱他的父母,他也将失去作为人、作为子所应有之义。人性本善是一种人性论上的预设,不同思想家可以有不同的认识。孔孟正是通过预设人性为善,进而说明对家人之爱的合理性和必要性,最终将人性的道德设定落实到家庭伦理之上。事实上,在孔孟看来,对人的善良情感本身就是不同的,对父母家人的爱就是高于对陌生人的爱。孟子认为,"君子之于物也,爱之而弗仁;于民也,仁之而弗亲。亲亲而仁民,仁民而爱物"。君子固然泛爱万物,但这种爱是有层次的,以自身为中心,随着与自身关系的减弱,这种爱也随之递减。孔孟对善良人性的理论说明正是契合了中国传统的社会结构,符合现实的社会需要。

任何文明社会的道德要求都是既强调内诚于心,又强调外化于行,道德观念要与道德行为保持一致,也要与社会需求相一致。在中国,与家国同构的宗法制度相适应,传统的礼仪道德要求典型地表现为"格物、致知、诚意、正心、修身、齐家、治国、平天下"的道德修养过程,既要由内到外,实现"内修"与"外治"之间的结合,也要实现由己及人、由家及国的过渡,个人内在的道德修养最终在"家"与"国"的成就当中得到实现。闲云野鹤般的隐逸高士展示了一种高远的人生境界,然而在中国古代社会却始终无法成为主流。中国文化所崇尚的仍然是在"独善其身"之余,能够做到"兼济天下","治国平天下"才是千百年来中国人所追求的最高道德成就。而"国治天下平"的关键是"家齐","国"无非是放大了的"家","家"则是构成"国"的基本单位。正如《大学》里所说的那样,"一家仁,一国兴仁;一家让,一国兴让"。家庭内部的良好秩序是国家繁荣兴盛的必要条件,家庭失序必将造成国家社会的不稳定。"家"与"国"的问题所要处理的是人与他人、人与群体之间的关系,它所依赖的是一个人处理与自身之间关系的能力,也就是"修身"，其中的关键就是自我的道德修养，能否以一种求"善"以及行"善"的追求去面对相关问题。在儒家思想看来，"诚意正心"所要描述的正是一种最为重要的道德修养，让人如其自身天然所具备的"善"念那般去行动。它所期望的是人们在处理人伦关系时，自身基于血缘联系所产生的情感信念能够不受任何外在干扰，得到真实的表达。这种情感信念与生俱来，但要形成如此坚定的精神意志，也要通过"格物致知"等方式，不断地进行学习实践。在中国传统社会，"格致诚正修齐治平"以简练的语言全面展现了中国人的道德追求。

儒家的道德思想以及以此作为自身思想基础而产生的礼法制度构成了中国传统礼仪道德的主要内容，对规范中国传统社会的秩序产生了巨大作用。特别是在古代中国，皇权不下县，农村社会秩序主要依靠自治，礼仪道德的存在很好地弥补了农村社会公权力缺位的不足。不同于法律主要依靠国家机构的强制权力得以实施，礼仪道德主要依靠个人的道德良知与村民群体的道德共识去完成。村民对礼仪道德的认可保证了村民的自愿遵守，甚至是主动督促他人遵守，当它得到有效运行时，对社会秩序的规范最终反而可以产生更好的效果。相比西方社会，这些缺少国家授权的行为规范在中国社会的影响要大得多，它是中国农村社会实现高度自治的规范基础。许多中国传统村落都是聚族而居，在一个相对封闭的空间内，村民相互之间常常具有血缘联系，都是同一个大宗族的后人。虽然彼此间的血缘联系已经疏远，但这种天然的联系毕竟是无法割断的。这为宗族首领依托家族祠堂，通过宗族制度处理宗族事务提供了可能。这些宗族制度并不具有法律上的强制力，它的价值内核是礼仪道德。几百上千年来，它能够持续发挥作用，根本上靠的还是村民在道德上的认同。对于中国整体而言，可以视作一个巨大的村落集合体，村与村之间平行并列，相互之间缺少交往，通过法律解决问题的机会较少。因此，对于村民而言，村落内约定俗成的礼仪道德成为维系生活秩序的主要内容。

在中国当代社会，传统礼仪道德对于维系社会秩序同样具有重要的作用。随着中国社会的不断发展，法治的地位逐渐上升，依法治国成为我们的信仰。毫无疑问，通过法律的规范可以为我们带来良好的社会秩序。但是法律也有它的不足，那就是相对缺少温情。特别是在城市社会，人与人之间已然充满距离感，法律对彼此之间关系的调整并不依赖任何彼此间的血缘亲情。如今，乡村社会也面临城市化的冲击，类似的问题正在凸显。

但是传统的礼仪道德不同于法律，它是通过彼此之间真挚的道德情感去调整双方的关系。在今天的中国社会，发扬中华民族优良的传统礼仪道德，辅助法律制度，在维系社会秩序时可以起到润滑剂的作用，对社会的稳定起到帮助。

随着现代工业文明的不断发展，传统农耕自然经济走向解体。特别是在市场经济的影响之下，个人出现原子化生存的倾向，传统宗族式的家庭生活正在消失。与此相对应，基于家庭伦理关系的诸多礼仪道德要求在当代社会在慢慢淡化，不再被提起，中国传统的礼仪道德在当代社会面临着巨大挑战。的确，无论在任何社会任何时代，作为观念形态的文化系统一定要与时俱进，做出与时代发展相适应的改变。但是改变并不是无本之木、无源之水，并不意味着现代与传统相背离，优秀的传统文化依旧是现代社会发展的宝贵财富。古往今来，世事变迁，"修齐治平"所反映的崇高境界一直是中国人理想追求，可以说已经深深地印在中国人的文化性格当中。哪怕在当代社会，仍然有许多人对"修齐治平"的理想念念不忘，这种理想追求对于社会主义核心价值观依旧具有重要的现实意义，只是人们对于其原本所扎根的社会土壤变得有点陌生。我们所需要的是寻找黏合剂去沟通传统与现代，为人们心中不时闪现的道德理想寻找历史的根基。幸运的是在历史的断裂处，我们发现依然存有一大批珍贵的历史文化村落。在这些有着悠久历史的古村中，所保留的是中国传统礼仪道德之所以产生的传统农村社会。在这里，我们可以寻找美丽动人的历史信息，勾起我们共同的文化记忆，重现我们的理想追求所内含的闪光品质。

二　浙江历史文化村落的礼仪道德故事承载着浙江人的共同价值观

中华民族的传统美德内涵丰富，表现多样。就中华文明的整体而言，仁义礼智信等传统美德表现出了中华民族共同的道德追求。就浙江的区域发展而言，浙江的文化展现出自身的特有品格，对中华民族传统美德的弘扬同样展现出了自身的特色，这主要表现为浙江人共同的价值观：务实、守信、崇学、向善。诗画浙江，不仅经济发展水平高，更是有着深厚的人文底蕴，浙江人共同价值观所展现的正是浙江人的道德理想。当寻访浙江历史文化村落时，我们发现这些古老的村庄都流传着动人的礼仪道德故事，它们正是浙江人共同价值观的美丽见证。这些故事不仅仅是村民口中传颂着的传说，更是扎根于农村社会的道德理想，影响着当地的人们。

浙江的山山水水铸就了浙江人对美德的崇尚。浙北平原地区土地资源丰富，自古以来是鱼米之乡，经济发达。正如管仲所言，"仓廪实而知礼节，衣食足而知荣辱"。富足的浙北人民温柔敦厚，一向注重文化教育，尚辞章之业，兴博雅之风，名门雅士造就了"礼仪之邦"。与此不同，浙南山区土地贫瘠，经济相对落后，造就了浙南人民创新求变的务实精神。然而，务实并不意味着功利，直接面对"市场"的竞争，也造就了浙南人民勤劳守信的品格。同时，相对封闭的地理环境使得浙南地区宗族组织完备，完备的宗族组织保证了以处理家庭人伦关系为主要内容的传统礼仪道德持续发挥作用。

千百年来，浙江文化繁荣昌盛，对礼仪道德的重视源远流长。在浙江的农村社会，人们对礼仪道德的重视主要展现在三个方面：第一是有形载体众多，农村礼仪道德故事并不仅仅停留在村民的口耳相传之中，往往化身为物质载体，承载着村民的共同记忆。这些有形载体数量众多，类型多样，比如温州永嘉苍坡村的望兄亭，丽水松阳杨家堂村古民居墙上的学报，杭州淳安富泽村的光棍桥，金华武义郭洞村的节孝牌坊。第二是注重传承，许多农村礼仪道德故事对于村民而言并不仅仅是一个传说，而是化身为族规家训，通过教育在子孙后代中传承，比如金华金东区山头下村的沈氏家训，衢州龙游里王村的里王家规，绍兴嵊州崇仁二村石鼓台门的孝友家风。第三是影响深远，农村礼仪道德故事对于村民而言并非是遥远的往事，而是真实地存在于村民的生活之中，影响着其中的每一个人。在礼仪道德故事的影响之下，有些村制订了相应的村规民约，有些村续写着传统美德事迹，有些村涌现出了新时期的道德模范，更多的村保持着悠久淳朴的民风。

通过对浙江历史文化村落的寻访，我们收集到礼仪道德故事一百余篇，表明了浙江历史文化村落在礼仪道德方面的深厚底蕴，以及村民对于弘扬村落优秀礼仪道德传统的重视。经过整理，我们发现在浙江农村的礼仪道德故事中，以下方面显得尤为丰富。

（一）慈爱孝悌。在儒家思想看来，慈爱孝悌是基于血缘联系产生的真实情感，是由人内心善良本性所决定的。孔子认为，"孝悌也者，其为仁之本欤"；孟子认为，"孩提之童，无不知爱其亲者"。这种爱人的情感是普遍人性，是没有经过后天的学习便已经掌握的道德能力，因此也最为宝贵。从社会根源上看，中国传统社会的基本单位是家庭，家庭人伦秩序中最为核心的关系是父子关系。因为宗法制度的核心是嫡长子继承制，父子之间的血缘联系是宗法制度产生的重要基础。同时，在"父死子继"的基础上，宗法制还存有"兄终弟及"的形式。在宗法制中，兄弟关系是父子关系的重要补充，兄弟之间血缘的亲疏决定了相互之间权利责任的差别。在父子关系与兄弟关系当中，彼此之间的角色地位是他人无法取代的。因此，中国传统礼仪道德最为注重的莫过于对父子关系的调节，它是个人所有社会交往的逻辑起点。不过，与人们通常所注意到的子女对父母单向度的道德义务不同，中国传统礼仪道德对父子之间的道德要求是双向互动的，它的基本内容是"父慈子孝"，不仅要求子女对父母的孝顺，也要求父母对子女的慈爱。与此相对应，兄弟之间的道德要求表现为"兄友弟恭"，兄长对弟弟的友爱与弟弟对兄长的恭敬是一致的。在父子关系中，父亲需要承担养育子女教育子女的责任，子女则承担了赡养父母延续血脉的义务，双方的相互依赖是家族生命得以延续的基础。当然，在父权家长制的支配之下，中国传统社会的确有偏重子女对父母道德义务的倾向，却也道出了孝作为美德的重要性。古语常言"百善孝为先"，古代刑法里不孝更是不可赦免的"十恶"重罪。在孝道思想的影响下，中华民族形成了尊老爱老的优良传统。从现实社会影响来看，通过孝道调整家庭人伦秩序，最终起到了维系社会稳定的作用。

浙江历史文化村落里有着大量父慈子孝的故事，许多村庄将孝作为立村之本。在所有收集到的慈孝故事中，大致可以分为四类：第一类为严父慈母的故事，通常讲述的是父母辛勤养育子女，为子女的成长默默付出，在教育上严加管教，在生活上慈和善；第二类为寸草春晖的故事，通常讲述的是子女受父母养育之恩，在成人之后饮水思源，对父母感恩尽孝，无私回报；第三类故事是慈孝传家的故事，通常讲述的是一个家族或村落，不仅在历史上有行孝的优良传统，更是将孝作为家规或村规，世代相传，塑造了一个家族或村落重孝的风气；第四类故事是节孝流芳的故事，通常讲述的是妇女在夫亡之后忠贞不贰，含辛茹苦抚养子女，辛勤劳作赡养公婆，却是无怨无悔。这类故事一般不仅仅在村里长久流传，往往获得朝廷的牌坊嘉奖。虽然所谓节孝对妇女权利多有压制，与当代社会价值观念有所出入，但是在当时的历史条件下，从维系家庭稳定方面看，的确起到了一定的积极作用。可以说，慈孝故事在传统农村社会最为丰富，影响也最为深远，感动着生活当中的每一个人。慈孝故事的传播，对民风的端正起到了极大的作用。

（二）贵和尚中。中国是一个有着悠久历史的农业文明国家，农业生产在经济上占据主导地位，农民在人口上占绝大多数。不同于古代西方，商业文明造就了西方人开放进取、富有侵略性的性格，中国的农业文明造就了中国人乐天安命、追求稳定的性格。这反映在中国人在处理人与人之间的关系上，注重贵和尚中的品格。在孔子看来，"礼之用，和为贵"，道德规范的核心精神在于求"和"。孔子还认为，"君子和而不同，小人同而不和"，能否做到"和"关乎一个人的道德品质。《中庸》则指出，"中也者，天下之大本也。和也者，天下之达道也"。"君子而时中"。中庸的中心思想并不是平庸，而是作为一项道德标准，判断一个人能否以中正平和的心态和恰如其分的方式来行为处事，从而实现和谐圆满。所谓"和"，从理论上看注重多样性的统一，从现实上看注重生活矛盾的化解，而不刻意制造对立，引起纠纷。在中国传统社会，特别是农村社会，一种和谐的人际关系才是人们日常生活所追求的理想状态。哪怕是面对法律纠纷，孔子所主张的也是"必也使无讼乎"，通过和解避免双方矛盾的进一步恶化。贵和思想的另一重要表现在于儒家处理人际关系的一项重要准则：恕。所谓"恕"的基本内涵就是以己达人，既做到"己所不欲，勿施于人"，也做到"己欲立而立人，己欲达而达人"。"恕"的行为方式所要求的就是通过彼此之间的相互尊重相互理解，实现双方关系的和睦。这种贵和的思想在中国传统农村社会，主要表现为对夫妻和睦、兄弟和睦、婆媳和睦、妯娌和睦、邻里和睦、守望相助、疾病相扶持、民族和睦的追求。"一团和气"是人们对农村生活所异于城市生活的一个直接感受，这也是农村良好社会秩序的一个直接体现。

贵和尚中的精神在浙江历史文化村落里有着深厚的影响，流传着诸多美丽的故事。浙江历史文化村落里的和谐故事，大致可以分为三类：第一类为家和事兴，主要讲的是家庭和睦的故事，或是在家庭面临矛盾的时候，如家产分割等，家庭人员能够以和为贵，做出退让，或是家庭成员齐心协力，共同奋斗，为家族的繁荣奠定基础；第二类为乌鹊通巢，主要讲的是村民和睦，或是村中两大家族在狭小的居住空间中和谐相处，而不是争权夺利，从而塑造良好乡风，或是村民之间相互扶持，相互帮助，共同抵御灾难疾病；第三类为民族和睦，主要讲的是乡村中不同民族的村民打破民族偏见，互通互利、和睦相处的故事。

（三）见利思义。高尚的道德追求一旦落实到现实生活，难免会与具体的利益发生联系，义利之辩所展现的正是普遍的道德原则与具体的利益功效之间的矛盾。从理论上看，义即"宜"，指合宜之理，只要能在具体的条件之下做出合乎道德原则的选择都可以称作"义"。因此，义与利之间并不存在必然的冲突，"义中有利"，人们可以以合乎道义的方式获取具体的利益，绝功弃利并不构成一个必然的道德命令。然而，孟子提出了"义利不可得兼"的情况，道德原则与具体利益之间发生冲突同样具有现实可能性。面对义利之择，中国传统的道德观念具有"见利思义""以义制利"的倾向，表现出对崇高道德的追求，强调道德原则在指导个人行为当中的优先性。在传统农村社会，见利思义可以有多样的表现形式。如诚实守信，常常表现为能够信守承诺，不会唯利是图，不会因为具体利益的诱惑而违背彼此间的约定，生产活动中的斗满秤平、童叟无欺皆是如此；如勤劳简朴，常常表现为不屑于通过不道德的手段获取财富，不屑于过一种腐化的生活，而是通过辛勤的劳动和简朴的生活，在漫长的生活当中逐渐积累财富，从而实现自身道德品质的提升，这在以农业生产为主的农村社会具有特别重大的意义；如舍生取义，常常表现为个人具有坚强的意志品质，为实现道德目标，宁可自我做出一定的牺牲，甚至是牺牲生命，去坚守道德原则，孟子所说的"富贵不能淫，贫贱不能移，威武不能屈"便是指这种情况；如公而忘私，常常表现为当个人利益与公共利益发生冲突时，个人展现出集体至上的观念，不计较个人得失，服从于整体利益；如知恩图报，对于施恩者而言，对他人的帮助并非出于获取回报的功利目的，但是受恩者基于道德良知回报施恩者，"滴水之恩定当涌泉相报"已经在农村社会成为一个普遍的道德认识。

浙江朴素勤劳的乡民对见利思义的诠释也是多种多样，浙江历史文化村落中见利思义的故事大致可以分为三类：第一类为勤俭诚信的故事，在这类故事中，故事的主人公往往面临着巨大的诱惑，但总是不为所动，坚持诚信为本，不私自占为己有，相信财富必须通过辛勤劳动获得；第二类为公而忘私的故事，这些故事主要讲述的是主人公为了村庄整体的利益，能够舍小家为大家，牺牲自己的利益也是在所不惜；第三类是积善得报的故事，这类故事所传达的是中国传统文化中善有善报的古老主题，既有受恩之人知恩图报的故事，也有行善之人不计回报，甚至做出巨大牺牲，最终得到圆满结局的故事。

（四）乐善好施。就乐善好施而言，可以视作是见利思义的一种具体形式，乐善好施常常表现为乡民在获取财富或者获取功名后，不会贪得无厌积财吝赏，反而能够仗义疏财，通过公益活动扶危济困，扶助弱小，回报桑梓，造福一方。在中国传统农村社会，乐善好施的表现形式多种多样，可以是修桥铺路、兴修水利，也可以是匡扶教育、赈济灾民，部分农村地区存在的义田更是乐善好施的一种制度化表现。大量此类公益活动的推行，对于促进农村社会发展、维系农村社会秩序等方面具有重要作用。然而更为重要的是，农村社会当中大量仁人志士的存在，对于农村社会道德水平的提升具有不可估量的促进作用。不同于城市社会中公益活动的赞助者与受益者之间往往存在一定距离，农村社会由于相对封闭，公益活动具有十分直接的示范效应。中国传统农村社会一般将这类仁人志士称作乡贤，他们以自身的实际行动，塑造了自身高尚的道德形象，进而通过自身强大的道德感召力，感化乡民，影响农民的行为，提升乡风文明。特别是在面临重大事项时，乡贤们的存在可以加强农村社会凝聚力，他们凭借自身的影响带领村民共同应对各类问题。与此相对，如果一个村庄缺少此类乐善好施的乡贤，甚至存在着为富不仁的村匪恶霸，对于乡风文明的建设具有极大的负面作用。因此，乐善好施这类美德对于农村社会而言，具有特别重要的意义。

在浙江的历史上，乐善好施的传统经久不衰，一个个美丽的故事向我们展示了村民乐于助人的美德。浙江历史文化村落当中乐善好施的故事总体上可以分为三类：第一类为回报桑梓的故事，在这类故事中，主人公往往是在获取功名或是发家致富之后，不忘家乡发展，慷慨解囊，通过修桥铺路、兴办教育等方式回报家乡；第二类为扶危济困，这类故事主要讲述的是村落之中的能人贤人对村中急需帮助的人施以援手，助其渡过难关；第三类是造福一方的故事，通常讲述的是一个人通过自己的努力，带动家乡快速发展。他们以自己的无私付出，成为村落的精神标杆。

中国传统农村社会典型地体现了对礼仪道德的注重，这些传统美德与农村社会生活密切相连，它们是农民创造的宝贵财富，是农村社会持续发展的不竭动力。事实上，当我们去寻访美丽的历史文化村落时，我们可以发现，这些古村之所以可以得到完整保留，之所以经过几百上千年的发展依然繁荣兴盛,其中的关键就在于对礼仪道德的共同坚守,几百上千年来不变的是他们的价值追求。对于古村的礼仪道德故事,我们有必要深入挖掘,它所述说的不仅仅是村庄的共同记忆,所展现的更是中国人在历史长河中所创造的共同道德理想。

目　　录

第一章　仁孝传家 ……………………………………………… (1)

桐庐荻浦村：替父吮毒感天地 ……………………………… (1)
杭州临安孝村村：芳林碧树藏孝村 ………………………… (4)
宁波鄞州悬慈村：舍身悬慈报母恩 ………………………… (7)
象山下营村：陈秀助背母观戏 ……………………………… (10)
永嘉浦东村：孝女情深忘生死 ……………………………… (13)
文成街头村：孝义家训代代传 ……………………………… (16)
德清东沈村：恩师堂前乐天伦 ……………………………… (19)
诸暨岭北周村：摸桃奉母崇孝楼 …………………………… (22)
诸暨斯宅村：忠孝名宗子孙弘 ……………………………… (26)
新昌藕岸村：赤崖身代石永寿 ……………………………… (30)
嵊州苍岩：囚车台门爷孙情 ………………………………… (33)
嵊州华堂村：代父充军孝义扬 ……………………………… (36)
兰溪长乐村：八行美德耀乡里 ……………………………… (39)
永康塘里村：忠孝传家天性真 ……………………………… (42)
浦江嵩溪村：孝长友弟颜门庭 ……………………………… (45)
浦江孝门村：孝门桥头传佳话 ……………………………… (48)
龙游里王村：里王家规传百年 ……………………………… (51)
江山长台村：夫妻双孝著声年 ……………………………… (53)
丽水莲都官桥村：林祝孝道载青史 ………………………… (57)
云和麻垟村：龙母故里慈孝地 ……………………………… (60)
缙云金竹村：奉母辞官九峰公 ……………………………… (63)
遂昌独山村：诚信事主感后人 ……………………………… (66)
遂昌茶树坪村：秀才戏儿展温情 …………………………… (69)
松阳靖居村：千年古风今依然 ……………………………… (72)

第二章　三贞九烈 ……………………………………………… (76)

淳安汾口村：孝贞流芳节烈坊 ……………………………… (76)
温州瓯海罗山村：冰霜济美节孝名 ………………………… (79)
永嘉廊下村：牡丹情定石将军 ……………………………… (82)

海盐永兴村：礼义桃源文溪坞 …………………………………（85）
绍兴柯桥上王村：殉义完贞名号著 ………………………………（89）
诸暨十二都村：南孟故里孝义传 …………………………………（92）
磐安横路村：坤德贞恒励风俗 ……………………………………（95）
江山兴墩村：古树同根夫妻情 ……………………………………（98）
常山彤弓山村：苦命鸳鸯悲情歌 …………………………………（101）
临海卢家村：节孝树坊后人传 ……………………………………（106）
临海下湾村：怀清双峙照千秋 ……………………………………（109）
天台下汤村：云悲海思追远堂 ……………………………………（112）
仙居祖庙村：清风高洁四贞女 ……………………………………（115）
仙居四都村：不辞辛劳重任担 ……………………………………（119）
龙泉上田村：礼数有承声望隆 ……………………………………（122）
景宁濠头村：洲孝维冈千古传 ……………………………………（125）

第三章 和气致祥 …………………………………………………（129）

杭州萧山欢潭村：打虎上山亲兄弟 ………………………………（129）
杭州余杭山沟沟村：祠堂祭祖同宗情 ……………………………（133）
桐庐瑶溪村：孝贤瑶溪隐将地 ……………………………………（137）
余姚中村村：龚郑和睦定村名 ……………………………………（140）
泰顺和平村：家和心平万事兴 ……………………………………（143）
嵊州崇仁二村：二百年孝友仁风 …………………………………（146）
嵊州廿八都村：兄推弟让展胸襟 …………………………………（150）
金华婺城寺平村：三砖四瓦谢友恩 ………………………………（153）
衢州衢江岩头村：四凤兄弟一心系 ………………………………（156）
龙游三门源村：翁叶两族睦相邻 …………………………………（159）
临海芙蓉村：娶媳借伞黄百万 ……………………………………（163）
天台岩坦村：四姓宗祠联心志 ……………………………………（167）
云和新岭村：新岭畲汉一家亲 ……………………………………（170）
松阳石仓六村：兄弟同心创家业 …………………………………（173）

第四章 见利思义 …………………………………………………（177）

淳安茅屏村：汪季驸积善得报 ……………………………………（177）
宁波鄞州南头村：慷慨悲歌大营救 ………………………………（180）
温州瓯海吴坑村：妙手仁心吴德寿 ………………………………（183）

嵊州竹溪村：义士义举得福报 …………………………… （186）
金华金东仙桥村：白猴赠书助仙人 ……………………… （190）
兰溪虹霓山村：神奇古井诉仁义 ………………………… （193）
东阳上安恬村：安谧恬静存信义 ………………………… （196）
义乌何宅村：以德报德森玉堂 …………………………… （199）
衢州柯城陈安村：陈安荷塘清香溢 ……………………… （202）
衢州柯城彭村村：报恩建祠仁义扬 ……………………… （205）
衢州柯城治岭村：治岭仙洞述传奇 ……………………… （208）
衢州柯城七里三村：行善得报山水间 …………………… （212）
龙游项家村：诚信美德照项家 …………………………… （215）
江山永兴坞村：讲义守信永兴坞 ………………………… （218）
江山游溪村：游溪之名由信义 …………………………… （222）
江山广渡村：广渡善人毛嘉裔 …………………………… （225）
开化霞山村：爱亲敬友结金兰 …………………………… （229）
开化下淤村：路不拾遗美德颂 …………………………… （232）
岱山双合村：卧狮藏宝建渔庄 …………………………… （235）
仙居西郭垟村：积善成仁终成仙 ………………………… （238）
仙居厚仁村：厚德载物仁善传 …………………………… （241）
庆元洋背村：悔过自新银掌坑 …………………………… （244）
庆元大济村：恩济乡邻崇煦公 …………………………… （247）
松阳杨家堂村：诚信立家杨家堂 ………………………… （251）
松阳横樟村：孝肃清风拂横樟 …………………………… （254）

第五章　乐善好施 ………………………………………… （258）

淳安富泽村：光棍筑桥渡乡邻 …………………………… （258）
淳安儒洪村：造桥利民承父志 …………………………… （261）
奉化大堰村：千年望族桑梓情 …………………………… （265）
文成岭脚村：红枫古道荫子孙 …………………………… （269）
安吉双一村：古村新韵话双一 …………………………… （272）
诸暨周村村：乐于助人声名扬 …………………………… （275）
诸暨溪北村：弃政经商桑梓情 …………………………… （278）
绍兴上虞田家村：市井小人展胸怀 ……………………… （282）
金华婺城石楠塘村：孝义传家石楠塘 …………………… （286）

金华金东山头下村：沈氏家训引善行 …………………………（290）

金华金东蒲塘村：蒲塘王氏孝义传 …………………………（293）

义乌雅治街村：三字自励朱献文 ……………………………（297）

永康云路村：半个祠堂敬先贤 ………………………………（301）

衢州衢江棠陵邵村：棠荫流芳美德传 ………………………（304）

临海年坑村：延年积德修善行 ………………………………（307）

仙居杜婆桥村：功德常驻杜婆桥 ……………………………（310）

三门花桥村：李浩建桥传佳话 ………………………………（313）

丽水莲都梁村村：梁氏行善千秋传 …………………………（316）

云和长汀村：护国救民陈一官 ………………………………（319）

云和梅源村：大爱无疆叶家人 ………………………………（323）

缙云前路村：行善积德收福报 ………………………………（326）

缙云夏家畈村：爱乡楷模李延品 ……………………………（330）

第一章　仁孝传家

桐庐荻浦村

替父吮毒感天地

在桐庐，有一条美丽的小溪，叫应家溪，又因溪边荻草丛生，也称作荻溪。在溪畔有一个美丽的古村，因凿沟引水灌田，被称作荻浦村，是桐庐县的东大门。村里古屋林立，曲径通幽，处处散发出深厚的历史底蕴。对这个优雅的小乡村，明朝的申屠极曾写诗说道："幽居结就小东溪，门径森森护荻松，酒醉卷帘凝望处，白云流水四时同。"在村里的古建筑当中，最能展示荻浦村文化传统的当属孝子坊。孝子坊位于古松坞南部，慈济庵东侧，是为旌表孝子申屠开基而立，几百年来见证了荻浦人民的孝义传统。

申屠开基（1675—1762），字泰侯，号厚庵，乡饮正宾，是荻浦村的大孝子。开基家世儒业，世有清德，从小性情淳厚，长大之后更是竭力侍奉双亲。申屠开基天性纯良，自知千孝不如一顺，对父母唯命是从。清康熙三十三年（1694），开基的父亲忽患痔疮，坐卧不宁，十分痛苦。开基十分着急，为父亲访遍名医，后来得知百里外的诸暨县有一个医生能够医治此病。他不畏艰险，立马徒步前往，到达诸暨横塘下，找到一个姓边的良医。医生原本不愿涉险出诊，但经不住开基苦苦哀求，最终被他的孝心感动，只好随同前往医治。经过数天的治疗，开基父亲的病也得以痊愈。

没有想到的是，三年之后开基父亲的背上又长出一个"千头疮"，大如覆釜，痛楚彻骨。没过几天，已经是脓血腥秽难闻，常人难以靠近。开基为父亲寻遍周边名医，但都是束手无策。然而开基决不放弃，四处打探。后来听闻浦江有一名专门医治疮痈的名医，开基便毅然前往。开基不畏路途遥远，长途跋涉，翻山越岭。突然，一只吊睛大虎跳了出来，开基吓得跪地祷告："上天有眼，虎要食我，但我有父亲危在旦夕，待请得名医，治愈父亲，我再来相喂无妨。"不料，这只大老虎竟然甩着尾巴，自行离开了。千辛万苦，开基终于将名医请到家中。当医生看到父亲时，却说医治太晚，疮毒严重，已经无从下手，便想转身离去。开基悲痛万分，跪求医生相救之法。医生沉思片刻，说出绝招，他说："除非用口直接吮出脓毒，也许还有希望。"开基听到后，欣喜异常，立即跪在父亲床边，用舌舔尽疮边腐肉，吸吮疮内脓髓。后经医生调养，开基父亲最终奇迹般地痊愈，得以安享天伦。

据《申屠氏宗谱》记载，孝子申屠开基的后人为使他的孝行发扬光大，在乾隆十九年（1754），组织材料上报县衙。桐庐县衙、严州府衙获悉之后，十分重视，立即命令下属反复察访核实，将孝子事迹分别记入《桐庐县志》及《严州府志》。随后再将材料送到浙江巡抚衙门，经派员核查后，开基的孝义事迹迅速传遍邻里乡间。由于开基的孝行感天动地，乾隆三十五年（1770）朝廷批示："桐庐县孝子申屠开基，孝义兼全，旌表给银建坊。"孝子这一称号，从申报到圣旨恩准，前后历时16年，可见孝子在当时社会的分量之重。据说，一个地方出了孝子是一件大事，各级官员均因能"体察民情，治政有方"而加官晋爵。据资料显示，因为出了孝子申屠开基，被朝廷褒奖的当地官员多达40人。

开基长子迪功郎承寅，当时为建造孝子牌坊，尽心倾力，不辞辛苦。因朝廷只拨银30两，远不足建坊开支，承寅四处奔波，筹集资金。后又采取石料，寻找石匠工人，辛苦劳艰。历时数年，孝子坊才竣工落成。荻浦孝子坊为三门四柱五楼，全部构件均用青石打制。通面宽7.55米，明间3.65米，次间1.95米，主楼高8.63米。顶部直竖高悬"圣旨""恩荣"，正中楷书"孝子"石匾，第二层梁上"祥符甘露"四个大字浑厚苍劲。在石柱南北立面，刻有颂孝楹联四对。南面为："履险求医孝感还能驯虎豹，吮疽待疾心纯自可起膏肓"；"孝本天来旬自惊心并美，义由性始九龄庐墓双奇"。北面有："吮毒疗亲疽世德追踪甘露，感天纯里俗荻溪媲美姜泉"；"同一吮痈也施于国则为忠臣施之亲则为孝子，方正为人曰在尔家可云柱石在吾民可云典型"。底层大梁上方，书刻各级授奖官员名单。从此，孝子牌坊就屹立于荻浦村北，威严耸立，庄严肃穆，雄伟壮观。据说，古时候文武官员途经此地，都必须步行通过，真可谓"文官下轿，武官下马"，以示敬仰。一时间，荻浦民风纯正，孝道成为风尚。

非常可惜的是，荻浦孝子坊后来不幸被毁坏，为保护历史文化遗产，

2006年申屠氏族人趁修谱之机，着手筹备孝子坊修复工作。广大村民精诚团结，开始筹集资金，并搜集散落于各处的原始构件。有洪氏村人，献出密藏保护多年的"圣旨"石匾。2007年，根据历史照片及遗存构件，荻浦孝子坊得以复原重建。雄伟端庄的孝子牌坊再一次屹立在古村之内，成为荻浦村镇村之宝。孝子牌坊与周边的古树林以及慈济庵等文化古迹交相辉映，构成了荻浦村一道奇特亮丽的风景线，铸就了荻浦村史上新的诗篇。孝子牌坊不仅具有较高的艺术欣赏和文物保护价值，而且对弘扬孝义精神，构建和谐社会，具有极其重大的现实意义。它向人们述说着荻浦人民怀孝心尽孝行的传统，以孝为先、以孝为荣，孝义文化已深深扎根在荻浦人的心里。

（文：苏文）

杭州临安孝村村

芳林碧树藏孝村

杭州临安青山湖街道孝村村，地处天目山东麓，群山环抱，茂林秀竹，碧水长流，鸟语花香，是一方环境优美的风水宝地。这里不仅山清水秀，更是人孝家和，它有着一个中国人都很崇仰的村名——孝村。走进孝村村口，一眼就可以看到一行刻在石头上的红色大字："百善孝为先，村和万事兴。"

说起孝村的孝，的确是有史可查。据《沈氏家谱》记载：武康始祖世明公的第三十一世孙敬安公，在明朝正德年间迁居临安高陆乡阳石下，共育有四子。其中幼子善六公与安吉山川乡吴宅吴氏结为连理，再生四子，分派四房。善六公正是孝村始祖，至今已有四百多年历史。

善六公入赘吴宅，为人忠厚老实，奋勉好学，勤俭创业，十分孝敬老人，深得吴氏双亲的欢心，一家和睦相处。善六公是一位农活能手，耕田、种田、种麻、种六谷、苞谷、舂米都不在话下。其妻吴氏是一位养蚕能手，蚕茧产量高、质量好。夫妻俩男耕女织，家庭和美。

然而善六公的岳父岳母由于年轻时生活艰苦，劳累过度，年老之后逐渐体弱，不仅满头白发、满脸皱纹，还患上了重疾。岳母晚年患上眼疾，不久便双目失明，一双小脚行走不便，失去了生活自理能力。岳父晚年时腰酸背痛，后来发展成了驼背，走路时低头弯腰，几近着地。两位老人年老体弱，生活不便，赡养二老的重任便由善六公和妻子挑起。每日清晨，夫妻俩都要叫双亲起床，照顾他们穿衣、洗脸。妻子准备早饭时，善六公便把岳母背到堂前，用冷茶水为岳母洗眼睛，有时甚至用自己的舌头去舔除岳母眼内污物，耐心服侍，并无半句怨言。料理好岳母后，再给岳父敲背，按摩双手双脚。然后，服侍二老吃早饭。饭后，他托付妻子照顾好双亲，自己插好钩刀，肩背锄头铁耙，上山干活。

年轻时候的善六公力大无比，随着日月更替，天天忙碌，也渐渐感到力不能支。但是每天晚上，他依旧忍着自己的疲劳，既为岳母清洗眼睛，又为岳父按摩敲背，从不间断，几十年如一日地服侍二位老人，尽孝之极。

每到夏天，屋内蚊虫肆虐。善六公和孩子们觉得公公年老体弱，婆婆双目失明，晚上受蚊虫侵袭，无法安睡，于是就让子孙们每天晚上轮流服侍。有的用麦草扇或蒲扇驱赶蚊子，有的点燃艾草把房内的蚊子熏走。有时甚至先在公婆床上睡，让蚊子叮咬自己，吸自己身上的血，待蚊子吸饱血飞走后，孩子再起床，扶着老人上床入睡。

每到冬天，天寒地冻，小溪结冰。有的年份，北风劲吹，大雪纷飞。待雪融化时，屋檐上的水早已结成二三尺长的冰条。老人们因年老体弱多病，特别怕冷。善六公和孩子们便在边屋里用砖头搭了一个火炉塘，用木柴或柴蒲头放在中间燃烧，扶着老人坐在火炉旁烤火取暖。孩子们和两位老人说说笑笑，谈古论今，十分亲热。到了晚上，儿孙们轮流着服侍，先上床把冰冷的被窝睡得热烘烘的，起来后立即扶两位老人上床入睡。老人们睡在床上，不禁感慨："儿孙们多孝顺呀！"在温暖的被窝里，二老幸福地进入梦乡。这样的服侍，一直到二老离世为止。

正如《沈氏家谱》中所说的那样，山川景物，灵秀非常；鸡犬桑麻，宛然仙境，人敦古朴，不事繁华；兄友弟恭，父慈子孝，尽孝友睦。可见孝村村自古以来就是一个环境山明水秀，村民为人敦厚淳朴、兄弟和睦、父母慈爱、子孙孝顺的山村。

善六公以孝为先铸就了孝村村，尊长尽孝的光荣传统在孝村村更是代代相传，影响着后人，教育人们行孝报亲恩。据传，孝村村后来还出了一位大孝子，名叫沈金荣。沈金荣为报答父母的养育之恩，从小勤劳好学，不赌博，不贪玩，勤俭持家，对父母十分孝敬。父母年老体弱时，每日服侍他们洗脸、洗脚、梳头；家中有点鱼肉好菜，总是让两位老人先吃，自己和孩子却吃青菜萝卜；每年都要为父母做一套新的粗布衣服，其他人却是新三年旧三年缝缝补补又三年，过着艰苦朴素的生活。父母离世后，沈金荣戴孝吃斋三年零六个月，以尽孝道。每年清明节，他都要带子女去上坟，叩头跪拜，祝老人家地下安息，祈求祖先保佑儿孙身体健康，家庭平安。他的孝行在村民间广为流传，成一时佳话。

不仅如此，沈金荣为了保护村民安全，不受别人欺侮，农闲时还带领村里部分青年到"三善堂"精心习武，练习一种叫"孝子拳"的拳法，既可防身自卫，又可反击侵略者，为村民安全做出了贡献。孝村村历史上闻名的民俗活动"孝子龙灯"和"猪头青龙灯",沈金荣也是积极组织参与。每年正月初八,二十多人的龙灯队伍敲锣打鼓,走村串户,热闹非凡。上门跳龙灯迎来的小红包,或是用于村里修桥铺路造凉亭,或是用于帮扶困难村民,或是用于村里的长辈和老人。对于他人,沈金荣总是不吝伸出援手,扶危济困。他收养了村中孤儿三人,外地逃难来孝村的灾民二人,与他们共渡难关;他为村民治伤接骨,治愈被蛇咬伤者近百名,从未收取分文;他多次帮助贫困村民料理丧事;他总是热心调解村内矛盾纠纷。种种善行成就了沈金荣的美名,这是一个孝子无私奉献的高尚品德。

哪怕在今日,孝村村民孝顺父母关心老人的事,同样是不胜枚举。孝村村真是:百善孝为先,尽孝传子孙;做人德为本,村和万事兴。

(文:沈利军、许东贤、周月芬)

> 宁波鄞州悬慈村

舍身悬慈报母恩

宁波鄞州区鄞江镇被称为四明首镇,坐落于鄞江之畔、四明山脉东麓,曾经是宁波的州府和鄞县的县治所在之地,自东晋隆安四年(400)建筑勾章县城,至今已有一千六百余年的历史。

鄞江镇的南面有一古村,名为悬慈,位于鄞江与清源溪二水相夹的岗山岭下。悬慈村与鄞江镇有着同样悠久厚重的历史,东晋孙恩起义攻破古勾章县城后,刘裕在小溪镇(即鄞江镇)重建勾章县城,便择址悬慈村。村内溪水环绕,清静闲适,古韵流长,颇有江南水乡的秀美,唐代大诗人"四明狂客"贺知章晚年便隐居于此。悬慈又名悬磁,据《四明谈助》记载,因流经悬慈的清源溪溪水清澈,水声淙淙,"色如镜,声如磬",犹如"冰鉴悬秋",便取名悬磁。关于悬慈村名的来历,当地还流传着多个与孝有关的传说。一说指宋建炎年间,殿前巡检张宝为躲兵乱,携母入山避难,其母自觉难以两全,便投井而死,张宝随即以身殉亲,故名"悬慈"。一说指当地它山庙的开庙庙祝法号悬慈,他用筹建它山庙多出的资金建造了孝子庙。一说指明万历年间,村中来了一人,其所述自身经历与汉代孝子董黯一致,村民便称这个从天而降的孝子为"悬慈"。不过村中流传最广的,当属唐代孝子张无择为救母亲,将母亲悬于溪水潭边,只身引开敌兵的传说。

如今的悬慈村,还留有悬慈庙和悬慈桥,均为纪念孝子之德而建。悬慈庙古称孝子庙,又称鲍德庙。宋淳熙五年(1178),里人刘太公出资修建悬慈庙。清乾隆年间,里人鲍光重修悬慈庙。悬慈庙原前殿有二道门,上镌刻庙匾两块,上首门悬匾"鲍德庙",下首门悬匾"刘德庙"。后殿大门悬匾一块,上书:孝感动天。悬慈桥位于悬慈庙旁,始建于北宋天圣年间,民国五年重建。悬慈桥是典型的江南石墩木结构风雨桥,悬空无脚,南北走向,横跨于悬慈村南首的清源溪两岸。桥上覆盖有硬山顶瓦屋五间,远看就像是在溪上横跨着盖起了一排古色古香的平房。

张无择，字君选，唐永隆年间进士。曾隐居悬慈村的贺知章称其"忠移于孝，迪笃子道"。张无择廉洁奉公，更以孝义著称。他的父亲去世之后，他弃官奔丧，在父亲墓旁，负土结庐，长年陪伴。据说守墓期间，张无择三年不洗澡，七天不喝水，他父亲的墓地竟然涌出甘泉，长出灵芝仙草，人们说这是因为他的孝行感动了天地。

父亲去世之后，张无择与母亲两人相依为命。张无择的母亲因为失去丈夫悲痛过度，长期卧病在床，张无择又体贴入微地服侍母亲。可是当时正逢战乱，兵祸连结，当地老百姓生活在惶恐不安之中，时刻都会遭到乱兵的掠夺与抢杀。张无择的母亲每天躺在床上，时刻担忧儿子的安危，病情也越来越重。

有一天，张无择从城外返回家中，在路上碰到老百姓纷纷往外逃难。一打听，原来乱兵即将杀到。张无择赶忙跑回家中，马上背起重病中的母亲，往宁波方向逃难。那天正好下着大雪，张无择为了不让母亲受寒，便脱下自己的衣服披在母亲的背上，冒着鹅毛般的大雪，跟跟跄跄三步两滑地往前逃。当逃到洪塘的时候，似乎感到母亲已经不省人事，于是他咬着牙三步并作两步走，摸黑找到一户好心人家，要了一碗热粥，一调羹一调羹地喂母亲。过了一会儿，母亲总算睁开了眼睛，这下张无择心里落下了一块大石头。然后，他又背起母亲继续赶路。

第二天，当张无择和母亲快要进鄞州地界的时候，后面逃难的人越来越多，而且神情惊恐。张无择向旁人一打听，才知道乱兵快要追上来了，被乱兵追上的人都死在了他们的刀下。逃难的人争先恐后地往前跑，张无择本来就个子矮小，加上一天没吃东西，又背着母亲逃了这么远的路，实在支撑不住了。这个时候他意识到，如果还像刚才那样的话，他和母亲都要被乱兵追上。可是附近又没有能藏人的地方，只有一个水潭，怎么办呢？于是他把母亲隐蔽地悬挂在溪水潭边，又用茅草把母亲盖起来，这样既不会被乱兵发现，又能保暖。他跟母亲说好，等自己把乱兵引开以后，再回来接她。张无择的母亲听说他要以自己引开乱兵，拉着他的手流着泪说："孩子啊，你一个人快点走吧，不要管娘了。"张无择说："娘，你放心，孩儿一会就来接你，您躲在这里千万不要出声。"张无择告别母亲，朝着乱兵的方向跑去，并且大声吆喝，引起了乱兵的注意。乱兵纷纷追着过来，张无择引着乱兵走上了另一条路。

张无择的母亲焦急地等着儿子回来，可是杳无音信。后来，张无择的母亲被路人发现救了上来，逃过一劫，可是张无择却不知所踪。后人都为张无择的孝心所感动，在当年救他母亲的溪水潭边建造了"悬慈桥"和"悬慈庙"，以纪念张无择的孝行。

张无择悬母的井潭即远近闻名的澄浪潭，又名蒪潭，古称驼井。在悬慈桥的石柱上，就有副民国时期的楹联："望驼井对孝庙风景依稀，接大岚通剡溪行踪络绎。"澄浪潭其地方圆不过盈尺，潭水清净明澈，历代经久不竭。正因为这潭这水，悬慈村还成为白鹭的栖息地，翩翩白鹭成为悬慈的一大美景。站在村前，不时可见白鹭飞翔于青山白云间。每当耕作季节，白鹭还跟随在拖拉机后面啄食泥鳅、青蛙。人欢鸟飞，好一幅人与自然和谐相处的美丽图画，张无择母子地下有知，也应含笑。

（文：俞珠飞）

象山下营村

陈秀助背母观戏

象山县定塘镇东南方向的牛头山下，有一个依山傍水风光秀美的村庄下营村。一条终年川流不息的山溪，自南向北直奔河海。村外田畴连片，稼穑葱茏，水稻、西瓜、甘蔗、柑橘等作物瓜果四季飘香，河浜水塘里浮萍连天，鹅鸭成群，漂亮整洁的农家庭院旁，桃、杏、橙、石榴等果树年年硕果累累，原生态的景观让四方来客流连忘返。

据村中老人口传，明代官方曾在该地设立抗倭营寨，故有上营、下营地名传世。但时世久远，营寨遗址早已湮灭，昨日的刀光剑影与国恨家仇也被今天的千顷稻粱所覆盖。下营立村要追溯到清康熙年间，村内四大姓氏之首的陈氏太公，一路从河南经福建、苍南、玉环迁徙来象，与罗、许、蔡三姓太公携手合作，一同披荆斩棘，围涂造田，经过几代人的垦荒拓园，繁衍子孙，最终形成人丁兴旺的村落。

象山地处半岛，夏季常有强台风侵袭，狂风掀瓦，暴雨如注，经常造成海水倒灌、屋塌人亡的惨剧。下营先祖围涂造田、创家立业的艰苦可想而知，在长期对抗大自然的博弈中，陈、罗、许、蔡四大氏族齐心协力、众志成城，自然而然形成了团结一心、和睦相处的乡风民俗。据村中长者回忆，为了加强家族力量，从祖先三百年前立村至今，四姓人家之间保持通婚习俗，现在村中一千七百多人口，一半以上不出三代就能攀上姻亲关系。

据《陈氏族谱》记载，其传世家训可以概括为四句话：礼者伦也，以礼相待，和谐民族，安定社会。"礼"是儒家文化的精髓，由此衍生了"忠、孝、节、烈"等处世观念。及至今天，在陈氏宗祠的门前廊柱上，依然清晰地挂着"敦亲睦族自强不息，厚德载人世代昌盛"的楹联。下营村的民风淳朴敦厚，村民讲究和睦相处、互敬互爱，各大家族长期奉行敬老爱幼、孝悌为先的做人原则，应该与祖先的立身训诫有密不可分的关系。村子里至今还口口相传一个"陈氏孝子"的故事。

清末年间，陈氏第五代传人陈秀助子承父业，除了耕种读书，居家生活推崇孝悌为先。由于父亲早逝，是母亲含辛茹苦一手把他拉扯成人。等到儿子成家立业，母亲已经年近高龄，行动不便。不过母亲有一个喜欢看戏的爱好，陈秀助为了讨母亲欢喜，不计忙碌，只要听闻本村或近邻乡间有做戏的讯息，都要为母亲梳头洗脸，拾掇干净，不管路途远近和时间早晚，每次都恭恭敬敬背着母亲去祠堂观戏。乡村做戏，一般每天安排下午和晚上两场。吃过午饭，远处祠堂内的开戏锣鼓响彻往日宁静的乡野，熙熙攘攘跑去看戏的人们，总能望见逼仄的里巷深处，一位衣衫简陋的青年，一步一步，背着白发老母，缓缓融入看戏的人流。

"陈孝子背母看戏来了！"还没迈进祠堂大门，孩子们就在大呼小叫。村中族人，看到陈秀助如此孝顺母亲，十分敬佩，大家都相互推让，把戏台下最方便的位子让给陈家老母落座。有一年冬季，天气出奇地寒冷，滴水成冰，陈秀助发觉母亲虽然看戏看得入迷，但手脚被冻得乌青发麻。他愧疚不已，可惜囊中羞涩，就嘱咐妻子卖掉家中母鸡，换来一只火囱篮，填好炭火，供母亲取暖。除了看戏，陈家老母还长期念佛吃素，陈秀助就背着母亲到各处寺庙庵堂拜佛敬香，不管刮风下雨，从不违拗母亲的心愿。因为家中日子过得并不宽裕，陈秀助把母亲照顾得体面，自己却常常穿着一双木拖鞋，戴着破笠帽，披着旧衣衫，面对乡人惊异的眼神，泰然自若。时间长了，怕家中妻子心生不满，说出什么不合孝道的话语，或者流露怨色，他就唱孝顺歌给妻子听，几乎是进家门唱，出家门也唱。孝顺歌又叫《花名宝卷》，歌词写的都是敬老人孝父母的：天地日月娘最亲，门前大树好遮荫；家有老人多福分，儿孙孝顺不忤逆；不求官来不求银，只望娘亲乐一生……陈秀助以此让妻子与自己一同孝顺母亲。

陈秀助的孝道行为，给当地的乡风民俗带来了积极影响。三百余年来，下营村村民始终坚守族规祖训，尊老爱幼，感恩图报，一家有难，八方相助。下营村五六百户人家，其中近一半是陈、罗、许、蔡四姓后人，其余均是后续进村的杂姓。四大姓中，陈、罗、蔡三家先后在村中东、南、西三方建造了本族宗祠，逢年过节用来祭拜先人，追念祖德祖恩，或者聚众集会议事，做戏娱人。为了凝聚民心，团结大族外杂姓村民，营造和睦乡风，陈、罗、蔡三家牵头全村乡亲，共同出资在村东南角建造一座占地五百平方米左右的"行馆"，供一半以上的族外村民作为祭祖议事的活动场所。他们提供这种平台，希望通过演戏、唱书、集会议事种种形式，让世间许多行善积德、尽忠尽孝的故事传说和行为准则代代传承。

　　下营村一村三宗祠加一"行馆"的古建筑格局和规模，在象山县境内鲜有，二十几家姓氏在同一个村庄里平平安安、和和睦睦相处几百年的情景也不多见。真是一方水土养一方人，一方古朴的民风孕育了淳厚的乡情，如今的下营村，为实现和谐社会和建设文明乡村写下了动人的篇章。

（文：赖赛飞）

永嘉浦东村

孝女情深忘生死

  浦东村面朝楠溪江，坐落于永嘉市上塘中心城区东北面。浦东人的祖先大部分由温州水心村迁徙至此，建村至今已有八百多年的历史。村里主要有叶、杜两个大姓，至今仍然保存着完善的两氏宗谱。浦东村依山傍水，龙山与鹅浦河孕育了一代又一代的浦东人。浦东村村名的由来非常简单，村子西面的上塘村原本叫浦水村，浦东村正好坐落在浦水村的东边，便取名叫做浦东村。

  说起浦东村里最有名的当属孝佑宫。历史悠久的孝佑宫坐落在树木葱茏的浦东龙山脚下，又叫上塘殿，一年四季香火鼎盛。上塘殿始建于唐朝，历经元、明、清扩建修缮，1997年后又修建月台、戏台等建筑，全殿如今占地达四千多平方米，气势宏伟壮观，又不失古朴庄重。上塘殿的庙会在浙南地区非常有名，庙会始于北宋，主要为了纪念殿内所供奉的卢氏孝佑娘娘。每年的农历二月十五，为卢氏孝佑娘娘出圣纪念日，庙会的日期一般就定在农历二月十二至十五。每逢会期，由上塘、浦东、浦口三村村民联合轮流祭祀以及组织文娱活动，规模盛大。十二日起，用四百斤籼米做两架大斛，每架高约三米五，并杀两头大猪连头摆在斛架旁，举行祭祀仪式。十三日开始招请戏班来演出，大殿内设有戏台，这个时候戏班都会来连演三天三夜，有时甚至会演上四五天。在演戏的同时，还有各种民间艺术班社的游艺活动，以及举办集市交流各种物资，游人、香客、商贾这时齐集上塘，热闹非凡。到了二月十五这一天，殿内香烟氤氲，人山人海，供品琳琅满目。白天，鞭炮连天；夜晚，灯火璀璨。前来朝圣的男男女女，上至楠溪江上游以及缙云、仙居，下至温州、乐清等地。他们怀着无比美好的憧憬与虔诚之心，纷纷赶来，参加这一年一度的祭祀活动，希望用自己的实际行动感动孝佑娘娘，求其庇佑自己心想事成，万事大吉。近年来，由于市场经济的发展，人们的商品意识越来越浓，再加上生产生活物资极为丰富，传统庙会作为物资交流的媒介已逐年突出，以至于庙会祭祀活动逐渐让位于物资交流。

上塘殿的庙会之所以能吸引这么多人慕名而来，还要从殿内供奉的卢氏孝佑娘娘的传奇故事说起。据《两浙名贤录》与清光绪《永嘉县志》记载，唐天宝年间，永嘉楠溪江畔有一个叫卢岙儿的小村，那里山清水秀，民风淳朴。有一户姓卢的人家，生育一女，聪明活泼。随着时光的流逝，女孩显得更加楚楚动人，卢家夫妇视若掌上明珠，十分疼爱。平日里妻子养育女儿，做做家务，丈夫日出而作、日落而息，一家人倒也其乐融融。然而好景不长，父亲突然得了重病，因无钱医治，不久便撒手西去，留下母女二人相依为命。母亲风里来雨里去，又要干农活，又要照顾年幼的女儿，母女俩过着贫困的生活。

一年又一年过去了，卢家的女儿长大了，为减轻母亲的负担，她常常随母亲一起上山劳作。那年农历二月十五，当母女二人挑着柴禾穿过茂密的树林，转过山坳的时候，突然一只白额猛虎拦住了她们的去路。走在后头的女儿看到这情景吃了一惊，怕母亲被虎伤害，立即将柴担一丢，快步如飞地越过母亲，用自己娇弱的身躯护着母亲。她对老虎说道："畜生，请让我送母亲回家，沐浴更衣后再回来让你吃好吗？"猛虎好像听懂了她的话，冲她点了点头，就退到一边去了。卢氏少女陪同母亲挑着柴禾回到了家中，她言而有信，匆匆吃过饭，洗完澡，换好衣服又回到刚才遇到老虎的地方。只见老虎仍然悠闲地蹲在那里，她就走上前去，从容地对它说："畜生，我现在让你吃，但你不要再对我娘有任何伤害好吗？"老虎并不张口，也不离开，只是用友善的眼神看着她，伏在地上很友善地摆着那条粗大的尾巴，还用虎背蹭她的腿，好像让她骑到自己的身上去。少女会意，就坐了上去。说时迟，那时快，老虎从地上一跃而起，升空飞腾，刹那间不见了踪影。随后追来的卢母，见状惊恐万分，涕泪交加地站在那里，呆呆地望着天空，一动不动。

太阳慢慢地从东方升起，新的一天开始了。老虎驮着卢氏女子到了上塘岩头儿，从深水中浮了上来。卢氏女子从虎背上跳了下来，硬生生地将脚下的石头踩出了深深的脚印。这时，她觉得有点儿累，就走进了眼前的白马爷殿，对端坐在上面的白马爷说："我想借你的座位休息一下好吗？"白马爷闻声抬头一看，见是一个天姿国色的妙龄女子，便欣然答应了。可是让他想不到的是卢氏这么一坐，就再也没有还座于白马爷的意思。白马爷自然不甘心，就向卢氏索要。可是卢氏见这地方风景秀丽，风光无限，再也无心还给白马爷。卢氏眉头一皱计上心来,笑着对白马爷说道:"你想要回自己的座位,我们先打个赌,要是你赢了,我自然还给你;要是你输了,对不起,这里便不再是你的了,好吗?"

白马爷无奈地说:"好吧,怎么个赌法?"

"现在就用一个捣臼和一只绣花鞋来做赌,将它们同时放入水中,谁的东西先到对岸,谁就坐在这里,输的就到对岸去。先由你挑捣臼还是绣花鞋吧。"

白马爷一听,心里乐了,这女子虽然刁蛮,但没有多少心计,这还不显而易见么?绣花鞋这样轻,捣臼那么笨重,肯定绣花鞋漂得快,白马爷便选择了绣花鞋,卢氏自然是选捣臼了。他们同时将自己的东西抛进水中,卢氏向绣花鞋吹了一口仙气,鞋子居然让江边的草丛缠住纹丝不动,而她的捣臼却随波浪向着对岸悠悠地漂了过去,不一会儿就到了对岸。面对事实,白马爷只得自认倒霉,乖乖地去了对岸,人们便将那个地方叫做"浮石"。这时,卢母带人沿江寻女正好到了这里,才知孝女出圣了。大家惊讶之余,纷纷膜拜不已。

这事一传十,十传百,很快传开。有一位回乡探亲的朝廷大臣得知这事,回京后奏知了唐朝皇帝。皇帝为旌表卢氏孝行,就封她为"卢氏圣母""孝佑娘娘"。从此,民众四时祭祀,上塘殿香火日益鼎盛起来,卢氏孝佑娘娘孝敬母亲的故事更是代代相传。

(文:杨大力)

文成街头村

孝义家训代代传

　　街头村位于温州市文成县珊溪镇，坐落于珊溪水库之畔。这里景色优美，碧水青山，秀色旖旎，座座民居点缀于其间。这里更有着悠久的历史，据当地各姓宗谱记载，街头村建村至今已有一千两百多年的历史。这里还有着深厚的文化底蕴。据《文成县志》记载，文成县历史上的第一个进士毛崇夫就出生在街头村的垟头自然村。毛崇夫是北宋时人，曾担任国子监祭酒，因一场农民起义，避居青田，后又退居瑞安，最后到达珊溪，选择一处名为"毛处"的地方开基繁衍。

　　说起街头村的文化基因当属孝道，这里有着悠久的孝道传承的历史。村中自古流传着"孝顺田头割有谷，孝顺父母自有福""瓦檐水点点滴""书需读官不做""下辈孝敬长辈""邻里需团结"等谚语，教育人们孝顺父母，促使村里孝顺父母之风代代相传。说起街头村村民对孝道的重视，村中还有个罗茂盛老人的故事。

　　街头村曾经住着一位叫罗德温的老人，因为他的店号叫"罗茂盛"，因此当地人也都叫他罗茂盛。罗茂盛共育有六子，所以就置办了六间房子，作为家产传给儿子。为了盖好这六间房子，罗茂盛本人就到温州城里学习怎么用砖岩盖房子。当时的人们将用砖岩盖的房子叫做洋房，因此罗茂盛家就成了珊溪当地第一户用此类方法建造洋房的人。据回忆，房子的墙是用三层材料制成的，第一层是砖，第二层是石子，第三层是水泥，工程之坚固足以抵御枪械。

　　最初的时候六间房屋全部用于开店，除了棺材，店内什么东西都有的卖，可以说是琳琅满目，样样齐全。那时候只有大户人家才用得起汽灯，可是六间房光汽灯就点了10盏，生意之兴隆可见一斑。繁忙的生意让这户人家起早贪黑，早五晚十。店内上上下下共有三十多人，每餐吃饭足足摆齐六桌，家族的庞大让人惊叹当家掌柜的精明能干。据说罗茂盛本人去世早，后来家业全由他的妻子操持着。罗茂盛妻子不但持家有道，而且在孩子的个人成长上，也是从不疏忽：老大性格适合读书，那就去读书；老二为人活跃，那就走经商之路；老三为人敦厚，那就去种田，并为他雇了五个长工；老四和老五办事有条理，那就管进货；老六也是读书之才，那就送他去私塾。

罗茂盛妻子教子有方，六个孩子不但事业有成，而且行为处事谨遵祖训，颇有风范。关于老六罗宪章，还有一段"读书不当官"的佳话。罗宪章是上海法政大学毕业的大学生，在当时当地算得上是第一个大学生。在国民党统治时期，罗宪章被邀去当青田县县长，可是他拒绝了；而后又被下令去当玉环县县长，他又拒绝了；可是国民党不死心，又想着法子，给官你不要，那就来个专业对口吧，让他去瑞安当律师，没想到他还是不去。

罗宪章之所以学习有成却又拒绝入仕，其中缘由就在于罗家的一段家训。珊溪罗家发展至今已有三百余年的历史，传到今天已经是第十一代了。罗家起源于江西上饶市，先祖在清朝年间曾任福建巡抚，只是时乖命蹇，碰上了农民起义。罗氏先祖娶有九个妻妾，共育有十一个儿子，在混乱当中，第八子和第九子逃往珊溪。第九子因为看到门前有一条溪河，怕生出的后代都是撑船人，所以又搬到泰顺去了。因为当时有一种说法，剃头人、戏子、屠牛夫、打铜卖秤的、开饭店的、撑船的这几类人的后代是不能参加科考的。

如今在珊溪繁衍生息的是罗家第八子的后代。也许是这一逃亡的经历，让这个家族尝到了世事的艰辛，因此祖先们就有了吩咐：书一定要读，可官不要当。这个家训在他们的祖谱上都有清楚的记载，这也就是为什么在珊溪姓罗的109户人家里，吃国家皇粮的就有108人，但是到目前为止其中只有一人从政，其他子嗣都是从事教师和医生的岗位，罗宪章三次拒绝做官的缘由也在于此。罗宪章并非无所作为，而是学以致用，他正是珊溪镇小的创始人。不过学校办成后的三四年，他本人辞去了校长职务，选择了开药店，只因任职校长期间与社会上的官员接触太过频繁，他个人感觉无法适应。罗宪章高风亮节，不为五斗米折腰，让后人由衷佩服。

只可惜三百年间同晓梦，有一年国民党有一连兵变，乱兵如土匪一般，欲抢劫罗茂盛家中的财物，由于墙打不透，铁皮门打不进，这些乱兵气急败坏，就在房外一处放置了一颗火烧弹，顿时樯橹灰飞烟灭，一代繁华只留下三间破屋，破屋后来也无奈地给国民党士兵居住了。

相传，六间房子的上间有两块牌匾，一块为"骤凝堂北"，意思是罗家的人都像水泥凝固一样团结；二为"管晏遗风"，不过这里的管晏可不是我们大家所熟悉的晏子和管仲，而是当地村里的人。据说很久之前，村里有一个矮子名字叫晏子，他父亲是一个菜农。有一天，矮子想帮他父亲锄地，却把地里的菜都锄坏了。父亲看到自己辛苦种下的菜付之东流，一气之下就用锄柄打孩子。矮子被打倒在地，父亲又懊悔起来，不该对孩子下手这么重，心疼之余，却见矮子并未哭泣，而是微笑起身。父亲不明，就问其原因，矮子说："父亲你打我很痛，说明父亲有力气，父亲身体康健！"这话被地主也就是管仲的父亲听见了，觉得这孩子日后必定有出息，就跑上前去对矮子的父亲说："如果你让晏子与我家儿子管仲一起读书的话，我愿意承担你孩子的一切学费和生活费，并将家中的田地财产与你平分。"果不其然，晏子和管仲一起考上了科举，晏子考上了进士，管仲则中了榜眼。在这里，人们也不无惊叹这位地主的慷慨仁慈和慧眼识珠。

六间老屋如今只剩下残垣断壁，富贵繁华萍埂聚，故土今在人已逝，但罗家人留下的"下辈孝敬长辈""邻里需团结""书需读官不做"的家训似乎深深地印在每个子孙的心上，一代激励着一代。

（文：包芳芳）

> 德清东沈村

恩师堂前乐天伦

东沈村位于湖州德清县筏头乡西南部,坐落于黄回山下,地处余英溪源头。这是一个依山傍水的美丽山村,群山叠嶂,古木参天,水田耕地阡陌相连。远远望去,古民居白墙黛瓦,显得古色古香。清可见底的盘溪从村中缓缓流过,它曾是村民出入的唯一通道,几座小桥横跨盘溪,连接着两岸。在东沈桥东侧有一东堰潭,潭边立着一块立于光绪二十一年(1895)的"宪奉放生潭"碑,述说着东沈淳朴的乡风文明。

古时候,东沈村遍植桃树,因此又被称作桃源,这里不仅风光秀丽,更是人文荟萃,有着深厚的文化底蕴,它是南朝名相、一代辞宗沈约的故里,沈约也为东沈村留下了大量美丽动人的故事传说。沈约(441—513),字休文,出生于门阀士族家庭,自幼聪慧好学、博古通今,擅长诗文,一生前后任职于宋、齐、梁三朝。

沈约的父亲沈璞曾任宋淮南太守,但在元嘉末年(453)因颜浚谗言,被孝武帝刘骏所诛杀。父亲被杀之后,年幼的沈约便随从母亲四处藏匿,逃避仇人追杀。454年,沈约跟着母亲逃至望天山(今黄回山)北侧桃源山庄(今东沈村),蒙一位同祖乡师沈万经相救,改名为小桃后定居于此。沈万经十分器重关爱沈约,将沈约收下为徒,并且将自己的女儿沈岚(秀姑)许配给沈约。同时,恩师也非常注重磨砺锻炼沈约,培养沈约勤俭、和睦、诚信、行善的美德。

沈约从小勤劳俭朴,他在完成学业之余,常与师妹沈岚一起到桃园培土、削草、整枝、移栽,正是"乐在其中"。有一次,恩师叫他去卖桃,可是一担桃子只换来了十个铜钿。恩师嘴上不说,心里却说:"小桃还没成熟。"第二次,恩师又让他去卖桃,沈约回来还是只交了十个铜钿。恩师心里说:"小桃一定能成熟的"。第三次,恩师叫女儿沈岚与小桃一起去英红堡卖桃。两个篮子一放下,一下子来了好多人,小辈扶着长辈,父母带着孩子。只见人们围着沈约夸开了,老人夸小桃郎赠送老人蜜桃却不要铜钿，小孩子们说："当时我们想吃桃子，手里没有铜钿，可大哥哥就让我们吃。今天，我和爸爸妈妈来付铜钿啦！"人们纷纷将铜钿往篮子里放，一下就收了好几百文。沈岚一回到家，就把当时的情况告诉了父亲。这时，沈万经高兴地说："我们小桃真的成熟了。"很快，小桃卖桃的故事就在附近传开了。

桃源山庄中间有道岭叫"桃源岭"，把村庄分成上下两个村，岭不长但很陡，行走十分不便。特别是每年一次的土地菩萨生日，常常发生老人受伤的事故。为此，每逢庙会沈约就会和师妹发动学馆学生来到桃源岭，携扶老人过岭。为了使过往行人上下岭方便，沈约还和师妹在岭左侧靠红溪边的峭壁处种上了桃树，做起了扶栏。说也奇怪，自从桃树成排后，再也没有发生过行人伤残事故，所以有百姓就将桃源岭上的桃树称为"平安桃"。虽然年代久远，岭上的桃树却是常年不枯，所以百姓们又将桃源岭上的桃树称为"长寿桃"。有三棵越千年大古桃，直到村里开公路那年才倒掉。"为善最乐"是沈氏家族的家训，据说沈约孙女沈满愿为传承沈氏家训，把它刻到了小桃源岭的石壁上，企盼弘扬传承。

沈约逃难到桃源的第二年，与师妹沈岚已是笃情如胶、形影不离。沈约从小喜欢栽桃，同时喜欢桃源中的蝴蝶，故亦称小蝶，沈岚则从小喜欢山岚中的幽兰。沈约是蝶，岚妹是花，蝶花相恋，可谓是天意循道。有一次，沈约与沈岚在碧桃园中谈情说爱，不甚说破了天机，小桃便是钦犯沈约。这事很快被仇人钱豹得知，钱豹为报复，立即报了官，多亏他人报讯，沈氏两家才得以逃离桃源。然而，两家人在七都桥头村被官兵冲散，沈约从此与母亲、恩师岳父、师妹贤妻失散。

沈约无时无刻不挂念着娘亲、恩师与贤妻。在桃源期间，沈约潜心苦读，文学、韵律都有一定造诣，数年之后蒙沈子庆提拔，入朝为官。沈约出山后，还未回过桃源。官至五部书郎巡后，终有出访机会。有一天，他特地来到武康家乡探亲，与随同沈安在碧阴、莫干山三埠（三桥埠）、武康查访三天，但是毫无音讯。第四日，沈安来报，说是一位卖字联的女子要他送来一便函。沈约一看大为欣喜，快步向土地庙赶去。沈安问主人："大人为何如此欣喜？"沈约说："看完对联可以断定是我恩师所写，那个女子就是我的贤妻。"沈安又问："大人怎知恩师居住在土地庙？"沈约手举纸条说："立足土地楼身居，可断定恩师在土地庙隐居。"

沈约与沈安赶到土地庙，前门左右都找不到。后来转到后院，沈约大叫:"恩师岳父在上,约儿有礼了!"沈约之举简直使随同的沈安莫名其妙,沈约这时高声朗读门上的对联:"家有千子仍孤独,身藏万金却清贫。"这时小门开启,妇人扶着一位白发老人走了出来。"岳父、贤妻,让你们受苦了。"沈约立时扑上去,三人拥抱在一起。沈约官居尚书令后,为了尊师,在桃源村口造了一幢"恩师堂"(又名太公堂),让恩师在"恩师堂"安度晚年。

有一年,沈约返回故里,去"恩师堂"拜望恩师,见门前贴着一副对联,写着"家有千子享海福,身藏万经乐天伦",想想恩师对自己无尽的恩情和无私的培育,他露出了甜蜜的微笑。

据说沈约归隐之后,还经常上太公堂敬拜恩师,寄情于家乡的山水之间。有诗为证:

桃花映红前溪水,小草报春吴绿茵。
太公堂前韵诗文,崖前银鹭飞白云。
风水育人不觉老,仙景伴我享天伦。
蝶花恋歌万众唱,隐侯辅和第二春。

(文:王凤鸣)

诸暨岭北周村

摸桃奉母崇孝楼

"不比阔气比孝敬""不宠孩子宠老人""赚再多钱抵不上老人晚年幸福"……在岭北周村,由于"孝文化"的培育与熏陶,小山村显得格外富有温情,孝老敬老在当地蔚然成风,成为促进农村文明建设的重要力量。岭北周村的"孝文化",还得从"崇孝楼"说起。

岭北周村隶属于诸暨市岭北镇,地处西岘山大岭之北,面朝石壁水库,坐落于诸暨、东阳、义乌三市交界处,是诸暨最偏远的山村之一。白云深处的岭北周村好山好水,满眼绿色,自然环境十分优美。岭北周村还有着深厚的人文底蕴,走出了一大批优秀儿女。村民主要姓"周",先祖由河南迁徙而来。开基岭北周村之后,村民自强不息,耕读传家,塑造了崇尚道义的文化传统,"孝"更是成了岭北周村人的文化基因。

崇孝楼是岭北周村一座为纪念孝子周太尉而建的古楼,坐落在该村所属的高台门自然村村口,坐东朝西,三间两廊,通面宽12.5米,通进深7米。大厅内坐着的雕像就是周太尉,上挂"天佑黎民"的匾额,四面墙上是周太尉如何孝敬母亲的画像。平时,崇孝楼内烟雾缭绕,烛光闪烁,本村及附近的村民常来瞻仰膜拜,缅怀先祖,弘扬传承孝德文化。

周太尉原名周家七,在岭北周村的《周氏宗谱》中,有一些关于他的简要记载:周太尉生于唐长庆甲辰年(824),东邑岭北周人,家贫事母孝,不慕富贵,癖好山水……虽说详细的生平如今已无从考证,但一直以来,他孝敬母亲的故事在村民之中口耳相传。

周家七的父亲过世早,母亲又体弱,所以周家七在十六七岁的时候就已经下地种庄稼、上山砍柴,用稚嫩的肩膀撑着一个家。他是个孝子,夏天给母亲打扇,冬天给母亲捂脚。如果母亲有什么事,哪怕是半夜三更,他也会打着火把出门去。他原先住的地方边上有座砖瓦窑,冒出的浓烟四处弥漫,时常呛得母亲气喘咳嗽。看到母亲一副病恹恹的样子,周家七心里很是着急。他对母亲说:"外出时我会留心的,如果有清静的地方,我们离开这里，搬过去居住吧。"对于这个想法，母亲也十分同意。

深秋的一天，周家七来到枫连山下，就是现在岭北周村所在的地方，抬头仰望，见山峰一座挨着一座，一座比一座高，好像是登天的阶梯。层层岩石相叠，叠堆出成群怪石，云雾从岩洞中出没，似幻似虚。山岩之间，野花如星闪，枫叶似火烧，鸟雀在枝头上鸣叫，泉水在溪流中叮咚。山风吹来，神清气爽、心情舒畅。附近有几户人家，山坳里有一个小石潭，离潭不远处转个弯，是一大块平地。这地方母亲看了肯定会满意的，于是周家七砍来了树，割来了草和藤。没多少日子，就在平地上搭建起了三间茅草屋。

到草屋居住后，清新的空气、宜人的环境，母亲气不喘了，咳嗽也少了，精神也比以前好了许多。不过他母亲闲不住，在地上养了鸡，在山脚边放了羊。见儿子已经长大成人，自己也到了抱孙子的年纪，就托付亲戚和邻居，如有合适的姑娘，给儿子说上一个媒。

周家七常去石潭钓鱼，给母亲做鱼汤，也去山上挖灵芝草，给母亲调养身体。听人说，枫连山最高的那个山峰，峰顶有天桃，吃了能祛病健身、延年益寿，周家七就起了一个大早，腰布一缚，钩刀一别，与母亲说了一声，就出门找天桃去了。山道盘旋弯曲，好些地方已被芦柴、荆刺封住，周家七只好用钩刀横砍着前行，但手上脚上还是划出了一道道的血痕。七转八弯，翻过几个山冈，周家七忽然发现前面有一个岩洞，岩洞那边是宽阔的大路，一直通向山顶。山顶彩云飘忽，并有晃动的人影，带着钩刀过去不太好，周家七便往路边岩石上一放走了过去。

周家七走进一看，只见两个上了年纪的老人，一个白发一个黑脸，对坐在棋盘石两边，不过玩的不是象棋围棋，而是"西瓜六"石棋。这棋周家七小时候也玩过，就站在一旁看着。老人玩棋，不赌钱不赌物，而是赌刮鼻子，谁输了，对方就钩起食指，往输者鼻子上重重地刮一下。白发老头技差一筹，鼻子被刮得红火火的，像喝醉酒一样。大概过了一个时辰，白发老头说肚子饿了，拿点东西出来吃吃吧。黑脸老汉嘿嘿一笑，从背着的布袋里摸出三个桃子，一人一个。这时周家七才想起自己是来摘天桃的，可峰顶全是岩石，不要说桃树，就是青草也没一株。不过眼前的两位老人这里还有一个桃子，于是周家七向两位老人说明来意，是否可以将剩下的桃子送给他，没想到两位老人爽快地答应了。他看桃子红艳艳、粉嫩嫩，有小碗口般大，散发着阵阵清香。看来，这就是天桃了，母亲吃了定会百病全消，周家七赶紧转身下了山。

周家七穿过岩洞，不过眼前的树啊路啊，完全不是来时的模样，他怔怔地站着，感到很陌生。路边的岩石还在，但钩刀找不到了，不知是被谁顺手牵了羊。钩刀是新的，丢了周家七很心痛。他不经意间又一回首，看到的全是乱石堆，岩洞也不见了，老人和彩云更是没有影子。周家七心里惦记着母亲，也不去多想，继续走自己的路。

来到石潭边，周家七蹲下去将桃子洗干净，不料手一松，桃子掉落水中，慢慢沉了下去。母亲要吃的桃子，说什么也要摸起来，周家七纵身跳进潭中。奇怪的是，钻到水里一摸，桃子像一条滑滑的鱼，没法拿住。他爬上来一看，桃子在潭底一动不动，还一闪一闪地泛着红光。下去上来，上来再下去，周家七一连摸了三次，每次都空手而归。周家七像泥菩萨一样，呆呆地坐着。

过了一会儿，一个牧牛的孩子牵着牛走了过来，绕过石潭往山上走去。周家七记起岩石上的钩刀，问小孩看见没有。小孩好奇地盯着周家七，过了好一会儿，才摇起了头。不过，他告诉周家七这么一件事，听村里的老人说，好多年前，一个叫做周家七的后生，去枫连山上摘天桃，一直没有回来。他娘急得要命，喊来了亲戚、亲戚的亲戚上山去找，满山满垅全找遍，没见踪影，只找到一把钩刀。那天，枫连山顶飘来了祥云，还有一条白云铺成的天路。有人猜测，周家七上天做了神仙。后来，人们把钩刀所在的山湾，叫做"钩刀湾"，把峰顶的那个山冈，叫做"神仙冈"。

牧牛小孩一番话，听得周家七云里雾里。俗话说，仙界一日，人间千年。难道刚才玩棋的两位是神仙？难道自己进入了天庭？如此说来，母亲早已过世，周家七喉咙一紧，不由得流出了两行眼泪。这天桃，看来只能在坟前供奉了。周家七对牧牛小孩说：我就是周家七，如果下潭不能生还，就把我葬在母亲的旁边吧，我会保佑这一带风调雨顺、人畜兴旺、五谷丰收的。说着，周家七又一次跳下了潭。突然，潭底红光四射，桃子变成了桃形大石头。周家七两腿盘坐，双手合十，面含笑容，如菩萨状浮在水面。牧牛小孩一见，惊吓不已，立即将牛绳一放，飞似地跑回了村里。

周家七如愿下葬不久，人们在村口建起了一座小庙纪念这个孝子。据说如逢天旱，或者疾疫瘟病传染流行，只要前去庙里烧香祭拜就可以，有求必应，十分灵验。宋朝端平年间，朝廷被周家七"摸桃奉母"的孝举所感动，敕封周家七为太尉，并将小庙命名为"崇孝楼"。如今，修葺一新的"崇孝楼"依旧屹立在村中，不但见证了当地人崇孝的历史，也将继续鞭策大家做一个大孝之人。

（文：徐志光）

诸暨斯宅村

忠孝名宗子孙弘

诸暨斯宅，斯姓之宅也，是中国斯姓最大聚居地。斯宅村物华天宝、人杰地灵，有太多的历史人文，太多的风物教化，太多的景致与特色，也有太多的传说和故事。然而追根溯源，斯宅的故事首先从"孝"字开始。

话说三国东吴时期，法律严酷，入狱的人太多了。赤乌元年（238），廷尉史伟于心不忍，见狱中有罪犯服刑太重者，就罪减一等；有非罪者，就可怜他将其释放。这时就有一些奸臣上殿奏本，诬告史廷尉"目无王法，私改刑律"，吴帝孙权龙颜震怒，当场下旨逮捕史伟，将其处以极刑。史家祸从天降，无异于晴天霹雳。正当危急关头，史伟的两个儿子站了出来。史伟长子史从年方十六，幼子史敦年仅十三，兄弟两人联名"泣血上书"，争愿捐躯代父服刑。案件闹大后，孙权的母亲吴国太亲自过问，而且念及史家两子如此孝行，孙权听闻之后也是深受感动，因为孙权也是以孝立身，不禁感叹道："子愿代父，孝也；兄弟争代，义也。"还禁不住拍案叫绝说："斯孝子也！"当即下令复查此案，方知史伟忠心为国，便下诏赦罪，将史伟官复原职，并御赐"斯"姓，又旌斯敦为孝义郎。据传，史家改姓还另有一说，吴国有规定，死罪获赦后必须改姓。史伟一时拿不定怎么改，机敏过人的幼子史敦说："皇上曾曰'斯孝子也'，'斯''史'同音，今改斯姓，岂不是皇上赐姓吗？"众人皆称妙。总之不管怎么说，从此有了一个新的"斯"姓，斯伟便是开宗之祖，"孝"也成了斯家的文化基因。

唐僖宗中和四年（884），斯伟第二十五世孙斯德遂游学于诸暨宋家坞。这宋家坞在小山岙中，山清水秀，风光如画。村中有一户宋姓人家，只生了一个女儿，美丽聪明，勤劳朴实。可是从她呱呱落地到长大成人，从未说过一句话，父母怀疑她是哑巴，几度请来郎中诊治，无奈郎中们都说不出病因来。怎么办呢？迷茫之下求神问卦，算命先生说"此命怪异，见夫方能开言"。答案令人费解，父母心中暗暗叹息，只怨命运不济。

这一年姑娘18岁，看见门前来了一位年轻书生，忽然开口朝屋内尖声叫道："母亲快来看，来了一位书生！"深山老林，有人造访已是新鲜，尤其听到女儿第一声叫唤，为娘不胜惊喜，急忙奔了出来。只见女儿两眼一动不动，怔怔地盯着陌生书生。母亲热情地把年轻书生请进屋内，泡茶招待，动问身世。这位青年就是斯德遂，这一年正20岁，家住东阳斯村，略有资产薄田，自幼酷爱文学，更喜爱秀美山川，四方游学不止。这一天刚好来到与东阳接壤的诸暨东南山区，见天色已晚，便顺着一缕炊烟，踏进了鸟语花香的宋家坞。谁知宋姑娘一见如故，全无少女腼腆之色，却是话语滔滔不绝，好像要把积存十几年的话一下子倒个干净。说着说着，两人竟是缠缠绵绵，难舍难分。父母见此情景，不禁心有所悟，莫非算命先生所说"见夫方能开言"就应在今日吗？再说两人果然是郎才女貌，天作之合，青年就做了宋家的上门女婿。后来斯姓子孙繁衍成族，这里就被称作"斯宅"。斯德遂就是诸暨斯氏的始迁之祖，按家谱"铢"字辈排行第四，故称"铢四公"。遵循祖先孝道遗德，铢四公对岳父岳母也是孝顺之至，如同亲生父母一样，因此获得了"孝子公"的美称。历经千百载春秋，孝子公的后代越来越多，很快发展到上林三斯（上斯、中斯、下斯），成为烟火万家的暨阳巨族。在这好山好水之宅，上林斯氏历代秉承先祖荫德，以耕读传家，孝义传世。而斯宅所在之乡即名孝义乡，斯宅斯氏宗祠亦号孝义堂，祠堂门上还有一方巨匾，镶有"忠孝名宗"四个鎏金大字。

转眼到了明朝嘉靖年间，上林斯氏第二十二世孙斯钜，号肃斋，下有七子三十孙之众，因为有两个孙子官拜太守，故被诰封斯钜中宪大夫。老人家享寿97岁，皓首齐眉，子孙孝顺万分。晚年时由诸孙按日轮派供膳，家家争先恐后，那是山珍海味无美不备，时鲜果蔬应有尽有。但是享用日久，老人家未免口觉腻味，反倒思念起清淡饮食。恰逢第五孙斯汝行自山西平阳知府任上返乡省亲，就在轮值供膳之日，别出心裁地改换了菜谱，增添了三道诸暨山乡的家常之菜：荤豆腐、线粉和素面。妙处就在于菜的主料均是就地取材，精选本地特产冬笋、香蕈、金针、木耳之类纯天然珍品为佐料，然后精心烹调而成。尤其是将这三道新菜盛于三只金镶彩绘的大海碗内，色香味分外诱人。老人家逐一品尝之下，顿觉异香馥郁，当场夸为人间美味，赞不绝口。从此以后，原本平淡无奇的三道家常菜，经过福寿双全的斯钜太公推崇，身价百倍，日后荣登诸东南一带传世名菜之列，成为喜庆宴席和嘉宾桌上不可或缺的珍馐。斯钯太公祖孙不但以首推"三海碗"而留下一段传世美谈，而且德泽绵长，后裔炽昌。斯钯太公——也就是"三海碗"太公嫡派后代斯华国、斯元儒等更是富甲一方，翰墨飘香，子孙英才辈出。斯宅的土地上，于是有了名闻天下的千柱屋、华国公别墅、笔峰书院、斯民学堂、洋房子等许多千姿百态的民间古建筑绝品，以及与之相伴的佳话流芳千古。

上林斯氏第三十三世孙斯元儒，身经乾隆、嘉庆、道光三朝，不仅是当地巨富，也是捐资助学、赈灾济民的义闻天下之士。嘉庆年间，斯元儒在斯宅螽斯畈村东首建造了一幢江南巨宅"千柱屋"。千柱屋的风光自然不必细说，那是闻名遐迩，如果把千柱屋比作汇集万千气象的大观园，那么雕刻于正厅照墙上的"百马图"便是其中一道光彩夺目的艺术风景。百马图中雕琢的一匹匹骏马，惟妙惟肖，神形仙姿，却无一雷同，可以说百马图中任何一块砖雕都是一幅动人的画面。令人奇怪的是，百马图却并非百马，只有53匹。传说当年雕刻"百马图"的大师傅做到一半时，突然接到母亲病重的消息，即刻回家探亲，却是一去不返。有人建议主人另请高明工匠将"百马图"补雕完成。主人说："师傅探母因孝，我们如若把'百马图'补齐了，孝的故事就不完整了。就这样空着吧，把孝的故事传给子孙后代。"在千柱屋院内的六扇格式大门上，还雕刻着千年传诵的民间"二十四孝"图，可见主人对孝道的良苦用心。斯元儒又在千柱屋后面的松啸湾造了一座笔峰书屋，以供子孙读书，那是寓孝于教之"教"者，孝文也。

同样的道理，斯宅的"华国公别墅"也是寓孝于教。史载"三海碗"太公的后代斯华国（即华国公），一生酷爱读书，尊师重文，他希望建一座家塾，以培育人才为国家所用，然而因为年事已高无法亲手完成。他的儿子斯志浦和孙子斯源清在道光二十年（1840）继承先辈遗志，建造了这座家塾兼家庙的独特建筑。之所以称"华国公别墅"，有"事死如生"之义，仿佛华国公还活在人间一般。子孙能够实现父母长辈的遗愿，也就是尽孝的一种体现，是一种大孝。别墅院子中的两口井，一阴一阳，阳井高出地面而大旱不涸、大雨不溢，阴井则深入地下而水面始终距井口半米上下，斯宅人认为这两口阴阳井代表着祖先和子孙，虽阴阳相隔而心灵以此沟通。华国公别墅中至今仍然保存着十数张特别珍贵的古代捷报，足以证明别墅中的子孙是多么有出息。尽孝并不仅仅是让父母吃得好穿得好，儿女有出息，让父母脸上有光彩，才是更高层次的尽孝。

据《暨阳上林斯氏宗谱》记载，有很多子孙中举做官，竭尽孝道为父母增光，也有很多孝子孝妇或以身殉父，或割股救母，不胜枚举。到了民国10年（1921），斯家又出了"两孝子"斯春山和斯又成的动人故事。斯春山和父亲外出打工，返家途中遭遇强盗谋财害命，父亲危在旦夕，儿子舍身相救，父生子亡，悲壮激烈。斯又成呢，遇山洪暴发，游水出逃，原本已经脱离危险，当看到母亲携妹妹无法逃出，毅然返回救母，不幸被断墙所压而殁，可歌可泣。

在斯宅，"孝"的精神代代相传，"孝"的故事层出不穷，就像天上的星星一样，那是几天几夜也数不完呢。

（文：孙新栋）

新昌藕岸村

赤崖身代石永寿

"百善孝为先","孝"是中华民族最为看重、一直传承的美德。除了最为著名的"二十四孝"之外,中华大地上还流传着许多孝感动天的故事。新昌县羽林街道藕岸村也曾发生过一件青史留名的孝子事件——"赤崖身代"。

藕岸村开基于南宋末年,又名藕津,是黄泽江北岸的一个古朴村落,源自四明山的藕溪穿村而过。藕岸全村古意盎然,民风淳朴,村内聚居的主要是吕氏族人,吕氏族人崇尚耕读,为古村增添了几分底蕴。村内保留了许多古建筑,如文昌阁、真君大庙等。村里古戏台的石柱上,刻着这样一副对联:宽带常缀莲花座,水袖莫翻藕岸风,向人们述说着藕岸人对江水的敬畏。

每临炎炎夏日,藕岸与枫家潭、芦士三个村之间的黄泽江大岩潭中游泳消暑者总是很多。游到藕岸碑口,能够见到一块奇岩,从水中延伸至山腰公路,岩石呈红色,好似鲜血渗出。据当地年长者称,这里有一个"赤崖身代"的传说,据说元末有一位孝子以身代父被杀害在此,孝子的鲜血染红了岩石,这块岩石从此叫"赤崖"。

地质学常识告诉我们,岩石呈红色,是因为这里属丹霞地貌,本就是红色,鲜血染红之语纯属附会。不过"赤崖身代"却是一件真实发生的事件,事件的主人公是藕岸村石氏第五十一世祖永寿公。事迹在《元史》《明史》《新昌县志》《南明石氏宗谱》都有记载。据《元史》列传第八十五"孝友二"记载:"石永(寿),绍兴新昌人。性淳厚,事亲至孝。值乱兵掠乡里,永父谦孙年八十,老不能行,永负父匿山谷中。乱兵执其父,欲杀之,永亟前抱父,请以身代,兵遂杀永而释其父。"在民国《新昌县志》当中也有类似的记述:"元石永寿,字德远,待旦十世孙,性淳厚,事亲至孝。元末兵乱,父谦孙年八十,不能行,永寿负父匿山中。乱兵执其父,欲杀之,永亟前抱父,请以身代,遂杀永寿而免其父。乡人哀之，推祀学宫。今藕岸赤崖即其殉孝地。"可见，综合各类史料以及村民讲述，"赤崖身代"是一件脉络十分清晰的孝子事迹。

南宋咸淳九年（1273），新昌名儒石待旦八世孙石奕垓移居到藕岸村（当时称上旺村）。如今藕岸村的蟠龙山脚，就是藕岸石氏的房祖。新昌石氏为名门望族，石奕垓移居时应有些资财。同时，藕岸村位于曹娥江支流黄泽江的北岸，是黄泽江河运的重要码头；"枫家潭——山头里盆地"为新昌第三大盆地，藕岸村位于该盆地的中心地带，属于冲积平原，土壤肥沃，十分适宜种植业发展；藕岸村又临近鸬鹚大山，有取之不尽的木材和野生动物。原有的资财，加上物产丰富、河运畅通，让藕岸石家的财富一点一点地积累着。石家到石奕垓孙子石谦孙这一代，可以说已经是家业富饶了。

石谦孙有三个女儿和一个儿子，他在47岁的时候才生了儿子石永寿。老来得子，且为独子，石谦孙对儿子是宠爱有加，期望很高。所幸石永寿天性淳厚，事亲至孝，勇而不屈，勤劳生产。后来，石永寿生了四个儿子和三个女儿。一大家子父慈子孝，儿孙绕膝，耕读传家，衣食无忧，过着羡煞旁人的神仙日子。

天有不测风云，人有旦夕祸福。时间到了兵荒马乱的元顺帝至正二十年（1360），厄运降临到了这个幸福的家庭。当年三月三日，方国珍下属温闽大军从天台来到新昌安仁乡，进入藕岸村进行抢掠，石永寿就背着年迈的老父亲逃往鸬鹚山。是年石永寿34岁，其父石谦孙80岁。由于拖儿带女身背老父，石永寿一行行动较缓，往山中逃出一里许，到达现黄泽江边藕岸村与芦士村交界的枫家潭岭时，被乱兵抓住了。乱兵抢了行囊，还以杀老父为要挟，要求石永寿回家取出藏宝。石永寿说："家里贵重物品全部带来跑路了，真的是再也没有钱财可献了。如果你们一定要留个人质，就留我吧，要杀也杀我吧，请放了我的父亲。"乱兵就将刀架在了石永寿的脖子上，换成要挟其老父及妻儿。见确实没有油水可以榨取，乱兵就杀了石永寿，鲜血沿着大岩石流进了黄泽江。后人将永寿殉孝地的岩石叫作"赤崖"，山称为"小天打岩"，并在此建了一座孝子庙，雕有石永寿石像，庙前有一石碑记述其孝迹。

明洪武三年（1370），石永寿赤崖身代的事迹被新昌知县周文祥上奏朝廷，因此名动全国，载入史册。石永寿被批准进入乡贤祠，得享春秋二祭。到了民国二十五年（1936）8月18日，新昌先贤祠举行入祀大典，石永寿作为全县九名历代先贤之一进入先贤祠。

　　石永寿四个儿子或许是经历灾难后外迁了，没有在村中留下后裔，仅石永寿的第二个儿子石道存在《南明石氏宗谱》中留下了"官至将士佐郎、巡检"简短几个字。方国珍兵乱后约一百年，藕岸村又经历了一次山匪袭击，血洗石氏，藕岸石氏从此衰落。在明嘉靖年间迁入村中的吕氏则日渐兴起，成了望族，现在藕岸村所存七座明清古建筑多为吕氏宗祠和故居。清嘉庆五年（1800）在藕岸桥头所建的石氏奉先堂早已不知所终，连后来所建的石氏小宗祠也只剩残垣断壁。20世纪八十年代初，因劈山开路、取石修堤所需，枫家潭岭被炸毁，半山腰的岭变成了平坦的通村公路，通往芦士村岭上的孝子庙也就不复存在了。庙前的石碑或已埋于枫家潭村枫杨古树旁的沙堤之下。

　　虽然目前有关石永寿的物质遗存近乎为零，但是他的孝子事迹和儒家精神却代代相传，从未隔断。从藕岸村走出来的全国著名教育家吕型伟、著名图书馆学家吕绍虞都是以孝闻名，吕型伟还捐资在母校新昌中学建造师恩亭，亲笔题写"师恩难忘"，出资设立"吕型伟英才奖"，奖励优秀毕业生。即便是在藕岸村的普通村民家中，也是将孝道文化作为家庭教育的第一课。村人无论走往何处，从事何种职业，都能做到事亲至孝，敬老爱幼。

　　修身、齐家、治国、平天下，从"孝"可以延伸出一切传统美德。藕岸村以孝治村，也涌现出了众多爱国志士。1938年11月，新昌县第一个农村党支部在藕岸村成立，该村还是中共新昌县新北区委的办公所在地。村民积极投身革命事业，涌现出了吕再岳等一大批革命英烈。

　　"祇树千年留古柏，灵台一曲漾清波。"石永寿赤崖身代的事迹影响了一代又一代的藕岸人，应当一代又一代地传唱下去。

（文：新昌农办）

嵊州苍岩村

囚车台门爷孙情

苍岩村坐落于嵊州市西南十公里,三面被天台山余脉包围,从山中流出的两条河流——澄潭江和小乌溪江在此交汇。这里山清水秀,景色秀丽,黄坞春耕、宝溪渔唱、石壁晚霞、狮山独钓、燕尾晴岚、岩潭夜月、明觉晓钟、莲峰积雪等苍岩八景享有盛誉,而且每一景都有一首属于自己的诗,"宝水渊源出剡西,渔夫歌唱傲村鸡。含光隐护江中趣,清洁高风副品题。"描写的就是"宝溪渔唱"。远远眺望,只见一片黛青色的山峦,似一双温柔的手臂,轻轻拥抱着苍岩村,而两条碧绿青翠的河流,如翡翠做成的玉带一般,静静围绕着村庄,组成一幅宁静和谐的美丽画卷。

苍岩历史悠久,始建何时,已无可查考。三十余年前,村民曾发现一批古砖,上面刻有"元和三年"的边款,元和曾为汉章帝(84—87)和唐宪宗(806—820)年号,由此可推断,最迟在唐时苍岩已成村落。公元1190年,俞氏先祖俞澄公务途中路经苍岩,为苍岩的景色所吸引。俞澄念念不忘苍岩的美景,决定迁居苍岩,此后不断发展,渐成村中的第一大姓。现今的苍岩,已分成四个村,分别是一、二、三、四村,村中百分之九十的人家都姓俞,是个典型的一族一姓的村落,为剡南第一大族。

旧时运输主要靠水路,澄潭江直通曹娥江,苍岩地处要冲,建有码头,是从新昌澄潭至嵊县、上虞的必经之地,各种物资在此中转。因此苍岩商业自古比较发达,如烟叶、蚕丝等远销到沪杭等地。同时,苍岩文化底蕴深厚,戏曲、文学、棋类等都享有盛名。明嘉靖年间,苍岩曾出过一名围棋国手,俞氏十三世祖俞则兼"善玉揪子以国弈闻","全浙无敌",打遍浙江无敌手,可见他水平之高。从那时起,围棋一直就是苍岩人所喜爱的一项娱乐活动,并且扩大到象棋等其他棋类,多次获得各类比赛的冠军。

俞氏的十三世祖中,还有一位叫俞则善,他建造了一座囚车台门,里面三进走马楼,四十八开间,规模宏大,这就是现在的油车台门。他为什么要建造这么一座囚车台门呢？这里面有一个感人的故事。

有一天，俞则善正在村口的大樟树下与人下围棋，他的棋艺不精，被对方死死地压制住，眼看着就要输了，这时旁边传来一个稚声稚气的声音，"你走这里。"俞则善回头一看，只见不知从哪来的一个小孩，正看着他手指着棋盘。俞则善死马当作活马医，依着小孩的指点下了一子，对方跟着下了一子后，那小孩又指着棋盘说："下这里。"俞则善依言下子，这样没几下，棋局竟然渐渐扭转过来。最后，反赢了对方三子。小小年纪居然有如此棋艺，大家都仔细打量起这个小孩来。这小孩十二三岁的年纪，长得眉清目秀，唇红齿白，眉宇间透出一股英气，肩背礼包，手执雨伞，衣服虽然破旧，却补洗整洁，身上风尘仆仆，显然走了很远的路。俞则善问他从哪里来，到苍岩做什么，小孩一一作答。原来小孩名叫丁川，是天台苍山刺乌村人。因为家中连年灾荒，父母劳累而死，母亲临终前叫他前去投靠外公俞传来。俞则善听了，心中一沉，俞传来和他差不多年纪，但两年前就因病而亡了，他又没有后人，这丁川远来投靠，这叫他如何是好？他看着丁川，感觉这个孩子容貌出众，出语不凡，谙棋识礼，智慧过人，越看越喜欢，不由得心中一动，对旁边众人使了一个眼色，朗声笑道："这真是巧了，原来你就是我外孙丁川啊，我就是你外公，传来是我的外号，我叫俞则善。""真的，你是我外公？"丁川一听，又惊又喜，他还年幼，哪里还分得清真假，顿时就扑到俞则善怀里，抱着他哭了起来。

就这样，丁川在俞则善家住了下来。俞则善年轻时在江、浙、闽几省经营蚕丝生意，家境宽裕，为人又乐善好施，邻近百姓十分敬仰。现在领回了一个投亲不遇的孩子，大家都乐意为他保守秘密。

俞则善待丁川如亲生，聘请名师精心教诲。丁川虚心好学，不出几年，文韬武略，大有长进。当时沿海一带，倭寇作乱，丁川时时闻得外公唉声叹气，忧国忧民，于是在十八岁那年，征得俞则善同意后，毅然前去戚继光将军部下投军。转战十多年，屡建奇功，深为戚将军重用，被提升为军府参赞，谋划军机。丁川想起外公为自己费尽心血，一心要报答他的培植之恩，派人把他接到了福建防务营中，精心照顾，以尽自己的一片孝心。

常言道："外面金窠银窠，不及自家草窠。"俞则善住了一段日子，就思念起家乡来，时时梦到苍岩的山山水水，几次跟丁川说要回家，每次丁川都极力挽留。

这一天，两名军卒把俞则善带到军营大堂，丁川坐在大堂上，面带怒容，见到俞则善，惊堂木一拍，喝道："大胆俞则善，你不是我外公俞传来，是不是？"俞则善一惊，问道："你知道了？"丁川说道："我小时候被你蒙骗，长大了还能再瞒住我吗？你冒认官亲，该当何罪？左右，给他戴上手铐脚镣，押送回原籍。"几个兵卒不由他分说，抓住他给他戴上了手铐脚镣，把他塞进一辆囚车里，往嵊县出发了。

俞则善戴着沉重的手铐脚镣，坐在囚车里，越想越气，破口大骂丁川忘恩负义。心想我这个外公虽然是假的，确实冒充了官亲，但不知哪里露出了破绽，被你这小子抓住了把柄，用囚车来报答我的恩情。

俞则善坐在囚车里，一路上骂骂咧咧。过了二十来天，终于到了苍岩老家。解差放开俞则善，把一大堆手铐脚镣扔在墙角，俞则善指着叫他们赶快滚。这时其中一名解差从怀中取出一封书信，恭恭敬敬地递给俞则善，说丁大人嘱咐到家时再交给他。俞则善气呼呼地撕开书信一看，信上写道："外公恩情，天高地厚，本欲留住，亲自奉养。无奈外公归家心切，难以挽留。兵荒马乱，路途不宁。屈坐囚车，以保平安。链条金铸，外涂黑漆。些微金子，系皇上赏赐。转奉外公安度晚年。为遮耳目，故作如是。先未明言，万请宽恕……"

俞则善刮开手铐脚镣外面的黑漆，里面果然是黄澄澄的金子。他捧着书信，号啕大哭，"川儿，你是外公的真外孙！"

后来，俞则善就用这些金子造了这幢三进四十八开间的大台门。人们为了纪念俞则善发现人才、资助成材，丁川知恩图报、巧计献金的事迹，就把这个台门叫作"囚车台门"，后来嫌"囚"字不吉祥，就故意走音喊为"油车台门"。

三百多年过去了，现在的油车台门因为岁月的侵蚀已经破败不堪，但依然能够看到当年建筑规模的宏大，而油车台门的故事也在苍岩村里流传不衰，就连通往油车台门的那条弄堂，也叫油车台门路，可见这个故事影响之大。而苍岩人，也以崇仁尚义、推信立忠为荣。

（文：袁孟梁）

嵊州华堂村

代父充军孝义扬

华堂村位于嵊州以东的卧猊山下，南倚蟠龙山，平溪穿村流过，将全村一分为二。全村依山水之势而建，这里山水相连，宁静致远，如同一幅水墨画。华堂村至今已有八百多年的历史，村内古建参差错落，青砖白瓦，透着淡淡的悠然古朴之风。

华堂村全村共有5000余人口，是绍兴市内最大的行政村，其中百分之九十多姓王，是我国王姓最大的聚居地。据传北宋时，王羲之第二十六世孙王弘基，从金庭祖居迁往岩头。又过七世至三十三世孙王迈择基于卧猊山麓，王氏后人伐木平土，广建精舍，从岩头迁到今天的华堂村。王迈在迁往新居时，将祖传的书画集中在厅堂上展览，让人欣赏，故称"画堂"。明朝武德将军、秦王府教授冯益撰写的《明处士西谷王公墓志铭》中曰："高祖兰室翁（王迈），筑室卧猊山之阳，极其崇丽，人号'华堂'。"由此可知，华堂的名称是由堂名演变为村名的。

华堂村内古建筑颇具规模，在村的东端有一座节孝祠。此地旧称"溪塘头"，节孝祠依山面水，坐西向东，白墙红柱，飞檐翘角，厅舍层层叠叠，建筑错落有致。远远望去显得格外恢宏醒目，近前细赏又显得玲珑别致。祠堂第一进是门厅，门前有一条石弹大路，大路前建有一个方形水池，长约二十五米，宽约二十米，碧水盈盈，垂柳依依。池的前方就是平溪，从祠前蜿蜒而过。门厅系四柱三楼三间排楼式建筑，门楼眉枋上刻有时任嵊县知县林诚通所题的"慈节"两字。跨进门厅，便是凹字形水池，池中植莲。每当六月盛夏，荷叶田田，莲蓬簇簇，碧水、绿荷、红莲相映成趣，粉墙绿树，红柱灰瓦，静谧幽雅，古趣横生。池中架设一座三孔拱形石桥，从石桥上徐徐而过，便是孝子殿。孝子殿三楹，置长檐，系歇山式单层建筑。外围建有游廊，前、左、右三面水池环绕，凭栏赏景，别有一番情趣。距孝子殿约二十余米，便是节孝祠正厅。节孝祠为五开间，自门厅至正厅左右两旁各建廊屋多间，形成了一个封闭式的院落。

说起这节孝祠，正是为旌表王羲之第三十六世孙王琼代父充军以及其妻石氏忠贞而建。据《节孝祠记》记载，明朝洪武八年（1375）的一天清晨，一群官兵突然闯进华堂村新婚刚三天的王琼家里，从温暖的被窝里拖出王琼的父亲王嗣仁。正在温柔乡中做着美梦的新婚夫妇，听到吵闹声，连忙起来看个究竟。只见头发花白的父亲已被五花大绑，像一只绑得结实的粽子那样倒在地上。长官拿出一卷文书，高声朗读："孝嘉乡华堂庄嗣仁追随万石长作乱，反我大明王朝。律令缉拿归案！嵊县正堂某某。"长官把文书抛在地上，算是通知了主家。挥一挥手，官兵们便吆五喝六地把王嗣仁押解出村。

王琼顿时悲伤地号泣起来。王琼之父王嗣仁是王羲之的裔孙，原是剡东的富户。元末明初，时局动乱、山匪蜂起，王嗣仁组织村民剿匪保境。洪武八年，万石长在浙东起事反明，向各村各堡摊派送粮送衣，王嗣仁为了保护家族，不得已替万石长输送粮食、衣物等物资以及代为征召兵丁。不出一月，万石长就被明朝官兵剿灭了。然而，朱元璋在金銮殿里却是如坐针毡。金陵虽然成了京城，但城池破破烂烂，一旦叛军攻城，无坚可守。可是要修金陵城墙的话，不知要花费多少朝廷的赋税呢！朱元璋想着想着，想得夜里睡不好觉、白天吃不下饭。国师刘基看出了皇上的心事，就给他出了一个万全之策：把曾经反对过朱明王朝的人捉拿归案，统统判刑充军到金陵修城墙。朱元璋一听，心花怒放。于是下诏全国各省、府、县衙门，命令有司顺藤摸瓜，把那些当过敌方兵丁、反对过朱明王朝、讲过写过有辱朱明王朝言论的人统统捉拿归案，充军到金陵。

这一股秋后算账运动，可谓空前绝后。王嗣仁就这样被官府缉捕到了县牢，过了三个月，被判充军金陵。充军金陵实际上就是做苦役，已经五十出头的王嗣仁怎么可能受得了这番劳苦。新婚三月的儿子王琼跑到县衙哭诉，愿意代父充军。可是衙门哪里肯依，经过一番周折，王琼破费了不少钱财，才得以冒名顶替。王琼冒着父名充军到金陵，开始了漫长的修建城墙的苦役。由于体力劳动强度大，官兵督促紧，没到半年时间，王琼就累死在了工地上，终年才25岁。

噩耗传到华堂，家人悲痛不已。王琼的妻子石氏，新婚三月便与丈夫离别，不过她此时已经怀上了王琼的孩子。她生下儿子后回到娘家，娘家人怜其劳苦，劝她年轻时趁早改嫁。她听后立马拿起剪刀，剪下一绺青丝，发誓决不再婚。她从娘家愤而返回后，从此不再回娘家之门，矢志守节，一心一意留在夫家，挑起了家庭重担。那时，公公婆婆都已年迈，石氏上侍公婆，下育幼子，艰苦非常。第二年，她家的池子里莲生双蒂，众人都说这是因其节烈而生。听闻石氏贞洁事迹之后，嵊州绅士张灿作诗称颂。诗曰：

> 堂上老姑垂暮齿，膝下娇儿幼方乳。
> 梧桐雨暗孤灯明，耳旨供徐习机杼。
> 心许黄泉不二天，上应照得此心坚。
> 不然请看池中藕，涌出双头并蒂莲。

石氏的生活本来已经是艰苦异常，但是瑞祥的出现和名绅的赞美，又激起了她对家庭的希望。

石氏不但以贞节昭然于世，而且在公益义举、训教子孙方面也有美名。华堂村后的田坂，土名"后门坂"。原先所建的水利设施较差，虽然濒临平溪，但是一旦遇上大旱，也常常遭灾。石氏为了使后门坂变成旱涝保收的良田美地，首先倡议建造水甽，引平溪之水灌溉农田。华堂村口原本有九曲水甽，就是上代王家每年用于"曲水流觞"之用。石氏把九曲水甽作了进一步的改造，两边砌起了石坎，平溪里也筑起拦水坝，使江水源源不断地通过九曲水甽。她又在九曲水甽的尾处续建了长约2里的水甽，把平溪之水输送到"后门坂"。水甽建成后，不但解决了后门坂良田的灌溉，还给全村的洗涤、消防带来了方便，一举数得。直至今天，九曲水甽仍然是华堂村民饮用、消防、良田灌溉的主要水源，正是惠及子孙、百世不竭。

石氏教育子孙也是十分严格，延师教子，费尽心血。在她的言传身教之下，子孙代代出人才，辈辈有义士。裔孙中饱学之士就有：王文高、王诞、王纯、王皎、王邦、王应昌、王心纯、王心一、王徵弦等。王应昌与王心纯父子双双考中进士，后人在村口立了一座石牌坊，上书"父子大夫"。他俩还被列为嵊州乡贤祭祀，双双在《嵊县志》上立传。

这正好印证了古人"孝道传家，后世其昌"的金玉良言。

（文：成于渐）

> 兰溪长乐村

八行美德耀乡里

  兰溪市长乐村位于兰溪、龙游、建德三县交界处,全村四周丘陵起伏,一条连接建德至兰溪的古驿道在村前蜿蜒而过。长乐村享有"长乐福地"的美名,传说元朝末年,朱元璋攻打浙江,大将常遇春率军路过兰溪、建德、龙游交界处的上坑庄,恰遇秋雨连绵,于是屯兵月余。只见村民纯朴厚道,勤于耕作,六畜兴旺,粮米丰盈,百姓喜乐融融。常将军由衷地感叹道:"此真常乐之村也!"于是,村民就将上坑庄改称为"常乐"。以后不知什么时候,"常乐"演变成了"长乐",村名由此而来。

  长乐村最初为叶氏聚居地,村中叶氏村民是宋绍圣二年(1095)进士叶梦得的后裔。叶梦得原籍江苏吴县,传至叶元涛时迁至兰溪叶店垅,叶元涛就是叶氏迁居兰溪的始祖。到了南宋嘉定元年(1208),叶伯林又迁居至兰溪上坑庄(即今长乐村)。叶氏后人从此在这里生根繁衍,至今已有八百余年的历史。如今长乐全村共有2700余人,不过其中金姓占绝大多数,之所以出现这种情况还要从叶氏与金氏两族的通婚说起。

  据《瀫西长乐金氏宗谱》记载,金氏先祖被封于项地,因此以项为氏,后来项伯归汉,赐姓刘。至五代时,因避吴越国王钱镠之讳,改为金姓。传至宋代,金天原官至大中丞,迁居衢州桐山峡口。再传至陈公,徙居兰溪望云乡鸡鸣山下,这是金氏迁居兰溪的始祖。四代之后,金氏的一支由金展率领迁到兰溪西北部的桐山,称为桐山后金(今黄店镇桐山后金)。金氏在这里安居乐业,孝义治家,世代相承,家风朴茂。南宋绍兴初年(1131),赐六世祖金明卒为迪功郎,荣耀乡里。八世祖金景文"事亲笃孝,守墓致祥",与同乡陈天隐、董少舒以"孝、悌、睦、姻、任、恤、忠、和"八行闻名,有"一乡三八行者"之誉。郡守为表彰他们的义行,将本地改名为纯孝乡,里为循义里。十世祖金梦仙"明经博学",于南宋绍定六年(1233)诏举为东宫太子讲师。十一世祖金履祥(1232—1303)是金梦仙的第三个儿子,因家住仁山之下,学者称之为仁山先生，受业于理学家王柏，是宋元时期著名的大儒、理学名家，与何基、王柏、许谦合称为"金华四先生"，后从祀于孔庙。金履祥有两个儿子，长子金颖，次子金预。金颖一支留桐山后，金预一支迁居檀村金家园，四传至金舍、金恭。由于金恭过继给叶氏落户长乐，便成了金氏迁居长乐的始祖。

据《叶氏家谱》记载，叶伯林定居上坑庄不久，便在上坑庄建造了余庆堂。叶氏在此生息繁衍，成为瀔西望族。但是到了宋元之际，上坑庄叶氏却人丁不兴，后继乏人。这时在距上坑庄不远的檀村（今属建德市大慈岩镇）金二仁娶上坑庄叶氏为妻，没有生子，又继娶何氏，生有二子，长子金舍，次子金恭。金二仁便把金恭过继给了上坑庄叶氏，并将金恭的排行改为叶氏辈曾一公，数代之后，人丁兴盛。然而檀村金氏至第十五世祖以后，却逐渐衰微，香火不继，以至无传。出继长乐叶氏的金氏后人，一直怀念着金姓祖先，檀村金氏失传之后，长乐金氏更是念念不忘复姓。到了明正德六年（1511），金华郡守赵鹤寻访名人之后裔以定春秋之祭，当寻访到仁山后裔时，得到兰溪章枫山先生的指点，说庠生叶瀚、叶渊和太学生叶英均为仁山之后。赵鹤让人取出《金氏宗谱》，"指示宗图流派，查考仁山世次，是为十一世祖，查至泅公后遂失其传，其重轻又将如何耶，某等咸无对"。赵鹤便命恢复金姓，并提出在桐山后金村天福山下建仁山书院（又称仁山公祠），以纪念金仁山先生，拥有三进两明堂建筑的书院至今基本保存完好。从此金叶两姓共居长乐。从明天顺至清初，金氏瓜瓞连绵，仕宦不绝，而叶氏更趋衰落，长乐逐渐形成了以金氏为主的血缘村落。

长乐金氏信奉"不为良相，便为良医"的古训，识草从医者颇多。金氏更以先祖的"八行"传世，村里流传着诸多德行善事，其中就有一则因孝敬母亲而感动逆子回头重新做人的故事。

本故事的主人公名叫金洙，字有义，号丽泉，是金陈公第二十三世孙，明弘治甲子年（1504）出生，嘉靖癸亥年（1563）去世。他家世代崇尚儒学，他的伯父金尚义、父亲金鸣远，都潜德弗跃，兄弟二人嗜好诗文，对金洙的影响极大。金洙为人性格和顺，对朋友讲信守义。金洙14岁时便失去了父亲，对母亲梅氏十分孝顺，早晚奉养母亲，竭力顺从母亲的意愿，从来没有一丝偷懒。每当母亲生病时，他就亲自熬汤煎药，尝药试温，衣不解带小心翼翼地服侍在母亲身边。在金洙的精心照料下，母亲每次生病都能慢慢地痊愈。

明嘉靖己酉年（1549）三月十五日，母亲梅氏因年老体衰而终，享年81岁。金洙按传统礼节祭祀母亲，早晚哀号，痛念不止，并在母亲墓前筑起茅草小屋而居，每天早晚用瓢钵瓦罐盛着稠粥、粗菜淡饭，跪在墓前供奉祭奠，像母亲活着一样地孝敬母亲。三年之内他从不开玩笑，也不嬉戏游乐，面容凄惨悲戚，晚上用土块当枕头睡觉，以表示对母亲去世的哀悼。有事情需要回家，也只是在中堂与妻子祝氏相见，叮咛妻子好好看家，从不入房中与妻子过夫妻生活。事情办完，就返回到母亲坟前的小茅屋中，严守礼法。

邻村的里叶，有一个做贩卖生意的年轻人叫贾幸仁，平时经常谩骂殴打母亲叶氏。两年后的一天傍晚，贾幸仁从外地做生意回来，经过金洙母亲的坟墓，见坟前筑有一座小茅屋，并听见悲悲凄凄的哭泣声，于是向前打听原因。金洙将自己因思慕母亲但"子欲养而亲不待"的悲痛心情告诉了贾幸仁，贾幸仁听了非常感动，明白了父母养育子女的艰辛，十分后悔平时对母亲的不孝行为，并下定决心从此悔过自新，好好孝顺赡养母亲。从此以后，贾幸仁十分孝顺母亲，他的母亲由此过上了安享人伦之乐的生活。贾幸仁母亲知道自己儿子变善是因为被金洙的孝顺行为所感化的，于是亲自前往小茅屋拜谢。从此，四邻八乡纷纷传颂金洙的孝道故事，家族亲朋也十分尊重他，并上报给县衙。万历年间程子鳌任兰溪县令，获知这事后，非常钦佩金洙的美德，亲自调查核实，赠给金洙一块"孝思"的牌匾，至今还悬挂在嘉会堂（象贤厅）中。

常言道："人生百行，唯孝为先！"但真正能做到的，又有几个人呢？像长乐村的金洙，既能自己做到对母亲尽其孝道，又能感化别人，这种诚心行孝的子孙，真不愧是人间真正的正人君子。尊老爱幼是中华民族的光荣传统，理应世代相传，发扬光大。金洙不愧为"八行"之一金景文的后代，他的孝行故事将会一直被传颂。

（文：吴建清）

永康塘里村

忠孝传家天性真

永康市石柱镇塘里村，位于永康市东南部。村庄坐西朝东，背山面水。后山源自于方岩、魁山一脉，山势蜿蜒奔腾数十里，到塘里时打了个旋，呈屈曲环抱之形，占回龙望祖之势。村前有大塘，宛若砚池，有"春漾碧波、夏纳凉风、秋映明月、冬收瑞雪"的美誉，"塘里"之名由此而来。明代监察御史、永康进士谢忱有诗赞曰：胜日寻踪秋官第，犹似银盘坠青山。一泓清塘庠泮水，万枝阙里杏坛花。

塘里村是孙权后裔的聚居地，自孙权后裔孙祎迁居塘里后，繁衍至今已有九百多年的历史。据《永康县志》记载，三国赤乌八年（245），吴帝孙权的母亲吴国太体弱多病，孙权便命第六子孙休陪同祖母来到乌伤县进香，祈求"永葆安康"。在前往乌伤古刹灵岩寺的途中，祖孙二人见一处清塘碧波荡漾，塘后群山绵延曲折，便下车游玩。看到如此美景，吴国太不禁感慨，说道：我们虽然是皇族，但是难免盛极必衰。如果什么时候世事变迁，我们后人不妨迁居此地，也可保孙氏血脉延绵不绝。吴国太祖孙二人所经过的地方正是如今的塘里，孙休也将祖母的教诲牢记在心。吴国太在永康进香之后，身体逐渐康复，孙权大喜，赐名"永康"。不过正如吴国太所说的那样，孙氏皇族并没有恒盛不衰，虽愿"永葆安康"，还是不可避免地衰落了。而孙休这一支的后裔孙祎，因塘里"背山面水，廉贞发祖，重重穿账，曲曲活动。庚龙入首，金牛去水。形如紫燕结窠。是肇吉蕴秀之地"。决定迁居塘里，也完成了先人的愿望。后人为纪念吴国太，在村两头造了两座门，分别取名为"上车门"和"下车门"。

迁居塘里之后，孙氏后人人文蔚启，长盛不衰。谱载宋代孙氏为官者就有十五人，明代《永康县志》记载，塘里由乡贡以上而入仕者有二十多人，郡庠生、邑庠生更是有数十人。据史记载，孙权以孝治国，自己也是一个大孝子。塘里孙氏在七百多年的历史中人才辈出，"忠孝"始终是他们面对挑战勇往直前的法宝，村中也流传着诸多忠孝故事。

明永乐辛卯年（1411），孙氏后人孙克文因为刚正不阿，被诬陷入狱。孙氏族人虽然颇为震惊，却一筹莫展，全族上下竟然没有一人可以为克文公请命申冤。特别是克文公的儿子，此时年纪尚幼，更是无能为力。就在这时，克文公的侄儿年仅二十岁的孙文正站了出来。危难之际，文正公主动要求进京周旋。到了京城之后，文正公遍访名流，提交诉状，四处求人。在他的努力下，克文公终于获释出狱，并官复原职。

原来，文正公自幼丧父，兄弟三人除了靠母亲章氏辛苦拉扯，全靠叔父克文公帮忙。小时候，叔父克文公对兄弟三人十分严厉，如同亲生父亲一样，如有犯错一定用鞭子抽打。文正公长大成人之后，身为长子，对待母亲极为孝顺，对待叔父也是毫无怨言。当叔父克文公含冤入狱之后，他想起叔父的恩情，便奋不顾身地来到京城，为叔父请命。

而且，文正公也继承了克文公的良好品行。虽然克文公官至刑部主事，但文正公从不要求叔父更多的帮助，全凭自己的努力勤劳致富。文正公教育子孙非常严厉，如同克文公当年教导自己一样，如有过错一定严厉训斥。不过，文正公对待他人却是非常真诚，乐善好施，经常捐出巨资，兴办村中公益事业。

在塘里村的大塘角，有一座本保殿，相传始建于元朝，到明朝永乐年间初具规模。殿内供奉木雕本保殿王一尊，是村民祈求平安的场所。在本保殿旁有一株古樟，相传植树的是塘里村另外一个大孝子孙良夫。孙良夫，名瑢，号静庵，人称静庵先生。孙良夫从小熟读经史，精通典史义理，一生隐逸不仕，设馆授徒多年，著有《静庵集录》《通鉴年谱》《语句》《静庵诗稿》等。孙良夫与松溪程文德等交谊甚厚，其门生故吏显赫者甚多。

明嘉靖年间，良夫公赋闲在家。一天晚上，他梦见本村本保老爷来到床前对他说："你们祖先之所以选择在这里定居，就因为这里地形像燕窝一样，是藏风聚水的宝地。只可惜村中水口没有屏障，所以要在这里建造本保殿以镇水口。然而这还是不够的，你可以在殿旁边再种植一棵香樟，可以永葆子孙万代昌盛。"良夫公醒来后觉得很奇怪，就依梦里的话在本保殿旁种了一株香樟。因为这棵樟树是本保殿王托梦所植，所以就取名为：保王天樟。从此，"保王天樟"成了塘里一景。

几百年沧海桑田，"保王天樟"仍散发着勃勃生机，它犹如一把擎天巨伞，荫泽后人。每当炎炎夏日，人们坐在香樟树下品茗聊天、娱乐嬉戏，不亦乐乎。微风徐来，令人顿觉神清气爽，暑意全消。古人曾有诗赞道：

> 避暑人归不谓热，
> 埠头云锦盖天凉。
> 爱渠清风爽入骨，
> 省我一夏买扇钱。

或许是由于保王天樟的庇佑，或许是由于对良夫公孝义美德的传承，几百年来，孙氏后人一直保持着忠孝家风。

民国时期，塘里村由于人口较少，不够办学资格，所以村中并没有设置学堂，村中学子上学都需要到邻近的厚莘学堂就读。学生们每年除要交不菲的学费以外，还需担租于对方，致使很多学子因为家贫而辍学。为了能让村中学子人人有书可读，村中乡贤肖贤先生回乡筹资兴办义学。肖贤先生在本保殿的后面又新盖了三间后殿，并将前殿开辟成临时校舍，形成了现在两进三开间的规模。肖贤先生承诺，所有来塘里学堂读书者不论本村还是外村人，全部免费入学。在肖贤先生的努力下，本保前殿一时间坐满了学子，可谓是祖德遗风。

追溯先祖的德范，细思天地万物之至理，给予孙氏后辈深深的启示和教导：为人当以道德为根本，行孝行善，其福泽荫庇方能长润后世。本保殿旁那棵苍劲挺拔的保王天樟，根深叶茂，充满活力，已成为根植于塘里人心中的一种力量。透过它的枝干，把正直、坚强、忠厚、智慧传递；透过它的叶脉，将忠诚、仁义、宽容、善良撒播。祖先将世世代代人生体验的精华，浓缩在一篇篇训诫中，这是人类智慧的结晶、文化的瑰宝，是文明的源头活水。后辈们唯有秉承祖志，矢志不移，才能生生不息、源远流长。

品读着塘里悠久浓厚的历史文化，更为塘里村在新时期翻天覆地的变化而折服。大塘清波、老庙晨曦、仙塘春色、乐耕田心、上宅长歌……移步换景，一步一景，或恢宏大气、或典雅精致、或古色古香、或清新淡雅，无时无处不彰显着塘里村独特的乡村田园风情。极目美景可用一诗概之："深柳荫中锁画楼，一堤春晓似杭州。水光近衬山乡景，黛色遥连草木稠。"

（文：王健儿）

浦江嵩溪村

孝长友弟颜门庭

　　浦江县白马镇嵩溪村地处嵩溪上游，村因溪得名。这里山明水秀，古树浓郁，屏山耸翠，双溪一明一暗，穿村而过，风光秀美。村民以徐姓为主，宋绍兴年间，徐姓先祖徐金在上任途中，途经嵩溪，因喜爱这里的秀丽山川，致仕之后迁居于此，至今已有八百余年的历史。嵩溪村虽然藏身于深山之中，今日却已声名远扬。它有着悠久的历史，丰厚的文化底蕴，村内规模宏大的古建筑错落有致，犹如遗落山间的珍珠，给古村带来几分灵韵。嵩溪村素来有重文之风，是诗画之乡。早在康熙年间，徐氏后人徐敬臣便创立嵩溪诗社，后世工于诗画之人更是层出不穷。漫步于嵩溪的古屋之间，所感受到的不仅有美丽的景致，更有灵动的文化气息。

　　嵩溪众多古建筑中的佼佼者当属孝友堂，它也是嵩溪最大的古建筑。孝友堂在上田明堂，堂前是乡村中难得的大明堂。大门外的旗杆石，是昔日辉煌的铭记。20世纪五十年代初，有八座旗杆石，蹲踞大门两旁，长短不一的残存旗杆，岁月雕琢的皱纹，赭黑色的躯体，彰显着岁月沧桑。中间大门门额上"爽气西来"四个大字，斑驳中显得苍劲老健，两旁四扇大门上分别写着："爱吾庐""乐寿居""安汝止"和"得我所"。书法大气，翰墨吐香，令人叹服，传递了书香门第的荣光。跨进中大门，是一个古朴无华的门廊，然后天井大厅依次递进。大厅为典型的徽派风格，雕梁画栋，宽敞宏大，栩栩如生的雕狮牛腿，玲珑剔透，无不彰显了名工大匠的高超技艺。大厅中堂上，依稀残存着当年邸报的排列，昔日的荣誉，历历在目。然后又是天井，堂楼。四厢房每厢六间，后排十三间，三围为平房。内横两条游廊，可以互通，把数十间房子串为一体。相传当时是走马楼，不下楼可以走遍整个楼群。抗日战争时，差一点被日寇焚毁。那一天，日寇下乡"三光"，一路放火，从下半村上来，一时火光冲天，人们纷纷逃难在外。烧到孝友堂，大门紧闭，门后用巨石和木头顶着，日寇一时无法进入，便从旁边小门进入，点燃门后篾垫就匆匆走了。躲在附近山上的族人得仙、学先连忙从山上下来，从防火用的鱼池中提水灭火，孝友堂得以保全。

建造孝友堂的先人后辈叫他萝岚公，他是一个传奇式的人物。萝岚公，讳伯燧，字官舍，萝岚是号，生于乾隆甲戌年（1754），卒于道光丁酉年（1837）。据《光绪县志》"孝友传"记载，萝岚公是徐氏峄山公的长子。萝岚公早年丧父，在他二十七岁的时候，他父亲峄山公就英年早逝，留下了一大家子人。《诗经·小雅》里说：无父何怙，无母何恃。怙是依赖的意思，失去了父亲也就失去了依赖。峄山公英年早逝之后，治理全家的重任就压在了作为长子的萝岚公身上。当时萝岚公的二弟二十四岁，三弟十七岁，四弟十一岁，小弟七岁，还有两个妹妹，而他自己的儿子仲基也已经六岁。这是一个大家庭，担子可不轻。不过萝岚公治家有方，虽然年幼之时家庭条件一般，但他接手家务之后，以身率先，勤躬节用，等到萝岚公四十余岁时，家境已经大为改善。虽然生活好了，但他从不铺张浪费，生活十分俭朴。传说有一次县官会见乡绅，来者都穿绫罗绸缎，唯萝岚公穿土布青长衫，反而十分显眼，受到了县官的敬重。萝岚公不仅自己种棉花，自己织布，连染布也是在自己家。解放初在城里学前楼，原公安局后面，有一家徐锦华染店，就是他的后人所开办的。

萝岚公家本是书香门第，耕读传家。对于家中聪慧之人，萝岚公一定全力支持他学习诗书，考取功名，如果确是力不能及，萝岚公也是要求勤于劳作，绝不允许懒散懈怠。父亲峄山公是邑庠生，而他的兄弟不是邑庠生，就是太学生。到了子侄辈，十四人当中就有邑庠生二人，太学生二人，恩贡生候选教谕一人，九品职衔三人，俏生一人，共有九个知识分子。而孙辈里的人才就更多了，六品顶戴岁贡生一人，郡庠生一人，邑庠生五人，太学生四人，俏生四人。第四代光九品顶戴就有十一人，八品顶戴一人。由此可见，萝岚公家真是名副其实的耕读传家。萝岚公十分重视教育工作，在孝友堂旁，他又建了一座"四教堂"。所谓四教，孔子在《论语》中说："子以四教，文，行，忠，信。"四教堂就是要教育子弟敏而好学，生活中做到言忠信，行笃敬。萝岚公请来老师，让后辈在此读书，学习四书五经。无论今后从事何种职业，哪怕是种田，年幼时也必须读书，也要在此学习蒙学。四教堂一直延续到民国，嵩溪小学开办后才停办，现在仍存。

萝岚公治家极严。他对待母亲十分孝敬，百依百顺，对待其他家人却是十分严格。俗话说长兄如父，哪怕他的弟弟已经白发垂垂，依旧将其视作严父一般。子侄辈更是严守家规，在他面前绝不敢任意嬉戏。家人当中如果出现言行不中理的情况，他一定当面责问。据说家中如果小孩子哭闹，听到他的咳嗽声就会立即收敛，甚至连麻雀也怕他，只要听到他的声音，也不敢再叫，真是鸦雀无声。相传他住在中门上首车门边间，一到晚饭后，立刻将其他四扇门关闭，不得出入。同时专门有人负责中门，晚上家人有事出入，必须说明情由报告。而且任何人都不得用"我"字来自称，必须说某某有何事外出，去哪里、什么时候能回来都要说明，同意后方可外出，并须按时回来。因为家中有八十余口人，光说"我"是说不清楚的。同时兄弟间不能直呼其名，以排序称呼，父辈、祖父辈更是如此。家中妯娌之间，也是和睦相处，各司其职，守妇道，孝敬公婆。萝岚公五弟元俊公的夫人张氏，更是模范，敕旌节孝建坊入祠，在当时是十分荣光的事情。萝岚公因青年当家，是家里的栋梁，炼成了这少年老成的性格。宗谱中说他："公性严厉，须眉伟然，平居不妄言笑，而人皆敬畏之，亲族有忿争者，率以温言解劝，辄冰解以去。遇艰窘之家，不惜分财周恤，乡里尤称颂其德。"但他从来不骂人，更无脏话，而是以理服人，对子侄辈谆谆善导，与邻里和睦相处。这优良传统一直影响着后人，现在还有老人传颂，新屋里人是不骂人的，新屋里指的正是孝友堂。

萝岚公自己勤俭持家，精打细算，从不乱花一分钱财。但对艰窘之家，不惜周恤，救贫济困，一副侠义心肠，在乡里获得了崇高的声誉。《光绪县志》对他的评价是：因以孝友颜其堂，说者谓名称其实。孝，事父母孝顺；友，对兄弟友爱。萝岚公可以说两者全矣！

（文：徐千意）

浦江孝门村

孝门桥头传佳话

你知道秦孝子颜乌的传说吗？感动一代又一代人的颜乌就出自浦江孝门，孝门村因此披上了一层传奇色彩。

你知道明代开国文臣之首宋濂为何选择青萝山为迁居地吗？那是因为宋濂崇敬孝门桥的"大孝"，仰慕郑义门的"大义"的结果。宋濂故居西邻"义门"，东近"孝门"，留下千古文章，从而使孝门村锦上添花，独具魅力。

古人云："山不在高，有仙则名。水不在深，有龙则灵。"然则人有德行，足善者则隆，望必归焉，此真至理名言也。偏居浦江一隅的孝门村名重世代，不正是其在两千余年间仁人志士不绝的缘故吗？

早在战国末期，秦朝初年，孝门就出了一个名震天下的孝子颜乌。据《义乌县志》记载："相传，孝子颜乌，年幼丧父，家境贫穷，无钱唤人营葬，只得独自挖泥，亲手掩埋，墓未成而两手十指尽出血，感动成群孝乌衔泥助葬，及坟成，乌嘴尽伤，故名县为乌伤。"其时，秦始皇废封建，建郡县，于是这一区域便因颜乌事迹而以乌伤县命名了。浦江在秦时是乌伤属地，乌伤故事正源出浦江孝门。早在明代《嘉靖浦江县志略》中就有记载："思孝桥即孝门桥，俗谓（秦时）颜孝子（名乌）寓所后门。浦阳未置县时为乌伤北鄙，或是其途所从入也。村以桥名。"据浦江民间传说，颜父死后，颜乌与母亲相依为命，极尽孝道。秦朝时，天下社坛祭祀成风，颜母信奉天神，常去溪西社坛祭天，只是无奈溪上无桥，每次都需儿子背着蹚水过溪。可是一到雨季，水深流急，也只能是望溪兴叹。颜乌心存愧疚，四处募钱，求助造桥。人们被其孝心感动，纷纷慷慨解囊，终于如其所愿，桥也被命名为"思孝桥"。又因为桥在颜乌寓所的后门，所以又将其称作"孝门桥"，这就是浦江"孝门桥"的来历。

孝门不仅因为风淳俗美久盛不衰享誉天下，更是地处古代交通要道之上，浦江通往杭州的官道在这里设有驿站。浦江东南部及义乌等县前往嵩溪挑石灰，这里是必经之地。因此，孝门桥历代人兴埠忙，商业发达，成为浦东著名集市。至今，孝门村内一条横贯东西商铺林立的古街依稀可见昔日繁荣景象。因此，这里成了"凤栖梧桐"的"风水宝地"，吸引无数如宋濂景仰孝门之"孝"风，以迁居孝门为荣之人。自近古以来，孝门桥先后有陈、潘、柳、张、吴等族姓慕名迁居于此，续写风流，再塑风采。

明万历年间，邑城浦阳龙溪张应朋正是在这种"择仁里，接芳邻"古风的影响下，举家迁居孝门。张氏后裔在这里寻源守道，发扬光大，成就辉煌，成为孝门显族。孝门张氏始祖曾孙张亚居就是一位为之作出贡献的杰出代表。亚居公自幼继承父志，好学不倦，成为太学生后，先后考授州司马以及例授州同知职。亚居公是个仁德孝义之人，对他别人从来没有妄言非议的话。他为人好义博施，资助婚嫁、广送丹药、义设塚地、赈灾救难、建祠修庙、造桥筑路、兴修水利、兴学助教，可以说是不胜枚举，一生助金捐银数以万计，一时之间他的大义之名是无人不知无人不晓。乾隆己酉年（1789），浦江奉文捐修金郡试院，为避免多生滋扰，亚居公独自承担了所有费用。以天下之忧而忧，可见亚居公胸怀的宽广。特别是他后来独自出资修缮杭州鼓楼一事更是名震全浙，被传为千古佳话。清雍正年间，张亚居有一次来到杭州，闲来无事登上鼓楼欣赏风景，正好碰上杭州知府在这里召集当地士绅商议募款修建鼓楼一事。杭州鼓楼原来是滨海敌楼，始建于五代时期南朝，历代曾多次修建。按照俗规，但凡捐资谋事，最大捐助者才可以坐在首席。但是鼓楼修缮耗资巨大，所以大家互相推却，谁也不肯坐上首席。张亚居听闻此事后，非常不以为然，脚穿布鞋，身着粗布蓝衫，不顾卫士阻拦，闯入会场，在首席上写下"浦江县孝门桥张亚居独修鼓楼"十三个大字。正在为难的杭州知府，被张亚居急公好义的善举所感动，亲自设宴款待。据传，鼓楼修缮费原本预算为白银1万两，但张亚居深知此事是百年大计，责任重大，于是亲自监工，不惜巨额增资，选材唯论优质，工匠唯论精到，结果精修一年，实用白银2万余两，赢得杭城一片赞叹之声。鼓楼修建后，为纪念这一善举盛事，杭州知府在鼓楼楼梯进口处立下"浦江县孝门桥张亚居独修鼓楼"石碑一块，以示表彰。

浙江巡抚觉罗颇对亚居公大善大义之举大加赞赏，决定上报朝廷以表彰他的德行，但是亚居公坚决拒绝。人生既不为名，也不为利，怀德之厚莫过于此，亚居公可以说是高风亮节。

自是孝门古风美，化出孝子代有人。张氏族人不仅尊师重教，兴学育人，受孝门重孝传统的影响，族人更是重视敬老尽孝，声名远扬。张亚居之子守羔就是一个重孝的典范。守羔自幼博学能文，同时秉承了他父亲的风范，对父母极尽孝道。他父亲亚居公一向乐行善事，仗义疏财，守羔总是鼎力支持，不辞辛苦。母亲患上重疾，他寸步不离服侍母亲，亲自为母亲喂服汤药，衣不解带半年之久。因为照顾母亲过度劳累导致守羔双足生茧，但是哪怕在母亲身体有所康复的时候，守羔也不敢诉说自己的劳累。没过多久，母亲旧病复发，守羔依旧守护在母亲身边。守羔母亲坚持三个多月，还是不幸去世，守羔哀毁骨立，几近崩溃，令人为之叹息。守羔因为哀伤过度，卧床不起，最终不幸离世临终前他请父亲亚居公来到中堂，硬是从床上起身，再跪在他父亲面前，说："羔为人子，叔水未尽其欢，今疾且死，事在诘旦，恃此一息尚存，拜辞膝下，不孝之罪抱恨于九泉，只有来世再报养育之恩。"听闻之人无不为之失声痛哭。

孝门孝子孝道多，每种孝道无不可歌可泣。张氏后裔张致嵝的孝道又是一种境界。道光十五年（1835），他奉旨到广西任职知县。到任之后，张致嵝清正廉明，勤政奉公，无论是俗悍难治，还是伏莽作乱，无不清理如扫尘。道光二十八年（1848），他得以升任知州。道光二十九年（1849），从广西永宁知州任上，因为父守孝，辞官回籍。张致嵝父亲去世时，他母亲戴氏已经年逾七旬，但是身体硬朗，而致嵝刚年满五十，正当壮年，大家都劝他入仕复职，但致嵝孝心不移，坚不复出，而且特意构筑"爱日堂"，用作奉亲之所。致嵝以额名"不可一日不侍奉父母"之意来明志，无愧于孝门后人。咸丰八年（1858）春，太平军袭扰浦江，致嵝为保一方平安，亲自率领民团拒敌，英勇无畏，最终战死于黄梅岭下，其事迹载入国史忠义传。致嵝居家孝友，为国尽忠，是真正的大丈夫所为。

孝门村西的青萝山古木参天，松涛如歌，村北滔滔嵩溪之水蜿蜒而来穿村南去，在张亚居重建的孝门桥下诉说着颜乌的千古传奇故事。它们与迎春亭、张氏宗祠、中和堂、清和堂、永锡堂、裕后堂、思诚堂、仁德堂等古建筑及其所承载的孝义故事一起，构成一道道美丽风景线，奏出一曲曲浩然正气之歌，催人奋进。

（文：洪国荣）

龙游里王村

里王家规传百年

里王村位于龙游县塔石镇境内,号称龙游北乡,地处黄土丘陵,龙丽高速公路穿村而过。全村由下王、中王、何岗、马坑、里余、郑家、石硪七个自然村组成。村子位于丘陵地带,土地平旷,沃野良田。依据山形水势,村中形成十景,即石院松涛、均村晓钟、环山牧笛、前塘垂钓、黄龙霜迹、碓岭残雪、台畈耕耘、紫林秋霁、灞桥柳浪、双桥明月。

该村是龙游县最古老的村落之一,村中村民以余、王两大姓氏为主。据《石院王氏宗谱》记载,村中王氏村民的先祖是北宋名相王旦。宋室南渡之时,王氏家族迁至丽水陶山定居。宋靖康年间,王旦第八世孙王文卿又迁至衢城化龙巷。里王王氏始迁祖万十七公因赏慕杜山美景,与兄万十六公、弟万十八公一同前去游玩。途经如今里王地界时,遇一道观。观中道士见到万十七公后,见其容貌伟秀,才学奇异,十分惊叹,便尊万十七公为师。万十七公见这里山明水秀,这个道观也是幽静雅致,徘徊不愿离去,最终决定迁居这里,繁衍生息。

里王村原本有一村名为"里贤",意谓村内有贤人。事实上,里王村的确是人杰地灵,历史上是贤人辈出。里王村之所以人才济济,硕果累累,关键还在于村民们秉承先祖遗训,用家规规范行为,依照伦理规范生活,朝耕暮耘,自强不息,戒奢宁俭,以俭养德,在家族宗法血缘关系的框架内,繁衍生息,传承礼仪道德数百年而不衰。对于里王村民而言,最重要的美德莫过于孝。

据记载,明朝末年村中有一村民叫王吉谷。王吉谷天性温柔敦厚,对待父母十分孝顺,对待兄弟友爱真诚,待人处事也是机智敏锐,深得父母的欢心。只是天公不作美,王吉谷十三岁那年,天降横灾,他的母亲不幸去世。母亲去世之后,王吉谷悲痛至极,哀毁骨立,肝肠寸断。由于常常思念亡母,王吉谷是茶不思饭不想,人也是日渐消瘦。虽然母亲的去世给王吉谷的精神造成了巨大的打击,但另一方面也让王吉谷变得更加坚强,让他迅速地成长。王吉谷日趋成熟，年仅十三岁的孩子就如同成人一般，他辛勤劳作，帮助父亲分担养家的重任。可是万万没有想到，祸不单行，没过多久王吉谷的父亲又患上恶疾，卧床不起。王吉谷强忍悲伤，一边劳作，一边侍奉父亲。他守护在父亲的床边，为父亲熬汤换药，但是他父亲的病一直没有好转。王吉谷十分忧愁，常常半夜惊醒，然后哭着向上天祷告，希望上天能救救他的父亲。有一次，王吉谷无意中听说鲜血能够治愈恶疾，于是毫不犹豫地拿起尖刀，割破自己的皮肤，让鲜血流出，然后和入他父亲的汤药，并亲自喂他父亲服下。不过王吉谷的鲜血最终还是没能救回他的父亲，他父亲终因病重，不治而亡。父亲去世之后，王吉谷因为尚且年幼，被过继给族叔王文融为子。被过继给族叔之后，王吉谷对生父的感情没有变，他仍然极尽孝道，尽人子之责，为亡父服丧三年。哪怕是他成人之后，也是常常想起亡父亡母，一生沉浸在哀痛之中。村民见了之后，无不感动，都称他是大孝子。

王吉谷的孝行也影响了里王村的王氏后人，王氏家族特地在宗谱中设立"家规"一章，教育子孙传承美德。据《石院王氏宗谱》要求，王氏后人应当"居家以孝友为先，处乡以和睦为贵，兼之以礼让，涉世以节俭持家，皆为理所当然，日用所最切也。爰将先民遗训列为家规四条，曰孝友，曰和睦，曰礼让，曰俭节"。千余年来，王氏村民依据家族宗法和家规，约束自己，勤俭持家，不慕虚荣，志向高远，守望传统文化的精神家园。在王氏家族，崇仁重道的美德已经渗透到血液里、骨子里。

其实，《石院王氏宗谱》的修订本身就是王氏村民严守家规的重要表现。《石院王氏宗谱》始修于清嘉庆十一年（1806），其后在清道光八年（1828）、清道光二十九年（1849）、清光绪四年（1878）、清光绪二十四年（1898）、民国七年（1918）和民国二十七年（1938）分别续修。每次续修都撰写序和跋，形成一部完整的家谱。在一百余年的时间里，王氏族人七修家谱，实属不易，在龙游县内也极为罕见。这一举动本身就已经说明，这是一个有规矩的家族，一个有凝聚力的家族，同时也足以说明，里王村民敬重历史、敬重先祖，守护精神家园不遗余力，这是引领里王村民不断进步的精神力量。

（文：余怀根）

> 江山长台村

夫妻双孝著声年

　　长台村位于江山市长台镇，是一个有着悠久历史的古村。长台古称嵩高，一条嵩溪弯弯曲曲、汩汩淙淙流淌了千万年，孕育着古村的文化，见证着古村的历史，记录着古村的沧桑。据考证，早在3500年以前，已有人类在长台土地上从事农业、渔猎活动，长台村就坐落在营盘山商周遗址旁。目前，村内村民以朱姓和柴姓为主。据《江阳嵩高柴氏宗谱》记载，后梁开平三年（909），先祖仲苏、仲景二公迁居嵩高，繁衍生息，至今已有一千余年历史。

　　一方水土养育一方人。在这漫长的岁月里，长台先人在这块土地上筚路蓝缕，安居扎寨，击壤而歌，既创造了厚重的历史，又造就了非凡的业绩。自宋至清，长台耕读成风，名人辈出。一些学者雅士率先办学，先后创办了"嵩山书院""高斋书院""长台嵩高科进两等小学"，以教育培养子孙。由于学风鼎盛，长台的学者官宦不断涌现，文史佳作连连。据不完全统计，自唐代以来，长台科举得中者，有文进士50人，武进士4人，文举人51人，武举人30人。被列入《宋元学案》的南宋理学名士柴禹声、柴禹功、柴瑾、柴卫，被称作"柴氏四隐"的南宋爱国文人柴望、柴元亨、柴随亨、柴元彪，以及清乾隆年间曾任台湾总兵、福建陆路水师提督、太子少保的柴大纪都出自长台。长台山水哺育下的一代代、一批批有志之士，谱写的一页页、一篇篇灿烂文化，令人刮目相看。

　　文风鼎盛的长台同样是美德千年传。人们常说："尽孝难，双孝尤难。"然而在长台这一地方却一直流传着一对夫妻矢志不渝、善始善终、诚心服侍祖母和父母的故事。在清代末期，长台村中心建造了一座"双孝坊"石牌楼，以纪念这对夫妻双孝事迹。

　　话说清乾隆十五年（1750），江山县长台这里有一位12岁的少年，叫朱尚聪，字作谋，从小懂事孝顺，除帮助料理家务外，还苦读四书五经。人们说，穷人的孩子早当家。朱尚聪父亲因农作劳累过度患了肺病，多次咯血，而家中除了年迈的祖母和多病的母亲外，还有两个年幼的弟弟和一个妹妹，家中许多重担自然落在朱尚聪肩上。

一日，父亲旧病复发，咯血不止，朱尚聪为父端水递巾，敲背摩肚，服侍在父亲身旁。请来的大夫把脉后告知病人，应用人参等中药煎煮服用，才可好转。可长台一庄、二庄均无人参，需要到县城才可买到。偏偏那天狂风暴雨，可是朱尚聪吃过中饭，二话没说，怀藏药方和钱币，卷起裤腿，头戴笠帽，冒着大雨直奔江山县城。

从长台到江山县城的官道有二十多公里，途中除和睦、清湖几个大的村庄外，要经过强盗经常出没的荒凉冷清的花园冈、草场冈，还要经过和睦木板桥和清湖浮桥。12岁的朱尚聪顾不得害怕，一心只想早点赶到县城买回人参等中药，救治父亲。他一路小跑，几次摔倒，一身汗水伴着泥浆，终于在下午5时赶到县城，东问西寻，好不容易从一家中药店买回人参等中药。他忍住饥饿，又冒雨赶回，一路摸黑，到家已是半夜。在家等了大半天的母亲，见全身泥浆的儿子顺利到家，才放下焦急的心。当夜，母子两人将人参切片，与其他中药一起置入药罐子中，用文火熬制，随后朱尚聪将人参汤一匙一匙地喂入父亲的口中，才安心休息。

在父亲生病期间，朱尚聪的父母在祝礼镇（小清湖）为他找了一位徐姓童养媳，比朱尚聪大一岁。朱尚聪与徐氏像姐弟一样，相互恭敬，起早贪黑，操劳着农活和家务，服侍好祖母和父母，照顾好年幼的三个弟妹，一家八口人倒也融洽和睦，亲密无间。

宋代政治家王安石诗云："病身最觉风霜早，归梦不知山水长。"朱尚聪父亲的肺病毕竟严重，五年后逐渐恶化。一日，他的父亲对服侍在床边的朱尚聪和童养媳徐氏说："我料不久就要升天，最放心不下的是你们的祖母、母亲和弟妹，只有靠你们俩早点结合，我才能安心闭目。"没过几天，朱尚聪的父亲终于挺不住病魔的折腾，驾鹤西去。朱尚聪与徐氏悲痛欲绝，焚香呼天。老祖母年老体弱，悲伤得一直躺在床上。其母更是悲苦，连续几天哭泣，哭瞎了双眼。老年丧子，中年丧夫，少年丧父，三大凄惨事全落在这家三代人身上。

刚满十七岁的朱尚聪在亲友们的支持和指点下，按照农村习俗，体面地安葬了父亲，同时又遵照祖母、母亲的意愿，与徐氏结婚，成为全家的顶梁柱。

二十多年来，朱尚聪夫妻忙里忙外，任劳任怨，在田间劳作中，栉风沐雨，朝乾夕惕；在家务生活中，克勤克俭，布衣素食；在孝顺长辈中，奉命唯谨，恭敬顺从；在照顾弟妹中，披肝沥胆，体贴入微。一家人其乐陶陶，十分融洽，赢得全村人的羡慕和敬仰。

然而，朱尚聪的祖母毕竟年龄大了，加上儿子病亡之痛，长久压抑在心，体质越来越差，尽管儿孙绕膝，孝风满堂，但终扛不住年迈体弱，最后以八十六岁高龄去世。

朱尚聪的母亲由于双眼已瞎，干什么事情都需要摸索进行，行动极为不便。有一年冬天天寒地冻，朱尚聪的母亲一人在房间里烤火，不料柴炭烧着裤脚，直到闻到焦味，才喊人救急。尽管朱尚聪的母亲腿上烫伤不重，但他们夫妻俩仍然心有余悸，尤其是徐氏一直心痛和自责。一日，徐氏与朱尚聪商量，决定从即日起，自己与婆婆共睡一床，以便就近照顾婆婆。从此，这位瞎眼的婆婆，炎夏火热，有儿媳扇扇，赶蚊子；严冬腊月，有儿媳暖着被窝；半夜如厕，有儿媳小心搀扶；闲坐着，有儿媳面对面谈村庄里发生的新鲜事。这位双目失明的婆婆逢人便夸儿子儿媳好，没有他们的细心照顾，自己这老太婆早就倒下了。隔壁邻居的婆婆、大妈都说，朱尚聪的母亲虽然双眼瞎了，但比眼睛好的人还开心、还幸福。整个晚年，朱尚聪的母亲确实过得很舒心、很温暖，最后也以高寿而终。

朱尚聪在读私塾时，就对《颜子家训》的"父不慈，则子不孝；兄不友，则弟不恭；夫不义，则妇不顺"等警句牢记在心。尽管祖母、父母均已不在了，他仍以身作则，教育好子女，携助弟妹，与妻子徐氏相互体贴，共同支撑着这个家。他的两个弟弟和一个妹妹，在兄嫂孝义的感染下，也是忠心耿耿，吃苦耐劳，尊重兄嫂，爱护侄儿，最后各自成家。

善有善报，孝有大福。清嘉庆二十五年（1820）和清道光三年（1823），徐氏和朱尚聪先后以八十三岁和八十五岁的高寿安详离世。朱尚聪、徐氏夫妻子孙众多，共拥有五个子女十三个孙子，他们的后人也逐渐昌盛，使孝道家风代代相传。里人叹为观止，广为传颂，纷纷效之。

清道光四年（1824），省提学将朱尚聪、徐氏夫妻的事迹上报朝廷。皇上听闻之后十分感动，下诏拨款旌表。当地士绅和里人便在长台大门楼前圳顶，用优质青石建造"双孝坊"石牌楼。一时间县内外官宦、文人纷纷前来瞻仰，并慷慨而发，写下了脍炙人口的《双孝赞》和《双孝诗》，后又汇集成《双孝录》一书。其中内阁学士礼部侍郎江苏学政朱方增在《双孝赞》中写道："所生无忝，相敬如宾。鉴废于乌乌，表可陈情。凛适所於鸣鸡，礼可从事。望金篦而疗疾，抚黄口以成人。鹿车共挽，允推白璧之双；马磨承颜，为谱蓼莪之什。"表达了对朱尚聪、徐氏夫妻的敬仰之情。撰写《双孝赞》的还有兵部侍郎浙江学政朱士彦、衢州知府谭瑞东、杭州知府成世瑄、湖州知府董梁、金华知府汪廷献、衢州知府江伸等官员。同时，翰林院修撰户部主事朱昌颐、江西兵备道费履升、直隶州州判孔传曾、仁和县文人沈正潜、溧水县知县刘佳等为朱尚聪、徐氏夫妻作了《双孝诗》。其中刘佳在诗中写道："重堂垂老日，双孝著声年。一自成佳偶，相谐在性天。淳风遐迩播，成事古今传。锡类颁丹诏，咸钦至行全。"

嵩溪潺潺，牌坊巍巍。以孝为宗的传统美德，在长台村民中深深扎根，并一代接一代传承着、弘扬着、发展着。

（文：戴明桂）

丽水莲都官桥村

林祝孝道载青史

官桥村是一个城郊村庄，坐落于山弄口之中，隶属于丽水市莲都区联城街道。整个村庄依山傍水，官桥溪与太平港在此交汇，村边上有一座高耸的悬崖峭壁，从溪中引入的河水穿村流出。官桥古时为曳岭官道的必经之地，是古处州至金华府的重要通道。说起村名，还有一段来历。相传宋代初年，村子东面有座古木桥，由官府修建和管理，以方便来往士民，所以就把村子称为"官桥"。如今，那座木桥早已湮没在历史的尘埃中，村名却世世代代留传了下来。

官桥风景十分优美，沿着村边一条石头垒起的小道往上爬，步行10分钟，就到了西崖林的东面，首先看到的是一座上面滚圆形似桃花水母的巨石，巨石底下，就是西林洞。在西林洞的右侧，是观音洞，供奉着观音菩萨。那里冬暖夏凉，十分宜人。观音洞旁有一挂五六米高的水帘，叫龙口瀑，虽然水流不大，但四季不断。水帘后面也有一洞，叫通仙洞，深不见底，传说这个洞直接通到官桥村边石崖上的一座佛像处，有人在洞口处点燃稻草，用鼓风机往洞内吹，结果有烟雾从佛像的眼中喷出来。在通仙洞的右侧，还一个洞，名叫胡公洞，塑有胡公像。每逢初一十五，都有附近村民到这里敬香。在村边有一处20多米高的崖壁，上面有一尊约一人高的佛像竖在凿开的神龛里。在神龛的上方，也有20多米高的绝壁。这座佛像是什么时候造上去的，又是如何造上去的，如今都成了一个谜。

官桥是个古韵十足的村子，这里不仅有引人入胜的山水，更有极为深厚的历史文化底蕴。据括苍《祝氏宗谱》和官桥《林氏宗谱》记载：五代（905—960）初年，信安（今衢州市）人祝寔（字茂之）曾任处州判官，清正廉洁，宦归之后举家迁居至丽水县官桥里（今官桥村）。从此，祝氏在这里繁衍生息。五代后唐同光三年（925），林宝为躲避兵乱，与兄弟林赞、林贤一起，举家由福建莆田迁到官桥定居。几百年来，祝林两姓和谐共处，共建官桥，并均衍为处州望族。

祝林两姓后代贤人辈出，外出读书做官的不在少数。翻开历史典籍，我们可以发现，从宋朝到元朝，林家从林觉到林彬祖仅六世，就有11人中了进士，元朝处州共有3人中进士，其中光林家就有两个；宋代抗金忠烈祝公明，被载入《宋史》之忠义传，其子祝陶宣和六年（1124）中进士，后亦为国捐躯。这个美丽的人间仙境，甚至吸引近代著名民族资本家郑宝琳到这里建起避暑的小屋。不过说起官桥后人，最令人难以忘怀的当属因孝道而被载入《元史》和《明史》的祝大昌、祝昆父子。两父子均祀于丽水忠义祠，十分难得，他们的孝道故事可以说是丽水地区古代孝道文化的经典传承。

祝大昌（1303—1360），字公荣，是元代著名的孝子。祝大昌风仪魁岸，善于谈论历代治国得失，常常使听者忘倦。虽然才学渊博，不过对待贤哲长者，祝大昌从不敢怠慢。祝大昌平时乐善好施，乐于助人，对于贫困者，"死而不能棺者给之，或丁岁俭下粟估粜之"。因为青田盗寇在水上阻截运盐船，导致盐不能运到丽水，百姓没有盐吃，祝大昌便将自己家中所储备的食盐，分赠给街坊邻里，民众纷纷予以称赞。

据《元史·祝大昌传》记载，祝大昌的仁义之举是天性使之。他多次拒绝出仕，而是隐居山间，就是为了赡养双亲。元代因四方用兵，各省军事长官大多破格招募豪杰，平民之中常有轻易当上将帅的。当局听说祝大昌颇有才干，送来征召文书，大昌却笑而辞之。江浙中书行省左丞相聘请他出任处州路儒学教授，大昌一样予以推辞，没有赴任。祝大昌最终筑室南野，以尽孝道。大昌公待母极孝，母亲过世之后，祭奠出殡均依循古礼。在大昌公母亲的葬礼上，灶台突发大火。因人手不足，大昌公无力相救，便扑在母亲的棺木上哀伤大哭，说道："老天，我的母亲就在这里，祈求你能保佑她安然归西。要不是这样，我就粉身碎骨绝不苟且活在人世间。"没有想到，大昌公说完之后，大火竟然自动灭了。对此，村民都啧啧称奇，认为大昌公的孝心感动了上天。

祝大昌孝敬父母的美德在他的儿子祝昆身上得到了很好的传承，官桥村外的"烈孝崖"所见证的就是祝昆的孝道故事。"烈孝崖"石刻所在的西林崖，在海拔200米的深山，周边山林茂密、岩石峻峭、风光秀丽，由于人迹罕至，"烈孝崖"淹没在丛生的草木和苔藓中。"烈孝崖"三字刻在西南侧的垂直崖壁上，分布面积约3平方米，石刻幅径1.70米，宽0.5米，字径0.45×0.35米，自右往左横书"烈孝崖"三大字，阴刻，正书，字体遒劲有力，刻工细腻。据清道光二十六年《丽水县志》记载，

"烈孝崖"曾被苔藓淹没，后来被上山砍柴的樵夫发现，不过祝昆孝母的故事却一直在丽水民间传颂。

祝昆，是祝大昌的次子。元至正十九年（1359），乱兵犯境，幼年的祝昆不忍抛下病中的母亲陈氏。于是，他背负母亲一道躲避战乱至官桥村南山之中。突然，母子两人与乱兵相遇，母亲陈氏从山崖跳下自杀。祝昆悲痛不已，也跟随跳下。不久乱兵撤退，乡亲发现祝昆母子挂在悬崖的一棵大树上，两人因此得救。母亲陈氏也得到当地村民的及时救治，很快康复了。祝昆的孝行在处州广泛流传，后来人们在祝昆母子投崖处的崖壁上，阴刻正书"烈孝崖"三字，以作纪念。明洪武七年（1374），明太祖朱元璋诏举民间孝廉之士，祝昆奉旨随同州县官员至京师，以举孝廉任潜山知县，后来在莱州府通判任上辞官回乡侍奉母亲。

如今，官桥已无祝姓后裔，据说都已经迁居外地，但祝家重孝之风一直影响着官桥人。事实上，官桥林姓族人之中同样不缺少孝道故事，而且宋元之际林家两代媳妇"周徐同德"的故事在民国时期还被选入了小学"德育"教课本，元末明初文学家宋濂还专门为周、徐二孝妇作《丽水二贤母墓碣铭》。

据传，宋末元初，官桥林氏后人林侑娶妻周氏，侍奉婆婆非常孝顺。他们所生的儿子名叫林江，林江娶妻徐氏，徐氏侍奉周氏，也像周氏侍奉婆婆一般的孝顺。徐氏生了个儿子，取名林定老。宋恭宗德祐二年（1276），元将阿刺罕、董文炳率军攻占处州，这时林定老才6个月，林江就背上林定老外出逃难。因为元军追得紧，还在后面用箭射他，林江为保住儿子，便将儿子藏在草丛之中，自己将追兵引开。周氏和徐氏去寻找林江，中途又碰到强盗，两人仓皇逃命，慌不择路，却找到了被林江丢弃的儿子，这个仅有6个月大的婴儿已经奄奄一息。当她们找到林江时，林江已经被乱箭射死，抛尸荒野。婆媳两人只好回到家里，却发现房子已经被烧毁了，只好租借人家的屋子住下，婆媳两人带着林定老相依为命。那时候徐氏还只有三十来岁，有人劝她再嫁，徐氏说："林家传世数十代，现在仅留下婆婆和这个孩子，我不忍相弃。我要养婆婆、教孤儿，给林家留一线血脉啊。"于是，周徐婆媳两人含辛茹苦把定老抚养成人。林定老不负众望，高中进士，最后官至新昌知州、中顺大夫。朝廷为旌表其母亲，赠其母徐氏为龙泉县君。

（文：吴志华）

{云和麻垟村}

龙母故里慈孝地

麻垟村位于云和县最西南端，隶属云和县赤石乡，坐落于麻垟溪畔，东面紧邻云和湖，全村呈东西走向，古代的时候是通往龙泉、福建方向的必经之道。村内一棵枝繁叶茂的大樟树已经有两百余年的历史，被村民视作庇佑一方的神树。

麻垟村历史悠久，据有关文献记载，早在元、宋时期，就有师傅在此烧制陶瓷，至今保留大片的古窑址群。麻垟村址几易其地，村名也几次修改。村民原本在溪的西岸建村，民国元年（1912），村庄被洪水冲毁，村民又改迁至东岸居住。早先畲族先民在此生活，名为严岑根村。后因为村中大量种植芝麻而改名芝溪，最后因季姓、周姓先民从龙泉迁入，再改名为麻垟。据《季氏宗谱》记载，季姓迁居此地已有二十余代，并在明末清初逐渐成为本地望族。清康熙年间，季氏家族大兴土木，建造了五座大型庭院，当时的知县也特地赠予牌匾以示庆贺，现在仍然有三座庭院完整地保留下来。村中古民居群马头墙错落有致，连绵成片，古民居、古井、古水碓、古树、古石刻、古窑址等文物遗迹门类齐全，较好地保留了古村落的建筑格局与传统风貌，尤其是村中的季氏大院，完整地保存了明清时代的徽派建筑风格。

处州民间历来盛传"云和出真龙，龙母在麻垟"之说，说的就是在麻垟的夏洞天里所供奉的云和最大的女神——龙母仙娘。夏洞天位于村东南方向，据清同治《云和县志》记载，"沿坑窄径入二里许，悬崖峭壁，双峙如门。中石峡龙湫百尺，喷薄下注。岩下犷混渊泫，名柳姑潭。岸侧，石室天成，不施椽瓦，高丈余，广容200人。游者欲诣其洞，必涉波扪壁而前。"这里四周古木参天，浓荫蔽日，哪怕盛夏时节，游人到此依旧凉渗肌骨，有"匹练悬空晴似雨，峻岩蔽日夏如秋"之感，所以这里取名夏洞天。夏洞天还有一个名字叫仙人洞，因为自古福地出神仙，据说这里是龙母仙娘所居住的地方。村民对龙母仙娘极为尊崇，认为来这里求雨是有求必应。在村民中间，流传着"千里龙洞通海边，百丈瀑布斜殿前；敢问圣母居何方，龙宫不及夏洞天"的说法。

相传元至大年间（1308—1310），云和当时尚未立县，属丽水西阳里浮云乡，当地有一柳姓大户人家的女儿名叫柳如兰。柳如兰生性善良勤劳节俭，而且一心向佛。有一天，柳如兰陪同嫂子在后溪浣衣，偶然拾得一卵，其外形硕大，色彩斑斓，光芒夺目，宜手肌滑。两个人爱不释手争相细看，如兰好奇，将卵含在口中，却不慎吞下。

之后，如兰便身怀六甲，而且人也变得更加眉清目秀，更为善解人意。三年之后，如兰才产下一子，不过一生下便腾空而去，不见其形。每晚天黑，如兰均感到有孩子在吸乳，可是从不开口，也不见庐山真面目。时隔半年，如兰问她的儿子，说："儿你到底为何物？为何总是不现身？为娘三年怀胎，是神是妖总要与娘见上一面。"龙子终于开口回答："娘亲！我是龙儿，三天之后一定接娘亲去清净之所安身。请娘亲沐浴更衣，在中堂点上香火，另外再准备一桶净水，我才可以循水而来。"龙子口中所说的清净之所便是如今麻垟的夏洞天。三天过后，如兰按照龙子所说，准备妥当，只见龙子腾云驾雾而来，将如兰背至麻垟仙人洞安身。龙母见这里清幽安静，极为满意。龙母已经列入仙班，虽然不食人间烟火，但深知人间疾苦，常派龙子行云播雨，造福人间。人们尊龙母为女神，为报龙母恩典，便开始建庙供奉，名字叫"龙母仙娘庙"，常年香火不断。临近州县松阳、龙泉、遂昌等地的善男信女纷纷前来祭拜，设香案，摆祭品，三叩九拜，不管是逢旱求雨还是求子保平安，还是保佑沿瓯江远行的船队一路顺风，凡事有求必应，十分灵验。可后来有一段时间却不灵验了，乡民们束手无策，"问神"祷告龙母，龙母便指点迷津。原来龙子已回东海龙宫，远水解不了近渴，无法施雨。如果想要迎回龙子，需要在每年正月十五元宵节迎龙灯，这样不仅能施雨，还能保一方黎民百姓平安和顺，保一年四季风调雨顺，五谷丰登，六畜兴旺。从此，麻垟每年的正月十五元宵节都有迎龙灯的习俗，并一直延续至今。迎龙灯成了正月里最盛大的活动，人们通过迎龙灯，驱邪除瘟，祛灾祈福。正月迎龙灯作为一种民间艺术表演，其喜庆吉祥的气氛为广大群众喜闻乐见。

"山不在高，有仙则名。水不在深，有龙则灵"。有了龙子与龙母的传说，因而成就了麻垟的洞天福地。传说的真假本不必深究，但龙儿对龙母的一片孝心，以及龙母对百姓的感恩之情，一直感动着麻垟村民，村民对龙母龙子一直崇敬有加。村里常年命专人管理修整夏洞天,将这一处美丽的自然景观完好地保存下来,吸引着过往的游客,正如龙母所愿造福一方百姓。

因龙母姓柳,所以夏洞天的瀑布被称作柳姑潭瀑布。柳姑潭瀑布是一条悬瀑,一瀑二布,落差达29.5米。瀑布下池水流经上、下两个水潭,水潭形状似井,因而得名"双格井"。上水潭面积40平方米,下水潭面积60平方米,水潭两侧绝壁高约60余米。或许是仙人早在麻垙就向世人展示了人类的文明和进步,善男信女们已经懂得分池而浴。夏洞天飞瀑从山巅倾泻而下,形如白练飘落,远观犹如一条白龙从天而降,观瀑区烟雨蒙蒙、水声隆隆、凉风习习,是理想的避暑胜地。

龙母的传说在麻垙村历史悠久,早已深入人心。龙作为兴云布雨的水神,已然成为古代靠天吃饭自然耕作的农民们所崇拜的图腾和信仰。"欲家国崛兴,非贤母则无有资助矣。世无良母,不但国无良民,家无良子。"如今,村里的村民把对龙母的祭拜仪式作为一种对母亲感恩的仪式传承给后人,用龙母的仁慈、善良、博爱和龙子知恩图报、孝敬父母的故事,教育子孙后代要敬老爱老讲孝道,教育子女懂得感恩回报,使母慈子孝的"慈孝文化"在村民中代代相传。

(文:朱琳)

缙云金竹村

奉母辞官九峰公

　　金竹村隶属于丽水市缙云县壶镇镇，坐落在好溪上游的河谷平畈，是一个人杰地灵、风光秀美的千年古村。关于这个美丽金贵的村名，还有一个风趣的地名歇后语："毋树上竹——金竹。"因为缙云方言的"爬"字与"金"字正好谐音，既然没树可"爬"，只好"金"竹了。从通常的角度说，有"金竹"可抱可爬，何愁不兴旺发达？

　　历史上的金竹确实是人才辈出，文风鼎盛，走出了一代又一代的贤人志士。南宋淳熙九年（1182），大思想家朱熹来到缙云，为村中源出一脉的朱氏后人授业解惑。如今的金竹村依旧是一派桃源景象，崇文重教、淳厚朴实的民风未曾改变。对于先人的美德故事，村民们更是如数家珍。

　　拾金亭与奉先楼讲的是九峰公的故事。九峰公姓朱，名玺，字希信（1527—1581），为金竹朱氏第二十一世祖。朱玺的父亲是百岁翁朱标的第三个儿子，名添，字廷增，号月溪。百岁翁生他时，家境还很富有。他从小喜欢读书，博闻强记，办事敏捷，所以百岁翁特别宠爱他。家人正期盼他振兴祖业，未曾想他才四十一岁时便因病故去。当时朱玺才十三岁，他与兄长朱桐是在母亲卢氏的扶养教诲下长大成人的。卢氏是尚书卢勋的侄女，自幼知书达理，嫁到朱家后更是贤惠勤劳，与丈夫两人是琴瑟和谐，殊料天公不作美，丈夫早早离她而去。

　　卢氏矢志守节，把一切心思全放在两个儿子的教育上。朱玺也是自幼文雅聪明，能帮母亲分忧解愁。一天，他在玉环岭砍柴，在一块大青石边上发现了一个青布包袱。他打开一看，竟是白亮亮的几锭银子。他想，一定是过往客商在大青石上歇息时忘记了。于是他柴也不去砍，就在青石边上守着，等客商回来取。等到天黑也没人来，朱玺只好将银子拿回家中，并将一切告之母亲。母亲赞扬了他的诚实，叫他第二天再去守候。但朱玺又守候了一天，还是没有人出现。母子两人多方物色，也没人来领。怎么办呢？母子两人最后决定用那袋银子在玉环岭那块大青石旁建一座凉亭，供来往行人遮风避雨，并在亭内立了一个匾，叫"拾金亭"。事后，人们议论纷纷，说朱玺这么一个小孩能够不昧良心，将来长大必定是个了不起的人。

事实也是如人所愿，朱玺刚二十岁时就进入最高学府太学就读。在太学学习各种经典时，成绩优异，被当时掌管刑部的长官"大司寇"所赏识，结业后被授予广德州同知。朱玺为人忠信，办事明察，没多久就升为陕西行都司正断事。在调任期间，他回家省亲。当他一踏进家门，见生母卢氏已是一头白发，正在堂屋的一角缝补衣服。朱玺一下扑倒在母亲怀里，泣不成声，他想到母亲辛辛苦苦将自己养大，自己长大了却没能在母亲身边好好照顾她，让她安享晚年。想到这里，朱玺心中顿感酸楚。为此他一直待在家中，悉心服侍老母，不觉数月过去。朝廷数次来催，朱玺都因舍不得老母而没有动身。卢氏到底是深明大义，她强颜欢笑，劝慰儿子，最后朱玺总算勉强赴任。

来到大西北后，困难重重，朱玺虽然感到不习惯，但还是深入基层，洞悉民情，他总是能根据不同情况，处理各种事情，因此深得民心。光阴似箭，不知不觉中朱玺已在边关度过数年。有一天，他走马草原，见蓝天上白云片片南飞，一阵思乡之情油然而生。想想自己官也当了，身心也疲惫了，心中感到愧疚的就是没能在母亲身边服侍。这时候，就算是千钟粟万钟粟的俸禄也留不住他的心，于是他上书朝廷，准备解甲归田，告老还乡。朝廷念他尽孝心切，终于批准他回归故里。离任那天，朱玺离任归乡的消息被人知道了，忽然间大批百姓前来送行。特别是那些曾受朱玺恩惠的老百姓更是牵衣顿足，号哭连连，舍不得他走。为官一任，能得到老百姓如此爱戴，是多么难能可贵！

朱玺回家后，虽然不是很富有，但每遇到别人家中困难，便予以周济。邻里之间有什么冲突，经他一劝，总是能迅速化解矛盾。祖宗祭祀之事因常年无人管理，几近湮没。朱玺就倡议村民修建宗祠"奉先楼"，并带头捐资。在家中，朱玺对母亲和颜悦色，生活上照料得十分周到。其时，他的兄长朱楒也已经告老还乡，兄弟两人和睦相处，其乐融融。

卢氏晚年手足患病，朱玺总是给老母端汤喂药，嘘寒问暖，对母亲的照顾是体贴入微。卢氏去世之后，朱玺因为常年衣不解带，累倒在床上。母亲去世后没两年，朱玺竟也因为劳累过度，随母亲而去，终年五十有五。

　　人们议论说，朱玺是太讲究礼仪了，所以因此伤了自己的身体。但是，他的孝心却感天动地，为后人传颂。

（文：缙云农办）

遂昌独山村

诚信事主感后人

在遂昌县西南焦滩乡境内，清澈的乌溪江水缓缓流过，江的两岸山峦蜿蜒叠翠。在江的东畔，有一座奇秀的山峰傲然独立，名为天马山。在山脚下，有一个古色古香的村落，独山村。

独山村由独山、蟠龙、隔溪三个自然村组成，村民主要姓叶。南宋绍兴年间，翰林学士叶梦得的曾孙叶峦见这里山奇水秀，风光独好，便从松阳县古市卯山后迁居于此，始成村落。叶氏族人素有家学传统，重视耕读传家，以诗书为资，以笔砚为耕。独山村日益兴盛，至明朝年间，已成一个名士辈出的书香世村，村容大壮。据传，独山村曾经被称作"独山府"，有自己的城墙，城内城外有将近两千户人，村中建有关帝庙、文昌阁、大夫第等重要建筑，其兴盛可见一斑。如今，村中依旧留有一条相当高规格的官道，这条官道南北走向，是金华、衢州通往福建的要道。

如今，村子已经归于平淡，难见当年繁华，不过依旧留存下来的古建筑仍然试图向过往的人们述说着村落的往事。村中有一条闻名遐迩的"明代一条街"，环境优美，古色古香。在这条街上，最具特色的当属大宗祠和葆守祠。叶氏大宗祠始建于元末明初，三进三开间，石库大门。大门外蹲列着一对狮子，狮子两侧是一对清光绪十六年（1890）冬立的大青石旗杆墩，见证着叶氏族人曾经的功名。葆守祠在叶氏大宗祠左侧，始建于元末明初。葆守祠内悬挂着"叶氏家庙"的匾额，传说是叶姓的一支为感恩一个丫鬟而建，当地流传着一个非常感人的"丫鬟带姐"的故事呢！

传说从前独山村有个叶员外，家道殷实，奴仆成群。夫妇两人四十多岁才得一子，取名叶福，爱如掌上明珠，真是含在嘴里怕化了，捧在手里怕摔了，溺爱得不得了。哪知天有不测之风云，小孩子四岁那年，在一次突如其来的灾难中，父母双双遇难。在弥留之际，母亲叫来自己陪嫁过来的贴身丫鬟，含泪将小孩子托付给她。叶员外夫妻俩一死，树倒猢狲散，那些家奴趁机将叶家细软席卷一空，逃离了独山村，家中只剩下丫鬟和小孩二人。丫鬟牢牢记着夫人的临终嘱托，留在叶家，尽心尽力地照顾小主人。谁知屋漏偏逢连夜雨，叶员外的哥哥见钱眼开，眼红弟弟留下的良田豪宅，便设法强行换了去，只留给小主人一间土房，几亩薄田。小主人年幼，而丫鬟更无说话地位，一点办法也没有。小主人只得和丫鬟相依为命，凄惨度日。

一晃十年过去，小主人已经十四岁了。这十年中，丫鬟对小主人照料得无微不至，比亲生母亲还要细心，可仅靠那几亩薄田的田租只够糊口。丫鬟除细心照顾小主人外，抽出时间替别人做针线活，挣点钱来贴补家用，尽量让小主人吃得好一点，穿得暖一点，并想方设法把小主人送进私塾念书。丫鬟把小主人当作自己的亲生儿子，自己吃苦耐劳，十几年不为自己新添一件衣服，破了补，补了穿，三餐饭不是吃小主人吃剩的，便是偷偷地一人吃点野菜充饥，新衣、好菜好饭都让给小主人。但她在学业上对小主人非常严格，时刻监督着，不许他出半点差错。村里的村民都被丫鬟的行为感动，都亲热地称呼丫鬟为"大姐"。当地方言"大"与"带"谐音相同，小主人也很尊敬她，亲热地唤她为"带姐"，意为带他的母亲。

一次，私塾里放假，小主人却从早上出去，一直到掌灯时分才回家，衣服也湿了，满头满脸都是水。带姐连忙追问他上哪去了，小主人支支吾吾，看见带姐态度十分严肃认真，见瞒不住，只好说出是和村里的几个小孩一起到溪边玩水去了。带姐一听，气得眼泪直流，坐在椅子上一句话也说不出来。小主人从来没看见带姐这么难过，不禁慌了手脚，连忙跪下求带姐原谅。带姐叹口气道："你不好好读书，将来没出息，我怎么对得起老爷、夫人！"说罢便将往事一五一十地细说了一遍。小主人当年只有四岁，许多事都糊里糊涂的，此时听带姐一说，如梦初醒。再看看带姐这十年含辛茹苦抚养自己，为了带好自己，至今孤身一人，又由于操劳过度，鬓角已过早地出现了白发，脸上也布满了皱纹。小主人心里不禁一酸，眼泪直往下掉，并暗暗发誓，今后一定认真念书，绝不再让带姐操心了。

从此，小主人放下贪玩的念头，一门心思用功学习，学业进步很快。小主人十八岁那年秋天，朝廷开考，小主人辞别带姐，上京赴考去了。小主人不负带姐厚望，三场下来，一举夺得状元。在京城佩着红花跨马游街之后，小主人便向皇上请假，带着随从跋山涉水，披星戴月，一路上马不停蹄地赶回家乡,只想早一点把这好消息告诉带姐。紧赶慢赶,赶到家中时,却发现带姐已是病得只剩一口气了。原来这几年带姐因为操劳过度,积劳成疾,在他赴试期间便一病不起。见他高中回来,带姐长长地出了一口气,拉过小主人的手,脸上露出了宽慰的笑容,缓缓地闭上了眼睛。

小主人没料到会是这样,伤心地一下跪倒在地,失声痛哭。他亲自主持操办丧事,以儿子的身份厚葬了带姐,然后恭恭敬敬地写了牌位,准备送进宗祠供奉。小主人捧着"带姐"的牌位来到祠堂,谁知族中的几位长老正在等着他呢。见他进来,说了一番节哀之类的安慰话,便婉言说道:"论理,这丫鬟确实同你母亲差不多。可她毕竟是一个丫鬟,身份低贱,按照规矩这牌位是不能供奉在我们的宗祠里的,状元公您说是不是?"小主人据理力争,可这几个老头执拗得很,好说歹说,就是不肯让牌位摆放在宗祠。小主人想想,都是自己的长辈,也不好用状元的身份相压。

双方正相持不下,一位族叔说道:"这宗祠的规矩不能改,可状元的带姐也不能薄待。我看这样,不如我们大家出钱,单为她修一座家庙,庙里供奉带姐的牌位。这样,既合规矩,又尊重了带姐,状元公也有面子。"此言一出,众人齐声叫好,状元公也点头说道:"这样也好,不过这钱得让我自己出,算是略表一点孝心,请大家体谅。"众人听他这样说,也不好勉强。商议一番后,决定就在叶氏大宗祠左侧,建造规模略比宗祠小一些的家庙。商议完毕,立即破土动工,村人纷纷自发赶来帮忙。人多心齐,没几个月工夫,家庙就建成,取名"葆守祠",成为叶官人这支后裔的家庙。

完工之日,状元公便设宴酬谢众乡亲,并当场饱蘸浓墨,挥毫写下"葆守祠"三个字。从此以后,独山叶姓人就有了两座祠堂。丫鬟恪守诚信、忠心事主的品行受到世人尊敬,小主人孝敬长辈的品德得到人们的称赞。忠孝传家的美德在地方传扬,带姐的故事在民间传颂。如今,独山还有很多人称呼自己的母亲叫"带姐"。

(文:张先林)

遂昌茶树坪村

秀才戏儿展温情

遂昌县高坪乡茶树坪村村处海拔1100米的高山之上，这里山峰连绵接天，常年云雾缭绕。在这云海的深处，遍地杜鹃，每逢初夏时节，杜鹃盛开，将整片山林染成红色，蔚为壮观。

村中村民以黄姓为主，建有黄氏宗祠。村里的祖祖辈辈承袭着孝悌的传统，中国古代"二十四孝"的故事中有两个故事讲的都是姓黄的人，这成为村中黄姓族人的骄傲。

一个故事叫"扇枕温衾"，讲得是东汉时江夏人黄香（68—122），对父亲十分孝敬。夏天天气炎热，父亲要睡觉之前，黄香就用扇子把枕席扇凉，让父亲睡得舒畅。冬天天气寒冷，黄香先躺到床上用自己的身体把被窝捂热，让父亲睡得暖和。时人赞誉"天下无双，江夏黄香"。另一个故事叫"涤亲溺器"，讲的是北宋著名诗人、书法家黄庭坚（1045—1105）。黄庭坚身居高官，亲力亲为侍奉年迈的母亲，始终尽心竭力、极尽孝诚。最难能可贵的是，黄庭坚每天晚上都要亲自为母亲刷洗便桶，春夏秋冬从不间断。黄香和黄庭坚的故事一直感动着茶树坪村的村民们，他们将自己视作黄香和黄庭坚孝悌精神的传承者。在茶树坪村，同样流传着感人的事亲至孝的故事。

从前，茶树坪村有一个"秀才先生"，人们都称他"老秀才"。不过，他并不是真正的秀才。老秀才出身在一个贫苦的农家，父亲靠给人打长工勉强维持生计。他父亲为人忠厚诚实，做事勤快肯干，深得东家的信任。历尽沧桑的老父亲深知一辈子务农不识字的艰辛，一心想自己的儿子能读点书，认得几个字。在儿子年少时，老父亲冒昧地向东家讲了自己的心事。东家很理解，也很同情他，于是叫他儿子到私塾跟着小东家一起读书。可是读了不到两年，因家里生计艰难，他儿子便回家务农了。尽管私塾只读了不到两年，但在小山村里，他可以算作是唯一一个读过书、识得字的人。于是村里人都称他秀才，开始叫他"秀才先生"，后来干脆叫

"老秀才"更顺口,"老秀才"的名称就这样叫开了。

老秀才忠厚善良,待人和气,乐于助人,常为村里人写信写对联,从不收一文钱,而且有时候纸墨也是自己垫的。村民家里有什么事,都喜欢请他去帮忙。因为他看过几本书,时常会讲讲《三国演义》《水浒传》里的故事。雨天农闲时,村里的人尤其是小孩子经常会缠着他,要他讲故事。老秀才看着一个个天真活泼的小孩,在给孩子们讲故事时也是绘声绘色,乐在其中。但是,每当想到自己已经四十几岁了,还没有儿子,心里不免感觉有些凄楚,平时在村里邻居面前也总是唉声叹气。邻居们听到后,十分同情,都耐心地劝慰他,说:"放心吧,像你这样的好人,老天爷一定会送个儿子给你的。"

老天不负有心人,老秀才五十岁时,果然生了一个儿子。夫妻两人的心简直像是灌了蜜一样,甜滋滋地,乐得每天眉开眼笑。他逢人便说:"老来得子喜不胜喜,等到老来生活有依。"夫妻两人对这个"老来子"宠爱有加,真可谓捧在手上怕掉了,含在嘴里怕化了。

没有想到,当小孩两三岁时,秀才的老婆去世了。老秀才悲痛欲绝,看看尚且年幼的小孩,他含着泪水料理了老婆的丧事。从此和小孩两人相依为命,艰苦度日。老秀才既当爹又当妈,含辛茹苦抚养儿子,好吃好喝的首先都给儿子,自己经常吃一些剩饭剩菜。逢年过节都要给儿子做新衣,自己的衣服是缝了又缝,补了又补,有几件简直就像百衲衣。唯一一件好一点的衣服还是当年结婚时的长衫,平时都舍不得穿,只有在过年和出门做客时才拿出来穿。老秀才说,只要儿子穿得好,心里就舒坦了,自己的衣服无所谓,只要干净就行。出门时,他总是把儿子带在身边,上山劳动时,有时他把儿子托付在邻居家中,有时邻居家里忙,他就带儿子一起到山上。在树底下摊一块围裙,让儿子坐在围裙上,自己一边劳动,一边看着儿子。儿子长大一些后,老秀才想起当年父亲都送自己读了私塾,如今虽然家境贫寒,不能送儿子进私塾读书,却也不能让儿子当睁眼瞎。于是,他白天上山下地干活,回家做饭洗衣,晚上还要点起松明灯,教儿子看书识字。好不容易等到儿子长大成人,老秀才又操碎了心,为儿子娶了媳妇。来年,儿子就为他生了一个白胖胖的小孙子。看到儿子成家立业,老秀才想想苦日子总算熬出头,一颗心也可以放下了。

儿子和媳妇相亲相爱,对老人也非常尊重,生活在一起从来没一句话得罪过他。老秀才已届古稀之年,平时力所能及地帮助儿子做一些家务农活,休息时和小孙子逗逗乐,生活过得其乐融融。

想不到天有不测风云,老秀才突然生了一场大病。儿子和媳妇竭尽心力寻医问药,伺候茶汤,老秀才的病治好了,可是身体却大不如前,脑子也时有糊涂。老秀才再也不能像以前那样干活做事,他有时带孙子玩也会出点意外,这让儿子和媳妇很不放心。儿子和媳妇两人已经有了好几个孩子,家中家务农活的事情又多,这个时候他们觉得照顾老人只要让他吃好饭和穿好衣就可以,其他事情并不是太需要注意。平时夫妻俩都忙于农事家务,料理孩子,老秀才慢慢地成了一个无所事事的人。老秀才心里总是有说不清的滋味,他不想劳烦儿子和媳妇,却经常一个人自言自语,唉声叹气。

有一天,老秀才在家里听到儿子和媳妇在房间里逗着孙子,笑得嘻嘻哈哈,心里又感到空落落的,一阵酸楚泛上心头。悲伤之下,他拿出毛笔在墙上写了一首打油诗:

听到吾儿在戏儿,想起当年吾戏儿。
吾戏儿来儿戏儿,今日谁戏老头儿。

儿子和媳妇看到父亲写在墙上的打油诗,这个时候才想到这几年只顾着自己忙,对老人缺少关心,冷落了老父亲。平时应该多和老人一起说说话,聊聊天,为他多增添一点欢乐。从此,儿子和媳妇每次劳动回来,都要和老人说上几句话,讲讲这几天在外面看到的、听到的事。在家时,都把小孙子叫到一起,陪在老人身边。老秀才又找回了原来的欢乐,从此以后安享晚年。

老秀才的打油诗被后人称作"戏儿诗",成为尊敬老人的故事在民间流传,敬老爱老也成为茶树坪村的传统。

(文:邱耕荣、罗兆荣)

松阳靖居村

千年古风今依然

　　在松阳县城东部层峦叠嶂的山谷之中,有一个被称作松阳出东门第一大村的靖居村。村落四周是四座玲珑的小山,靖居村如同聚宝盆中的一颗明珠。靖居村地处交通要道,坐落于松阳县城通往处州府城古驿道的要冲之上。松阴溪支流之一的靖居源由东向西穿过村子,松阴溪上目前唯一一个仍在使用的渡口就在这里。离村口还有一段距离的水口处是一座建于清代的堤坝,据说守护着村庄的风水。仅百余米的堤坝上是一排拔地参天的古树名木,不仅风景迷人,也如同码头的系缆桩,留住过往的船只。

　　这个古色古香的山村已经有七百多年的历史,古代的时候被称作蓉川,后来又改名净居。清咸丰年间,有高人写了一副对联,"靖以献无忘靖境,居以安自求居义"。村民大呼绝妙,又将村名改为靖居。

　　村中如今仍有将近三十栋明清时期的古民居,散落于蓉川古驿道的两侧。古屋背山面溪,坐北朝南,典型的徽派风格,在斜风细雨之中,如同水墨画一般。屋中的雕刻细腻精致,有着非凡的寓意。比如靖居村李家老宅上间梁枋雀替上雕刻的并非常见的吉祥物,而是一对乌鸦,那乌鸦的嘴上,衔着一条昆虫,飞过来喂给羽毛已秃的老鸦,小乌鸦正衔食反哺老鸦。古人以为幼乌能反哺老乌,故称乌鸦为"孝鸟",这雕刻说的正是孝乌反哺。道光年间的李姓先人,苦心设计如此感人的"孝乌反哺"的经典形象,雕刻在上间前厅梁枋的雀替上,旨在对儿孙进行尊亲养亲的孝道教育,实在是用心良苦。在靖居村,孝道文化有着悠久的历史和深厚的传统。

　　目前村中村民主要有包、李、汤三大姓氏,几百年来三大家族和睦相处,共同发展。说起村中的孝道文化,还要从最早来到这里筑屋开田定居繁衍的包氏家族说起。据《蓉川包氏宗谱》记载,村中包姓村民的先祖正是被称作包公的北宋大清官包拯,包拯的第五世孙包仁迁居至松阳蟾湖，而靖居村包姓始迁祖包景贤是包仁第八世孙。村中包氏宗祠中堂门厅的横匾上，题写着"孝肃遗芳""祖德流芳""古风依然"等尊祖崇祖的题额。孝肃，即包拯的谥号，寓意是包拯后裔要继承包拯的遗训，发扬包公的孝肃美德。

据史记载，包拯长大后是极为孝顺父母的。他29岁时考取进士甲科之后，本可做官，朝廷派他远去江西建昌任职，但是包拯考虑到父母年事已高，不可远离，应在父母身旁尽孝，奉养双亲。因此他向朝廷请求改派安徽，后在安徽和州任职。包拯双亲年岁渐高，生活难以自理。包拯毅然告退，在家孝敬侍奉父母。待父母去世后，包拯才重返仕途。与包拯同时代的北宋大文学家欧阳修称赞道："包拯，少有孝行，闻于乡里；晚有直节，著在朝廷。"北宋皇帝宋仁宗也御赞说："包拯，尽孝于家，竭忠于国。"

松阳包姓始迁祖包仁，同样事亲尽孝。包仁隐居蟾湖之后，乐游山水，虽然有济世安人之志，不过最看重的依旧是父母。据靖居包姓族人口耳相传，靖居始迁祖景贤公，晚年临作古时遗言儿孙："将其葬到母地去；祖母潘氏葬在她娘家坂畈山场。"儿孙遵其父祖遗愿，葬景贤公于二十都树梢庄内塘坞，祖妣安葬在坂畈大平头山。至今已越六百五十多年，而今坟茔犹在。

作为包拯的后人，包仁、包景贤可谓是孝子贤孙，继承了包拯的孝肃美德。从此，靖居村中孝顺父母，友爱兄弟，成为风气，《包氏宗谱》《松阳县志》对此多有记载。

包厚甫，号廷良，讳朝聘。包厚甫自幼失怙，全靠祖母叶氏含辛茹苦将他抚养成人。祖母年老之时，久病卧床不起，包厚甫心如刀割，他衣带不解，侍祖母以孝。

汤廷丰，家境贫寒，待父母却十分孝顺，因此闻名乡里。弱冠时，汤廷丰父亲病重，他夜不解衣，侍奉父亲。汤廷丰吁天呼地，祈求以身代父，更是要割股疗亲。父亲去世之后，他哀毁骨立，十分悲伤。他的母亲便劝诫他说：如果有一天你能自强自立了，就可以告慰你父亲的亡灵，光哭又有什么帮助呢？听闻母亲这一番话，他终于走出悲伤，谨遵母亲的教训，勤劳节俭，终于成家立业。

包殿芝，字圣瑞，自幼丧父，侍奉慈母，极尽孝道，全村之人有目共睹，邻里都称他是真正的孝子贤孙。

包惟政的女儿包氏，自幼孝顺父母。她母亲去世之后，她父亲准备将她出嫁。她知道后，对父亲说：父亲如今单身一人，弟弟尚且年幼，我如果出嫁了，你们要依靠谁呢。于是，包惟政的女儿决定留在家中，担负起养家的重任。父亲得病之后，她不离左右，服侍在身旁。包惟政去世之后，她又以礼相葬。

这样的故事在靖居村还有很多，民国版《松阳县志》还记载了靖居孝子包登辰的故事。包登辰（1814—?），字龙溪，据说武艺超群。他射箭能百步穿杨，振臂纵腿就能越高墙，还能背负重三百余斤的石锁绕天井一周，大气不喘一口，一时间声名远扬。清咸丰八年（1858）六月初九，太平天国石达开率军来到靖居村，得知包登辰武功过人，要强征他入伍，包登辰却不肯答应。于是石达开部将便威胁要杀死他的母亲，夷平全村，威逼包登辰就范。包登辰为保他母亲和全村的平安，不得不跟随石达开的部队离去，一直没有回来。

据传，靖居村早在明代中期，就建有"申明亭"。谁家儿孙若有忤逆长辈的言行，就会被传唤到申明亭，一听说理，一受训斥，直到逆子逆孙认错悔改，才让其回家。包登辰离开之后，村人为感念包登辰的孝行，撰写"靖以献，毋忘靖境；居之安，自愧居仁"的对联，每逢节庆，便张贴于"申明亭"大门，以示志念。

因为包登辰随太平军而去，他的儿女和宗侄担忧受到株连，被清政府惩罚，便举家匿居在丛林深处的大塔村。十数年之后，儿孙建房，其大门门额仍以石板作门楣，刻上"丹阳旧家"四字，以彰显儿孙不忘祖，也旨在宣称大塔包氏是包拯的后裔，源头祖地是不可忘却的。

原来包氏的太公，名包诠，又名佶，字志真，后辈尊他为太公。包氏太公唐朝时曾任过朝政大夫、兵部尚书员外郎。他最早占籍于丹阳，诠公定居于此并发脉。丹阳当属包氏最早的祖居地，乃包姓源头所在。包姓后人造房时，特请石匠在门楣刻上"丹阳旧家"，以纪念祖宗，意谓人不能忘根。可以说，孝在靖居包氏族人之中已经深入骨髓。

如今，村中包、李、汤等姓同居一村，甚至同居檐下。加之各姓间的通亲，有的已成了儿女亲家，还有因收养关系而生出的亲缘关系。岁月悠悠，数百年间几大家族混居一地，习俗相互浸染，包氏族人重孝的家风也影响着其他几个家族。村中几大姓氏的堂号，都源于孝道。包姓、汤姓的堂号为"孝思堂"，李姓的堂号是"追远堂"，均有祭祀先人、表示追念之意。李家老屋中堂祖龛两旁，如今仍然悬挂着一百八十年前后代歌颂祖德的木制楹联，其文曰："天地献奇文章星斗；祖宗垂训礼乐诗书。"这副对联点出了靖居村孝悌教育程度之深，儿孙们依旧以此为荣，且服膺胸中。村中老人还常常念叨起祖辈们那些悠悠往事，言谈之中也显露出无穷的乐趣和无比的荣光。

靖居村中孝父母，重孝悌，友兄弟，睦邻里，受桑梓称颂者众，且代有传人。孝顺父母，敬重老人，在这传统古村落中，早已相沿成俗。

（文：毛培林）

第二章 三贞九烈

淳安汾口村

孝贞流芳节烈坊

汾口村位于淳安县汾口镇集镇西侧，背靠青山，溪流相伴，由原畹墅、大福基、狮朝、湖川塘四个村合并而成。全村现有710余户，2280余人，是汾口镇目前人口最多的村，这里的村民和睦友善，热情好客。汾口村是汾口镇第一个实行农村土地股份制改革的村，随着这几年杨璜公路的改造和村庄整治，路过畹墅文化广场的人都会发现在杨璜公路另一侧立着一个牌坊——节烈坊。

牌坊在中国是一种文化性很强的特有建筑，也是中华文化的典型象征。在古代，树牌坊是旌表清行、流芳百世之举，也是人们一生不断追求的崇高目标。很多人中了进士，做了高官，行了义举，都是可以立牌坊的。当然贞妇烈女也是可以树牌坊的，但付出的成本和代价更高。它不仅仅是青春韶华，是凄苦辛酸，甚至是宝贵生命。与高大雄伟的功名牌坊相比，贞节牌坊一般都比较小。所以要树一座流芳百世的贞节牌坊，不是一件容易的事，甚至有点可怕。一个是丈夫必须死掉，另一个是丈夫死掉以后必须苦熬着支撑整个家庭，上要伺候公婆，下要抚养孤小，有的还有叔姑，生命不堪重负。如果怕苦日子熬得太久，不堪回首，也可以选择在丈夫死后，或绝食上吊，或投塘跳井，或吞金服毒，以示刚烈，于是就挣了个殉节的美名。

自古以来，淳安人才联翩鹊起，翘车束昂之征，乡举挺抡之典，史不绝书。据遂安《民国县志》所载："东南清淑之气萃于两浙，遂安踞浙上游，龙津狮岫间，无珍奇宝玉之产，气之所聚，钟为人物宜矣！"为了彰显人才，旌表功名、节孝，淳安牌坊林立。汾口村畹墅自然村的"节烈坊"是其中为数不多保存完好的牌坊之一。

畹墅节烈坊，属清代牌坊。据传，畹墅节烈坊是为畹墅村余应辉之妻王氏所建，是当年皇帝下圣旨赐建的一座石结构牌坊。三间四柱，面宽6.6米，高8米，石柱边宽0.38米。三重檐嫩戗，四角均有鱼尾翘，柱下部砷石互抱，雕刻龙、凤、云浪、花卉等图案。今天我们到汾口村，在畹墅公园北侧便可以看到王氏节烈牌坊。说到这"节烈坊"，当地流传着一段动人的故事。

据《璜堂余氏宗谱》记载，宋建炎二年（1128），璜堂余氏祖先访求风景，在武强西乡翔凤山之阳心生欣慰，便决定从金溪高屏迁居到遂安十二都大屋基（今汾口村大福基自然村），璜堂余氏自此发宗。余氏后代三栋公，笃厚持重，气静神凝。性好恬淡的三栋公看中汪墅（今畹墅自然村）地形逶迤，川泗水绕，在元至正年间（1341—1367）率领部分村民由大屋基迁居至汪墅，畹墅村由此繁衍。畹墅村人丁兴旺，各处商贾纷至沓来，村道两侧楼屋高耸，布幌飘拂，极其繁荣。又因林木葱郁，颇似别墅，所以得名畹墅畈。正如《宗谱》所记载的那样：

璜堂遗泽远，绳继藉贤能；
睿哲成文德，修齐际太平。
敬廉兴礼让，庆裕广昌荣；
诗书绵世业，簪绂荷天恩。

到了清代末年，畹墅村出了一个大官，名叫日孙，学名日华。余日孙生于1778年5月12日，曾任清军州同，据传当时家有万贯财产。他家在村西坂头上的七个石门圈，实际是八个石门圈，在一日之内竖屋。他先娶郑家村郑氏为妻，因两人一直未生子女，余日孙就续娶歙县叶氏为妾。叶氏生了一个儿子，名叫祥薰。

祥薰公学名应辉，于1820年11月22日出生。应辉自小饱读诗书、博学多闻，而且勤奋刻苦，为人正直。16岁的他，已经在周边地区声名鹊起。一日，应辉出游十六都芹川村，偶遇村女王氏。王氏是芹川村王作霖的孙女、国侨公的女儿，生于1819年10月18日，端庄美丽，温柔大方，颇有大家闺秀之风，是远近闻名、才貌双全的美女。二人一见如故，相谈甚欢，离别时互送信物，以表心意。后来，也如愿喜结良缘，算是佳偶天成。两人育有两个儿子：世维、世纲，以及一个女儿。

说这余应辉仕途坦荡，27 岁已经是县官。据传，当时他为官清廉节俭，工作上任劳任怨，诚诚恳恳。他的高风亮节以及对事业的追求，就连当朝皇帝都对他相当赏识。一日，余应辉得知家里出了点小事，便匆忙赶回家中。谁知当时的交通十分不便，一路走来多日，已是筋疲力尽，加之口干喝了生水，人在半路就病倒了。1847 年 2 月 17 日，余应辉病发身亡，年仅 27 岁。留下王氏一人，照顾三个年幼的小孩。

"十年生死两茫茫，不思量，自难忘"。余应辉与王氏结婚十年来，夫妻琴瑟和谐，甘苦与共。如今天各一方，实在是令人欷歔。王氏年轻失去丈夫，如五雷轰顶，难以承受。她茶饭不思，日夜跪拜丈夫亡灵，坚信丈夫会回来。她每天站在村口的香樟树下，长久地伫立着，望着路上来来往往的行人。她幻想着丈夫有一天能够回来，与她一起沿着熟悉的乡间小路回家，这点幻想是支撑王氏活下去的唯一希望。她里里外外忙碌着，长街小巷响动着她的脚步。

苦和累都不怕，最怕的是寂寞。凄冷的月光打在空荡荡的大宅粉墙上，映射着门、窗和琉璃瓦片，万籁俱寂，只听得到风声。王氏躺在床上，睁着双眼，望着斑驳的月光，辗转反侧。这思念就像一条嗜血的虫子，不仅吞噬着王氏的心，也毁坏了她的花容月貌。王氏终因思念成疾，不堪重负，在丈夫死后一年，自缢身亡。其人其事，令人欷歔不已。

后来，余应辉与王氏的大儿子世维公学业精进，奋发图强，最终官居五品，感念家母刚正、贞烈的品格，向当朝皇帝奏本，请求为家母修一座牌坊旌表。皇帝准奏，于 1848 年下圣旨给王氏建造节烈牌坊，受后人敬仰，流芳百世。

如今，贞节牌坊与匾额都离我们渐渐远去，那些制约广大妇女言行的封建伦理道德，也早已灰飞烟灭。但是那些以身殉夫、抚孤守节的凄美故事，常常引起我们沉思："孝贞生前事，牌坊死后名。存亡本异路，九泉多冤魂。"

（文：童庭瑞）

温州瓯海罗山村

冰霜济美节孝名

罗山村是温州市瓯海区茶山街道的一个小山村，地处李王尖峰下西向，大罗山之巅。村子四周山峦围绕，风景秀丽，民舍聚居其中。据清光绪《永嘉县志》"乡都"卷记载，罗山村原来名叫大茶山，因为是茶叶的主要产地，故得此名，现在是中国名茶"黄叶早"的产地。

这里山清水秀，人杰地灵。村里的村民大多姓管，早在北宋元丰年间，管氏村民先祖次慧公就从山东济南来到温州担任郡守，随后他的后代子孙搬迁到这个风水宝地安居下来，子孙代代兴旺发达。

百善孝为先！孝德文化为罗山村增添了文化底蕴。村里有分别在清朝和民国时期留下的节孝牌坊和碑，被当地村民视为心中的至宝。在罗山村口，有一座清朝的"节孝"牌坊，旁边有石刻的"冰霜济美"的匾额。它们的主人就是管氏家族的先人方氏。有关方氏的孝德行为，还得从两百多年前说起。

据罗山村的《管氏族谱》记载，清乾隆二十七年（1762），当时年仅十六岁的方氏嫁给罗山村村民管振彩为妻。夫妻共同的愿望就是两人恩恩爱爱，生活和和美美，白头偕老。但是天有不测风云，在他们结婚三年后，方氏的丈夫管振彩突然亡故。这对当时只有十九岁的方氏来说，犹如晴天霹雳。她将靠什么支撑起这个支离破碎的家？况且她家境贫寒，没有田地产业，家中上有年迈的婆婆，下有尚在襁褓之中被丈夫丢下的孩子。失去了丈夫，身边又没有叔伯相助。悲痛之中，方氏只能靠自己勤劳的双手和柔弱的身躯撑起这个家。她没日没夜地做针线活，用自己辛苦赚来的血汗钱，来维持整个家庭的生活。虽然她历经百般苦难，心中却别无他想，一心只想用孝心奉养婆婆，教育好年幼的儿子。

时光荏苒，转眼间方氏的孩子慢慢长大，方氏家庭的生活也逐渐有了起色，生活也慢慢开始富裕起来。直到后来，她为儿子娶亲置业，为婆婆养老送终，也算功德圆满。因为方氏勤俭持家，更使原本贫寒的家庭变成村里少有的富裕人家，这使得方氏的孝慈事迹名声在外。邻里乡人无不称慕，赞扬她是一个难得的节妇。

清嘉庆二十一年（1816），朝廷命令当时温州府旌奖表扬节孝的妇人，作为后人效法学习的榜样。于是，温州府衙四处察访，方氏的孝慈事迹因为早就名声在外，很快就被官府发现。经过申报朝廷，决定对方氏孝慈事迹进行旌表，朝廷拨款在村中为她建造起一座石制的节孝牌坊，作为千秋永世的纪念。该年正值方氏七十大寿，而此时，她已经是子孙四代同堂了。而且由于方氏的德行，她们家庭一直康宁富裕，这使她在古稀之年尝到苦尽甘来的味道。十年之后，方氏已经八十高龄，县里教谕胡公又赠她"冰霜济美"的匾额，以作嘉奖。也在这一年，方氏的儿子方选考取了功名，被授予了修职郎的官位。她的大孙逢金则入选贡生，次孙炳金考入太学。方氏逝世以后，县府把她的姓名列入县里节孝祠之中，享受公家祭祀的待遇，成为后世的典范。

方氏的节孝行为也影响了她的子孙后代。直到今天，罗山村还盛传着方氏次孙管炳金为照料病重父亲弃官的美谈。当时，管炳金的父亲管敏斋，也就是方氏的儿子，年老体弱，患上肛门生漏之疾，卧病在床，一躺就是好几年。看到卧病在床的父亲生活不能自理，管炳金十分忧伤。最终他如同他的祖母一样，以孝为先，放弃读书做官的机会，毅然回到家中，服侍在父亲的身旁。从此以后，大小便、敷药、扶起、躺下、拔脓、换洗衣服，所有这些与父亲生活相关的琐碎事情，都由他独自承担。在他的心里，身为儿子，就应"孝"字一马当先，这些事就是该他来做，如果叫别人去做这些事情，他反而要担心父亲不舒服。这就是美德传承的力量，正是方氏的节孝行为，为他的孙子树立起一座丰碑，让孙子如同她一样去孝顺父母。

孝德文化代代相传，方氏节孝积德的行为还影响了一代又一代的罗山后人。如今的罗山村民风淳朴，人们尊老爱幼，乐做善事成风。村里房屋的墙壁上或门楣上可见世代管氏族人留下的"竹报三多""一善"等文字雕刻，这些都是美德传承的展现。

罗山村的文化底蕴是极为深厚的，除了村头这座清朝留下的节孝牌坊外，在罗山村的村尾，还有一块民国时期留下来的"冰雪为心碑"和一座节孝亭。据罗山村的《管氏族谱》记载，这是为了褒奖罗山村先祖管显贞之妻叶氏节孝两全而赐建的。

如今的罗山村，是一个典型的孝德文化村。村中的节孝牌坊和碑不仅成为古老的罗山村内一道别样的景观，也成为后人缅怀先辈的圣地，更是成为孝德文化的风向标。它不断地激励着管氏后人，要沿着先辈的足迹，在前人的基础上，继续书写这个永恒的"孝"字。罗山村孝德文化的影响力也早已传出大山，越传越远，影响着这个社会。

（文：朱建波）

永嘉廊下村

牡丹情定石将军

永嘉县花坦乡廊下村始建于南宋祥兴年间,由廊一、廊二、廊三三个自然村组成。全村夹峙于龟蛇二山之间,珍溪绕村而过,这里山环水绕,水清山秀,是块宜居的风水宝地。走近廊下村口,是一座由卵石垒成的古寨门,据传是当地族人在抗击元军入侵时所建。站在寨墙之上远远望去,廊下村美丽的景色尽收眼底。

廊下村是一个有文化底蕴的古村落,这里的一景一物都有美丽的传说。廊下村原名十景坊,当地有歌谣唱道:

> 过花坦,走廊下,廊下古名十景坊。
> 前有宝马去游嬉,后面凤凰展翅飞。
> 龟蛇南北相对峙,猫鼠东西两分离。
> 五虎落坪田里走,寿桃峰高白云低。
> 东边金屏巍峨竖,西有谷山解民饥。

这首在珍溪两岸广为流传的歌谣,道出了青山绿水环抱中的廊下村景。所谓十景,指的是村庄周围的宝马、凤凰、灵龟、奇蛇、御猫、锦鼠、五虎、金屏、积谷、寿桃十座造型生动、惟妙惟肖的小山峰,因此这里就被称作十景坊。可是十景坊为何又改称为廊下村呢?原来这里流传着一个美丽而动人的故事。

明朝嘉靖年间,廊下村有一个才子叫朱尚综(1527—?),字仁论,号芳洲,自幼学业精进,过目不忘。朱尚综考中进士后,入朝封官,可以说是光宗耀祖。但非常可惜的是,朱尚综在一次执行公务的过程中因为意外不幸命丧瓜洲。由于古代的时候交通不便,消息不灵,朱尚综的死讯并没有及时传至家乡。见他迟迟没能归乡,家人也是牵肠挂肚,十分惦念。他的老父亲舐犊心切,茶饭不思,于是在村中西门内侧造了一座亭子,天天站在亭中远望，盼望儿子能够早日归来。朱尚综留在家中的妻子吴氏向来与丈夫伉俪情深，也坚信自己的丈夫能复归家园，常常每日数次到望归亭上遥望等待。公公爱护儿媳，思量着严寒酷暑、风吹雨打的日子里，媳妇经受不起；而且富家的女子也不便抛头露面，在外来往，便从媳妇的绣花楼到望归亭修造了一条长约400米的楼廊，让她来回行走。村人进进出出，也从廊下经过。久而久之，这座亭子就被人们称作望归亭，十景坊也被人们称作廊下村。

廊下作为村名一直沿用至今，那条守望亲人的长廊早已荡然无存，只有望归亭还挺立着骨架，四根擎天石柱支撑着上面"口"字形的亭台，迎着风雨，仿佛仍然在盼望亲人的归来。故事已经远去，却依旧感动着人们。现如今，人们在望归亭篆刻上一副对联：望断天涯已是前朝故事；归来寰宇还看今日新亭。望归亭向人们述说着廊下村的如烟往事，展现了家人之间的绵绵亲情。

望归亭往东十来米，有一对栩栩如生的石狮，这就是"廊下王坟"的墓道口。往里走，两旁依次蹲卧着一对石羊、一对石兔和一对石猪。当你津津有味地低头欣赏着这些惹人喜爱的小动物时，猛一抬头，一定会心头一紧。原来，两个高大的石将军迎面而立，正虎视眈眈地盯着你。离石将军不远处有一座高大的石牌坊，由于漫长的岁月沧桑剥蚀洗礼，如今已只剩两根石柱。墓道口进去不远处，有一座条拱形的石桥。走过石拱桥，爬上一条80余米的小径，便来到了"王坟"。"王坟"精致华丽，坟主姓朱名直清，出生在大明永乐年间，中过进士。朱直清为人正直，为官青云直上，深受皇上重用。皇上一次离京出巡，朱直清代天子之政四天，受百官朝拜，赏罚分明，被誉为平肩王。

"王坟"前的石将军庵，流传着这样的故事。很久以前，"王坟"建造成功，日久天长，庵东石径上的石将军、石马、石猪，吸收天地日月雨雪之精华，化身成精，石猪常出入农田吃农作物，石马吃草，石将军化身成美男子，骑石马四处闲游。有一天晚上，石将军骑马出游，到了乐清县石马村桥头，看见有一位美丽的小女子在桥上弹琴，石将军听得入迷忘归。小女子姓马名牡丹，父亲马员外，家住石马桥边，是村中富裕的大户人家。马牡丹年方十八，年轻貌美，知书达理。当晚清闲无事，在石桥边上乘凉，抚琴奏曲。石将军对马牡丹一见钟情，马牡丹见石将军是身材魁梧的美男子，也有爱慕之意。二人彼此相爱，石将军直到天亮前才回廊下

"王坟"。

　　石将军从此以后每天晚上骑马到乐清县石桥边与马牡丹相会，天亮前再骑马回"王坟"。马牡丹觉得石将军奇怪，问明石将军的地址是永嘉廊下将军庵，偷偷地用剪刀剪下石将军的一个衣角，作为相好的见证。一天早上，马牡丹离家到了永嘉廊下石将军庵寻找石将军。到了之后，在石将军的石像上看见衣缺一角，便把带来的衣角放上去，刚好吻合。这时候马牡丹才知道与之相好的人是石将军。玉皇大帝知道这件事情之后雷霆大怒，对石将军调戏良家妇女，石马、石猪糟蹋粮食十分气愤，派出天兵天将将他们逐个劈死。可是马牡丹已经与石将军结婚，石将军死后，她也不再嫁人，在石将军庵西找了一间屋子开始念经。后来当地有人与她一起念经，便把房屋扩大为庵，取名石将军庵，马牡丹一直念经到老。

　　徘徊在廊下村的小巷里，时有飞檐画壁、镂窗粉墙映入眼帘，令人不由自主地沉醉于浓厚的文化气氛之中。走出廊下村，回首再看晚霞中的古村，房舍俨然、炊烟袅袅、溪水晃动、树影婆娑、竹枝婀娜、鸟飞鸳鸣……古老而美丽的村落，静美如歌，令人痴醉迷蒙，陶怡自乐，似入梦中。

（文：杨大力）

海盐永兴村

礼义桃源文溪坞

"远眺秦驻紫云间，近看文坞三面山，巧合周字百世缘，别有洞天小桃源。"讲的是海盐县秦山街道永兴村。永兴村东临杭州湾，背倚隐马山，村前长潋河与村后三联河静静流淌。

永兴村全村共有7个自然村，文溪坞是其中一个。文溪坞三面靠山，一面朝海，形同簸箕，得天独厚的山水环境造就了秀丽的风光，古时就被称作"世外桃源"。这个小山村历史悠久、民风淳厚，距今已有一千多年的历史。成书于1230年的宋代地方志《澉水志》对文溪坞就有记载："隐马山分二支，两山如巷，内有村落，数十家散居其间，奇秀幽僻，俨一桃源。"清代学者徐元谐1853年撰写长联对文溪坞大加赞颂："涛声环澉浦，正明月高悬，白云初起，倚楼夜坐，此间得山水清音；胜地占文溪，看碧桃满树，红叶成林，鼓棹吉来，最爱是春秋佳日。"清代文人黄金台在《永安湖观红叶记》中写道："同行者谓予曰，子知九秋枫叶，抑知三月桃花乎。当夫碧波始生，红英乱吐，柳色莺声之外艳发四山，苹花鱼影之间春浓双渚。南阳采药，岂无阮肇逢仙。东浦踏歌亦有汪伦送友，不信文溪坞里，居然武陵源中。此行未了前缘，斯地尚期后会焉耳。"在文人骚客的眼中，文溪坞是不输武陵源的人间胜境。

古村居民大多姓周，源自河南汝南，几经迁移来到海盐定居，是北宋大儒周敦颐后裔的一支。周敦颐一生清正廉洁，偏爱莲花，为北宋五子之一。《爱莲说》即出自周敦颐之手，文中有"水陆草木之花，可爱者甚蕃，晋陶渊明独爱菊。自李唐来，世人甚爱牡丹。予独爱莲之出焉泥而不染，濯清涟而不妖……可远观而不可亵玩"。周敦颐号濂溪，故时有"功高细柳，泽普濂溪"之说。先祖取其文人雅士的"文"与濂溪的"溪"两字为地名，称作文溪坞。古村居民以先辈为楷模，以忠孝廉爱仁义为荣，言传身教世代相传，载入史册。在这个世外桃源般的小村庄里广为流传着一些脍炙人口的故事。

清代文人吴熙在《永安湖竹枝词》中说道："一夜寒霜万卉飞，断肠空有泪沾衣，曾闻木偶随人动，见说芳魂化蝶飞。"《胡氏图经》曰："姚斑妻周氏福莲，斑死，父欲夺其志，投河死，火葬日有一大蝶，五色烂然，从火出向斑所居飞去。"《续澉水志》有张宁所作《节妇传》："周氏福莲，年二十一，归澉浦姚斑，生一女而夫故，年二十有五，时岁歉家贫，父孟经将嫁之，妇觉，而携女同赴水，火葬时有彩蝶飞出，县令谭公哀而祭之，方洲张宁作传。"《南歌子》有《节妇传》："节妇名福莲，芳龄适姚斑。四载夫夭遗弱女，岁歉家贫怎过？父欲诺他人，妇意誓不从，与婴同赴水，葬时彩蝶飞姚坟。县令谭公哀祭，众称奇。"这些讲的都是文溪坞明代节妇周福莲的故事。

姚节妇原名周福莲，生于1462年，海盐德政乡十三都文溪坞人，为周孟经的女儿。二十一岁那年，周福莲嫁给澉浦姚斑为妻，家里以种田为主。虽然生活艰辛，倒也夫妻恩爱，其间生下一女孩，取名孝妹。可是天有不测风云，四年后，丈夫因生病无钱医治，离开人世，丢下孤儿寡母。时逢荒年，食不果腹，日子过不下去。父亲周孟经叫她回娘家，与继母和哥嫂一起生活。周福莲在娘家抽空饲养牲畜，生下鹅蛋卖钱积累起来，去夫家偿还丈夫去世时所欠下的债务和工钱。日子过得相当艰苦，对女儿她却倍加珍爱，时常肤不离体。后来澉浦有一富户人家看中福莲，希望福莲能改嫁于他。父亲周孟经已经应允，不过一时难以出口，福莲也微感父亲心意而未表态。福莲常住在娘家，平时为一些零星小事，哥嫂时有微言。有一天，全家在一起吃饭，小姑娘想吃鸡蛋，外公不允，小女哭闹起来，福莲上前抱抚仍不停息。外公孟经顿时火冒三丈，骂道："何处孽种，不久将你送回你家。"继祖母装作看不见，母女二人只好离开餐桌，回屋抽泣不止。福莲感到父亲已经同意她改嫁，然而她们母女二人命该如此，哪能再改嫁进他人家门，小女以后又将何处安身？于是抱着幼女暗自痛哭。

有一天夜里五更之时，福莲继母见她房里灯光未熄，就叫她好好睡觉，可是她并没有答应，全家颇觉怪异。这时，有一僮仆过来说，他从田间回来时，看见福莲抱着小女在那哭泣，他一个人也不敢上前问其原因。家里人这时才发现福莲不见了，急忙出去寻找。后来在岸边发现福莲的一双鞋子，立刻在水中打捞。等到大家将母女两人捞起时，福莲与幼女已经溺毙。第二天，家里人买了棺材准备将母女两人下葬。姚斑姑姑知道后，抱着棺材号啕大哭，说道："姚斑去世时就有所托付，哪知道亲家翁不能谅解她的心事，以至于母女两人死于非命，现在福莲已死，已经不能生还了呀。"不过神奇的是，将周福莲母女二人火葬的时候，竟然有蝴蝶从烟焰当中飞出，并向姚斑的坟飞去。邻居路人见到此情此景，无不惊奇可怜。当时就有人说："自古就有人为了忠节蒙难，男人受侮，必当以必死为事。姚家家破人亡，其处境并不是不可预见，是预料之中的。姚氏妇女，在这种困境中，瞻前痛后，区区一幼女一妇人，不知以后日子怎么变化，不可预测，没等到老，便跳河自尽，是以德葬身，乃女中之烈也，可以说是问心无愧，因此血渍如砖精化为蝶也不是没有道理。"于是，周福莲的父亲周孟经将女儿的尸骨与丈夫葬在一起，当时的海盐县令也是予以哀悼。从此，在海盐地区，节妇化蝶与梁祝化蝶齐名，成为节孝的代名词。周福莲在当时情景下，一为自身贞节，二为幼女生存，不得已走上绝路，在海盐历史上留下了悲凉的一幕。如何评价，则仁者见仁，智者见智。

隐马山下的这个小村庄虽然人口不多，但是类似的孝老爱亲的事迹却是不少。如今走在幽静的文溪坞内，白墙黛瓦，绿树成荫，其中一处《文坞孝女》的墙绘格外惹人注目，说的就是孝女素珍的故事。素珍原本已许配给海昌吴家，不过尚未成婚。就在素珍成婚之前，父亲不幸在任上殉职去世。这时，家中儿子尚小，无力去外地把灵柩运回家。眼看父亲客死异乡，素珍不顾婆家人反对，冲破世俗习惯，毅然抛头露面，去外地扶柩归乡。素珍一路上风餐露宿，吃尽了苦头，又受尽了沿途世俗人的白眼，看一个年纪轻轻的姑娘，抛头露面，成何体统？父亲英年早逝，家道顷刻破败，素珍决定担起整个家庭的重担。她先是安排好两个妹妹的婚事，又把弟弟托付给叔叔。等到家中一切都已安排妥当，她再行婚嫁到吴家。婚后，素珍还是放心不下娘家，三天两头回到娘家，在北山坡上采些茶叶，在南山坡上采些兰花笋，去澉浦镇上叫卖，换得少许铜钿，用以抚养家中老母。显然，孝女素珍的故事与当时"嫁出去的女儿，泼出去的水"这种观念相违，却彰显了一个女儿的孝义之心，因此她的故事世代相传。在《澉水新志》《迷仙引》以及清代学者卢文弨所编著的《抱经堂文集》当中，都对孝女素珍的故事有所记载，可以说是青史留名。

日月如梭，光阴似箭，如今文溪坞里，几个老人坐在隐马亭下诉说着过去的故事,电视台记者跑前跑后,拍摄着风光片,城市来的游客在草坪上追逐蝴蝶……真可谓人间天堂、世外桃源,古村添新绿,礼义传千古。

(文:姚益芬)

绍兴柯桥上王村

殉义完贞名号著

上王村隶属于绍兴市柯桥区王坛镇,是柯桥区最南端的一个古村落,地处小舜江源头,汤浦水库之畔。这个狭长山谷之中的村庄风光旖旎,山水锦绣,是一处养生福地。上王村有着悠久的历史,村中至今仍保留有建于清代的王氏宗祠、王氏分宗、土穀祠、财神庙等古建筑,这些古建筑构造巧妙,雕刻精美,有着别样的魅力。

上王村民风淳朴向上,邻里和睦相处,一派和谐的景象。良好的社会风气源自深厚的文化传统,村中的村民主要姓王,是书圣王羲之的后裔。王氏后人在这里耕读传家,书香绵延已经千年。为了加强村风民风建设,村民如今特别制定了乡规民约三章,进行自我约束。比如,"孝弟为先敬祖宗,忠心为本古今颂。同根连理兄弟和,夫妻恩爱家道兴。"这看似简单的乡规民约,却是千百年来村民价值追求的真实展现。据村民介绍,《王氏宗谱》已经延续千年,虽然每隔几年就要加入新的内容,但敬老爱幼、耕读传家、邻里和睦这些祖训都是代代相传,从不更改。村中的王氏宗祠,就向人们述说了一个凄美的节孝故事。

村中共有两座祠堂,其中先造的祠堂被称作"王氏宗祠",也叫下祠堂,位于村子的南端;后造的祠堂叫"王氏分宗祠堂",俗称上祠堂,位于村子的北端。"王氏宗祠"坐西向东偏南,面前溪水由南向北,淙淙流淌,清澈见底;溪上鹅鸭成群,溪中鱼儿成堆;祠堂后面的山峦蜿蜒起伏,美不胜收。祠堂的雕刻非常精湛,为难得一见的珍品。木雕堪称一绝,从大门到大殿,从侧厢到戏台,精品比比皆是,犹如一座艺术的宫殿。雕刻雕法不一,内容繁多,既有"八仙过海""二十四孝",也有"蝙蝠成寿""二龙戏珠"。柱子上的牛腿以单体人物形象为主,形象饱满,栩栩如生。而戏台中的鸡笼顶玲珑剔透,十分精致。祠堂中的石雕也是令人赞叹,戏台中间的两根石柱雕刻着一对狮子,左边是"狮子滚绣球",右边是"母狮哺乳",形象逼真。戏台两边的石柱上刻着一副对联,

"一幅有声画，满篇无字文"，形象地概括了戏文的真谛。祠堂的匾额大多是村里的秀才举人所写，其中祠堂的正中挂着的是"五思堂"的匾额。在大堂的左侧，还挂着一块"殉义完贞"的匾额，却是由府衙所赠，这块匾额是为纪念村民沈氏太君而立。

宗览太公是上王村方三一支第十四世祖，他的第二个儿子叫大临，生于清雍正庚戌年（1730）。大临太公天资聪慧，品行端正，后娶妻嵊州三界袁岙人沈氏。夫妇两人男勤女辛，相敬如宾，恩爱有加，敬重公婆，邻里和睦，深得周围邻居的称赞。后来，夫妻俩生下一子，取名"光祖"。夫妇俩经常教育孩子要孝敬长辈，和睦邻里，乐善好施。

这样一个美满家庭，谁不羡慕。可是"天有不测风云，人有旦夕祸福"，大临太公在乾隆丙子年（1756）不幸因病而亡，年仅二十七岁，留下了孤儿寡母。丈夫英年早逝，爱妻沈氏太君痛不欲生，几次抱头撞墙，欲随丈夫而去。几经昏厥、复苏，亲戚朋友、房内亲属、邻里帮忙的人看了，无不伤心落泪。

这时，有个叔姑吴氏太君就劝她说："丈夫已经死了，既然人死不能复生，就不要再啼哭了，还是将自己管好，不要太伤心了！"

"可是他走了，"沈氏太君说，"这让我怎么活呀！"

"亲人没了，确实是痛苦的，但你这样痛苦对自己没有任何益处呀，更何况你还有七岁幼子要照顾，你要是走了，孩子由谁抚养呢？"吴氏太君劝道，"再说你门下如今还有二十余亩田地，尚可以度日，只有将孩子抚养成人，才不会辜负大临呀。"听吴氏太君这么一说，沈氏太君停止了啼哭，埋头带泪整理丈夫的衣衾，准备入殓。等到棺椁准备完毕，她又痛哭失声。

人们没有想到，沈氏太君这时仍然有为夫殉节之意，只是强忍下来，没有流露。三天后的凌晨，沈氏太君还是乘人不备，最终手拿利刃自割其颈，流血数升而亡，年仅26岁。听到此事，村里的人无不为沈氏太君的刚烈而惊叹，当然也有人替她惋惜。对于沈氏太君的殉节之举，大临侄儿式南有诗赞曰："爱身容易杀身艰，谁是殉夫一命残，从古纯臣多自刎，岂知少妇敢相扳，贞心弥触忠和孝，苦节倍难寡与鳏，弗愿未亡名号著，但留不二在人寰。"

时光荏苒，三十六年之后，也就是清乾隆壬子年（1792），村里的族长决定将沈氏太君为夫殉节之事呈报官府。当地府衙获悉之后，对沈氏太君的事迹十分推崇，府衙决定将她的义举记入县志，并赠送"殉义完贞"的匾额，以示褒奖。"殉义完贞"的匾额如今依旧悬挂在王氏宗祠大堂左侧，以此教育感化族民。

两百多年过去了，沈氏太君以身殉夫的故事一直流传到今，也成为绍兴舜孝文化的一个重要组成部分。如今的上王，采用修宗祠树牌坊的方式，吸取舜德文化中的"孝感动天"和"耀光祖宗"，以乡村文化为载体，凝聚上王村民，合力建设上王。正如村中乡规民约所说的那样，"张德扬惠守规训，上王年年更兴旺"。

（文：柯桥农办）

诸暨十二都村

南孟故里孝义传

十二都村位于诸暨市应店街镇境内，由前十、庄院、堂楼下三个自然村组成。据说整个村落是按照中国传统风水理论规划布局，村内"金、木、水、火、土"五行齐全：东面的南泉岭为木；南面的蘪山为火；西面梳头山为金；北面的茅篷庙山为水；中间的前孟为土。这里环山如城，乃钟灵毓秀人居福地。

走到十二都村村口，"南孟故里"的牌坊便迎面而来，透着浓郁的历史文化气息。十二都村之所以被称为"南孟故里"，是因为村内孟姓村民的开基始祖是孟子第四十八世孙孟德载，不过十二都村的历史远非如此。十二都村古称夫概、概浦、概里，相传战国时期吴越争霸，公元前494年吴王夫差之弟、大将夫概战死于此，为纪念他而得此名。十二都被称作"南孟故里"最早可追溯到南宋初年，据有关文献资料和1929年版的《暨阳孟氏宗谱》记载，当时金兵南侵，徽钦二帝被掳，哲宗皇后孟相在国势危急之下临朝监国，命令内侄宋信安郡王孟忠厚（孟子第四十七世孙）护帝南迁。从此，孟忠厚开基浙江，为迁越始祖。孟忠厚幼子太尉孟德载，字仲博，因为护帝南迁，功绩非凡，被授予诸暨开国男、环卫上将军昭佑明应侯，并于绍兴十七年（1147）在夫概里十二都定居，成为诸暨孟姓始祖。另据乾隆《浙江通志》、光绪《诸暨县志》记载，宋孝宗乾道六年（1170），奉宋孝宗御旨，诸暨县令沈绂主持在夫概里初建"南孟子庙"。另外，宋高宗还御书"仁寿堂"堂号、御题"南孟大宗"匾额相赠。自诸暨建有"孟子庙"以来，这里的孟氏后裔就有"南孟故里"之说。十二都村内现存业绍三迁、诗礼传家老台门、清朝乾隆帝赠"端范夫人"（孟母）石碑、"南孟子庙"、贞女祠遗址等，是极具地方特色的古村落。孟子被称为"亚圣"，是儒家的代表人物，十二都的孟氏后裔崇学尚文，也成了孟子思想的继承者。

十二都村内传颂后世的贞节才女孟蕴，字子温，正是南宋信安郡王孟忠厚的后裔,孟子第五十九世孙,是明代的著名诗人。她的父亲孟铤,字彦益,是绍兴府诸暨县学生员。据说孟蕴出生时,天降彩虹,被誉为"奇女"。她自幼天资聪慧,知书识礼,能文善诗,工于绘画,才名闻于乡里,被里蒋才子蒋文旭聘为未婚妻。据乾隆《诸暨县志》记载,明朝洪武二十九年(1396),蒋文旭当时年仅十七,就考上了乡贡进士,被授予河南道监察御史,巡按湖广。他风雅才俊,颇得当时的大文豪——浙江同乡宁海人方孝孺赏识,成为他的门生。

一日上朝,皇帝朱元璋因为原先所立太子朱标去世,欲直接传位于他喜欢的孙子朱允炆。虽然这与祖训的皇位继承制度不符,但文武百官惮于朱元璋嗜杀的脾性,缄默不敢言。初出茅庐的蒋御史刚正不阿,即刻奏本反对,致使龙颜大怒,被下令赐死。御史大人的椅子还没坐热,就稀里糊涂地死于君王"虎口"之下。稍后朱元璋自觉朝责过严,于是下令派人释放,但为时已晚。蒋文旭死前还北向拜谢皇上说:"苟有裨于国,臣敢偷生?"那年蒋文旭年仅24岁,孟蕴19岁。

突如其来的变故,无情地击碎了少女的梦想,让孟蕴猝不及防。蒋文旭的灵柩被运回家乡安葬,正在筹办嫁妆的孟蕴闻此噩讯,哭倒在母亲的面前,说:"我已订婚蒋氏,虽然尚未过门,但也是蒋家的人,如今文旭已死,我要以妻子的身份护送其回家。"母亲拗不过她,于是孟蕴穿上白色丧服,里面却是早已准备好的红色婚装。孟蕴来到蒋家,在征得蒋父蒋母的同意之后,便将婚礼丧礼一齐办了。之后便留在夫家,服丧三年,侍奉公婆,尽人妻之责。

不久,蒋文旭父母因为思念儿子,悲伤过度,相继去世。五年之后,孟彦益便将孤苦无依的女儿接了回去,在老家一个叫作后岩的地方,为她造了一座房子,房前植以柏树,将其称作"柏楼",既包含着对蒋文旭的纪念(旧时御史府植有柏树,亦名柏台),也象征着女儿如同柏树一样坚韧与贞洁。"南孟故里"景观颇多,有孟庙礼器、古罄文社、里仓义积、夫峰峭石、概浦晴涟、玉京仙迹、悟性禅寺,它们与柏楼一起,被称作"概里八景"。

从此,孟蕴终日在柏楼上寒窗苦读,吟诗绘画,只有一名侍女终日相随。亲戚来探望,她也只是在楼下隔窗拜揖而已。"绣衣御史柏为台,乌府庭前夹道栽。今日霜雪无可睹,为君植此寸心摧。"她常常以诗言志,明竹菊之心。

一直到孟蕴五十多岁，宣宗当朝之时，朝廷为蒋文旭平反了。此后，她开始为当地少妇室女训解《孝经》《内则》《女诫》诸书，凡有关纲常风化者，辄反复阐明不置。同时，她还创作了《咏竹》《咏菊》《雪》《秋荣》《抚琴》《画松》等150多篇诗词，辑成《柏楼吟》。她的诗词在《暨阳孟氏宗谱》里都有翔实记载，如"夫隐泉台夫路通，千思万想总成空；妾心从一无他率，欲树贞操闺阁中；自古纲常没变通，纲常千载赛长空"等。这些诗词，记述的是孟蕴独栖柏楼的岁月，以及她品味这些岁月时留下的心迹。

八十岁那年，关于孟蕴对蒋文旭忠贞不渝的爱情故事传到了宫廷，感动了文武百官和皇帝，于是皇帝下诏宣孟蕴进京。九十岁那年，孟蕴再次被宣入京面圣。最后孟蕴以93岁高寿而卒，她至死头发乌黑如初，无丝毫白发，人称"黑发姑婆"。

孟蕴的生辰、死辰都是重九日，74年的守贞岁月，造就了她传奇的一生。她的事迹以及诗作后来被直隶监察御史蒋玉华、翰林侍读黄文莹奏报皇帝，因此获封"贞女夫人"，建坊立祠，表彰贞洁，以励风化。明代知县刘光复也申请朝廷，建贞烈祠，以表彰孟蕴坚贞高标，并把十二都誉为"风教之基地，耕读之典范"。对此，乾隆《诸暨县志》卷十三里有翔实记载："孟贞女祠，在十二都孟子祠侧。宣德间，巡按蒋玉华、翰林院侍读黄文莹以事疏请于朝招旌，其门建坊立祠……""贞烈祠，在县东五里旧属官亭遗址，知县刘光复申请建祠以祀孟贞女蔡烈妇"。

春去秋来，时光荏苒。虽然贞女祠如今已不复存在，但重修后的"南孟子庙"就坐落在南泉岭上，"南孟故里"的牌轩就立在十二都村口。文化薪火，代代相传，孟母三迁断杼教子的故事、南宋年间南孟一族护驾南迁的故事、明代孟氏贞女孟蕴的故事在村民中口耳相传。每年的四月初二，这里还举行"孟子祭祀大典"。"仁义礼智传家远；忠孝廉洁续世长"，受"南孟史事"洗礼成长的孟子后人，以歌颂祭奠的方式铭记祖先训导，也赋予十二都村独特的文化魅力。

（文：孟琼晖）

磐安横路村

坤德贞恒励风俗

　　横路村位于磐安县东北部的玉山台地边缘，是一处规模较大、保存较完好的古村落。横路村素以乌石街、乌石古民居而闻名遐迩，村内乌石遍地，酷似乌金，无论走到哪里俯拾即是，全村三百多间乌石古民居错落有致地分布在长达四百米的乌石古街的两侧。乌石粗犷的外形与凝重的黑色天然地结合在一起，在庞大而又精致的乌石建筑群里，乌石凝重的黑色赋予了古村厚重的历史感。

　　横路村因一条大路自南向北从村中横穿而过得此村名，这条大路就是拥有数百年历史的澄溪古道。据《玉峰周氏宗谱》记载，澄溪古道是古代的官道，古道两侧建有路廊，供来往的行人休憩。千百年来，横路村是宁波、绍兴通往金华、衢州的必经之地，络绎不绝的商旅行人带动了横路的发展，因此横路村有了"澄溪岭下第一村"的美称。

　　这里拥有优美的自然环境，也拥有丰厚的历史根基。自古以来，这里就是周氏族人的聚居地。据《玉峰周氏宗谱》记载，北宋末年，著名理学家周敦颐四世孙周铭，随宋室南迁钱塘，后又迁居括苍，从此在江南定居下来。其后，周铭的大儿子周礼方迁居东阳吴宁东门周家巷，在宗谱内被尊为一世始祖。周礼方的次子周荣泗再迁居马塘，被尊为玉峰周氏的始祖。到了元至正年间（1325—1368），战火纷飞，第九世孙周若泗为避乱世，见澄溪一带山清水秀，便迁居于此，成为横路周氏的开基始祖。到了清乾隆年间，横路老村基本形成了目前的居住格局，村内如今依然完整保存着建于嘉庆三年（1798）的周氏宗祠"敦睦堂"。

　　自若泗开基横路村以来，后世子孙繁衍昌盛，走出了一代又一代的仁人志士。其中周师锐为抗金名将，周伯麟为同盟会会员，周济明在王震部下任汽车团团长……这样一个山中小村之所以人才辈出，追根究底在于对先祖周敦颐仁义精神的传承，在村内形成了重仁德厚道义的民风。横路村乡风民俗淳厚，兄友弟恭，子女孝顺，邻里和睦，周氏族人特别看重子孙的道德品行修养，特意在族训家规中做了非常严格的规定。在《玉峰周氏宗谱》当中，对于周氏的族训家规有着非常详尽的记载。

比如"明孝悌以重人伦，孝悌乃为人之本，圣贤教人必以孝悌为先……"因为孝悌是实践"仁"的根本，圣贤教诲人们必须以孝悌为先。鉴于艰深晦涩的古文难以让全族人明白，所以周氏先人倡导的族训家规便通俗易懂地要求为"顺让"两字。只有"顺"才能很好地侍奉父母而不违拗他们，只有"让"才能很好地敬奉兄长，而兄长也无傲慢之心。

又比如"修敦睦以厚风俗，族无亲疏远近，自吾祖宗视之本同一也……"在周氏先人看来，家族中无论亲疏远近，从祖宗来看都是一脉的。本是同根生，怎么忍心做出相互暴力对待的事情呢？这样势必让彼此之间不断地产生嫌隙，那么一个家族很快就会破裂的。

还比如"录善行以励风俗，往常明教之事虽非有意沽名而嘉言懿行，所乘亦实有不容泯没者……"在周氏族人当中，如果有孝子、顺孙、义夫、节妇以及轻财扶义、扶危济困、行（言）旨纯粹者，族中必放置一本簿子，填注实际的事迹，一可据此请求旌奖好事好人，二可根据事实立传，昭示后来者。有善必扬，人们才知感动启发，仰慕效仿，族中风气才会渐渐臻于淳厚了。

周氏族人良好的礼仪、高尚的品德一直为外人所称颂，在严明的族训家规的教化之下，周氏族人之中出了许多感人的故事，其中贞洁孝妇葛氏的故事更是代代相传。

东门周隆轼的妻子葛氏，是宋参知政事端献公洪的后人。她为人端庄沉静，秀美整洁，十七岁时嫁给周隆轼为妻。当时隆轼的父母都还健在，葛氏恭敬地侍奉二老，照顾老人的饮食起居，吃的、穿的都优先敬奉给老人，为老人做好吃的食物，不曾懈怠。周隆轼平日里以读书为业，学习研究经典，不惧艰辛，每日埋头苦读，与笔砚为伍，希望有一天能考取功名，有所成就。周隆轼经常挑灯苦读至深夜，葛氏就在一旁，一边做女红，一边陪伴丈夫。葛氏勤俭持家，养蚕蛹做蚕丝补贴家用，衣服破了，经过她的巧手修补，即使因为岁月有所褪色，但依旧干净整洁；极为常见的蔬菜，因为她的好手艺，也变得美味。

然而，周隆轼年轻的时候醉心于念书，可是生活条件艰苦，终于将身体累垮，英年早逝。这一年，葛氏三十岁，他们的大儿子周盛昭十三岁，二儿子周盛德六岁，三儿子周盛文四岁，而最小的孩子周盛凤还是个遗腹子。周隆轼家里本来就不富裕，而且孩子年龄又小，全靠母亲葛氏一人干活持家，照顾全家的衣食温饱。可是即便如此，葛氏从来没有喊苦喊累，对待周隆轼的父母，就如自己的亲生父母一般孝顺，一直侍奉到他们过世。葛氏虽然自己没有读书识字，但是在对待孩子的教育上面，从不含糊，用心教育四个孩子，培养他们成人成材。只要周氏族人当中那些品行良好、为人忠厚或者是才华横溢、写得一手好文章的人到东门来，即使是原本并不相识的人，葛氏都会毕恭毕敬地接待他们，亲自低头拜见，希望他们能指导自己的孩子。葛氏平日出现在公众场合的时候，一定保持仪容整洁，虽然一语不发，却看似冰雪，言行举止有大家风范。虽然在葛氏年纪很轻的时候，这个家庭就失去了一家之主，但是葛氏将她的孩子抚养成人，使家业枝繁叶茂。在她七十多岁的时候，周家有四个儿子，两个孙子，七个孙女，而葛氏依然身体康健，走路不用拄拐，矫健如翘鹤。

　　天地尚且有缺憾，更何况人。人怎能如金石一般永固呢？即便是那些坚定而且志向高远的人，又怎能知晓家庭如何才能和谐，子孙如何才能健康成长呢？人生一世，所可依托者不过家庭、子孙，还有什么值得眷顾的呢？葛氏凭借自己的忠肝烈胆，克服重重困难，终于保全了自己的家庭。葛氏确实是一位贤能的妇人，虽然上天为她设下重重困难，最终却造就了她节孝的名声！周氏族人都称赞她忠贞不渝，始终如一，并将葛氏的故事写进宗谱，以实例来教化后人。

　　周敦颐后人聚居的横路村，无论时代如何变迁，村民依旧牢记先人的教诲。泛黄的族谱当中，那些节妇仁人的故事，并未风干为冰冷的传说，它们依然世世代代流传在村民的心中，那是融于周氏族人血脉的教养，展示着横路村这个儒雅江南小村的文化力量。

（文：磐安农办）

江山兴墩村

古树同根夫妻情

地处浙闽边界的江山市廿八都镇有"枫溪锁钥"之称,在它的东部一角有个美丽的深山古村兴墩村。它犹如一块宝玉,虽然藏在苍茫的林海之中,却难掩光彩。这里山水秀丽,环境优美,一条清澈见底的小溪从村中潺潺流过,山路旁的红豆杉古树群高大挺拔,遮天蔽日。村内乡土气息浓郁,村民纯朴善良,一座座民居红瓦白墙,鳞次栉比,却又不闭户,透出村庄的宁静安逸。以红豆杉群、戴氏宗祠等为代表的兴墩十景,是兴墩村历史变迁、自然环境和人文社会的真实代表。

古时兴墩村是连接浙江、福建的重要纽带,相传北宋名将杨业之女杨八姐途经此地前往福建时,为了取水喂马,便将宝剑插入山崖,山泉便喷涌而出,从此养育了一方水土。兴墩村古称儒家墩,后因徐氏定居于此改称徐家墩,1956年取"兴旺发达"之意,再改名为兴墩。目前,村内村民以戴、陈两姓人口最多,据《儒家墩戴氏宗谱》记载,宋朝时戴氏先祖戴纯章、戴其恺从福建汀州迁居于江山,后世又分为三支,其中一支就在兴墩。村内遍布的红豆杉,就是当年戴氏先祖从福建带过来栽种的,如今已经成了村里宝贵的财富。

兴墩村的后门山脚,有一对相隔一步的参天大树,树干要两三个人才合抱得过来,树枝相互交叉,树叶青翠繁茂。它俩紧密相连,密切之状,酷似夫妻。夫拥抱,妻依偎,蓝天下显得亲热可爱。这对夫妻树不但给村庄带来了旖旎风光,还有个美丽的传说一直流传至今。

清康熙年间,邻近的张家源有一个年轻寡妇,名叫沈和玉,年方一十有八。这天出门采猪菜,无意间在小路边茅草丛中看到一个穷秀才模样的生病男人,倒在地上不停地颤抖着。她上前细看脸色和嘴唇,断定此人正发高烧,听他喃喃胡话,问他情由答非所问,神志不清。

沈和玉见状,既想帮他一把,又怕惹上是非,毕竟男女有别,但又不忍心见死不救,她待在那里做着激烈的思想斗争。最后救人的想法占了上

第二章　三贞九烈

风，她摈弃顾虑上前撑扶病人起来。谁知此人全身无力不能行走，少妇无奈只好弓身将他背到身上，蹒跚着向近处破庙走去。进庙后，她将病人靠在墙角，垫好稻草，然后提起菜篮急奔回家。不多时，她从家里偷出几个红薯和一个瓦罐，路上顺便采了几味退热消炎的草药，同时拾了些干柴，又来到破庙，赶忙生火，一面用瓦罐煎药，一面煨薯。她的神情如同一个女儿对待父亲那般至孝，待薯煨熟药出味后，少妇喂病人吃了一个薯，再给他喂了药水，然后才离开。

事后回到家中，少妇心里打鼓，既高兴做了一件善事，又怕被人知晓，枉生男女是非。但她欣慰第一次践行了父亲曾经的教诲："救人一命胜造七级浮屠。"

沈和玉不放心，第二天借机再次来到破庙，却不见了秀才身影，只见烛台上有一些用碎石写的字。她目不识丁，但心知肚明，肯定是感谢之类的话。再看瓦罐内，药汤都喝光了，地上也没有了红薯，她吊着的心才放了下来。

谁知没有不透风的墙，少寡妇的善行很快被婆婆知晓，认定她不守妇道，在野外偷汉子。于是百般辱骂谴责儿媳，说她败坏门风。资历浅嫩的沈氏遭受不白之冤，但因身世孤苦无依只好忍辱吞声。

沈氏少妇四岁丧母，十二岁丧父，是个苦命的孤儿。叔父仅养她三个月就以两担谷卖给他人做了童养媳，十七岁完房，不料不到半年丈夫就因意外亡故了，小小年纪就成了寡妇。偏偏婆婆失儿心痛却怪罪儿媳，天天指着她责骂，什么丧门星、晦气妇、克人精之类的恶语常挂在嘴边。

事实上，沈氏生性善良，父亲是个山乡业余草医，为人厚道，经常以一技之长为他人排忧解难。沈和玉从小耳濡目染，学到了父亲少许的草医知识。哪知天公缺明眼，好人难留，父亲早早离世，丢下她这个独生女孤苦无依。

回头再说那个病倒路旁的穷秀才，此人姓戴，名纯璋。相传黄巢造反那年，祖上从福建汀州迁到江西饶州浮棕县，传到他这一辈，已经二十一世。他父母双亡，无兄弟姐妹，孑然一身流落到异乡的儒家墩，做了个私塾先生。谁知这次远乡访友归来路遇风寒，差点丢了性命。幸好命里有救星相随，荒山野岭竟被一位妇人救了一命，因私塾开学时间已到，童子学业不可有误，故未当面感谢恩人，就匆忙离去。没想到最近在儒家墩听人风传，张家源有一年轻寡妇，在野外破庙偷汉子。联想到自己醒来时身处破庙，如此巧合，心中惊讶不已，莫非此女就是被人冤枉，救自己一命的恩人？

戴先生当即向东家告假二天，急忙来到张家源寻访。不曾想来到恩人家中时，正逢沈氏被她婆婆恶语相向，戴先生不忍见恩人受冤受虐，决意带她脱离苦海。可惜所带铜钿不多，只好忍气出具字据，分期兑付沈氏婆婆的索要之银。

于是，戴纯璋和沈和玉成双来到了儒家墩。他向东家预支两月的薪水，盖了两间草棚，从此在这里安下了家。因祸得福，天赐良缘，成就了一生的美满婚姻。他俩心意相投，情深意切，互敬互爱，系天作之合的恩爱夫妻。后来他俩生了8个儿子，儿子们又生了很多的孙子，总之子孙兴旺，家道发达，成了这里的大家族，并建起了雄伟壮观的戴氏宗祠。

戴、沈夫妇直至耄耋之年仍形影相随，亲密如初。老夫老妻经常在自家后门山脚一块平地上，各坐一把竹椅，一个谈古论今，一个附和感慨，像一对山野仙侣，情意绵绵不减当年。

然而，生命随年退，爱情花有期。这一日戴先生寿终正寝，丢下老妻乘鹤西去。沈老夫人痛不欲生，终日到后门山脚缅怀夫君，越是情深越感失伴的孤独，犹如天塌地陷，一意要追随夫君去天堂相会。最后她哭得泪带血星，不久便撒手西归。

奇怪的是，翌年春天，他们生前放竹椅的地方，冒出了两棵不知名的树苗，并且茁壮成长，葱郁可爱。数十年后，树上结出了无数晶莹剔透的圆豆子，血红血红的。后代子孙们认定这是祖上的爱情标志，是祖上爱情佳话的累累相思果，那红色是祖母哭出的血泪染就的，这树应叫血籽树。这一叫，叫了几百年。不过如今，人们更愿意叫这两棵树为"夫妻树"或"爱情树"，也有人干脆把它连起来称为"夫妻爱情树"。

（文：徐太、梅世祥）

常山彤弓山村

苦命鸳鸯悲情歌

　　常山县同弓乡彤弓山村是一个有着悠久历史的美丽山村，村庄始建于南宋咸淳年间，至今已有八百余年历史。"彤弓"一词源自《小雅》，说的是周天子赏赐有功诸侯彤弓之事。据传，西周徐国国君徐诞在挖运河的时候，挖出一副象征吉祥的"朱弓赤矢"，即"彤弓"，便被推举为偃王。彤弓山村村民主要姓徐，正是西周徐偃王的后裔。彤弓山村始迁祖徐国镇还在村中建了一座"彤弓山舍"，以纪念"天赐彤弓"于先祖。从地势布局上看，彤弓山村环山面水，也如同"弓"字一般。

　　彤弓山村环境优美，吸引着白鹭在此栖居。村内古树参天，郁郁葱葱，树龄百年以上的古树多达一千余棵。彤弓山村的古树名木之所以能得到如此好的保护，关键在于民风淳朴，村民时刻牢记祖训，不敢逾越。据《徐氏宗谱》记载，私自砍伐古树的村民，不仅要被扭送官府，还要以"败族罪"论处，被踢出族谱序列。如今，徐氏宗祠依旧岿然于村中，福荫后人。

　　这个美丽的村庄历史上不仅能人辈出，而且流传着许多美丽的故事。如风水先生的故事、梦熊桥的传说等，不过其中王琼奴与徐苕郎的爱情故事最为凄美动人，被誉为常山版的"梁祝"。

　　王琼奴，字润贞，是衢州常山人。两岁时，王琼奴父亲因病去世。母亲童氏便带着她改嫁富贵人家沈必贵，沈必贵没有孩子，故而对琼奴百般疼爱。琼奴长到十四岁时，就擅长歌辞，又精通音律，女子的妇德、妇言、妇容、妇功，她四者兼备，远近争相求聘。

　　这其中，彤弓山村的徐从道和刘均玉两家为子求婚尤为急切。徐家本来显贵，现在却清贫如洗。刘家世代平民，却一夜暴富。徐家的儿子名为苕郎，刘家的孩子名唤汉老。两个年轻人都长得仪容秀整，并且都与琼奴同岁。沈必贵想把琼奴许给刘家，却鄙视他出身卑微；想把琼奴许给徐家，却又担心他家贫穷困顿，让女儿受了委屈。他犹豫了许久，怎么也定不下来。

一日，沈必贵求教于族人中的有识之士。

"你求的是佳婿，何必在乎其他的呢。"族人说。

"话虽如此，可怎么才能知道谁佳谁不佳呢？"沈必贵说。

"你可以备好酒席，把刘、徐两家父子请来饮酒。再请一个擅长诗词曲赋的前辈暗中观察，看看年轻人的度量和诗词文墨怎样，从中选一佳者不就成了。"族人建议。

沈必贵觉得这个建议颇好，于是在二月十二百花生日那天，设宴招待宾客。凡是乡里有名望的才俊之士，都被邀请集聚在沈家庭院，刘均玉和徐从道也各自带着儿子来到了沈家。刘汉老虽然穿戴整齐雍容，但在谦让礼仪上稍微有些矜持；徐苕郎则眉目清新，言谈儒雅，衣冠朴素，举止自如。

席上坐着一位名叫沈耕云的老者，他是沈氏一族的族长，善于察言观色。一见刘、徐两人，沈耕云已经暗中判断出孰优孰劣了。于是，他大声对众人说："我侄儿必贵的女儿已长大待嫁，从道徐公和均玉刘公都想与必贵结为秦晋之好。徐刘两家的孩子也都十分不错，但不知道这姻缘究竟落在谁的身上。"

"此事由尊长做主就好了。"沈必贵躬身回答。

沈耕云说："古人射屏、牵丝、设席等，都是为了选择好女婿，而我的办法则与古人不同。"

于是，沈耕云就叫汉老、苕郎二人来到堂前，指着壁上所挂的《惜花春起早》《爱月夜眠迟》《掬水月在手》《弄花香满衣》四幅画对他们说："你们稍事考虑，以此画为题吟诗咏之。能否像古人那样射中孔雀目、夺取衣袍，在此一举。"

刘汉老生长在富贵人家，平时懒于读书作文，听说是作诗咏画就犯愁了，沉思许久也未成一句。徐苕郎则从容执笔，顷刻之间就吟咏成稿，挥毫而就，呈送上去。沈耕云一看，十分赞赏。

刘均玉见汉老一个字也没有写出来，颇感羞耻，席未散就溜走了。于是，赴会者众口一词，说苕郎是人好文才也好。苕郎和琼奴的婚事，也就由沈耕云和沈必贵做主定了下来。没出一个月，徐从道就下了聘礼。沈必贵也因为喜爱女婿，想让他经常往来，就把他安置在自家馆塾中读书求学。

第二章 三贞九烈

一日，琼奴的母亲童氏偶染小恙，苕郎进内问候。而这时琼奴正侍奉母亲服药，想不到苕郎会来，回避不及，两人就相见于母亲的床前。苕郎顾盼再三，见未婚妻姿色绝世，心中喜不自胜。出去之后，他封了红笺一幅，叫丫头送给琼奴。琼奴拆开一看，原来是空纸一张，并无片言只语，不由得暗笑，就写成一首绝句回复苕郎：

> 茜色霞笺照面赪，玉郎何事太多情；
> 风流不是无佳句，两字相思写不成。

苕郎阅后，欣喜若狂，带回家在刘汉老面前夸耀。汉老正恨他夺走了自己喜欢的女子，就把此事告诉了父亲刘均玉。刘均玉不但不怪自己的儿子读书无成，反而切齿痛恨徐从道和沈必贵。于是，刘均玉就捏造出一个使他们无法辩白的罪名，进行诬告陷害。结果徐从道全家被判到辽阳服劳役，沈必贵全家到岭南戍边。两家诀别的时候，黯然销魂，旁观的人没有不为他们掉泪的。

从此，沈、徐两家天各一方，南北音讯不通了。

不久，沈必贵亡故，只剩下了琼奴和母亲童氏，家业愈加败落。母女两人住在简陋的茅草店里，在路旁以卖酒为生。

当地有个官员叫吴指挥，想娶琼奴为小妾。童氏推说琼奴已经许配他人，委婉拒绝。吴指挥了解到前因后果后，仍派媒人来说亲，琼奴坚决不肯答应。吴指挥又遣媒婆传话，以官府的名义恐吓威逼琼奴母女。

童氏害怕了，就和琼奴商量。琼奴哭着对母亲说："徐家遭受祸害，本来就是由我而起，倘如我再另外嫁人，背弃他们是不道义的。况且人不同于禽兽的地方，是因为有诚信，抛弃旧日的相好而去寻求新欢，这是忘掉诚信。如果忘掉诚信，或许连猪狗都不如。女儿只有一死而已，怎么肯再嫁给别人呢？"

当夜，琼奴就在自己的房间里上吊自杀，母亲发觉后急忙把她解救下来，过了很长时间，琼奴才苏醒过来。吴指挥听说这件事后，恼羞成怒，派手下的人把酿酒器全部打碎，又把她们赶到别的地方去住。当时，有一个年老的驿使杜君也是常山人，沈必贵生前时与他很要好。他可怜童氏母女孤苦伶仃，就把驿站里一间廊屋借给她们安身。

一天，有三四个身着军服的人到驿站投宿。

"你们从哪里来?"杜君问。

"我们是辽东某驻防军的士兵,差往广东、广西招兵,暂到这里借宿而已。"童氏正巧站在帘子后面,发现他们中有一个青年,样子也不像武士,好几次注视童氏,满脸凄惨的神色。童氏心里一动,就走出来问他:"你是谁?"

少年答道:"我姓徐,名苕郎,浙江常山人。幼时父亲曾为我聘得同乡沈必贵的女儿,还没来得及成亲两家就出事……刚才进入驿站,见老妈妈的相貌与我丈母娘非常相似,所以不知不觉感慨悲伤起来。"童氏又问道:"沈家如今在何处?他的女儿叫什么名字?"少年说:"女儿名叫琼奴,字润贞,结亲时年方十四岁,到今年该有十九岁了。因为不知道他们住何州何郡,实在无法寻找。"

童氏赶紧进到内屋,告诉了琼奴。琼奴说:"如果是这样的话,那真是老天有眼啊!"第二天,童氏又把那青年叫到房内,仔细地询问,果然是徐苕郎,不过现在已经改名叫徐子兰了,至今尚未娶亲。

童氏听后大哭:"苕郎啊苕郎,我就是你的丈母娘啊。你丈人已经不在了,我们母女流落于此,没有想到今天还能够相见。"于是,童氏就把此事告诉了杜君和苕郎的同伴。大家都感叹万分,都说是前世修来的姻缘。

杜君出钱备礼,让琼奴与苕郎当日成婚。徐苕郎同伴中有一个人叫丁总旗,是个忠厚的好人。婚礼之后,他对徐苕郎说:"你新婚燕尔,不便立即离开妻子,征兵的差事,我们会分头到各州府投递公文。"苕郎十分感谢,置酒饯别,送走了同伴。

不料此事却被吴指挥知道了,他以抓捕逃兵为名,把徐苕郎逮捕下狱,用杖刑打死了他,然后把尸体藏在砖窑内。

接着,吴指挥又派媒人恐吓童氏。媒人走后,琼奴对母亲说:"女儿如果不死,必然要遭受吴指挥的狂暴污辱,我决定在夜里就自缢守节。"童氏一时也不知道该怎么办才好。

当晚,监察御史傅公突然下榻驿站。琼奴知道后仰天大呼:"天啊,我丈夫的冤屈可以雪啦!"就马上写了诉状上告。傅公立即向皇帝上奏章,请求查办此事。

过了两个月,请求获得批准,朝廷命令傅公审理此案,只是尸体一直找不到。正在审讯的时候,忽然一股羊角旋风自厅前而起,傅公赶忙躬身作揖说："逝魂有灵，领我前往。"话音刚落，风就旋转，在前面牵引着傅公的马首，直奔砖窑前。旋风吹开炭灰，苕郎的尸体就露了出来。傅公令仵作仔细检验，尸身上伤痕犹在，吴指挥不得不认罪伏法。

　　傅公命州官将苕郎安葬于城郭之外，琼奴哭着送葬，最后自沉于墓旁的水池中而亡。傅公令人将这对夫妻合葬，并把详情报告了朝廷。皇帝下旨给礼部，为琼奴立牌坊，赐颁"贤义妇之墓"的匾额，以示表彰。童氏也由官府发给衣服粮食，终身优抚赡养。

（文：李昌祺、毕建国、朱爱良）

临海卢家村

节孝树坊后人传

卢家村隶属于临海市杜桥镇,由卢家、隔塘两个自然村组成。全村地势平坦,村东下朱沟自北向南流淌,村西北龙舌湖环绕。卢家村古称西埊,或为抗击海寇所挖壕沟之意。如今村中村民主要姓卢,据《章安卢氏宗谱》记载,明嘉靖年间,卢国篆、卢国谋兄弟俩自章安迁徙至西埊,其后便以姓称村为"卢家"。卢家村历史悠久,始建于清道光五年(1825)的金桥如今依旧屹立在村口,清清的河水从桥下缓缓流过。进入古村,清代的古民居静静地南北分列在村道两旁。

村中的古居历经沧桑,透出些许破败苍凉,不过典雅壮观的姿态仍然难掩卢家村曾经的繁华。清朝乾隆年间,卢氏后人卢朝泰、卢朝正兄弟登科,分别中乡试解元和武科亚魁,被称为"大卢"和"小卢"。至近代,村中卢经彝、卢经训、卢经武、卢经营四兄弟更是一起投身革命事业。

村中的科举甲午石是卢家鼎盛文风的见证,村口端庄华丽的"旌表杨氏节孝坊"则是卢家美德传承的见证。杨氏节孝坊立于村口,通体用青石构成,外表光洁,苍劲挺拔,建于清咸丰三年(1853),为旌表已故贡生卢公倬妻杨氏节孝而建。

卢家石牌坊是临海目前已知唯一幸存的石牌坊,用材讲究,建筑工艺高超。牌坊为东西走向,平面呈"一"字形布局,仿木石质结构,重檐歇山顶。从形式上看,杨氏节孝坊为四柱三间三楼仿宫阙式楼阁。牌坊每柱东西两面均护有抱鼓石,以卷云纹组成图案,即云纹抱鼓石。两面坊壁间均有题刻,坊额东面题"彤管扬休"额,中间两根楹柱上刻"千载日星光玉勒,半江风月湛冰心"楹联一副,依稀可辨;西面题"节孝坊"额。

挑檐下的龙凤板内戏文人物皆向前倾,配以单翅昂嘴斗拱出檐外挑。整座石牌坊顶端流檐飞脊,脊头配以各种花纹饰案。月梁粗壮,高浮镂空,透雕纹饰分别为三狮献球、二龙戏珠、四象群嬉和五福护寿。大小额枋上的梅花、荷花、牡丹、菊花、猴、狮、马、鹿、八宝等珍禽异兽、花卉饰纹图案错落疏朗多姿。梁枋配以渗门、雀替、枋联。整座石牌坊极富华丽，纹饰雕刻精细，整体匀称健挺，气势宏大。

据《章安卢氏宗谱》记载，卢氏第三十六世景汉公，讳卓，字公倬，为贡生，生于清乾隆甲寅年（1794）。景汉公娶国学生杨道登公长女为妻，杨氏小景汉公一岁，为乾隆乙卯年（1795）生人。垂王圭，字壁卿，名华璋，号达夫，国学生，生于道光辛巳年（1821），为景汉公与杨氏的独子。

杨氏乃大汾后洋国学生杨道登长女，是大家闺秀，从小就学习三从四德，知书达理，落落大方，与景汉公二人也是幸福美满。但非常不幸的是，在垂王圭还只有四岁的时候，景汉公便不幸离世，留下杨氏与幼子。杨氏悲痛欲绝，独自承担起抚养幼子的重任。垂王圭聪明伶俐，守寡孤独的杨氏将其视为命根。为养育垂王圭，杨氏细心周到，历尽艰辛，把自己所有的时间精力都投入到垂王圭身上，每一次劳作都倾注了她对垂王圭的殷切期望，盼望他有朝一日能够功成名就。杨氏含辛茹苦，村民们都为之感动。虽说艰辛，看到渐渐长大而懂事知学的垂王圭，杨氏悲苦忧伤的心灵得到了莫大的慰藉。由于自己系出名门，自幼饱读诗书，杨氏亲自为垂王圭辅导学业。在良好家庭环境的熏陶之下，垂王圭很快获得了国学生的功名。而且出于为夫家续香火、兴家业的迫切心情，杨氏还早早为垂王圭张罗娶妻之事。看到垂王圭成家立业，杨氏心中充满着从未有过的喜悦。

杨氏为独子垂王圭付出了自己的一切，然而，垂王圭最终却没能留在她的身边。由于长叔景成公只育有一女，膝下无子，杨氏最终将独子垂王圭过继给长叔景成公为祀子。

在当时封建宗法制度的严格束缚下，杨氏出于名门的体面，矢志守节。与子相依为命，心气平和。用自己懂文墨之事，培养子女考取功名，而后又将独子出继给族叔，是用"女人贤能执赤笔，以扬功勋"来彰显女子的忠孝节义。她待人忠厚，历事维艰，生活过得十分凄苦。日复一日，年复一年，数十年风霜雪雨，伴随着她度过了凄戚哀凉的人生，所谓"悉法先正典型，忠厚和平足树孀声懿范"，"贞操贯日，克励终身"，为时人所同情所赞誉。经过族中绅士推举，临海知县申文具请朝廷旌表，皇帝为表彰杨氏忠贞节孝，教子有方，御批"圣旨"，在村中建造这节孝牌坊。

华丽气派的"旌表杨氏节孝坊",为卢氏门庭添加了光彩,更使杨氏在天之灵得以安慰,"树碑立传"使当事人及其家属、家族乃至后人引以为傲,使其他人引为标杆和榜样,以此激励社会风气。就当时的社会环境而言,这不失为一种很好的教化方式。

(文:何方伟)

临海下湾村

怀清双峙照千秋

下湾村位于临海西北部,隶属于临海市河头镇,坐落于缑山南麓。始丰溪如同一条玉带,在下湾村旁流过,奔向临海。下湾村古称"鲍家湾",明后叶氏村民迁徙定居于此,开荒繁衍。叶氏人丁兴旺之后,便将村名改为"下湾",因叶姓久居,又称其为"下叶"。

下湾村坐北朝南,整个村庄处在山吞湾里。旧时,下湾村曾筑石城,东接翠微山,长达四百余米,用于抵御外敌,同时开设四座城门,便于村民出入。村子的西面是凤凰山,峰峦叠嶂,犹如凤凰展翅高飞。村子的东面则是翠微山,又称作恬山,翠微山巅上有一楼阁,名曰"拱辰阁"。据村民传说,因为村庄宅居四周风水,呈现青龙强白虎弱的格局,所以在东面的山巅之上,建造拱辰阁,里面祭祀斗母元君的神像,以保村庄平安,村民和顺。村庄北枕缑山,南面地势平坦,视野开阔,正所谓:括苍根,横水源,虎踞龙盘,枝盛叶茂。台临地,缑山脉,丹泉乳,凤抱燕窝,族兴民康,下湾村。

下湾村是一个以叶姓居民为主的村落,据《临海大石缑山叶氏宗谱》记载,村落在南宋嘉熙四年(1240)就已初步形成,至今将近八百年的历史。村中叶氏村民的先祖可以追溯到叶及,先祖从天台县横水(原名东山麓)迁住临海大石,前后相传千余年。大石叶氏后分为上叶和下叶,分居两村。叶氏第九世祖叶士表,字文度,号冲虚先生,为南宋著名道士,曾注解《悟真篇》,后敕赐回籍,于上叶方升街神童坊后筑楼宅。明永乐二十一年(1423),上下二叶各自立设分祠,从此人丁兴旺,逐渐兴盛。

叶氏村民历来重视传承,不仅村内设有祠堂,村口还建有牌坊,它们是村民精神追求的象征。下湾村民风淳朴,名人辈出,村口牌坊背后还有一个故事在延续相传。

下湾村口的这座节孝牌坊结构复杂,内容丰富,巍峨高耸,气度非凡。牌坊为全石结构，通体褐红，造型古朴典雅。牌坊的柱脚雕有龙头，护柱横梁雕有多种图案，雕工灵巧。牌坊的立柱上镌刻着一副楹联，"一片冰霜芳流两代，九重纶綍光耀三台"。此联为台州府学训导俞嵩棠所撰，书法精美。这座牌坊还有一个十分动听的名字，"怀清双峙"坊。据《临海大石猴山叶氏宗谱》记载，"怀清双峙"坊建于清光绪二十二年（1896），其时庠生（秀才）叶履剑副室王氏以及儿媳监生叶俊妻张氏婆媳双贞，备历星霜，为旌表王、张两氏婆媳节孝，由时任浙江巡抚嵩骏上奏朝廷，建坊予以褒颂。

　　叶氏至二十九世，下叶二分。叶氏振华公娶妻李儒人，夫妇和睦，相敬如宾。但是夫妇两人一直有一个遗憾，就是两人共育有四个女儿，却一直膝下无嗣。为了传宗接代，振华公最后决定纳黄岩人王氏为妾。王氏入门之后，生下一子，取名茂墀，终于为叶家续上了香火。正当振华公安享天伦之时，他的大房妻子李儒人却不幸离世，留下了四个女儿。李儒人离世后，王氏不但没有嫌憎她所留下的四个女儿，而是矢志扶孤。王氏不仅要抚养当时年仅七岁的茂墀，还要照顾李儒人的四个女儿，养育五个儿女的重任全压在了王氏身上。王氏不但无怨无悔，而且对李儒人的四个女儿倍加疼爱呵护，视同己出。四个女儿长大之后，王氏均精心准备，置办财物厚嫁。因此，四个女儿对王氏也是十分感恩，将其视作亲生母亲一般。

　　王氏操劳一生，终于等到茂墀成人，迎娶张氏入门。本以为从此过上幸福安康的生活，王氏却偶感风疾，瘫痪在床，衣食住行均需有人照顾。这个重任就压在了叶家媳妇张氏的身上。婆婆洁如冰霜，勤理家政，张氏也是深受感染，悉心照料婆婆。未曾料想，茂墀却在年仅二十六岁时，就因意外不幸先于母亲王氏离世，而茂墀一个同父异母的姐姐，也因为夫家断人，自己身患重病，回到娘家。一夜之间，张氏不仅要照料侍奉同患重病的婆婆和姑姑，还要抚养年幼的子女，家庭的重担压在她一人身上。但是张氏依旧是义无反顾，她任劳任怨，操持家务。张氏克尽温清之节，侍奉在婆婆和姑姑身旁，直至她们两人亡故，为她们守丧送葬。茂墀在世的时候，生性挥霍无度，不知持家之方，家中财产几乎耗尽，家道日益败落。面对破败不堪的家，张氏勤俭自励，独撑家业，慢慢地恢复了曾经的光景。但是，由于一生过度劳累，张氏年仅四十有三便弃世而去。

　　光绪二十二年，时任浙江巡抚嵩骏奉旨汇列两浙节孝录，在杭州西湖旁建造节孝总坊。同时，由于叶家一门双贞，王氏张氏苦节数十载，含辛茹苦，临海县奉旨在大石下湾村建造节孝牌坊，恩荣旌表，供后人瞻仰。

　　王氏和张氏的孝道标榜千秋，她们的孝行在下湾后人那里也得到了很好的继承。在下湾村民中间，流传着这样一段话，"敬重田地多出谷，敬重谷米自有触（吃），欺待公婆你哭足，敬重长辈自有福。"照顾上辈老人，就是照顾自己；你能照顾上辈，下辈就能照顾你。这就是传统美德，有了这种美德，家庭就能幸福和睦；有了这种美德，社会就能和谐，民族就能进步。

（文：临海农办）

天台下汤村

云悲海思追远堂

　　下汤村位于天台县南山，隶属南屏乡。大淡溪流经天台南山，在溪的两岸坐落着许多村庄，下汤村就在大淡溪的北岸。流经村前的这段河流，村里人习惯称其为乌溪。乌溪水面宽广，水流平缓，形成了三个深潭，分别为龙潭、乌金潭和簟丝潭。溪岸野菊丛生，每年秋日，当山上的乌桕树叶红的时候，一丛丛黄色的小菊花点缀在岸边的小路旁，摇曳于秋风间。下汤十景中就有"菊溪云碓"一景，人们也称这段溪流为菊溪。

　　现在的下汤村，多数居民为"汤"姓。下汤汤氏迁居天台是在宋朝，那时宋室南渡，许多士大夫也随之来到江南。因羡慕赤城的耸秀，汤氏先祖善公从青田迁居天台城西，定居义里廊汤头，善公成为天台汤氏始迁祖。至十三世余中公，再迁南山下汤已是元朝初年了，从此汤氏聚族于斯，勤俭持家，累仁积德，余中公成为南山汤氏始迁祖，下汤村至今已有将近七百年的历史。据《天台县地名志》记载，余中公迁居至此时，村中还有夏姓村民，所以下汤村原名为夏汤村，后因方言谐音，演变为如今的村名。

　　村中的汤氏宗祠建在东山脚下的大路旁，面对大淡溪，所处之地俗称为蟹地。祠堂正厅面宽三间，两侧建有厢房，现存建筑建于清朝。民国年间，日新初级小学曾开设于祠堂之中，学生不仅来自本村，也有来自东畚、前王和下杜村的。为追溯先太祖卓著功勋，祠堂取名为"追远堂"，"追远堂"的匾额就挂在正厅的梁下。

　　下汤村还有多座小祠堂，为汤氏各房所建。在二房祠堂的前面，还有一座石牌坊保存至今，有一个感人至深的故事深藏其中。

　　牌坊就建在二房祠堂前方，祠堂现已部分倒塌。牌坊坐西北朝东南，四柱三楼双落翼式石构建筑。整座牌坊气势宏伟，由四根石柱支撑起整座牌坊，石柱下均建有石基座，外边两柱用抱鼓石稳固，中间两柱的石台上，前后各两对石狮子，左右相称。正面的两只狮子，雕刻精细，神态各异，右边的雄狮狮口大开，口中含有一枚可以滚动的石珠，右前爪下踩着一个绣球；左边的母狮，左前爪下是一只嬉闹的小狮，背上还伏着一只顽皮的小狮子，探望着母狮，一副天伦之乐的神态。背面一对石狮也是栩栩如生，神态各异。

在牌坊正楣上，用星斗形式造一亭，飞檐翘角，亭下正中雕有双龙捧圣旨，外用花格图案相凑，旨下与楣上立一大匾，书斗大"流芳百世"四字，笔力遒劲。村中的小祠堂中还存有一块"节孝流芳"石匾，据村民们所说，这块石匾来自这座牌坊。牌坊中间两柱之上的栏板两面皆刻"旌表生员汤亨韩妻杨氏节孝之坊"，字还清晰可读。在中间的这块栏板之下，有一对镂空的石环，据村中老人介绍是用来挂灯笼的，现只存右边的那一只。栏板上的这几个字，道出了这座牌坊的由来。从刻有批示和嘉词的石匾背后，或许我们能知道更多有关这座牌坊的来龙去脉。

那是清朝乾隆年间，一顶花轿从前杨村出发，一路吹打来到下汤村，花轿在村民汤亨韩家的大门前停了下来，原来这一天是汤亨韩的大喜之日。汤亨韩是村中的生员，他发奋苦读，废寝忘食，虽无太大成就，谈不上知识渊博，却也算是村中的一个秀才，小有所成。时间转眼飞逝，汤亨韩到了谈婚论嫁的年纪，经人介绍，前杨村女子杨氏美丽贤惠，便行聘礼，定下媒妁之言，迎回家中。从此，一对新人的幸福生活开始了，夫妻俩举案齐眉，相敬如宾，甚是恩爱。可是幸福的生活并没有持续多久，没过几年汤亨韩便不幸患上重病，最终留下一家老小，离世而去。面对这一变故，杨氏泪干肠断，云悲海思。可是杨氏还要照料尚未成年的孩子，这可是汤家的后代，杨氏自从嫁入汤家，就是汤家的人了，不管生活多么艰苦，都得将孩子抚养成人。家中的公婆也需要照顾，丈夫过世了，照顾老人也就成了她的责任。就这样，她独自带着儿子，孝敬长辈，过着节妇的生活。

杨氏不仅日夜操劳，而且还是一个刚正有志节的人，她始终独守空房，为亡夫守贞，绝无任何逾礼之事。有一日，一个外地官员来到下汤村办事。他见杨氏貌美如花，容颜俏丽，十分动心。知道杨氏丈夫已死，如今守寡在家之后，这名官员就有了轻慢杨氏的意思。于是，这名官员就借机靠近杨氏，趁她不备，用手碰到了她的一个手指。可是没有料到，杨氏守节不辱，不为所动，立即愤而离去。

杨氏矢志守节，勤劳持家的品德深受乡人的赞美。为旌表杨氏节孝，乾隆元年（1736），经地方官员上报申请，朝廷特批准拨款在村中建造节孝牌坊，供村民瞻仰。己酉科江南同考官、内侄张正品还为她撰写了《旌表节孝汤母杨太安人六秩荣寿序》。杨氏贞烈令人赞叹，她的美德故事也在乡间流传。

汤氏家族历来以诗礼传家，重教兴学，勉子勤读，素有"遗子黄金满籝，不如教子一经"的家训。下汤虽处山间，但在清朝的时候，村中竟有两家书院，保持着耕读传家的理念。清康熙年间，进士候选汤亨柱在自家"墙里三透"中设"腾蛟书院"，意为蛟龙飞腾。并置田四亩，作为书院的经费，又置山二亩，山上的树林供书院修建之用。到了清乾隆四年（1739），村民汤希孟又在村东首的东山之麓建造了东山书院，村民又称它为"大书房"。东山书院为汤希孟独资建造，规模要比腾蛟书院大。汤希孟还置田六亩、地二亩、山一亩，作为子孙读书膏火之费。这里苍翠葱茏，溪涧潆洄，如此清幽的环境，着实是读书的佳处。

设立书院，就是要诗礼传家，在那里接受儒家思想的教化，通过读书让人致知明理，通过读书使人成为有品德的人。当年汤亨韩的儿子到了读书的年龄，杨氏就将他送入"腾蛟书院"。对于村中的村民而言，牌坊和书院有着共同的意义。

（文：金建荣）

仙居祖庙村

清风高洁四贞女

祖庙村隶属于仙居县广度乡，地处孟溪上游，是仙居县城北面深山之中的一个美丽村庄。这里风景秀丽，气候宜人，英才辈出，两条小溪从山中缓缓流出，在此交汇。村中存有一处北宋时期的摩崖，是时任县令刘光为祈求老天下雨，保百姓平安的题记。

祖庙又称杜庙，因为村中的"杜氏二真庙"而得名。据传，隋朝时杜氏二女因坚贞不屈而亡，该庙是邑人为纪念两人的高尚品行而建，元代贡奎的《仙居县杜氏二真庙诗并序》对此有较为详尽的记载。

二贞女马筱潭溺水化山神

杜氏二贞女的故事发生在一千四百多年前的隋朝大业年间（605—619），当时仙居县城西门住着一户祖籍东阳的杜姓人家，家中开着一间汤饼店。杜氏夫妇育有两个聪明伶俐、如花似玉的女儿，年方十五六岁。不幸的是，夫妻两人相继而亡，留下了两个孤苦伶仃的女儿。当时已是大业末年，适逢乱世，纲常隳废。杜家厨师面对无依无靠的杜氏二女，不是帮助她们渡过父母双亡的天大劫难，反而是见色起意，心生歹念，调戏她们，欲强行霸占。面对这种双重打击，摆在杜氏二女面前的只有两个选择，要么逆来顺受、任其欺凌，要么奋起反抗。然而两个柔弱女孩，弱不禁风，如果反抗不力，弄得不好，反而可能招致香销玉殒的更大灾难。尽管如此，杜氏二女毅然选择了后者。她们愤然反抗，怒杀恶厨，然后逃入山中，避难于孟溪山谷之中，采野菜野果为食。有一日，天下大雨，山洪暴发，在马筱潭，姐姐被激流冲走，妹妹毅然下水救援，两人不幸相继而亡。也就是说，杜氏二女是以生命为代价，捍卫了自己的贞节和尊严。她们的死，真是感天动地，因此传说两人死后化作了孟溪山神。

钟离介三坑口始建神女祠

时间进入大唐天宝年间（742—756），有一位名叫钟离介的书生寓居于长安宅邸。科考前夜,钟离介忽然梦见二位神女凤冠霞帔,作揖相告:"你这次考试必能中第,并且要到永安(即仙居)去做县令,孟溪就是我们所居住的地方。"那年,钟离介果然考中进士,并且真的被派遣到永安当了县令。到任之后,当他听说县治边上的溪流就叫孟溪时,觉得梦真的应验了,只是不知二位神女是怎么回事。于是钟离介就去询问耆老,才得知杜氏二女的悲情故事。

钟离介为杜氏二女的高尚节操所感动,于是派人缘溪寻找踪迹。到三坑口时,只见两具枯骸如雪,挂在悬崖古藤之上。想靠近看看,道路隘阻,却爬不上去,只得用斧头去砍,砍到古藤,古藤流血,碰到岩石,岩石也流血。举其骸骨,关节勾连,金坚玉润,铿然有声,见者均感叹从未见过如此情景,于是就将骸骨取下。中途,遇见一位樵夫,说道:"这是石藤石棱二夫人锁子骨,夫人生前为烈女,死后是这山谷正神,你们一定要敬重。"话一说完,樵夫忽然就不见了。派去的人回来之后,对钟离介作了详细汇报,钟离介尤感嗟叹惊异。于是,他在三坑口为她们建了一座神女祠,用山上取回的骸骨为龙骨,塑了两尊神女像。根据樵夫说法,称为石藤石棱二夫人庙,这就是现在人们说的"祖庙"。

郭易直感灵验决意迁庙址

到了北宋景德四年(1007),就是真宗皇帝下诏改永安为仙居的那一年,当时的县令郭易直因遇旱灾到三坑口祷雨,山深路险,非常不便,便考虑把庙迁建到离县城较近的地方,而且已经计算好了材料,只是一时没有找到好的庙址。这时,有个住在孟溪山麓名叫马直的人梦见女神对他说:"希望你能把地基拿出来给我作为建庙之基,我会给你相应的报酬。"马直转天到坑里去捕鱼时,看到两条鱼在不停地跳跃。他抓到鱼,剖开之后,竟然在鱼肚里得到一枚金钗。因念所梦,不敢隐匿,就向县令作了陈报。县令一开始还不相信,直到有一夜骤雨天降,洪水暴涨,把大量的木材冲了下来,漂到马直的屋边就搁住了。洪水过后,把木材捞将上来,刚够建庙。县令郭易直见马直所说的话得到了验证,这时候才下定决心,于是正式决定将庙迁建到马直的宅地,新建的庙也就是现在人们说的"大庙"。

陈古灵诸县令诗题马筱潭

说到祷雨或者祈雨,是因为历史上的仙居农民耕种总是靠天吃饭,如果说风调雨顺，日子就会好过一些；遇到干旱年份，广大百姓就要受苦受难饿肚皮。如果没有更好的法子，那些忧国忧民的县官就会去求神拜佛，祈祷老天降雨。祷雨也不是所有祠庙都灵验的，然而杜庙却是非常灵验。县志就有"比缘春夏不雨，遍走群祠，祷焉莫答。暨一谒祠下，晴空忽云，而甘注踵至，深可敬异"的记载。尽管郭易直已将杜庙迁建到县城附近，不过为了表示虔诚，仍然有人不辞艰辛，远赴马筱潭去祷雨。

比如北宋庆历八年（1048）就任仙居县令的古灵先生陈襄，在皇祐年间，不仅亲自跋涉三十余里，到马筱潭去祷雨，而且立即应验，马上下起雨来。为此，他还写了一首二十韵的长诗《马筱潭报雨诗并序》。其后，元符元年（1098）任仙居县令的郭三益、大观四年（1110）任仙居县令的郑南、绍兴二年（1132）任仙居县令的刘光，都有诗记其实。其中刘光还在马筱潭边的崖壁上刻了祷雨记，该崖刻至今仍然完好地保存在那里。

北宋宣和年间（1119—1125），吕师囊作乱，数以万计的仙居百姓避入孟溪山中。乱军到时，山中立即云雾晦冥，神秘莫测，望之草木皆兵，乱军惧之而不敢进，避难百姓得以保全。当地百姓认为，这是杜氏二女显灵，大慈大悲，不仅水旱疾疫，有祷无不应，就算是遇到战乱，也有护佑民众的功能。南宋庆元二年（1196），县令赵幼闻听说之后，赐额"慈感庙"。

朱世忠配郑女更名四烈祠

由于前述原因，杜氏二女的凄美故事不仅没有随着时间的流转而消逝，反而不断地延续和丰富。

明朝嘉靖丁酉年间（1537），台州同知朱世忠来到仙居，建造"双忠祠"，祀靖难忠臣卢迥和郑恕。卢迥官至户部侍郎，是方孝孺的门生，而且两人交游甚密。因为忠于建文帝，方孝孺被诛十族，卢迥同时被诛。郑恕工诗善书，为当时的贤达名流，曾任江苏萧县知县。建文四年（1402）夏，燕王靖难兵至萧县，郑恕率乡兵拒敌，最终战败。郑恕宁死不屈，以死守节，他的两个女儿亦被诛杀。朱世忠考虑到按照礼节，父女不宜同享，于是迁郑氏二女与杜氏二女配享，并题匾"四烈女祠"，以褒颂她们的忠节。该祠原来狭隘简陋，朱世忠便拓宽围墙，又置前堂，使其焕然一新，成为士大夫拜谒之所。从此四烈女的忠贞之举，也更加家喻户晓，名士张俭还为之写了《四烈祠记》。

嘉靖辛亥年（1551）来仙居任县令的马濂，到任之后首先就探访仙居忠臣孝子义夫节妇之事，当时民众不分老幼，积极参与评论，杜、郑四女的义举高居其中。转年春，马濂按照惯例，到四烈女祠祭祀，阅其祠记，非常感慨，也写下了一篇《四烈女祠记》，其中叹曰："仙居之多贞烈！前有杜氏姐妹双节，耿光照耀，已与日月争辉；后有郑女，又能与杜同德，旷世相感至于今，闻其行者孰不凛然起敬，思欲瞻拜祠下？四女禀天地之正气，各以贞洁自励，不惮杀身。是气也，可以贯金石，可以格鬼神。清风高节，足以激顽起懦，裨益风化。嗟乎！兹一女子也，能以其身任万古纲常之重，生气常存，与天地相始终。"

此后，明万历三十年（1602），知县郑学继重修并为之记。清康熙十一年（1672），僧文充又拓址重修，并在庙前水沟上建了水亭，使其环境更加幽胜。

清光绪之前，人们把三坑口的老庙叫祖庙，新庙叫杜庙；现在，往往把新庙叫大庙。实际上，大庙和祖庙都是杜庙的变音，要区分开来就是新老杜庙而已。

（文：仙居农办）

仙居四都村

不辞辛劳重任担

　　四都村位于仙居县城西南的湫山乡境内，这个美丽山村地处仙居缙云交界的括苍山区之中，青山叠翠，溪水长流，风景优美。仙居曾经的"黄金水道"永安溪从村前经过，由于水运发达，这里一度繁华兴盛。据《万历仙居县志》记载，在明代晚期，运货的大船可以直达四都一带，在这里必须换成小船，才可以将货运至上游的曹店村。不过后来由于河床淤泥堆积，永安溪的水运功能逐渐丧失，四都也逐渐没落。历史上横溪通往一、二、三都的古道和今日的仙安公路，也都跨境而过，四都可以说是一处重要的交通咽喉。

　　四都村历史悠久，文化底蕴深厚，村落始建于唐玄宗开元元年（713）。村内村民主要姓陈，据《仙居陈氏宗谱》记载，全国陈姓有颍川、汝南等六个郡望，其中颍川陈氏家族最为兴旺，后世人才辈出。战国末期曾任东阳令使的陈珍正是颍川陈氏，而陈珍第十世孙陈实便为仙居陈氏始祖。据《四都陈氏宗谱》记载，陈实第三十世孙陈师卑自温州长溪来到乐安（仙居古称），发现龙母山下平原广阔，土地肥沃，水源充足，洞天瀑布，风景秀丽，就在龟岩下建屋定居，至今已有一千三百多年。其后裔发展至今已有五十多代，人口数万，遍及仙居多地和金华、建德、丽水、缙云等地五十多个村庄，可谓大族。

　　古人有云："百事孝为大，百善孝为先。"意思是说人世间的一切事情"孝"最为重要，一切善行的开始都是从"孝"做起。"孝"是儒学伦理道德的核心内容之一，"孝"是一切德行的根本，"孝"是所有道德品质的起源。"孝"是中华民族的传统美德，也是四都人的历史传承。四都人从古到今都把慈孝当作做人的根本，四都村历史上就有孝的传统、孝的模范。

　　在四都村村头的古道旁有一块摩崖石刻，上面写着四个大字：永禁溺女。每当走进四都村，"永禁溺女"四个大字马上映入眼帘，向人们传递着这个美丽山村的慈爱之风。据考证，这块摩崖石刻的雕刻时间是民国21年（1932），是四都村民为响应仙居县政府发出的关于禁止溺女的号召而立。不过说起慈孝，四都村还有更为悠久的历史。在四都村内，有一座娘娘宫，门前立着一块钦褒节孝碑，碑上刻有"节孝流芳"四个字，据说是为纪念孝女戴氏所立。在节孝碑的碑文上，对戴氏的故事有详细的记载。

　　清朝光绪年间，苍岭坑村有一户书香门第的人家姓戴，家中有一女儿，时年二十出头，是一位琴棋书画样样精通的奇女子。戴氏在一次赶集途中与四都村嗜书如命的年轻儒士陈桂兰相遇，两人一见钟情，相互萌生爱意。翌日，陈桂兰便托媒人上门说亲，不久戴氏嫁入陈家。两人结婚之后，夫唱妇随夫妻恩爱。戴氏白天帮助婆婆料理家务，夜里伴夫挑灯夜读，还时而小调琴声满屋间，让村里年轻夫妇羡慕不已。婚后第二年，戴氏产下一名可爱的宝宝，乐得公公婆婆逢人就夸自己的福气好。

　　但是天有不测风云，宝宝还未满周岁时，陈桂兰突然生病，而且一病不起。戴氏到处寻医问方，为夫治病。她也记不得自己走过多少路、爬过几座山、蹚过几条河，但这一番付出并没有换来丈夫的康复，最终陈桂兰还是因病情加重离开了人世，年仅二十五岁。陈桂兰的父亲因丧子悲痛，倒床不起，不久之后也撒手人寰。原本幸福的一家子，突然就只剩下了婆婆、幼子和自己三人相依为命，家里生活的重担全部落在了戴氏一个人的肩上。

　　时间一晃已过两年，婆婆日渐衰老，但是在戴氏的悉心照顾之下身体还算硬朗，戴氏的孝心慢慢抚平了她丧子、丧夫之痛。婆婆想到戴氏太过年轻，多次劝她改嫁易婚，但每次戴氏都婉言拒绝。有一次，一个媒婆来说亲，婆婆欢喜地将人迎进家门，叫来正在厨房做饭的戴氏。但是没等媒婆说明来意，戴氏便严词拒绝："桂兰是陈家单丁独子，我如果改嫁，婆婆以后谁来奉养，夫君和公公的坟头以后谁来送一盂饭，谁来洒一盅酒？就算婆婆您要赶我出家，我也不会改嫁他人。今生今世我戴氏生做陈家人，死做陈家鬼。"看到媳妇对桂兰情深义重，对自己孝顺有加，婆婆自然满心欢喜，只是心疼媳妇为陈家一生劳苦。

　　从此以后，婆媳两人相依为命，亲如母女。由于家中没有男丁，一家三口的生活全部靠戴氏帮人做一些针线活换点钱买米过活。但是戴氏赚来的银两并不能满足一家三口一日三餐都吃得上米，戴氏就把买来的米都留给婆婆和孩子吃,自己却偷偷吃野菜充饥。由于长时间吃不上一餐白米饭,造成营养不良,原本瘦弱的身躯显得更加地瘦小。一日戴氏在溪边洗衣时,突然晕倒在河边,所幸被人及时发现救起,没有发生意外。就这样,戴氏一边精心侍奉婆婆,一边悉心抚养孩子,挑起一家内外重担,直到婆婆年迈去世,并将儿子抚养成材,自己七十而终。

戴氏孝待公婆一心育子的事迹,很快从坊里乡间传到县衙,县令觉得戴氏节孝有加遂上报朝廷,光绪皇帝看完奏报亲自下了诏令,赐予戴氏"节孝流芳"碑,予以褒奖。如今,高大的"节孝流芳"碑依然屹立在四都娘娘宫门前节孝亭,激励着一代又一代的四都人。

在四都,"慈孝"二字深入人心,每一个村民对此都感到骄傲,自豪不已。慈孝文化是四都的根,村民不仅没有将根丢掉,而且还让这种慈孝文化根深叶茂,发扬光大。如今在四都村,慈孝文化处处可见,尊老敬老蔚然成风。这种正能量,将为四都翻开更加美好的新篇章。

(文:仙居农办)

龙泉上田村

礼数有承声望隆

上田村坐落于龙泉市以北的深山之中,全村由万水岙、塘元头、山顶、麻车坞、松树坑五个自然村组成,隶属于城北乡,这里是龙泉、遂昌和松阳三县市交界的地方。上田村原名蓝田村,村尾有一座廊桥,名为蓝田桥。桥上有一石碑,碑上刻有"蓝田众造"四个字,记载了当时村民募捐建桥时的鸿名。上田村四周青山环绕,山中有山,层峦叠嶂,村内地势平坦,水田尽在山峦夹缝之间,垄垄梯田,连绵数华里。因村外水田比村庄高出许多,因此又改名为上田村。上田溪从村中流过,将村子分为南北两面。上田村历史悠久,沿溪而建的古民居白墙灰瓦,多为清末民初的格局风貌,一条东西走向的古街穿村而过。

村中村民多为毛姓,明崇祯十二年(1636),毛姓始祖毛元康因躲避战乱,从遂昌县关塘迁居此地,开基繁衍,距今已将近四百年。据《毛氏宗谱》记载,当时毛元征和毛元康两兄弟一同迁到上田村,因为毛元征只生一女,嫁出本村,又无子嗣繁衍,所以毛元康成为上田毛姓的始祖,传承至今已有十五代。据说,最早在上田定居的村民为叶姓,不过现在叶姓村民只有几十人仍居住在上田村内。

在当地流传着一句民谣:处州十县好龙泉,龙泉北乡好上田。上田村文化底蕴深厚,村中毛氏村民自古崇学重教,民风淳朴,堪称北乡望族,当地素有"上田出秀才"之说。历史上,村中光有授贡之匾的就有五家,宗祠桅杆三对,全村走出的贡生、廪生、增生、庠生多达五十余人。解放后,这个小小的山村走出的大学生多达一百余人,其中光研究生就有十余人,最高的学位为博士。村民一向重视教育,解放前,村中一些富户还会特地从别处请来有名的教书先生来教育子女,如松阳县枫坪的杨士堪先生以及城北双溪村的六儿先生等都曾经来上田教学。村中曾有一位以草药出名的奇人毛壬林老先生,有"对症下药,药到病除"之功,几百里外的病人都用轿抬去诊断。他不仅医术高明,更是精通古文,诸子百家诗词歌赋没有不通的，风水地理没有不晓得的。他早年所从事的职业就是教育，常被大户人家请为私塾先生。抗战期间，时任上东乡乡长的毛宝龙在上田建了城北乡第一所公办学校，当时所建的三层校舍至今还在。

毛氏家族书香门第，其中精于书法的也不在少数，村中随处可见残存下来的招牌、匾额与祠堂楹联的墨迹。清代秀才毛福全，解放后才亡故，他为自己药铺写的一副招牌，现在尚存，其风骨与书法功底堪比许多书法名家。

相传清朝嘉庆年间，上田有一位太公名叫毛维其。有一天，毛维其去杭州做客，只见杭州一群名流在写一块大匾，大家先用大米将字摆出，再用毛笔书写。字刚刚摆好，没想到毛维其穿着蓝长衫，一不小心，将字拂去了一个。人们将毛维其抓住，说是要他赔，还说赔钱无用。无奈之下，毛维其只好恳求道，愿意用笔写一个字相赔。他取出笔来，笔走龙蛇，写下一字，相比之下，远胜用米摆出来的三个字。这群名流对毛维其顿时刮目相看，反而求他再写几字，并有重谢。毛维其也不拒绝，一挥而就，从此在杭州出了大名。

毛氏村民崇文重教，这也造就了他们崇仁重义的民风。上田村中，宗祠、牌坊、社殿、文昌阁、道场等可以说是应有尽有，不过最能彰显毛氏村民仁孝之风的当属宗祠中的节孝匾代坊。

节孝匾代坊全青石结构，石柱石楣，分三层，翻檐翘角，气势雄伟，做工精细，雕刻讲究，顶层有"圣旨"二字。这座牌坊建于咸丰八年（1858），是为旌表节孝妇人张氏所建。据《毛氏宗谱》记载，张氏生于乾隆三十四年（1769），终于同治元年（1862），享年93岁。张氏之夫是上田村民毛绍春，张氏与毛绍春喜结连理之后，两人恩爱非常，勤劳节俭，全身心地维系着这个小家庭。可惜天妒英才，毛绍春不幸英年早逝，留下张氏与三个儿子。毛绍春离去时，三个儿子尚且年幼，张氏毅然承担起家庭重任，代夫行事，养育三个儿子。张氏勤俭持家，使这个破碎的家庭在艰辛之中一路走来。张氏认为，仅仅将三个儿子养育成人还是远远不够的，必须要让他们接受良好的教育，这才是传承壮大毛氏血脉的根本所在。张氏想方设法，为自己三个儿子挑选最好的名师，让他们从小就熟读圣贤诗书。不过在张氏看来，所谓教育只是孩子成长的基础，当三个儿子逐渐长大，张氏并没有固执地让三个儿子都走读书入仕的路，她根据三个儿子各自不同的习气，为他们选择了不同的人生道路。她让醇正敏达的孩子专心习儒，而让其中天性灵敏的儿子外出经商。几年之后，三个儿子最终全部成材，之后家业日渐兴隆，子孙昌盛。人们都称赞张氏不仅是一个节孝之妇，更是贤能之人。因为张氏的节孝事迹，道光二十一年（1841），毛氏族人奉旨旌表毛绍春之妻张氏节孝。咸丰八年，朝廷又恩赐建立此节孝牌坊。

  上田村中能彰显仁孝家风传承的还有毛氏的家族宗祠。上田村如今共有宗祠两座，其一为下祠堂，即第一毛氏宗祠，为毛元康一脉，取名为三荣祠。宗祠大型活动每年两次，一次是正月初一至初五，三桌祭品，香火不灭，凡派下子孙必来拜祭太公。一次是冬至节，宗祠有产业，从中抽出部分，凡族中六十岁以上男性都集中宗祠用餐，丰盛异常。解放后，这些节庆活动逐渐衰落。2010年，村民又恢复了这古老节庆，或是参与者自发筹钱，或是毛姓子孙热心者独自出资。而且相比从前，如今凡是六十岁以上不分性别，不分姓氏，皆邀请参加，以示敬老，为这古老村庄的仁孝之风又增添了新的内涵。

（文：金少芬）

景宁漈头村

洲孝维冈千古传

　　漈头村坐落于丽水景宁畲族自治县南部，属澄照乡辖区。漈头村古称漈川村，新中国成立初改名。在浙南地区，漈有瀑布的含义，因为离村口不远处有一瀑布，小山村因此而得名。漈头村有着悠久的历史，明朝中叶建村之后一度繁荣兴盛，清末后因遭遇水灾而逐渐衰败。漈头村属于畲汉混居村，村中畲汉村民和谐相处，成为畲汉一家亲的典范。

　　环视漈头村，四围山势开阔，群峰峻峭苍翠，一丛丛古木葱茏如黛。整个村子依山傍水布局，是典型的浙西南山村格局。一道清澈的小溪绕村而过，村子中部有一座经年的小石桥，桥南为上村，桥北为下村。

　　自古以来，漈头村人耕读传家，文风鼎盛，培养了一代又一代的文人雅士。如今走进村里，漈头村人依旧从容和蔼，彬彬有礼，百年遗风历历如旧。村内仍然存有大量精美古建筑，黑瓦白墙，鳞次栉比，静立在岁月风雨之中，记载着这里曾经的兴盛往事。目前村里年代最为久远的古建筑是潘家大院，建于崇祯庚午年（1630），曾经是官拜六品大员的宅邸。门额砖刻"名宦世家"四个大字，门前四支桅杆巍然屹立。

　　村内最具特色的古建筑当属大和药号，它是一栋中西合璧的建筑，其内部结构是中国传统的土木结构，外部装饰是民国时期所流行的西式结构。村街边，那幢墙体正面"鹿含草"水泥胶塑图还清晰可辨的百年古宅，就是大和药号。在新中国成立前，大和药号曾经非常红火。药号门前，远道而来的客商车马，停满小街。可想而知，在这样一个只有百来户人家的小村庄里的药号，能经营得如此红火，完全是依赖口碑相传誉满遐迩的好名声。

　　从村中的小桥向南跨过，没走多远就能看到潘雷行宫。老人们说，潘雷两姓行宫由潘姓族人和雷姓族人共同出资建造，是古官道行人歇脚和躲避风雨之所。行宫内设有戏台，兼作村民迎神、祭祖、看戏场所。潘氏是漈头村开基家族。据传，很多年前，一名雷姓男子在潘家常年做雇工。雷姓男子勤快老实，聪明能干，深得潘家族人信任，所以为他娶妻建宅，并赠其山林、土地。经过数百年生息繁衍，就成了如今紧相毗邻的后山村，全村雷姓，世代睦邻。潘雷行宫是两姓友谊的象征，也是景宁畲汉人民和睦友好的历史见证。

不过村内古建筑的代表还属贞孝坊，贞孝坊与潘雷行宫隔水相望，穿过村中小石桥，不出百米就是赫赫有名的贞孝坊。据漈头村《潘氏家谱》记载，贞孝坊是为旌表潘氏第二十五世潘蔡姑为赡养父母、抚养侄儿成材，终身未嫁的高风亮节而建。贞孝坊建于嘉庆丙寅年（1806），距今已有两百多年的历史。

贞孝坊为木质结构的亭榭式建筑，宽11米，深5.5米。四排共八只近一抱大的坊柱，乃是上好的菠萝格木；坊顶为古式二重檐，远看如浪里江舟；四角翘檐下各有五只龙角探出檐外。牌坊正檐上，红底金字的圣旨木匾赫然醒目；牌坊正梁上"贞孝"两个金色大字熠熠生光；二字之下刻着"旌表漈头贡生潘继祖女既蔡姑之坊"一排金字；左右主柱上刻着"精忠贞孝世无双，古往今来第一人"的金色对联。整座牌坊古朴肃穆，巍然俊逸。牌坊后侧就是蔡姑庙，门额上砖刻"孝德流芳"四字；左右两侧砖刻耕读渔猎的古朴画面；庙门两侧石门框上刻着"孝存岁月铸门风，德厚传家伴子孙"的对联。

相传，新中国成立之前蔡姑庙并不向外客开放，只有在重要节日里，开庙供村人供奉祭拜潘蔡姑。凡是触犯家规的子孙都要在贞孝坊前长跪，向牌坊主人潘蔡姑忏悔。如果兄弟之间不和，长者就以潘蔡姑为范，兄弟各自对照，在贞孝坊前相互认错，相抱言和。近两百年来，村里父慈子孝、兄弟相携之风，历久不衰。"贞孝坊"前，一汪清溪不舍昼夜潺潺流过，像一支永不停息的颂歌；对岸的小山冈上，一丛千年古木静立在岁月风雨里，见证着潘蔡姑不朽的孝德仁心。

清乾隆甲戌年（1754），潘蔡姑诞生在漈川"裕敦古"老宅。乾隆癸巳年（1773），美丽的蔡姑正待嫁闺中。可是这一年三月，她二哥潘于周不幸病逝，抛下了年幼的6岁儿子潘朝举。不曾料想，时隔六年之后，潘蔡姑三哥潘保和也因病去世，扔下了9岁的大儿子潘后昆和7岁的二儿子潘文蔚。对于潘蔡姑的父母而言，这无异于天崩地裂般的巨大打击。儿子早逝之痛，孙子抚养之难，自身养老送终之悲，一并倾压于年迈的二老身上，白发苍苍的母亲几乎日日以泪洗面。潘蔡姑看在眼里，痛在心头。几经相劝都无法消除父母的哀伤,于是她立下誓言,终身不嫁也要为父母养老送终,把三个侄儿抚养成人。

在艰难的岁月里,有着如此沉重负担的家境,实在无人敢担此任。偶有男子上门求亲,潘蔡姑也总以父母、侄子为念,婉言相拒。尽管父母百般相劝,蔡姑却矢志不移。她心里明白,如若出嫁,抛下年迈的双亲和三个年幼的侄子,实在是于心不忍;如若招赘上门,必有儿女,即便自己能把侄子视为己出,又有谁敢保证丈夫能不分亲疏?即使心里无亲疏,也难免会有言语错失,如果因此伤了可怜的侄子们的心,又怎么对得起早逝的两个哥哥?思前想后,潘蔡姑不敢轻易应允,用一生去背负清贫与孤独。

几十年来,她依靠两亩薄田,日夜劳作,艰难养家。还常常要为族人做些洗刷、缝补、裁剪之事,换取微薄报酬。可就是完成这些重活,她都要等到几个孩子睡后,生怕伤了他们稚嫩的心。尽管如此艰难,但村人从来没有看到她苦楚泪眼,听到她悲叹抱怨。据说,她一生都没做过一件新衣,全都是侄子们不能穿的旧衣服拆了拼接起来,做成自己的衣裙。

到了清嘉庆甲子年(1804),时任景宁知县的游朝佐听闻此事之后,亲临慰问,手写"洲孝维风"匾额赠予潘蔡姑,并将她贞孝节迹逐级上报朝廷。嘉庆皇帝知道之后,便委派大臣前往漈头村核查。嘉庆丙寅年(1806),嘉庆皇帝降旨旌表潘蔡姑,并赐银建造"贞孝坊"。

在潘蔡姑的悉心培育之下,潘家后代人才辈出。据《潘氏家谱》记载:潘蔡姑抚养长大的潘朝举,成人之后得中增广生,但非常不幸的是同样短命早逝。他的妻子吴氏自三十八岁开始守寡,如同潘蔡姑一样,敬执妇道,苦节坚贞,咸丰辛亥年(1851)也得到旌表。潘朝举的儿子潘云及其孙子潘镜蓉,在"名宦世家"的"潘家大院"前都立有桅杆。潘朝举的女儿嫁给大漈小佐村严克义,生子严用光。严用光是清道光己酉年(1849)的拔贡,全省第一,入"候选教谕"。同治五年(1866),他受景宁县衙邀请,主持雅峰书院,亲督教席。严用光一生著有《述古斋古今体诗》8卷、《诒谷堂诗稿》2卷,堪称景宁一代鸿儒。蔡姑抚养长大的潘仁高的孙子潘镜昭后来也官拜六品。两百多年来,潘氏家族内外后人都非常争气,堪称官宦望族,潘蔡姑的贞孝鸿德可谓烛照千秋。

自潘蔡姑之后,一代代漈头人都孝敬父母,善待长工,勤奋耕读,勤俭持家,严守家道门风。漈头村因此逐步走上富裕的道路,成为远近闻名的"富裕村""财主村"。农业、商业、手工业都非常兴盛;米行、茶坊、酒坊、染坊俱全，其繁华程度俨然小城。全村多富裕人家，更出诗书人家。潘姓家族里相继出了几十位学业有成的子孙，家谱里有翔实记载的就有 69 位。家道兴旺的漈头村潘姓族人，接济贫苦，乐善好施，扶助过路商客之贤风，闻名遐迩。

星移斗转，贞孝坊一度销声匿迹。重修贞孝坊成了漈头村老人们的集体心愿。现如今，在美丽乡村建设中，贞孝坊又复建如初。整个漈头村也已出落成深闺淑女一样楚楚动人，俨然是一派村民和美、山水和谐的古村风貌。当游客在贞孝坊前驻足，村民就会满脸骄傲地过来讲述潘蔡姑的故事。在每一个漈头村人心里，潘蔡姑就是他们全村的骄傲，她的贞孝贤淑永远激励他们居贤守德。

（文：高树文）

第三章 和气致祥

杭州萧山欢潭村

打虎上山亲兄弟

欢潭村地处杭州萧山南部，由欢潭、诸家、白水、万寿庵4个自然村组成。这里有着秀丽的风景，浦阳江从村旁缓缓流过，站在村中远远望去，是群峰起落、怪石遍地的大岩山，因此欢潭村得到了"小九寨沟"的美称。这里还有深厚的历史底蕴，一棵高大的古樟树立在村口，一条千米长的老街从村中穿过，"吾本堂""泰和园""六善堂"等明清古建筑坐落在古街的两旁，颇有江南古村的风韵。

村中的村民主要姓田，原居河南开封陈留县田家庄，南宋建炎年间（1127—1130）随宋室南迁，定居欢潭。如今，在村口湖堤边还有一口宋代的古潭，据《田氏宗谱·欢潭记》记载，岳飞率兵抗金，行军经过村口时，将士们已经精疲力竭，口渴难耐，正当大家一筹莫展之时，忽然发现村中有一潭清泉，澄莹清澈，水清味甘。在征得村民的同意后，将士们开怀畅饮。这潭清泉正是欢潭，因士兵饮水而欢得名，村也因潭而得名。后人为纪念岳家军，特地用青石板将欢潭围拢，上书"欢潭"二字。

据文物考证，欢潭村在新石器时代就有人类居住，历史悠久，这儿也流传着许多美丽的传说。从前欢潭隶属于山阴县，地处偏僻，村前村后大山环绕，树林密布，因此时常有老虎出没。每每到了夜深人静的时候，山中的老虎便下山觅食，时常闹得村子里鸡犬不宁。村里人哪怕是白天上山，也必定是呼朋引类，更要带上好些防身工具，否则一不小心就会变成老虎腹中的口粮。

在这欢潭村中有户田姓人家，父母早逝，只留下兄弟三人。三兄弟感情颇深，白天总是结伴上山砍柴，然后挑往墟场换口粮。到了晚上，他们就遵照祖训，一起练武防身。天长日久，倒也练就了一身好拳脚，三人一同在山中出没，就算那老虎也要让上三分。

可惜，由于家境贫寒，谋生艰难，田老大迫不得已跟着乡亲们漂洋过海去南洋打工去了。没过多久，老二、老三也分了家。再后来，山上的老虎更加猖狂了，连大白天村里也常常发现有老虎出没。少了田老大，田氏兄弟实力大减。为了防身，田老二和田老三两兄弟便找到铁匠打造了一双钢叉子和一对铁短棍作武器。

一天，田老二与田老三相约一起上山砍柴，由于山路陡峭，田老二走在前边看路，田老三手脚麻利地跟在后头。

"二哥，我看趁着天色还早，咱们到那边山坳里打点儿松毛如何，家里发炉子正好用哪！"田老三说道。田老二听后抬头一看，太阳还高高地挂在头顶，心中不由得一动——这会儿山里的虎豹出没少，家里又确实缺了引柴的松毛……于是他便带着田老三往山坳里去了。爬上山坳，两人放下背上的柴篓，拿出编织好的麻袋和小竹耙子，忙活了起来。

忽然，一阵冷风吹过，田老二突然觉得一阵心悸，连忙拉过一边的田老三说："老三，我看这山坳阴气太重，咱们还是到大路上去吧！"田老三看看已经饱胀的麻袋，爽快地应了一声。正当两兄弟背上柴篓子，不远处的密林里索索作响，突然间探出了一双浑黄的眼睛，田氏兄弟心中大叫不好，急忙从腰间抽出钢叉和铁棍。只见一只吊睛白额的老虎恶狠狠地盯着田氏兄弟，从林中踱步而出。田老三年轻气盛，拿着钢叉就冲老虎迎了上去。老虎见来人冲将过来，顿时抖起了虎威，"吼"的一声，跃起前腿，居高临下扑了过来。田老三灵活一闪，将钢叉对准老虎的脖子叉了上去。田老三武艺出众，一下子就将钢叉叉中了老虎的脖子，把老虎叉在了半空之中。说时迟那时快，田老二立马操起铁棍用尽全力朝老虎的两条前腿打去。老虎被打断了前腿，就再也不能抖威了。兄弟两人双双举起钢叉和铁棍对着老虎一阵猛打乱刺，不一会儿，老虎便断了气。

两人扛着死虎回到村里，边走边商议：想想老虎时常危害乡邻百姓，实在该死，既然他们有打虎的能力，为何不从此上山打虎为民除害？于是，从此以后，田氏兄弟两人就以打虎为营生，深得村里人的敬重，日子过得也颇顺心。

一天傍晚，田老三和二哥一同打虎回家后，如同往常一样，向妻子讲起了打虎的经历。田老三摇头晃脑，将兄弟两人如何配合如何默契讲得趣味横生，却突然发现妻子心不在焉，眉头紧皱。于是，田老三便问起妻子到底是何原由，为何心事重重。田老三的妻子娘家姓钟。钟氏深深地叹了一口气，给丈夫添上一碗饭，回答道："我每回瞧着你说得起劲，也不好泼你冷水，但是我心里是怨着二哥的！"田老三一听，顿时急了，非得问出个子丑寅卯来。钟氏双眼一沉又说道："你看，每回上山打老虎，哪回不是你冲在前头，哪回不是你出了大力气叉起老虎的脖子，这二哥可就省力多了。可是，每回你们两人打虎归来，利润都是平分的，偶尔让二哥占点便宜也就算了，回回都这样，我可不高兴。"

田老三听妻子这样一说，自己心里细细一盘算，竟也觉得妻子没一句话说得不对。老二与自己上山打虎，自己冲在前，危险在先，最后居然得利平分，确实很不合理，心中不禁有些动摇。到了晚间，钟氏又反复给田老三吹起了枕头风，田老三越听越有理。这时，钟氏突然提议，以后上山打虎就不叫二哥了，我们夫妻俩一同去就行，怎么都不吃亏。田老三禁不起怂恿，就同意了妻子的提议。

隔天，田老二正好有事出门，田老三夫妻就拿了钢叉和铁棍一同上山去了。两人埋伏了一阵，果不其然，一只老虎从树林深处慢悠悠地踱步出来。一见老虎来了，田老三拿起钢叉熟练地与老虎周旋了起来，不一会儿就故技重施将老虎叉了起来。这时，钟氏见到老虎却胆战心惊，站也站不稳了，哪里还有什么力气拿起铁棍打虎！丈夫一看妻子没法帮他，心里顿时慌了，他心里明白：如果没能把老虎前腿打断，此番定然难从虎口脱险，但妻子现在又指望不上，他只好大声呼喊救命。

正当危急之际，只见山道上风一般蹿出一个人影，操起地上的铁棍就往老虎前腿打去，顿时就将老虎两条腿打折。田老三定睛一看，霎时间稳下了心神，原来是二哥赶来帮忙了。再一看，二哥后头竟然还跟着离家多年的大哥。大哥手中拿着大斧，二话不说就往老虎身上招呼。老三赶忙也拿起钢叉一通乱刺，不一会儿，三人齐力就将老虎打死了。

原来，田老大在南洋谋生多年，也是思乡心切，便和几位乡亲一起返回了故里。田老大兴匆匆刚跨进家门，可巧就碰见了回家来的田老二。兄弟两人红着眼眶一番短叙之后，却怎么也找不着田老三夫妇。两人一问田老二的妻子，才知道老三夫妇竟然独自上山打虎去了。兄弟两人心知大事不妙，大哥连忙操起当年砍柴的大斧，跟着熟门熟路的田老二抄了小路上山。果不其然，没过多久就看到了人虎相峙的架势。于是，两人连忙冲了上去帮忙。

  幸好两位哥哥及时赶到，不然田老三夫妇就要葬身虎腹了。经过这次教训，田老三的妻子再也不敢搬弄是非，田氏三兄弟、妯娌之间的关系也日益亲密，"打虎上山亲兄弟"这句话就在欢潭村慢慢流传开了。

（文：田高锋、张帆）

杭州余杭山沟沟村

祠堂祭祖同宗情

　　杭州余杭的鸬鸟镇有个名叫山沟沟的村落，这里风景秀丽，民风淳朴。村里既有建于清朝咸丰年间的古私塾，黛瓦白墙，上书"树德载旭"；也有杭州第一高峰窑头山，峰峦叠嶂，群山苍翠。元朝的连文凤就在《余杭道中晓行》里写道：晓雾湿濛未见天，山光水影白如连。余杭不似西川路，六月中旬叫杜鹃。连文凤诗里所说的就是这山沟沟村，现在的人们都已经知道"四川有个九寨沟，杭州有个山沟沟"了。

　　山沟沟村虽然是在山沟沟里，却有着悠久的文化传统。就说山沟沟村的汤坑，一直流传着一个"祠堂祭祖，同族同心"的故事。汤坑原本是一个自然村，村里的村民都姓汤，是本地的一个大家族。随着时间的推移，家族越来越大，枝杈越来越多，同宗兄弟很快就有了几十户人家。大家也相继分起祖宗留下来的土地，各归各经营。就这样，同宗兄弟之间的亲情也渐渐地开始疏远了起来。

　　汤坑的中间原本有一块荒地，这块地并没有归属，可以说是大家共有的。一开始，谁都没有对这块地动脑筋，大家只是在空地上聊天嬉戏，夏天乘乘凉，讲讲故事，倒也十分惬意。可不知从何时起，有人突然对这块空地打起了主意，去将土掘掘松，种上点蔬菜。这一下所有人都开始动手了，不种好像是要吃亏。于是，东家去挖一块地种南瓜，西家掘一块地去种萝卜。好好一块空地，一下子就变得四分五裂。

　　终于有一天，这些同宗的兄弟为了这块土地大打出手。动手的是汤阿大和汤阿二。这两户人家原是二代堂兄弟，按说还是属于比较近的一代，可是在利益的驱动下，好好的两弟兄居然打起架来。动手的原因很简单，汤阿大在这块空地上种了些萝卜，由于汤阿大精心照料，萝卜长势喜人。汤阿二看见汤阿大种了萝卜，自己也在旁边种了些丝瓜，也是精心施肥，长势喜人。这一喜人就出了问题，因为丝瓜是藤生植物，开始长大后就遮天蔽日，种在下面的萝卜见不到阳光便逐渐枯死了。

汤阿大一见自己辛辛苦苦种的萝卜全都让丝瓜藤荫死了，气得要命，一气之下，从家里拿了把镰刀，将那些丝瓜割了个干干净净。再说汤阿二，一见自己辛辛苦苦种的丝瓜被人割了个精光，当即暴跳如雷，到处打听是谁割的，当他知道是隔壁汤阿大割了他的丝瓜，气急败坏地从家里背了把锄头，将汤阿大的萝卜挖了个精光。

汤阿大闻讯赶来，一看，好哇！你竟敢挖我萝卜，冲上去就给汤阿二一个镰刀柄。汤阿二吃了一镰刀柄怎能善罢甘休，反手给了汤阿大一锄头柄。就这样，两个人打了起来。乡亲们闻讯赶来，好不容易才将两个人拆了开来。总算乡亲们拆劝及时，两个人谁都没有受伤，但为了这块原本并不属于任何人的土地，他们两兄弟反目成仇。

汤阿大也算是耕读传家，家里有个儿子名叫汤文斌，十分争气，从小勤奋苦读，后来做了朝廷命官，当时正在钱塘县里当县令。于是，汤阿大便托人写了一张诉状，将汤阿二告到了自己儿子那里，想请自家的儿子帮自己这个做老子的翻梢，出一口闷气。汤坑地方小，这边汤阿大刚刚写好状子告状，那边汤阿二马上就知道了，他不甘示弱，也请讼师写了张状子，同样告到了汤文斌那里，他要看看这个叫自己"叔叔"的侄子会如何处理他的父亲。

汤县令接到两份诉状后不由地搔起了头皮，左右为难。自己的父亲状告自己的堂门阿叔，而堂门阿叔又状告自己的父亲，为的又是小得不能再小的一点点事情，这事若是传出去自己还怎么为官呀！可是事情虽小，却又不能不处理。如果处理不当，小事会变大事，一旦变成大事，就无法收拾了。汤县令左思右想，当即想出一个主意，决定第二天亲临现场，解决这块土地纠纷。

第二天，得知汤县令要亲临现场断案，不但全村的人都围了过来，连外村也有人赶来看热闹。等汤县令一到，四面八方赶来的人已将这片并不大的地围了个水泄不通。正在这时，人群外来了个翻着白眼的瞎子，他边走边喊："大家让一让，让我瞎子望一望。"旁人哈哈大笑，说："你一个瞎子，又看不见，轧什么闹猛。一边去，一边去。"那瞎子却翻着白眼，一本正经地说："我眼睛是瞎的，但我的心没有瞎呀，随便走几步，心里就会有数的。"

大家见他是个瞎子，也不愿为难他，而且他说的似乎有点道理，便纷纷让出一条道。瞎子拄着棍子点击着往前走，走到那片土地的中间时，竟然笃笃棍子，大惊失色，连声说"坏了，坏了！"大家觉得奇怪，问他什么坏了。瞎子定了定神，告诉大家说：这地方属于祖脉呀，有着祖脉的保佑，族内人当官的步步高升，做生意的财源广进，不做生意不当官的家中万事大顺，大吉大利。现在这块地上种了东西，难免要用粪便施肥，这一施，祖脉的风水也就坏了。菜如果再种下去，族里人当官的要坐牢，做生意的要倒灶，不当官不做生意是天天要把贼气淘！

瞎子这么一说，大家都惊住了。从前农村的人难免迷信，特别相信风水，一听种东西要坏风水，顿时谁也不敢造次。性急的人还当场喊了起来："从今以后谁都不能在这里种东西，谁种我就和他拼！"汤县令见状，当即进行判决：这块土地属于汤氏祖脉，谁也不能在地上种东西，由汤县令个人出资一半，全体汤氏族人出资一半，在这块空地上建造一个"汤家祠堂"，族人们在祠堂里共同供奉大家的祖先牌位。汤县令判决一出，汤氏族人不由纷纷点头。是呀，我们大家都姓汤，原本就是一家，是应该共同供奉大家的祖先。有性急的人当场就认捐，一时间，"我出一百块白洋钿！""我出五十个。"各种声音，此起彼落。

汤县令笑了，又从自己口袋里摸出两张纸条，分别交给自己的父亲和堂叔，告诉他们，要等自己走后才能拆开纸条。然后他便告别族人，上轿离去。刚出村口，只见瞎子坐在一块石头上，汤县令一见，当即下轿走了过去，双手作揖，连声说："今天多谢先生了！多谢！多谢！"那瞎子笑了，说："谢我干啥，老夫无非是动了动口，还不是大人你主意高嘛。"原来，瞎子是汤县令请来的，那些话也是汤县令出的主意让他说的。

再说汤阿大和汤阿二等汤县令走远后，纷纷打开纸条。汤阿大首先拆开纸条，只见上面写道："父亲叔叔是兄弟，争争吵吵为土地。县令本是尔小辈，怎能忘宗判输赢。"汤阿二也拆开纸条，只见上面写着："同宗兄弟争土地，羞煞地下前辈人。而今土地还先祖，逢年过节祭先人。"看完纸条后，汤阿大和汤阿二顿时面红耳赤，互相鞠了个躬，从此再不争吵。没过多久，在这块土地上就建造起了汤家祠堂，汤氏族人有钱出钱，有力出力。其中最起劲的就是汤阿大和汤阿二，他们两人又亲如兄弟，成了建造祠堂的总管。

祠堂祭祖，同族同心。从此整个汤坑的汤家人又亲如一家，和睦相处。逢年过节，各家人都扶老携幼，到祠堂里祭祀祖宗，再也不为鸡毛蒜皮的小事情吵架。

（文：徐永革、丰国需）

桐庐瑶溪村

孝贤瑶溪隐将地

瑶溪村隶属于桐庐县合村乡，坐落于桐庐、淳安、临安三县市交界之地，民间一直流传着"鸡鸣三县"的趣闻。村庄地处平均海拔约450米的深山之中，境内麻溪由北入境，至双溪汇成瑶溪之水。溪长十余里，沿溪青嶂叠翠，曲溪蜿蜒，漫步在溪谷之间，仿佛游走在绿色走廊之中。

从县城到村里需要在狭窄的山路上行驶二十多里路，翻过小洪岭，从山顶放眼望去，依溪而建的传统民居古朴素雅。村内大部分建筑为泥土瓦房，高低错落有致，陈旧斑驳的墙体在夕阳余晖的掩映下泛着微微的土黄色。

这里的村民全部为外来迁居至此，主要以陈、吕、吴、蔡四大姓氏为主，随此而来的是语言、习俗、文化的相融。千百年来，他们在此生活劳作、繁衍生息、守望相助，从无相隔相械之事。一方水土养一方人，在这独特的环境之中埋藏着异于他乡的人文底蕴。古语云，春耕、夏耘、秋收、冬藏，四者不失时，故五谷不绝。勤劳纯朴的瑶溪人，在四季交替的岁月长河中，用自己的智慧在每个季节都形成了极具自身特色的风俗习惯。春分酿酒、立夏炒面、秋分炒秋、冬至麻糍，这些异于他地的传统让居住在这里的山民显得尤为质朴。

沿着狭长的村道驱车十余里至村尾的自然村里陈家，村中央的千年古银杏默默地告知远道而来的访客，这个村子具有悠久的历史。要说这个小村的来历，还要顺便提下邻村的外陈家，里、外陈家两个村前后相邻接壤，一条清溪如同一条纽带维系着它们。

据隐将村《陈氏族谱》记载，陈氏先祖名重达，号隆冈，自建邑杨林迁居分水儒桥。此后，陈球、陈乾两兄弟又迁居至上八管一保（现瑶溪里陈家一带）。当时瑶溪这里还是少有人烟，可以算得上是蛮荒之地。不过兄弟两人正是看中了这里的山水风光，决定落脚在此，开荒辟地，建屋定居。

面对全新的生活，兄弟两人相濡以沫，同甘共苦。平日里两人辛勤劳作，勤俭持家。据《陈氏族谱》记载，两兄弟兄友弟恭，克勤克俭，每每到了夜晚，他们都会相约到村中央的银杏树下促膝长谈，对于两兄弟之间的深厚感情，全村人都是称赞不已。

时过数年，弟弟陈乾娶妻生子，成家立业，互敬互爱的两兄弟面临分家的问题。陈球作为兄长，原本在分家时最有资格留在祖居里陈家，但是他体谅弟弟生活艰辛，最终出于兄弟情谊，决定让弟弟留在老屋，自己另迁他地。可是他把这个决定告诉弟弟陈乾之后，陈乾却坚决不肯接受，百般推辞。弟弟同样能够体谅兄长的不易，兄长既然能够为自己着想，自己绝对不能让兄长独自去承担。在陈乾的百般推辞之下，陈球只好收回了自己原来的决定。后来，陈乾迁居大约两里以外的小村开拓祖业，从此这里也就被称作外陈家。

然而家虽分，心却相连，情深义重的兄弟两人白天干完农活后，夜里还是像以前一样，你来我往，相聚在一起谈心聊天，不论刮风下雨，天天都是如此。可是那时候自然条件艰苦，两村之间来来回回有着诸多不便。兄弟两人时常长谈到深夜，都不放心对方独自回家，于是两人常常在古银杏下倚靠着对方过夜。至今，瑶溪还一直流传着一句俚语："陈兄会陈弟，银杏伴天明。"陈氏兄弟手足之情的故事感人至深，直至今日仍然被村民口耳相传，里陈家与外陈家的地名也沿用至今。

自古以来，瑶溪始终推崇尊师重教、耕读传家的兴学之风；始终崇尚勤俭节约、互帮互助的贤德之习。久而久之，将这里发展成了一处民风淳朴、英才辈出的文明村落，这也正是瑶溪这处传统村落的魅力所在。说起瑶溪亘古不变的文明之风，还要再说一说这里原本的村名隐将村的渊源。

据隐将村《陈氏族谱》记载，陈氏三世祖陈彤字彦章，娶赵氏生五子，名仲海、仲刚、仲深、仲清、仲澋。五子之中的老二仲刚，号中宪，字有刚，出生在分水儒桥，从小天资聪慧，九岁便能诵读不少文章，当时所谓自成一家风骨，而且他常常向比自己年长的学者求教，在当地的百姓眼里尤为博学好问。德才兼备的仲刚在地方开始小有名气，深受当地一位颇有名望的吴姓老翁欣赏。吴翁爱才心切便收他为徒，同时还将自己的女儿吴氏许配给了仲刚。年过十五，仲刚被选拔到乡学从教。洪武二十三年（1390），仲刚时至弱冠，因考取进士落榜无名而后在"成均"继续教书育人。功夫不负有心人，仲刚好学笃行、厚德致远，终于被选拔到国学院，成为朝廷重用的后备人选。

后来，仲刚由于德才兼备深受皇帝欣赏，被提拔任命为福建兴化知府。当时正值倭寇入侵的动荡之际，仲刚夜以继日地忙碌，救助生活在水生火热之中的地方百姓，凭借自己的不懈努力与辛勤付出，将原本动荡不安的兴化治理得井井有条，深受当地百姓爱戴。然而天不遂人愿，两年之后，仲刚之母吴氏却因病去世。丧母之后，仲刚痛心至极，披麻戴孝之时，靠苦读诗书排遣悲愤。此后，仲刚又被朝廷选派到山东青州任知府一职。据家谱记载，他在青州任职期间寡有言笑、淡泊名利，心系苍生。黄天不负有心人，仲刚的辛勤付出终于有了回报，当地百姓的生活逐渐好转。天妒英才，仲刚在担任青州知府的第二年终因劳碌成疾而去世，青州百姓对于其亡故之事甚为悲伤。

最终仲刚迁葬于瑶溪里陈家一代，陈家人还在这里修建了陈家祠堂。由于仲刚当时的官位及第刺史，功勋接近将领，这个村子就有了"隐将村"的说法。陈家人谨遵祖上留下的贤德、孝德之习，将此作为自家的家风家训进行传诵。在陈氏家族的历史发展中，陈家还出了陈敬和、陈瑞龙两位行善举义的孝子。

古往今来，贤德之风在人类文明的发展史上绽放开花，引领着世人用不俗的眼光去看待生活在自己周围的人。千百年过去了，无论是陈氏兄弟的兄友弟恭、手足同心的美文，还是仲刚爱民如子、克己奉公的佳话，瑶溪这个隐将之地无不展示出它文明古村的独特魅力。这里正如古代诗人陶渊明眼中的世外桃源，土地平旷，屋舍俨然，有良田美池桑竹之属，阡陌交通，鸡犬相闻。眼下的瑶溪，兄弟友情沁心田，婆媳孝道传家训，青山绿水劲吹文明之风。

（文：徐国华）

余姚中村村

龚郑和睦定村名

古人云："和为贵。"和，即和睦、和谐、亲和。在乡村，这种和睦、和谐、亲和，不仅体现在同房宗族之间，在同村不同宗族之间同样显得十分重要和必要。在余姚市鹿亭乡有一个名叫中村的村落，其独特的村名，就是我们中华民族传统文化"和为贵"精神的体现。

一般来说，一个村落的得名，或是以居住在村落中人的姓氏为村名，如陈家、张家、李家等；或是以地形地貌作为村名，如屏风山、石鼓、山湾等。可中村这个村名，它并非是以居住在村中人的姓氏作为村名，也非以村落所在地的地形地貌而取，更不是因为有上、下村的存在，而因其坐落在这上下村中间而得名。那么，中村的村名到底是怎么来的呢？原来，中村的村名是村中龚、郑两姓先祖信奉礼仪、践行道德精神的产物。

中村位于鹿亭乡境域的东部，村落依山傍水，鹿亭乡内最大的晓鹿大溪沿村而过。这里三溪汇聚，两峰对峙，溪间清流潺潺，山间竹木茂盛，是四明山脉中一处山清水秀、风光秀美的灵秀之地。早在唐代，有一位龚姓士人，他钟情山水，喜欢寻仙问道，在游历四明山水时，看中了这块风水宝地，认为此处是他"采菊东篱下，悠然见南山"的修身养性之所，于是携家人在此搭棚筑室，结庐安家，开荒种地，耕读传家，过起了白天耕作、夜晚攻读、修身养性的自在生活。随着时间的推移，子孙的繁衍，龚姓族人逐渐多了起来，形成了一个小小的村落，因为居住者都是龚姓族人，村落名也自然被称为龚村。

光阴似箭，日月如梭。历史进入到了北宋末年，北方金兵大举进犯中原，眼看抵挡不住金兵，北宋皇室弃城南逃。在这批南逃的人群中，有一郑姓的官宦，携妻带子，随着南逃的人流逃到了四明山中的龚村。郑姓官宦见这龚村地处在深山僻地，山丰水富，倒也是个躲避战乱的好地方，便产生了要在这里落脚的念头。再说龚村的龚姓族人，见这些逃难之人也是十分可怜，便把郑姓一家安置在自己村里，好生款待，并帮助他们在村里建房筑室。就这样，郑姓一家在龚村定居了下来。龚氏家族以"耕读传家"，读书明礼，对郑氏家族以诚相待。郑氏一家乃官宦出身，以"诗礼传家"，对龚氏族人也是敬重有加，以礼相还。就这样，两姓族人在同一村落居住，和睦相处，以礼相待，龚村中倒也是和和睦睦，相安无事。

不知不觉中，随着时间的推移，村里郑姓族人的人数大大超过了龚姓族人的人数。俗话说"人多势众"，在旧时以势压人的事是经常发生的。郑氏族人在人数上有绝对优势，但屈居在龚村，慢慢地在一些人的心里就产生了不平，再加上一些外村人有意无意间的说动，自然就有人产生了要改村名的念头。当这种想法提出来后，不仅在龚姓族人中出现了不同意见，认为郑氏族人就是以势压人，要不是当年龚姓先人以仁义之心让郑姓一家在龚村居住，也不会有今天要改村名之争，其实在郑姓族人中，对有人提出要改村名也有不同观点。绝大多数郑姓族人认为，这事有点不近人情，要不是当年龚姓族人相留郑氏一家在龚村定居，并帮助郑氏一家，我们郑姓族人还不知道会落脚何地呢。因为改村名这件事，龚村本来和睦平静的生活被打破了，弄得龚郑两族人之间都十分不自在。这种不自在的感觉都不是他们想要的，于是龚郑两姓的族人都向自己的族长太公去反映情况，要求两位族长为了全村的安定和谐进行沟通商量，妥善解决好村名风波，还村落和两姓族人原先那种和谐平静的生活。

为解决因村名而发生的一些不愉快，龚郑两姓由各自的族长牵头，邀请各自族内德高望重的族人，就改村名的事进行友好商议。龚姓族长是个有文化的读书人，先祖那种"耕读传家"的传统一直是龚姓族人信奉的理念。他们恪守先祖遗风，对人以礼相待，对郑氏族人提出的改村名的要求，也认为并非无理之举。虽然龚姓族人立村在先，但当前郑姓族人人多势众，足可以以势压人，强行改村名。可郑姓族人并没有如此无理，而是提出来要与龚姓族人商议，这就说明郑姓族人是明礼之人。而郑姓族长遵循先祖"诗礼传家"的遗风，以礼待人，以诚处事。对于有族人提出要改村名之事，自觉不妥，有负龚氏族人当年以礼相待，相留郑氏一家在此定居的仁义之心，也有违郑氏先祖给族人定下要"诚信为要，礼仪待人"的祖训，对龚姓族人要懂得感恩，不做忘恩负义之人，不做以怨报德之事。

正因为龚、郑两姓族长都是读书明礼之人，所以当两位族长带着各自由族人们推举出来的那些德高望重者走到一起商议更改村名之事时，大家都是互相谦让。龚氏族长说道,原先这个小村只有我们龚姓一族在此居住,村名唤作龚村也是情理之中。现如今郑氏族人与我们龚姓族人同村而居,而且郑姓族人的人口数量已大大超过了我们龚姓人数,如若再继续叫龚村之名,这对郑氏族人应该说是一种不公,对于更改龚村村名之事,我们龚氏族人认为也是情理之中的事。所以,我们族人想听听郑氏族人的意见。郑氏族长见龚姓族长说得如此大度,也接着话题,说了郑氏族人对更改村名的看法。不叫龚村,但也不能更改为郑村,毕竟龚氏族人是这个村的开村鼻祖。更何况我们郑氏能有今天,能在这里繁衍生息而成大族,如果没有当年龚氏先祖的仁德之心,相邀我们在此定居,何来我们今天的一切。既然龚氏族长同意更改村名,这对我们郑氏来说,已经是一种不小的礼遇了。所以我们决不能做有伤龚氏族人情感的事。郑氏族长说后,大家都议论纷纷,取什么村名好呢?一时间大家都没了主见。就在大家众说不一时,不知是谁说了一句,既然不以姓氏为村名,那就取一个双方都能接受的中性村名吧!这话一出,大家都觉得很有道理,既然龚郑两姓同住一村,就要和睦相处,互相尊重,既不能以先后论资格,也不能以多少讲势力。我们的先民信奉中庸之道,中则不偏不倚,无厚此薄彼,也有中和龚郑两族的意思。于是提出了以"中"为名,取名中村的建议。两位族长认为这个建议不错,便与各自的族人们进行商议,觉得这"中"字正合龚、郑两族人追求和睦、和谐、亲和的心意。就这样,一个不以姓氏、不以地形地貌为支撑点的地名就这样诞生了。正是这种家族的优秀传统得到了继承和发扬,居住在中村的龚、郑两姓族人到现在还是互谦互让,和睦相处。

  对于龚村改名中村,除了人和方面的因素外,还有一个地缘上的机缘巧合:中村的地理位置很奇特,它与周边的集镇鄞江、梁弄、陆埠都是相距40里;与周边奉化、余姚、上虞的县城也是等距离。这种地缘上的巧合,也佐证了这个奇特村名的合理性。

(文:周金林)

泰顺和平村

家和心平万事兴

　　和平村隶属于泰顺县雅阳镇，坐落于群山之中。这里山清水秀，民风淳朴，历史悠久，塔头底古民居就位于村内。塔头底为季氏家族聚居之地，始建于清康熙年间。塔头底季氏始祖茂龄公为明成化十九年（1483）进士，后任高邮府尹，以政绩闻名，于成化二十三年（1487）升迁翰林学士。之后辞官隐居，于明正德戊寅年（1518）由丽水景宁梅岐故里迁居泰顺雅阳大坪洋后湾锁寮。

　　据《季氏宗谱》记载，清康熙己未年（1679），茂龄公后人德重与德立两兄弟游经塔头底，见此处景色俊美，茂林修竹，秀山清泉，水源充足，地形山脉犹如回龙顾祖、五猪围槽，捍门巨兽把守水口，是一处难得的风水宝地，便决定从锁寮迁居于此，在这里建屋开荒。因水口捍门山顶有般若古塔，故取名塔头底村。

　　村中房屋的构建格局，均为古代四合院三进或二进式的全木建筑，前一进为门楼，中进为正式住房，最后一进为伙房。虽然不如富贵人家那般雕梁画栋，却也自成一体，别有一番古朴秀美。随着季氏在此开基繁衍，逐渐形成一个完整的传统村落。随着时代的变迁，塔头底从前的三枫书斋、贞节牌坊、仓楼、水碓、般若塔都已不复存在，留给后人更多的是追忆和歔欷。但是三百多年的繁衍生息，似乎印证了宅吉人兴隆的风水之说。如今季氏后裔有一千八百多灶，五千多丁，除大部分留守本埠雅阳外，还有迁居福建福鼎的杨梅溪、塔下、贯岭、龙安等地，可谓人杰地灵，子孙满天下。

　　家和万事兴，这句话常常被人们提起，它寄托着每一个家庭成员对幸福生活的向往，塔头底季氏家族的繁衍史正是对这一古语的最好印证。

　　德重、德立二公迁居塔头底时，家中可以说是一穷二白，兄弟二人只能为别人家做长工。正所谓天道酬勤，两兄弟日里劳作，晚上有空就读书，通过多年的努力，生活也好过了许多。到他们的孙辈元英公时，家中已有盈余，并购置田产，家族开始慢慢发展壮大。据《分疆录》和《季氏宗谱》记载，元英公，号荣廷，生于康熙二十一年（1682）。元英公品德高尚，对自己的品行有着非常严格的要求，他从来不议论别人所说的话，也从不挑拨离间。元英公共育有五子二女，子女们深受元英公高尚品格的感染，为人正直，也十分尊敬自己的父亲。乾隆年间，元英公被恩赐九品冠带，并获赠三块牌匾："德行遗风""皓首齐眉""望重乡评"。

元英公带领他的五个儿子国麟公、国恩公、国增公、国珍公、国和公辛勤劳作，家业不断兴盛。通过一家人的齐心协力，盖起了一座大房子，也就是现在的五祖厝。建好房屋后，元英公把五兄弟分为仁、义、礼、智、信五房，不过一大家子的人仍然居住在一起，兄弟们一同生活，一同劳动。建造五祖厝时，塔头底村还是山林茂密，野兽出没，所以五祖厝除了有门楼、围墙，它的大厅还有门。到了晚上的时候，兄弟们就关上门，一同聚在大厅，沏上粗茶，在那里谈今论古，学习先贤们的高贵品质。正如孔子所说的那样，"见贤思齐焉，见不贤也内自焉"。苦读圣贤书的兄弟们日夜相处在一起，却从来没有吵过架、红过脸，妯娌们也是相互帮忙，情如姐妹般地生活着。如今的人们提起五祖厝，仍然会说："五祖厝的风水真好，兄弟团结，妯娌和睦，真是难得。"

弹指一挥间，家族的人口急剧增加，塔头底已经住不下这么大一个家族。于是兄弟们聚在一起，共商家族发展大计，最终四个兄弟搬出了塔头底，一个去了新洋，三个去了大厝底，只留下国和公与他五个儿子仍留住塔头底。五祖厝的房屋建造时稍微有些矮窄，国和公的五个儿子正华公、正瑞公、正渠公、正浚公、正瑶公个个都是身材高大壮实，每到农忙时节，兄弟们拿着稻谷或农具经过门楼厅廊时，常常碰到上面的梁板，给生活造成了许多的不便。有一天晚上，国和公与五个儿子又如往常一样在大厅商议家事，这时正华公不禁说道："日后如果有能力造厝，就要建高一点，宽一点，你们认为怎么样呢？"其余众兄弟也十分感慨，说道："好的，就让我们一起努力，再建一座大厝吧。"

就这样，兄弟们牢记誓言，经过几年的辛勤劳作，家中田产增多了，钱财也有了更多的盈余。于是，五兄弟又携手建了一座大屋，就是现在的旗杆底。新屋建好后，只有正瑞公和儿子留在了五祖厝，国和公和另外四个儿子，都搬到了旗杆底。虽然正瑞公分开居住，但是国和公的五个儿子仍旧没有分家。数年之后，家中的晚辈都要娶妻生子了，五兄弟又建造了中央厝、旁厝和尾厝，这时候五兄弟才分家，各自拼搏。但他们分家不分心，家中的事情总是互相帮忙。因为季氏先人教导有方，季氏后人长幼有序，长辈关心晚辈，晚辈敬重长辈。一村人就这样其乐融融地生活着，哪一家办喜事，大家都自觉地去帮忙，就像为自己办事一样负责，哪一家办丧事，大家都是十分悲痛，都会力所能及地出力协助。如今，其他村的老人家谈到塔头底都是非常羡慕，说："五兄弟和睦不奇怪，全村人都和睦礼让真是不容易，塔头底是福地呀。"时至今日，村中季氏后人之中有谁发家致富了，依旧是会自觉地帮助生活困难的族人。

五兄弟带领全族的人建好中央厝、旁厝、尾厝后，又一起商议，在村中创办了三枫书斋，请来教书先生，教孩子们学习经史。在三枫书斋，不仅村中的孩子上学一律不用交学费，大厝底和新洋的季家子孙也是不用交学费的，教书先生的薪金全由村里统一支付。三枫书斋越办越出色，成为一所闻名于泰顺的书院，培养了许多乡绅名流。如今，三枫书斋虽然不复存在，不过今天的季氏子孙们依然会谈起三枫书斋，因为先祖们苦心教育他们的仁、义、礼、智、信依旧铭刻在他们每一个人的心中，大家没有忘记"家和业兴"的教诲。

每年农历七月十五，季氏全族都会集中在云峰祠堂缅怀列祖列宗。每家都来上香敬礼，感谢祖上的恩德。正是季氏家族的和睦友爱，造就了季氏今日的辉煌局面。

（文：季永族）

嵊州崇仁二村

二百年孝友仁风

绍兴嵊州市崇仁镇是一座幽静的江南古镇，距今已有千年的历史，镇内古建林立。崇仁因先祖崇尚仁义，因此得名。崇仁二村位于镇的南部，虽然地处崇仁古镇边缘，没有玉山公祠那样的精美绝伦的深宅大院，却也有像石鼓台门这样别致的庭院。石鼓台门在崇仁众多的台门中，面积并不是最大，历史并不是最久，建筑并不是最精美，但就是这样一座普通的台门，承载了一个家族的家风传承。

石鼓台门坐落于崇仁二村的石鼓路七号，建于清朝乾隆年间。建造者是崇仁裘氏第十九世、清泉派裔孙、国学生裘元洽。元洽公自己并不出名，有名的是他的长子和长孙。元洽公长子朝清公，字大震，号省斋，例赠修职郎；长孙师濂公，字学周，号莲塘，邑庠生，例赠修职郎、文林郎，晋赠奉直大夫。

台门的门厅坐东朝西，高大宽敞，门柱上施以牛腿，雕以细致的人物花草；前檐作斗拱，地上铺条石，后半间也是雕梁画栋。经历了两百多年的风霜雪雨，繁华早已退去，部分雕刻饰物也已损坏，但清代建筑的风格还是展现无遗。原来门前两旁各置石鼓一座，每座高约1.5米，直径约0.8米，厚约0.3米。如此轩昂的门厅在崇仁众多台门中也是不多见的。

由门厅东进是一处铺鹅卵石地面的天井，天井北面就是石鼓台门的正门。整座建筑坐北朝南，台门间东西长约12米，南北宽约5米，东西两边为门房，中间是过道，门口有高大的石门槛，门柏上是两扇大台门。门房的南墙上各置石制花窗一个，花窗上是一个大大的铜钱，象征着家庭的富裕。与台门间相连的是门厅，穿过门厅，只见豁然开朗，眼前是一个东西宽约8米、南北宽约6.5米的道地，地面铺以大小均匀的鹅卵石，有的还利用石头的天然色差拼成各种图案。道地北面就是正厅，宽约11米，进深9米，三开间；东西两边为厢房，与正厅均为二层小楼。可惜东边厢房在上世纪八十年代已被焚毁。残存的正厅和西厢房经过修葺之后，得以保全。

　　石鼓台门的门口为什么安放一对石鼓？坊间有这样一个传说：在清乾隆年间，崇仁裘氏二十世孙裘省斋，天资聪慧，读书用功，少年时即博览经史，诗词文章都具名家风范，弱冠之年考中秀才，就已名声在外了。他的父亲元洽公对他期望颇高，为了使裘省斋一朝跃过龙门，得以金榜题名，四处打听名彦宿儒，让他前往学习。一日打听到绍兴名宿刘豹君在城内设馆授徒，就命省斋前往求学，并谆谆告诫一定要以学业为重。省斋也没辜负元洽公的厚望，刻苦学习，每次考试都名列前茅。没几年，省斋学业猛进，得补"增广生"。但是省斋还是觉得远远不够，听闻杭州有个退职的翰林院编修吴郑公先生在带徒授业，在征得父母同意之后，他立马赶赴杭州，投入吴公门下。他的同学都是浙江各地名士，学习竞争之激烈可想而知，同学间相互勉励，共同进步，特别是和一同从绍兴前往杭州的茹生，两人还订了金兰之交，并订盟言："今后无论是谁金榜得中，都不能忘却金兰之谊。"乾隆四十四年（1779），恩科开考，省斋与茹生一同赴考。考试后，省斋的文章虽然文采斐然，但终因得不到主考官的赏识而名落孙山。反而是平常学业不如省斋的茹生中了"解元"。茹生因为不忘当初义结金兰时的誓言，特地叫石匠打造了一对"状元鼓"，把他安置在省斋公的门厅前两侧，用以鼓励省斋公继续努力。但省斋公自那次落榜之后，为了侍奉年迈的父母，教育子孙，终生没有再参加科考。

　　据《崇仁义门裘氏宗谱》记载："元洽公家世业儒，从小敏悟，博闻强记，不欺穷困，慷慨慕义，扶急救困不忘其报。谈论古人成败兴亡之事，常语惊四座，有古侠士之风，是乡里中正直之士，素为乡人所重。"省斋公"其为人也，孝敬父母，兄友弟恭；与人和而恕，绝不存奚刻之心。遇事见其真，又勤于力行；谈见其雅赋于诗，豪见于饮酒"。元洽公父子，两世一身，为今后石鼓台门的家风开了一个好头。

　　在其后的几十年间，元洽公后裔不知道是发生了什么变故，最终将石鼓台门易主，转卖给了同为清泉公派后裔的裘氏二十一世孙兆良公。房子虽然易主，但石鼓台门的孝友仁义之风并没因此而改变。

　　兆良公（1788—1852），讳宗海，字仲玉，号瑞轩，国学生。兆良公从小聪明好学，积极上进，但因为家庭贫困，一家十几口人的生活重担全靠他父亲维持。有一天，祖母对他说："你父亲如此艰辛，朝不保夕，我又年老体衰，读书总不是为今之计，还不如帮你父亲去种田，以养家糊口。"兆良公不得已，只能是弃书学农，农闲之时兼学经商。因为经营得法，时来运转，没过几年兆良公就积累了巨额财富，家中兄弟姐妹八人的婚嫁所需，全靠兆良公一个人筹划。兆良公更是乐善好施，生性慷慨大方，常常扶危济困，家族中如果有亲友遇到困难，一定是倾囊相助，从不吝惜。如果遇到乡邻相争的，也是抑强扶弱，为他们排难解忧。咸丰二年（1852），兆良公去世之前把亲友所立的借据、欠条等悉数焚毁，而后溘然长逝。

文豹公（1831—1903），讳邦显，号蔚然，字珊雅，国学生，系兆良公三子，崇仁裘氏第二十二世孙。文豹公自幼敦厚敏捷，励志芸窗，颇有其父之风，常常挑灯苦读至深夜，无奈时运不济，初次赶考就名落孙山。正当文豹公落魄失意之际，又恰逢父丧兄病，家务无人打理。文豹公只好走上了他父亲兆良公的老路，无奈放下继续考取功名的念头，继承父业，走上了经商的道路。文豹公为人敦厚坦直，语言讷讷，但是只要是义之所在，总是勇往直前。乡党、邻里如果有难，必定施加援助，而不会有任何怨言。邻里间如果有口角之争，也是请他妥善调解。一时间，文豹公俨然为一方领袖。可叹的是父子两代，同样的命运，没有办法一展宏图大志，实在是令人痛惜。

有道是"天之报施善人，不报于其身，必报于其子孙"。兆良公与文豹公两代仁施义断，深深影响了下一代。文豹公之孙，宗烈先生，原名毓华，别名嗣勋，国学生，秉性明敏，学习勤奋，参加童子试屡列前茅。后来科举考试废除，他就考取了"浙江官立政法学堂讲习科"。毕业后他又考取区官，民国后又考取警官，后任宁海县公安局局长、区长。民国五年二次革命时期，浙江革命志士纷纷起来参加讨袁运动，宗烈先生闻讯之后积极响应。在起义之日，宗烈先生自告奋勇打开杭州侯潮、凤山两门，迎接浙江讨袁部队顺利进入杭州，为浙江革命事业立下了汗马功劳。

宗烈先生之子、崇仁裘氏第二十五世孙，号孟涵，毕业于浙江省立政法专门学校法律本科。"七七"卢沟桥事变之后，民族存亡危在旦夕，孟涵先生毅然投笔从戎，出任上校一职，后来辗转到重庆任司法行政部秘书，直到抗战胜利。新中国成立之后，孟涵先生应最高人民法院院长沈钧儒的邀请，出任秘书。数年后，又调任上海市人民法院做审判工作。孟涵先生任职法官期间，辨疑析冤，奉公守法，真正做到了冤者得伸屈者得平，那些狡诈的伎俩总是逃不过他的眼睛，而那些庸懦者在他这里也不会受牵累。而且他办案一向勤勉，从不让案子积压。比如民国二十年，他在仙居任承审员。有一个科员是当地县长的叔叔，因为与人纠纷被诉至法院。开审前一天，这个科员盛气凌人地对孟涵先生说："将对方羁押，则这案可以了结。"但先生对这种倚仗权势的行为深恶痛绝，在第二天的审判中，秉公执法，将这个科员依法羁押。又比如民国二十三年夏，孟涵先生调任浦江，仅仅半月时间就审案一百七十件，得到了浙江高等法院的嘉奖。孟涵先生为官四五十年，而且职务并不算低，但随身衣服只有一套中山装和一套棉布便装，住的还是在石鼓台门边上的小瓦房。退休后孟涵先生常扶老策杖，行走在山野田间，并与老农谈谈农时，论论农经，一生安贫乐道，眉宇间始终留有那一股正气。

　　台门，并不是崇仁最为华丽的台门；人物，并不是崇仁最有代表性的人物。但为什么要写他？因为从几代石鼓台门的人身上，我们看到了崇仁裘氏孝悌敦睦的遗风，崇尚仁义的本质。他们耕读传家，兼以农商，自己发达后，并不忘记他人的疾苦，能扶危济困，替人排忧解难，正义存于人间。特别是孟涵先生，一生从不倚仗权势。孟涵先生最为突出的也正是在这里，不畏权势，见义而为之。

（文：张浙锋）

嵊州廿八都村

兄推弟让展胸襟

"廿八都在嵊之西,张家庄派出营溪。春光明媚澄泓澈,遥溯一源深浚兮。"这诗所写的正是位于嵊州市崇仁镇的千年古村廿八都村。廿八都村北依五百岗,东傍瞻山,涤巾涧曲环绕其间。这个美丽的村庄原本叫做上江村,后来因为张姓人家的迁入,又改名为张家村。王安石变法之后,嵊州被分为五十五都,张家村就成了廿八都村,村名一直沿用至今。廿八都村人杰地灵,人才辈出,姚舜明、张伯岐等都是从廿八都走出去的名人。在这个人文底蕴深厚的村庄,仁义之风更是代代相传。

村里张氏一族聚居于此已历三十余代九百多年,张氏族人世代以耕读传家,以孝友家风自勉。一代代张氏族人恪守家道风范,耕而食、凿而饮、织而衣,一派自给自足的田园风光,颇有晋唐遗韵。在村里留有这样一份年代久远的分家契约"分关",向我们述说着张氏族人的良好家风。这份"分关"这么记载着:

立分关张湘纹

今立伯命分关,系余昆仲二人长即纹,幼弟云,上叨祖宗福庇,下仰神明庥护,纹生一子根海,已授室。云生四子,长根爕、次根茂,均已授室,三根裕、幼根友未聘。子繁孙衍,兰桂藤芳。上和下睦,欣欣向荣。三世同堂,怡怡如也。乃者,天不从人。余弟湘云不幸于去岁仙逝,加余年迈,人多事繁,家务分歧,殊难支持。窃念树大分枝,流长别派。当遵古训,理宜分炊,爰邀子侄辈妥洽。薄具、置产除坐祖茔与悬茔,并根裕、根友娶亲费外,所有住屋、田地余产,并长稍归田地,一应照搭五股均分。犹子比儿,俨如亲生。但愿尔等各遵余训,克勤克俭,成家立业。嗣后螽斯蛰蛰,瓜瓞绵绵,是厚望焉。兹将生财家具,器皿什物,梱搭均分,立此合同分关一式五本,五房各执一本,永远存照。分产之后……

民国二十九年十月　　　　立分关　张湘纹

从"分关"中我们可以看出，这一次所要分的是张湘纹与张湘云两兄弟的家。不过张湘纹并没有要求兄弟平分，而是执意以子侄辈五人来分。按照通常的理解，张湘纹育有一子，张湘云育有四子，子侄辈五人平分显然张湘纹吃了大亏。张湘纹之所以做出这样的选择，正如"分关"中所说的那样，"犹子比儿，俨如亲生"。据《瞻山张氏宗谱》记载，张湘纹兄弟早年丧母，他们的父亲担心续娶之后，后母会对兄弟两人有厚此薄彼的做法，立誓不再续娶。从此茕茕父子相依为命，兄友弟恭怡怡然也。后来经过多年努力，两兄弟齐心协力，共同继承父业，发扬光大。哥哥张湘纹在城中经营"同胜"南货店，弟弟张湘云则在家中管理田产，不出几年两兄弟就在村中建起一座西式小洋楼，并取名为"怡庐"，意出《论语·子路》里讲："切切偲偲，怡怡如也，可谓士矣。朋友切切偲偲，兄弟怡怡。"正是这样一座小楼，向过往的张氏后裔述说着一个"兄推弟让"的动人故事。

这楼位于廿八都一条名叫"怡庐街"的小巷北端，至今虽然不过百年，但能记得起房子名字的人已经是寥寥无几，乡人俚语中只是将其称为"三层楼"。"怡庐"高高的磨石子门脸，左右两根罗马柱装饰，上半部分是一个半圆的穹顶，凸显了满满的西洋风格。门的上方却镶嵌了一方形的中式门额，原先阳文篆书的"怡庐"二字已经模糊不清。门额之上是红色的灰塑"狮子滚绣球"。推开高大的黑漆大门便是大堂，前半间是木质天花板，后半间是直通到顶的玻璃瓦，以此作为采光的天井，右侧是一架螺旋状木质楼梯。二楼和三楼沿天井一圈是木质西式围栏，嵌以精美的中式雕花。外墙装饰的"灰塑"饰物多是以欧式手法表现的"葡萄""松鼠"等中式吉祥物。虽然已经残缺不全，但还是难遮其往日的辉煌。

据廿八都的《瞻山张氏宗谱》记载：兄张湘纹，讳镇瑞，字湧水，以商为业；弟张湘云，讳镇灿，字永法，历任嵊县清乡局编查员、嵊县第五十一保保长，为瞻山张氏第二十一世孙。祖父本刚公是前清贡元，父亲焕钦公是国学生。张家虽然有家学渊源，但是人丁一直不兴旺，到张湘纹兄弟这一辈还是只有他们两个。兄弟两人因为早年丧母，更加情义深厚，相互扶持，艰苦创业，共居达四十多年，深得先人遗风。宗谱中又说

"兄弟同灶合居四十余载,唇齿相依,斗米尺布无分厚薄"。兄弟两人因早年丧母,没能床前尽孝。当时他们的大舅父黄善根年老无依,兄弟两人便为其养老送终。小舅父黄通运早年去世,留下三个年幼的儿子无人照顾,兄弟两人又代为抚育,并助其成家立业。兄弟两人以此来报答对母亲的孝思。

民国十一年(1922),张湘纹以"同胜"号为股本与汪氏等合股成立同胜裕记南北货股份有限公司,并出任经理。民国十三年(1924)兼任嵊县农工银行股份有限公司监察,长期以来还一直担任嵊县商会副会长一职。因为当时的会长"汪半城"汪正金忙于自己的商业帝国,张湘纹实际上主持了商会的全部工作。后来随着抗战形势日益严峻,再加上年事已高,处理完生意上的事情后,张湘纹飘然退隐回到老家廿八都,过起了田舍翁的生活。

时间到了民国二十七年(1938),兄弟两人有感于"树大分枝"的古训,准备分家。但是一直等到民国二十八年(1939)弟弟张湘云去世,这个家也没有分成。矛盾的焦点就在于如何分:哥哥张湘纹坚持按一子四侄五股均分。弟弟张湘云坚持,如果按五股均分,大哥一方吃亏太大,非要兄弟两人两股均摊。别人分家争抢犹嫌不足,哪里会有这兄弟两人这般你推我让?如此一来,直到民国二十八年(1939)弟弟张湘云去世后,哥哥张湘纹以大伯的身份下命令,在当年十月按他的意思,所有家产一分为五,毫无偏袒。

对于分家一事,最初只是在一些年长的村民当中口耳相传,真实性很容易为人所质疑,现在这份"分关"的出现证实了传言非虚。有道是兄弟同心,其利断金。在现实生活中,为蝇头小利而打得头破血流的兄弟不知有多少。湘纹先生的一子四侄五股均摊,从金钱和家产上来说,他自己损失的何止千金。以此而看,"兄弟怡怡"正是张湘纹兄弟两人亲密关系的真实写照,这真可谓"庐以人名,人以庐传"。

分家在现实生活中是一场最普通不过的事情,但在张湘纹、张湘云两位先生身上所发生的事情是值得我们学习的。这两位先辈以身示范"孝悌"之道,为我们后辈树立了为人处世的道德标杆,是值得永远传颂的。

(文:张浙锋)

金华婺城寺平村

三砖四瓦谢友恩

　　寺平村位于金衢盆地中部,坐落于九峰山脚下,是金华市婺城区一个古色古香的村子。寺平村历史悠久,据《汤溪县志》和《戴氏宗谱》记载,戴氏村民的先祖元末迁徙于此,距今已有七百多年的历史。据说明宪宗时期,村中有一名贤良淑惠的女孩银娘被选为"淑妃",因此寺平村有中国十大美女之乡的美称,如今村中的"娘娘井"依旧清澈甘美。全村存有大量建造精美保存完好的古建筑,令人叹为观止。古宅气势恢宏,房中的砖雕更是精致灵动。从上空俯瞰全村,整个村子的建筑格局犹如"七星伴月",据说村中有七座古建筑分别对应着一颗天上的星星,并有着特定的意蕴在里面。其中"立本堂"对应天机星,代表着勇气,说起"立本堂"的建造,还有一段感人的往事。

　　相传清朝乾隆年间,汤溪县枫林庄(今上境村)有一位书生名为刘肇淦,为人纯真温厚,待人友善。刘肇淦青年时期,当地遭受荒歉之年,他和父母便将家中货物尽数拿出,扶困济贫,反而将自己弄得穷困潦倒,生活十分艰辛,全凭亲朋好友接济资助,进取学业。

　　寺平村位于枫林庄西北方四里路之遥的地方,村上有户姓戴的富裕人家,家中有一子名叫戴立本,和刘肇淦年龄相同,也是刘肇淦在县学的同窗好友。戴立本父母见刘肇淦天资聪颖,为人正直,非常欢喜,常叫立本将他带回家中,两人一起伴读诗书、绘画写字。于是,刘肇淦成了戴立本的知心相交,犹如一对孪生兄弟。戴立本处处为刘肇淦着想,使刘肇淦读书有靠,吃穿不愁。刘肇淦看在眼里,记在心里,对戴立本为自己花费巨大过意不去,时常对戴立本说日常花销要注意节俭。戴立本说:"我视钱财为身外之物,不需要节俭,刘兄若学业有成,我还要为你准备一切所需费用,只要你认真进取,不负我家父母期望就是了。"刘肇淦听了非常感动,从此专心苦读,一心进取。

　　那一年,刘肇淦要进京赶考,戴立本自知自己学术浅薄,也不是个做官的料子，再加上家境不如以前富裕，难供两人一同进京赶考的费用。于是，他单独为刘肇淦备了一份路资，说："刘兄，你这次进京赶考的费用我都已准备就绪，你只管放心，我留在家里等候你的佳音。路上千万要小心，别让愚兄在家牵挂。"刘肇淦一听戴立本为他准备进京赶考，自己却放弃了这次机会，对于其中的原因已经是心知肚明，真是"知心义为先，泪别情相连"。心里有说不出的酸甜苦辣，只得说："全凭戴兄做主，小弟尊便就是。"

真是功夫不负有心人，刘肇淦进京赶考，未进考场，就被乾隆皇帝慧眼相中，不考便被录用，入事东宫施教，一连数年不归。直到乾隆皇帝驾崩，嘉庆太子登基执政，刘肇淦被御封为"兵部车驾司主事"，荣归故里。

回到故里的刘肇淦，第一件要做的事就是要到寺平村拜访义兄戴立本，但他熟知戴立本的秉性，对于如何前往寺平村拜访才最为适宜伤透了脑筋。送钱，不行！因戴立本视钱如粪土。送礼，还是不行！戴立本根本不受官家贺礼，根本不与官家往来。空手前去，更是不行！如此难以酬谢往日助学之情，翻来覆去，绞尽脑汁，难以定夺。

时过境迁，刘肇淦进京赶考直至御封荣归已有数载。他听说戴立本当年居住的"立本堂"多年失修，如今已是破损不堪，于是刘肇淦决定为戴立本修理"立本堂"这事提供帮助。同时为显示有意避嫌之意，他脱去官鞋，穿上布鞋；脱去官服，穿上布衫；脱去官帽，戴上草帽；肩上背农夫耕作擦汗用的汤布，在汤布一头扎上三块砖，另一头包上四片瓦，一不鸣锣开道，二不带身边随从，单独步行来到寺平村。到了戴立本家后，刘肇淦把三块砖四片瓦放在堂桌之上。戴立本听说刘肇淦来到家中，连忙出迎。刘肇淦见到戴立本，赶紧将他扶到堂中，坐在交椅之上，然后自己毕恭毕敬地双膝朝地一跪，头点到地上，深深一拜，说："高官厚禄不稀奇，义重如山为常理，官贵民穷不可论，礼义之交不相疑，物轻情重莫嫌弃，三砖四瓦见面礼。"戴立本连忙站起来，扶起刘肇淦，说："愚兄愧领了。"两人握手言笑，不失当年的交情，这真是"友是友来官是官，官官友友不分离，当官不忘穷时友，千秋一拜传礼义"。于是，刘肇淦和戴立本一起脱布鞋，卷裤腿，踏浆泥，递砖瓦，上屋顶，与木匠泥瓦匠一道修起"立本堂"来。

枫林庄刘肇淦为寺平村戴立本修复"立本堂"，一传十，十传百，轰动汤溪,震动金华府。当地士绅和官员纷纷学起刘肇浍的样子,不声不响地运来砖石、石灰、木料、瓦片,将"立本堂"修缮一新。完工之时,刘肇浍在堂中两根柱上题联一对,上联是"创业维艰祖若父备受辛苦",下联是"守成不易子而孙毋勿骄奢"。这副对联如今依旧保存在寺平村"立本堂"的屋柱上,熠熠生辉。

君子之交淡如水,刘肇浍与戴立本之间的友谊在百姓之中传为美谈,民间有诗赞曰:

身为帝师受皇恩,
辅佐嘉庆创业旺。
荣归故里跪知心,
三砖四瓦谢立本。

(文:胡阿荣)

衢州衢江岩头村

四凤兄弟一心系

岩头村地处衢州市衢江区东南边陲，隶属于全旺镇。岩头村坐落于衢江支流下山溪上游，里舍源溪和深塘源溪在"水平堰"交汇，绿水环绕，逶迤往北。村中桂花岩上传说有"桂花仙子"，风景秀丽，岩洞清幽，历来为"儒释道"三教竞相利用的好地方。

村中有一座如今依旧保存完好的清朝古建筑"曾氏古民居"，恢宏大气。"曾氏古民居"建于清朝中晚期，坐北朝南，占地面积五千余平米，建筑面积近三千平米。整座建筑平面布局为四进八明堂，南北向二座连体房，两个大门。单进门依次为明堂、东西厢房、正厅各一座，屋顶为硬山造，墙体均为白灰青砖墙，四进互相连通，每套都有阁楼。整座建筑共有108个房间，窗户、牛腿、横梁都有深浅不一的雕刻花纹，形象逼真，栩栩如生。这种建筑风格在衢州地区现存极少，并非一般民居可比，通常为富贵双全、官宦人家的府邸。因此，对于"曾氏古民居"的建造者是谁众说纷纭，一说是曾国藩的后裔迁居于此；二说是曾国荃儿孙迁居于此；三说是"人不得横财家不富，马无夜草身不肥"，曾家一定是挖到了万两黄金的"黄巢窖"；四说从白西坑迁址邵家的曾太公是"鲤鱼精"化作人形，神通广大。

对"曾氏古民居"由来的传说固然神奇，倒是《曾氏宗谱》详细记录了一个居住在"曾氏古民居"之中曾氏族人兄弟同心的感人故事。据《曾氏宗谱》记载，村中曾氏村民尊文定公为开宗始祖，传至第三十世节盛公，家业兴盛。节盛公（1742—1807），字瀚斌，号柯宝，为太学生。节盛公之子义祖公（1779—1829），字耀宗，号敬轩，子承父业，好学精进，官至抚州同知，候选分府，后迁居至岩头，成为岩头曾氏开基先祖。义祖公娶抚州姜氏为妻，继娶西安王氏，三娶知源徐氏。三妻之中原配夫人姜氏共育有四子：长子性元，次子性魁，三子性卿，四子性彝。

常言道"龙生龙，凤生凤"，父亲的言传身教，直接影响了四个儿子的人生旅程。四兄弟长得都是相貌堂堂，人才出众，能文能武，既是社会贤达，又是知识精英，远近闻名，被誉为"曾家四凤"。老大性元公（1799—1842），字体仁，号纨中，为太学生（监生）；老二性魁公（1803—1860），字卓然，讳步鳌，号昂峰，为武庠生（武秀才），道光十四年（1834）捐资修建文庙，奉圣旨议叙八品官候选分县（未实际到任）；老三性卿公（1807—1860），字守范，号镜台，讳鸿模，道光十二年（1832）年考取佾生（正九品），道光十四年（1834），亦捐资修文庙，奉圣旨议叙八品官候选分县；老四性彝公（1813—1869），字存仁，号以顺，为太学生（国子监生），升衢州分府（到任）。

义祖公逐渐老去，体力和精力都不足以管理逐渐庞大的家族，责任自然而然落到了长子和长媳身上。四个兄弟当中，长兄性元公娶倪氏为妻，两人共育有三女二子；二弟性魁公，娶妻张氏，继娶王氏，共育有四女五子；三弟性卿公，娶妻童氏，继娶吴氏，三娶徐氏，三妻只生一女；四弟性彝，娶妻周氏，继娶吴氏，三娶栗氏，共三妻妾亦只生一女。常言道："不孝有三，无后为大。"作为长辈的义祖公最大的愿望就是后继有人，子孙满堂。长兄如父，长嫂如母，因此作为长兄的性元公就要代替父亲做好出继和嗣立工作，使四兄弟都有子嗣传宗接代。性元公和倪氏颇费心机，本着长房不能动的原则，最终协调如下：二弟次子出继给三弟为嗣，二弟三子出继四弟为嗣。继立问题解决，大家满意，皆大欢喜。

古话说得好，"治国容易治家难"，如何管理好一个三十多口人的大家庭，确实够性元公和倪氏操劳的。家中婆媳之间，妯娌之间，甚至妻妾之间，难免有所摩擦。牙齿和舌头合得再好，也有咬着的时候。日常柴、米、油、盐的开支，众多的人情世故，犹如一把锯，拉过来拉过去。如何化解，全靠性元公和倪氏运筹帷幄。一直以来，这个大家庭一直井然有序，其乐融融。这既靠性元公苦心操劳，也靠长嫂倪氏贤良淑惠，以身作则，让全家人都心服口服。正所谓兄弟如手足，手足断了不可再接。东汉末年，群雄并立，刘玄德、关云长、张翼德桃园三结义开创蜀汉江山，最终形成三国鼎立的局面，成为千古美谈。兄弟不能失，只要兄弟同心，有失必有得，异姓兄弟尚且如此，亲兄弟更应和睦融洽，岩头曾家四凤正是典范。他们高洁的风骨，闻名乡里，为世人所仰慕。

同治三年（1864），太平天国战乱基本平息，满目疮痍，百废待兴，闽浙总督左宗棠莅临衢州查核昭穆，捐银七百两修建孔氏家庙，"四凤兄弟"的事迹得以上报，为左宗棠所知。左总督听闻之后，十分钦佩，于是轻车简从，微服出巡，拜访贤达。来到曾府之后，只有四凤之一的性彝公在扫径以待。一番寒暄过后，性彝公权且"以茶代酒"，邀左总督用餐。左总督难却盛情，便客随主便，两人屈膝相叙，互通肺腑。扒了几口粗菜淡饭，左总督便匆匆告辞。临行之际，左总督反复叮咛性彝公要多多保重，后会有期。

再说浙江巡抚曾国荃，是年七月攻陷天京，纵兵烧杀抢掠七天七夜，血洗全城，大发横财，因"功"加太子少保，赐一等伯爵，洋洋得意。听说左宗棠礼贤下士，亦学斯文，步其后尘，拜访曾府。但是曾巡抚的形式却是大相径庭，曾巡抚视察鸣锣开炮，前呼后拥，犹如皇帝驾临岩头一般，"回避""肃静"得连人影都见不到。然而曾府却是大门紧闭，以谢贵客。

四凤兄弟一生笃信孔子及其"文、行、忠、信"的儒家学说，和衢州孔氏家庙联系密切，他们与孔子的第七十二世孙孔坤宪和七十三世孙孔庆仪公私交情都甚笃。衢州孔氏家庙与一般的孔庙有所不同，它被称为"东南阙里"，是与山东曲阜孔氏家庙并列齐名的全国两所孔氏家庙之一。正是因为有了诸如曾氏"四凤兄弟"这样诸多的社会贤达和知识精英，衢州因此成为儒学的圣地和出人才的摇篮。四凤兄弟的后人也是秉承先人之志，贤明通达。性元公长子道一公，乳名基福，字唯成，例授登仕郎；性魁公长子道忠公，乳名龙仙，字习之，例授登仕郎；性卿公的嗣子道正公，名龙飚，字植成，为太学生（国子监生）。

（文：周毅）

龙游三门源村

翁叶两族睦相邻

坐落于龙游县石佛乡的三门源村是一个古老的山村，这里三面环山，南面直通金衢盆地。三门源之所以为三门源，是因为村前有左象山右狮山、文昌阁寨门和左青龙右白虎三道"门"，而由北向南穿村而出的小溪是塔石溪的源头，所以得此村名。这里风光旖旎，恬静秀美，村外的饭甑山是古代火山爆发的遗留，如今依旧云烟缥缈；村内的古民居依山势而筑，气势恢宏又不失几分精致。沿着青石步道漫步于其间，小桥流水，鹅鸭嬉戏，一派江南山水风光。

在这一切美丽的背后，更为美丽的是村中翁叶两姓共建家乡的故事，三门源人走过的历史可以说是波澜壮阔。村内村民主要分为翁氏和叶氏两大家族，不过他们却是在不同时期迁入本村。三门源村翁氏于北宋宣和年间，为避方腊之乱，由寿昌县迁入。在这块风水宝地上，翁氏的先民们日出而作，日落而息，在碧溪的西岸建起属于他们的村落和民居，怀揣着"风土之足夸，聚族于斯不绝而缕，是以一丘一壑雅称幽情，有水有山俱堪悦目，风声雪影异常萧骚，春卉秋蟾自成佳丽"的愿景，他们在这里繁衍生息，过着"柳塘春水漫，漠漠生正烟。不遽随风去，沙鸥只自眠"和"芳草斜阳里，儿童把笛吹。倒骑牛背上，黄犊紧相随"的田园生活。

大约150年后，叶氏先人也迁居到三门源。据叶《氏宗谱》记载，三门源村叶氏先祖"石林五世孙文彬由括苍采居三门源之黄里坞，至其孙改卜，乃得今地居之，今以文彬为第一世祖。""咸淳六年，文彬公始迁衢龙生三子，三子曰椿公，迁龙瀫北，披荆辟草，聚族于斯，即今之胜境所由肇也。"由此可见，翁氏从北宋宣和年间迁居三门源，开三门源聚居先河。咸淳六年（1270），叶氏先在黄里坞落脚，后又卜居到碧溪以东安顿下来，为后来者。

翁叶两姓聚居在一个村里，倒也和睦融洽。对未来生活的憧憬与向往，使得他们和平共处在一起，没有等级和贵贱。两姓各建宗祠，各续家谱,信守"仁、义、礼、智、信、温、良、恭、俭、让"的中华传统美德,建立了一整套规范的生活秩序。比如翁氏家规就明言:"家之有规,犹国之有法;法所以正天下,规所以正一家,故诗礼之家莫重于立规。""小子后生诚能如规约束,宗祠之兴也,可翘足而立待矣。"于是"祭祖先""孝父母""和兄弟""谨闺范""训耕读""睦乡邻""节财用""戒争讼"等家规族规约束着人们在生产生活中不断前行。被诗礼家风所浸润的三门源村翁叶两姓,本着"有名山大川、交阡广陌,足以相夸耀,而又与邻相交错,岂有疆界之可分"的共识,修堰坝,筑堤岸,共同抵御各种自然灾害,共同生活,通婚交融,兴建起一个"睦相邻、谋福祉、求安康"的村庄。正如《翁氏宗谱》中所赞颂的那样:"山门本名三门垣,翁氏聚族于此传世数十,与叶姓相错连居仅隔流泉,如朱陈之一村而结好也。"这里一派渔耕樵读、男耕女织、庭院诵读、世外桃源的生活景象。

然而,时代的更迭和商业经济的繁荣,带来世俗观念的变化,也带来民风的转变。正如费孝通先生在《乡土中国》中所描述的那样,中国的乡土社会以宗祠为核心,聚族而居,以宗族为纽带世居生活,随着瘟疫、灾害、战争以及人口的迁徙,打破了原有的社会结构。在社会变迁中,人们在日常生活里会产生矛盾,从而互相较劲,互相攀比,有时矛盾激化出现了严重的摩擦。但在大灾害面前,他们又抱团生存,互相砥砺,在斗争中生存下来。

到了明代中叶,资本主义在中国萌芽,商业资本得到了长足发展。龙游商人风起云涌,他们足迹踏遍祖国大江南北。在历史嬗变中,三门源村也发生了翻江倒海的巨变。在商业的大浪中,叶氏族人抢占了机遇,他们淘得了第一桶金,积累了财富,也激活了他们内心的扩张情绪。他们已不满足于作为后来者在三门源大好山水和村落大好风水之中所处的劣势,他们要求平分秋色,甚至要求开疆拓界地超越。这种苗头和动机显然是翁氏族人所不能接受的,祖先有先来后到,既得利益格局不能被任意打破,想到翁氏的碗里再分一杯羹,那是冒天下之大不韪。叶氏的觊觎和翁氏的戒备,使得翁叶两姓之间有了芥蒂。

有一年,叶姓男孩与翁姓女孩喜结连理。合八字、相亲、压帖、纳彩、娶亲、洞房、回门,一切都顺利进行。未曾料想,一名叶氏族人在酒后吐了真言:这次婚姻"择八字"时,遇到件尴尬的事,如果"八字"

合男方,那么叶氏大吉大利,女方翁氏却大不吉;合翁氏女方"八字",则对叶氏男方大不吉。两难之际,叶氏族长就偷偷取其彩头择日子结亲,对翁氏家族之兴旺大不吉,这使翁氏族人大为不满。

翁氏族人为了振兴文风,开始备材、选址,准备在村口状元峰下修建文昌阁。到了上梁的吉日良辰,翁氏族长"栖南相"礼节性地邀请叶氏族长"熊吉相"到现场捧场庆贺。栖南相年事已高,颤颤巍巍地爬上楼梯,到了节骨眼上,熊吉相突然大喊了一声,致使栖南相受到惊吓,从楼上摔下来后一命呜呼。从此,两姓开始结怨。

按照习俗,每年的正月,翁叶两姓必须在族长的率领下抬阁迎灯,到白佛岩瀑布下的三门寺接佛祭祖;还要抬着"毛令公"四处巡游,以保四季和顺平安。历来,翁叶两姓有传世约定:翁族接佛祭祖确定在农历正月初十这一天,雷打不动,年年平安日;而叶族可以在农历正月初四到初九之间选择任何一天,岁岁如意春。彼此遵照,如皇历般地准确无误。可是这一年却乱了象,叶氏族人像是故意滋事,也在正月初十这一天去接佛祭祖,翁姓族人义愤填膺,于是在三门寺里发生械斗。由于叶姓族人人多势众,将翁姓族人扛抬的"毛令公"倒戈折戟般扔进茅厕里。最后,由于官府的干涉,双方才平息下来。从此往后,翁氏族人定下规矩,翁叶两姓老死不相往来,再也互不通婚。于是,"疏戚远姻,赠遗不废"的事再也没有了。从此一溪隔两姓,龙虎对峙,明争暗斗之事时有发生。翁家这边修缮了大宗祠,叶家那边就修一个"四角凉亭",还特意挂上两只灯笼,就是为了"开龙眼",天天监视着翁家的一举一动。这些事关乎着家族的时运兴旺,双方都企求克对方之龙脉发自己之前程。

清康熙年间,耿精忠之乱的人祸加上碧溪山洪暴发的天灾,堰坝决堤、堤岸冲毁,此时的三门源已是满目疮痍,所有尊严、骄傲和自信都已灰飞烟灭。翁氏雍正十三年(1735)谱序"因为修理祠厅,建造文阁,多事纠缠而天又不假之以年,以致有志未逮也,迄今未修已近三世,斯获罪于祖宗者多矣"的记载,成为这一切的佐证。

三门源人闯荡江湖,见过大世面,在大风大浪中尤其是商海大战中人才辈出,这其中并不缺少有远见有抱负的人。终于,翁叶两姓的族人们重新清楚地意识到,村庄的发展离不开两姓的抱团协作,离不开两家百姓的共患难同甘苦。叶翁两姓的族长,于是把"睦相邻"当作统一两姓思想的座右铭,叶氏族人以"宗族之兴以礼让"律己,翁氏家族以"规所以正一家"为要求。这期间不乏有识之士身体力行,《叶氏宗谱》中就讲到了叶月培的事迹:"惟捡言动守法度,时时穷取先辈余语以自淑,颇有士行,吏称为乡里善人斯足矣。"这些执行法律和家规的模范,深深地教育着三门源人。通过康、雍、乾三朝几代人的努力,这个村庄又悄然地发生了变化。康、雍之交,两姓众筹合建虹桥,一有北流南锁留住财源之意,二有锁住怨气之意。这不仅方便两姓出入,更是连心桥的连通。接着,下游的三门桥也于雍正年间由双方共同建成,碧溪两岸的堤岸和堰坝也随后相继合力建成,确保了农田的灌溉,百姓获得了丰收。由于用材的讲究与施工的规范,这些建筑至今还发挥作用,福泽三门源的子孙后代。

因为"礼让",翁叶两姓再也没有以前的刀光剑影。嘉庆十三年(1808),翁家男孩翁谷生娶了叶家女孩叶五奶为妻,正式宣告近两个世纪水火不容、互不通婚的历史结束。如今,走进三门源里弄小巷,仿佛漫步于建筑艺术的殿堂里。登入山里人家的华堂,喝着迎面端来的茶水,可感受到礼让人家的浓浓乡情。

此后,翁叶两姓人家更加珍惜这和睦、和谐、和美的来之不易,他们用毕生的精力维护着、包容着一切。让人料想不到的是,在1939年重修的《三门源叶氏家谱》中,已将"急办税收"引入家规:"清平之世,盗贼不兴,强不得凌弱,众不得暴寡,而人民得以熙熙乐业者,以有官府治之也。故凡有税役不可不急办。"这里,把国与家、公与私、税与益的事讲得清清楚楚、明明白白。这不就是当今法治社会要求一个普通公民所需遵循的法则吗?有了"修身齐家治国平天下"的思想与境界,和美安顿的生活就指日可待了。正如《叶氏家谱》中有诗云"亭嫣嫣,人依依,虹桥关水口,斜日照沙矶,过边树木常常彩,野外樵夫急急归;呢喃燕,济济飞,每把祥言祝,贻谋大厦棲,两峰相对菁而美,二族频繁奠厥居;瀑布岩,蠡蠡兮,清泉由天际,芳草壅仙基,滔滔不舍长流水,夜夜无聊只听溪"。这正是翁叶两姓族人共同生活、共同发展的美好写照。

三门源人是勤劳善良的,三门源也是幸运的。古风遗韵的三门源,蜿蜒起伏的青山是迷人的神话写成的,清澈甘冽的绿水是先民们勤劳的汗水汇聚而成的,自然和人文的绚丽深深笼罩着这古老的村庄。

(文:黄国平)

临海芙蓉村

娶媳借伞黄百万

芙蓉村位于临海市东南部,隶属于桃渚镇,由上宅和下宅两个自然村组成。芙蓉村坐落于桃渚古城城西,这里四周群山环绕,悬崖耸峙,云雾渺渺,溪水潺潺。其中村西南有一高山,耸立高崖,三峰突起,犹如含苞待放的芙蓉,村因山名,便取名"芙蓉",正所谓"万玉开关高插翠,请从云际看芙蓉"。村的西北有蟠溪环抱,村前则有龟蛇卫护,狮象把门,天挺其秀,芙蓉插翠。

芙蓉村始建于唐末,至今已有一千一百多年的历史。据《芙蓉黄氏宗谱》记载,唐末时,芙蓉黄氏始迁祖平阜公为避战乱,寻桃源仙境隐居,见这里风光美好,雅兴顿起,便弃官离职,携兄弟家眷,由蒲城迁居至芙蓉,从此拓荒辟壤,繁衍生息。清末时,族人特请进几户金姓人家入住,意寓"黄金",日进斗金,族隆子兴。芙蓉村民风近古,薰涵渐积。村中有旗杆里、花台门、夹伍等众多古建筑,饱经岁月沧桑,印证了沧海变桑田的历史。

在芙蓉村郊,有一座山人称黄家山、黄家坑,黄家坑有一弯弯曲曲的水坑,坑后峰峦叠翠,似画如屏。这个小山岙三面环山,一面濒海,按照传统风水学的大气场来看,这里属于风水宝地。就在这个小山岙之中,有一片橘园,橘园之中有一处屋基,坐东北朝西南,地势略高。经不住漫长的风雨,屋基只存有少量墙石。虽说破败,但是它曾经的主人黄百万却是大有来头。"黄百万借雨伞"这个故事在台州可以说是家喻户晓,乃至在省内外也流传很广。

据《芙蓉黄氏宗谱》记载,黄百万本名昇,字文叟,生于北宋熙宁三年(1070),卒于宣和四年(1122),为芙蓉村黄氏始迁祖唐大理寺评事平阜公的第五世裔孙。黄文叟不仅家财万贯,更是乐善好施,为时人所称颂。他的良好品行源自家族家风的传承,重义尚情,敦品厚德。黄文叟父亲名量翌,字轸,娶周氏为妻,后续娶朱氏,共育有六子。据记载,黄文叟的父亲是个轻财重义、温柔谦抑之人，侍父母极其孝，待兄弟极其和，而且好结交天下善士。黄文叟的祖父也是一个至孝之人，是远近公认的"诗礼名家"之士。黄文叟祖父亡故后，黄文叟父亲抵京拜访谢仙子，以求吉地厚葬父亲，最终天遂人愿，得于雉溪金仙寺后，后置田于墓前，亲自耕耨供祭祀，以表孝心。

　　黄文叟颇有其父之风，孝义传家，而且才略过人，善于治家。他凭借自己的才能与勤劳，白手起家，在桃渚和芙蓉两地共筑涂田千余顷。一时间，黄文叟集资巨万，成为当地有名的富豪。黄文叟本就心善，有了厚实的家底之后，面对邻里间的难事急事，更是应对自如，常常斥资相助。所以，周边百姓都称呼黄文叟为黄百万。

　　芙蓉黄氏初迁此地时，桃渚四周都是海，有天台宗开宗祖师——智者大师"出海望芙蓉山，竦若红莲之始开"的名句为据，更有"芙蓉山仿佛千叶莲花从碧波中泛出……如田田之叶"的记载。平阜公到了之后，就住在峉里周洞后面的山上。自平阜公开始到第五代黄百万筑涂田，桃渚一带都是浅海滩。据说，黄百万筑坝直至旧城，也有传说至上盘拖牛坝。桃渚城外近的有箬帽礁、十三渚，远的有山南、冬瓜山、三眼桥，这一带都是他家的田，黄百万家的财富可见一斑。

　　据民间流传，黄百万的家是一座三串堂的四合院，叫做"三台九名堂"，屋旁建有佛棚。屋基前后，有三条水坑汇聚此宅而过。第一条是黄家坑山水，此水迂回曲折，从黄家山而来绕过屋后佛棚，又绕屋左而去。第二条是左边吊船坑的山水，亦迤逦而来，通向黄百万家佛棚墙脚，与黄家坑水汇聚后绕屋左而流。第三条是黄宅左边还有一狮子山的尾巴正好挂到佛棚后，保佑着黄氏人家。据说，这一狮子每夜拉的粪便都是黄金。每天早晨，黄百万家的烧火婆都要在门前坑边洗狮粪淘金。村民们从传统的风水学上讲，水即财也，因而黄百万家发了大财。

　　黄百万娶屈氏为妻，两人共育有五子，长子名珏，字得珍；二子名瓛，字得度；三子名琳，字得琅；四子玢；五子璜。屈氏虔于奉佛，法名"净莲"。黄百万夫妻俩人心善性纯，结为夫妻后更是勤于助人，从不吝惜自己的万贯家财，而是乐善好施。那时，芙蓉村北要修建"隆恩寺"，黄百万不仅捐助千金，而且"制银殿一座，高一尺二寸，银佛五尊，银龙五条，金珠一百八颗"，为寺院的建成立下了大功。平日周边凡是有修桥铺路之事，黄百万也是从不缺席，乐于出资相助。黄百万的善行义举，得到了村民的一致称赞。

不过即便腰缠万贯，万事总有向他人相求的时候。黄百万娶儿媳的时候就遇到了麻烦，但正因为他平时乐于助人，也得到了村民的热情帮助。旧传，黄百万娶儿媳门当户对，在过了"媒妁""递恳帖""纳采""请期"关后，"过门"之日，家里搞得热热闹闹，排场十分了得，光迎亲队就有三百六十人。他们正准备到杜桥洪家村娶亲，却突逢大雨，每人需有一把雨伞方可出行。黄百万只好出门买伞，可是他把桃渚和杜桥一带的雨伞全部买来，还是不够。见到黄百万有难，平时受黄百万恩惠的邻舍们赶紧将自己家的伞送来，才让迎亲队顺利出门。

新娘轿抵黄家大门时，大雨还是下个不停，雨水淹没了黄家道地。按风俗，新娘来到夫家大台门时，要行"传席交杯"之礼，在夫家要一步一步地踩着红口袋进门，不可脚踏泥土。为此，黄百万用谷铺了道地，让新娘"传袋"进门，以例行风俗。

黄百万借伞的故事在台州地区颇有名气，从这个故事之中我们也可以看到黄百万其财其德之厚。不过如今的黄家坑已是一片田野，黄百万后人都已迁居他乡。

据民间传说，有一残冬季节的一天，一个风水先生来到桃渚黄家坑，意图谋害他家的风水宝地。在黄百万家看来看去看了三天，风水先生心里总是在想，这座屋的风水怎么会这样好？不过无人与其搭话，他也无从下手。一天早上，这个风水先生又在黄家门前转来转去，在桃渚城水闸孔出来的水与黄家坑水绕过黄宅后出来的水相汇处，即离黄百万家几十米的地方，见一个老妇人在水坑边洗着东西，便上前搭话，问她在做什么。老妇人说自己在洗狮粪淘金。风水先生看呆了，又问老妇人是做什么工作的。老妇人说是在黄家做烧火的。说着，老妇人因天气太冷，举手呵了呵气取暖。风水先生说，这么冷的天气你还天天洗狮粪，太辛苦了，只要你把狮子尾巴的土挖断，狮子就会天天拉黄金，你就不用再洗狮粪了。烧火婆竟然信以为真，就把狮子山尾巴挖断。结果泥土中流出许多血，把桃渚塘的水都染红了。从此以后，黄家坑的风水也就这样走了，黄百万家也逐渐没落。

这当然只是传说，据更可信的说法，黄家坑原是多户人家的古村落，村中曾有十八口水井，后因倭寇来犯，加上"绿壳"多了，黄百万后裔难以安身才迁居他乡，现在黄百万后裔已遍布台州各地。

黄百万的后人也是坚守家风，传承美德。黄百万的长子得珍孝友忠信，恪守先业，富甲一方，并以诗书教育子孙，周边贫乏之人都称他是君子。黄百万次子得度读书明礼，章句兼善，也是一时名士。黄百万三子得琅则善医理，如有人因疾病相求，他都会携药以治，却从不收取分文，更无亲疏贵贱，均以仁爱之心相待。可见，黄百万的几个儿子都是仁义之士。而且黄百万的五个儿子遵守古之孝道，随父合葬于"鲸山之阳"。

从《芙蓉黄氏宗谱》的记载和民间流传的故事当中我们可以知道，黄百万是一个务本力农、赤手创业、尊孝重义、诗礼明家、乐于助人的人。黄百万赤手筑涂田千余顷是个不争的事实，他所筑的涂田，现已成为一片粮田，分享给周边十几个村耕种，这造福于民的壮举是最值得纪念的。在中国的历史上，由一人筑涂田上千顷，为后人造福祉的记载实为稀罕。而"黄百万借雨伞"的故事一直流传近九百年不衰，就是因为故事中有人们普遍认可的人生哲理，就是邻里朋友之间要相互帮助。哪怕你是家财万贯，都会有一时之间需求助于人的时候。你平时乐于助人，等你有困难的时候也会得到邻里朋友的帮助。"远亲不如近邻""远水救不了近火"就是这个道理。如今在当地，每当邻里间有纠纷，或某件事需要大家体谅时，人们总会用"黄百万借雨伞"的故事来劝说、调解，这个典故的文化精髓化解了多少纠纷难以枚举。我们现在讲乡愁、讲道德、讲法治，提倡社会主义新风尚，黄百万一家的事例是一个寓教于乐的好题材。

（文：陈学诚）

天台岩坦村

四姓宗祠联心志

  岩坦村，由岩坦、上寮、庄前、经过坪四个自然村组成，位于天台县西南的大雷山东麓，隶属于龙溪乡，是龙溪乡南面最偏远的山村，西南与仙居县相接，东南与临海市交界。因村前田中央有块六十余米宽的大岩石，石面平坦，故得"岩坦"之名。源自大雷山的下寮坑溪，途经岩坦，流入岩坦北面的龙溪水库。村前有一座始建于清代的石拱桥，这座桥不仅方便村民去山上做活，还是昔日天台街头镇通往临海、仙居的交通要道。

  岩坦村是一个多姓村，最早来这里安家居住的是季氏族人和叶氏族人，据《湖酋季氏宗谱》记载，开基岩坦的季姓始祖是上宅派第十一世，名叫季绍魁，他于明代万历年间在这里落地生根。后来林姓、陈姓、叶姓族人相继迁居于此，在《台西石柱桐园陈氏史志》中，就有这样的记载："明末始祖佛良公，性喜清雅幽静，爱山水之神秀，遂择居于此，拓地创基，勤俭治家，绳绳继继，子孙瓜瓞……"林姓始祖林昌荣和叶姓始祖叶茂进同样在明末清初之际来到这里。多姓之村容易引发宗族之间的竞争与矛盾，然而岩坦村却是一派祥和的景象，它犹如深山里的一面旗帜，向人们传递着和谐和睦的力量。

  在庄前与岩坦之间的开阔空地上矗立着一座祠堂，它就是岩坦村和谐民风最好的例证。这座祠堂建于民国 14 年（1925），是季、陈、林、叶四姓共有的宗祠，因为"嘉其四姓之同德同心，群策群力"，所以取名"联志堂"。所谓联志，正是指四姓族人齐心一致，守望相助，共同打造了这个深山之中的和美山村。

  联志堂坐北朝南，右为前门山，左为水溪。祠堂大门为五开间，歇山式，大门最显眼的是两根龙柱，用两米多高整根石条雕刻而成。两条龙在祥云中穿越，盘柱而上，栩栩如生，气势雄壮，龙的麟片雕刻得十分精细。龙柱下的柱础刻着文房四宝，石柱上是石雕的雀替，一边是福星手捧石榴骑鹿而下，一边是寿星手握龙杖驾鹿而来，雕刻风格敦厚。墙头上有八仙的绘画，墙基是两块浮雕，左边是仙人骑麒麟，右边是农夫与耕牛，天上人间都在此汇聚。

走进祠堂，与别的宗祠没有多大区别。正厅是三开间厅堂，两边是二层厢房，厅堂的对面是一座戏台，歇山顶，正脊有两条飞龙，四角高高翘起，戏台名为"清音台"，后壁上写着四个草体大字"曲尽其妙"。戏台两旁石柱上的雀替为木雕的"舞狮图"，后石柱上刻着的楹联是："砭凭订顽大似横渠法语，嬉笑怒骂苑然苏轼文章。"

祠堂正厅是三开间，硬山式建筑，厅后是用石板构成的祭台。厅堂廊柱上的牛腿是狮子滚球，中间的六根堂柱都刻有对联，只是用石灰水刷得已经辨认不清。解放后，四姓先祖的牌位撤了，这里成了学校。如今横梁上依旧写有"学校向工农开门"的大字，厅堂上还悬挂着"少年厅"的匾额。在厅堂墙角的石磉上，又看见龙的雕刻。昔日只有皇宫才有的龙，如今在山村的祠堂里尽显王者之气。也许村民们太喜爱龙，因为龙会带给他们风调雨顺，带来丰收硕果。联志堂建筑考究，古朴美观，在山村祠堂之中堪称精品。

村里人都知道，联志堂与四十公里外的田芯村宗祠相仿。当时，田芯村宗祠刚刚落成，建筑图纸与工匠就被一起请到了岩坦村。建祠堂的工匠来自临海，他们跋山涉水来到这偏远的小山村，也将他们的聪明才智留在了这里，联志堂前后历时三年终于建成。解放后，曾有岩坦村村民赶到田芯村，看过他们的祠堂，建筑格局的确很像。只是上世纪七十年代，建造里石门水库，田芯村搬迁，田芯村祠堂也就沉入一泓碧水之中。

在联志堂正厅的墙上镶嵌着一块石碑，对于联志堂的来历有着详细的记载。宗祠是祭祖的场所，建造祠堂显然与村民的敬祖祭祖有关，来自不同姓氏的人聚居在这偏远的大山里，他们也想着祭祖。可是以村民的经济实力，无力承担各自建造宗祠所需要的费用。怎么办？四姓族人经过商议，最终想出了一个创造性的方案，决定四姓族人联合起来，共造一个宗祠，供奉四姓的祖位。正如《联志堂碑记》中记载："以祖宗之坟茔虽有安厝而先人之灵，爽无所式凭则报本追源之道终有缺焉，会同各诸子氏下人等磋商，建立宗祠。"

虽然四姓合造，可是建造这样一座宗祠，对于这里的村民来说，依旧是一个前无古人的庞大工程。当时，村民总共不足五百人。村民的收入只有靠山上的毛竹和树木，可是要卖也得走五十多里的路背到临海白水洋镇或是街头镇。为建起这座祠堂，村民付出了巨大的努力。建宗祠的钱，是人人摊份，每人三块大洋。在民国初年，一元大洋可以买一担米，五元大洋可以买一头大水牛，一个人在山里烧炭要干 23 天才能挣到一元大洋。建祠堂村里人每人摊份，对于没有多少收入的山里人来说，其艰难可想而知，可是村民仍然是不管不顾地付出，咬牙坚持。哪怕今天说起建"联志堂"的往事，我们依然可以在其中看见血与泪的悲欢。村里有人凑了份后，家徒四壁，外出讨饭；有女婿与老丈人为砍树捐建设祠堂而打架的；为了生存，村里还有人去仙居、临海交界的大山里开荒种玉米。

在摊份之外，还有村民额外捐助财物。在碑记中镌刻着许多村民的捐助："林荣山助树洋念（廿）二元"，也就是说他是以树作价捐助。有的是直接捐大洋，最少的也是"助洋五元"。祠堂门口的两根龙柱是当时村民季应绪所捐，他当时绝对算不上富豪，他是卖了自己的五分田，才有了这两根精美绝妙的龙柱。对于缺田少地的山里人来说，五分田又是怎样地珍贵！戏台的前后左右四根石柱"连砧服"分别由叶人丁、林崇勇、叶宣韶、林崇亭等人捐助。

碑文还记载，"世界上称曰，共和者，五大洲也。中国公联志同者四万万也。邑西距城三舍许……"碑文不知何人所撰，他在拟写这份碑记时，视野从这个偏远的小山村，放眼到山外的大千世界，其格局已经远远超出一个山村祠堂所拥有的界限。联志堂的建造令人敬佩，其所营造的和谐民风更是深远地影响着所处其中的每一个人。

20 世纪末，村里学校合并到了离村二十多公里远的乡中心小学，可是先祖的牌位仍旧没有供奉。之后，村"两委"办公室设在这里，当岩坦村建了新的办公楼，这里就属于老人活动场所。再后来，老人活动中心也从这里搬走，联志堂变得越发安静。祠堂里的戏台很久没有演戏了，可是戏台石柱上精美的牛腿，祠堂门口的石雕龙柱无不显现当年的辉煌与惊叹。一座四姓祠堂，不仅记录了岩坦先人完成的一次前无古人的壮举，也铭刻着那个时代村民团结一心的力量。

（文：孙明辉）

云和新岭村

新岭畲汉一家亲

新岭村位于云和县城西北角,隶属于凤凰山街道,由衫坑岭、新殿洋、新处三个自然村组成。村中一幢有上百年历史的蓝氏大院格外引人注目,犹如一位子孙绕膝的迟暮老人,在村中那棵有三百多年历史的大樟树下,颐养天年。别看老宅子其貌不扬,云和乃至浙闽一带,"畲汉一家亲"的故事就得从这里说起。

新岭村是一个畲汉混居的少数民族村落,畲族人口占了全村总人口的三分之二。最先是畲族先民在此生活,村名为衫坑岭村,后与新殿洋自然村合并,取两个自然村的前后字而改名为新岭村。村中的村民如今已经很难从外表区分畲汉了,在村民的印象当中,村中畲汉两族一直和睦相处,从来没有发生过纠纷矛盾,这和当年蓝宝成力主民族平等、首倡畲汉通婚有很大的关系。在古时,处州温州一带一向有"畲汉不通婚"的传统,迈出"畲汉通婚"第一步的人正是蓝宝成。

蓝宝成,字韶九,乳名培连。道光二十四年(1844)生,民国十四年(1925)卒,是光绪壬午年(1882)恩贡生,曾任石门县(今桐乡县)教谕,民国二年至七年(1913—1918)任云和县参议会参议长。蓝宝成生平注重教育,倡导畲汉联姻,热心地方公益,为清末民初浙江畲族知名人士,尤在温州处州各县畲民中享有盛誉。据新岭村村民回忆,宝成公是一位非常受人尊敬的长者,在畲族群众中非常有威望,因此知县上任都会专程过来拜访。光绪年间,浙江省布政使赠"贡元",知县洪永栋赠"学衍箕裘",民国十二年大总统题褒"乡里矜式"匾额。

蓝氏大院的大门有两进,都是石库门。第一进的大门门额上写有四个字,但是字已经被毁,据说当时写的是"钟秀流芳"四个字。第二进大门两侧摆放着巨大的桅杆石,这足以说明当年老宅子主人身份的荣耀,大门门额上阳刻着"紫气东风"四字。蓝氏大院三进七开间两厢式结构,整体建筑均为硬山顶小青瓦屋面,四周夯土墙,尽管牛腿、木窗等已经有所损毁，但是站在天井里，依旧能够感受到深宅大院当年的威仪和气势。

或许有人觉得一个贡生没什么了不起。其实不然，因为蓝宝成是畲民，他是处州畲民参加科举考试考中的第一人！在封建科举时代，畲民被视为异类，不准参加考试。畲族争取科举权利的道路坎坷曲折，漫长而艰辛。尽管在嘉庆八年（1803），时任浙江巡抚阮元批准了畲汉士民一体应试，但畲族子弟也只是在童试这一最低级别考试上获得了成功。因此，蓝宝成这个"畲民科举第一贡"就有了特别的意义。而且因为热心公益，积极投身畲汉教育，倡导民族平等，蓝宝成赢得了社会的认可，与当地的廖卓章、周冠三并称云和学界"三英"。

光绪二十一年（1895），廖卓章主动向蓝宝成提出缔结婚姻之请，聘娶其女儿蓝章翠为长子廖奏勋妻子，从而开创了当地畲汉联姻的先河。民国初年，云和黄水碓村留日学生张祯阳娶了新岭村蓝宝成族人蓝爱珍为妻。两个汉族士绅家庭的举动震动当地，"畲汉不通婚"的旧俗开始被打破。但是很多人对"畲汉通婚"依旧不看好，社会上对此也是褒贬不一，毕竟这两宗婚事，都是汉族男子娶畲族女子，人们认为"畲民欲娶汉族女子，比上天还要难"。

但是蓝宝成惊世骇俗地打破了这个惯例，从长子开始，蓝宝成先后有4个儿子迎娶了汉族女子。在此后的百余年时间里，畲汉联姻日渐频繁。蓝氏后人曾经有人做过一个统计，蓝宝成现在的后裔有90多人，其中畲汉联姻的就有20多对。蓝宝成的开明之举，影响深远。

在云和县城城北路东头的路边，有一座规模不大的墓葬，这就是蓝宝成的坟茔。为何蓝宝成墓能够在闹市区保留至今？据说那是因为蓝宝成非常热心公益，深受乡民爱戴。据《云和县志》记载，蓝宝成"热心地方公益事业，资助修建县城东门石门桥，主持修建县城青阳门魁星阁、狮山培风亭等"。因此，在城市的发展过程当中，他的墓没有遭到破坏。

早在光绪六年（1880），蓝宝成就撰文劝蓝姓族人捐资重绘祖图，并负责记录捐资情况。民国八年（1919），蓝宝成会同蓝清秀等人，奔赴周边各县募捐，在云和县大庆寺后兴建"蓝氏总祠"，供处州、温州各县蓝姓畲民寻根问祖。

在社会普遍对畲族存在民族歧视的年代，在汉族人口众多的县城讲畲语会被人讥笑。蓝宝成在社会交往中，非常注重维护畲族人民的尊严，在县城与官员及乡绅讨论公事时，无论在什么场合，只要有畲民在场，他就会用畲语和畲民交流，令在场畲民深受感动。

光绪二十四年（1898），在石门县当了几年儒学正堂后，深感教育重要性的蓝宝成，辞官返回云和，在村里创立畲汉共学的学塾，对蒙童进行启蒙教育，并设读经班，吸收畲汉青年就读，培养了大批人才：学生蓝应东考取清末贡生；饶益三、诸葛鸿东渡日本留学，加入光复会，致力辛亥革命；张之杰出任天台、云和、庆元县长……

民国二年（1913），蓝宝成推荐其从浙江政法学校毕业的次子蓝文蔚到福建霞浦"福宁山民会馆"，为被欺压畲民伸张正义，蓝文蔚留在当地维护畲民权益长达十三年，因此蓝宝成在福建一带畲民当中也颇有声望。

民国十四年（1925）9月，蓝宝成因病去世，乡亲民众悲痛哀悼，上千民众自发为其送行，县城各铺拦路祭奠，蓝宝成在云和当地的威望和影响力可见一斑。

如今漫步新岭村，尽管村庄建设如火如荼，但是古民居、古寺庙、古树、古道等遗迹遗存依然丰富，尤其是始建于1848年的蓝氏大院，完整地保存了明清时代畲族风韵的建筑风格，具有较高的文物价值。当地畲汉干部群众已经达成共识，在旧村改造的同时，古村落的保护和利用将进一步加强。特别是"畲汉一家"的见证者——蓝氏大院，还要继续为民族团结进步发挥作用。

虽然说民族平等是社会进步，是大势所趋，但是在一百多年前，对畲民而言是一种奢望。蓝宝成受益于传统教育获得成功，也通过教育进一步提升了畲族群体的社会地位，在争取民族平等、致力于"畲汉一家和谐共处"的道路上留下了浓墨重彩的一笔，也为新岭村这个偏居一隅的小山村积淀了深厚的人文底蕴。

（文：叶小平）

松阳石仓六村

兄弟同心创家业

石仓被称作"浙南桃源",位于松阳县大东坝镇。村内村民主要姓阙,是由福建迁移过来的客家人,如今依旧保持着曾经的语言和风俗。据传,从前村口古庙旁有个岩洞,总是源源不断地流出大米,因此取名石仓。村庄坐落于群山之间,清澈见底的石仓溪穿村而过,这里风光旖旎,一派田园景象。石仓由上茶排、下茶排、下宅、后宅、蔡宅和山边六个古村落组成。新中国成立后石仓被分成九个生产队,其中的第六生产队和第七生产队,便是如今的石仓六村、石仓七村,也就是曾经的下茶排。因为这里盛产油茶,油茶树排列成行,位于油茶树排下方的六村和七村古时被统称为下茶排。

在石仓溪两岸的坡地上,古民居依山面水而建,次第布列,气势恢宏。目前,石仓古民居群共存有古建筑三十余幢,以清朝的为主,每一幢古宅都有自己的堂号。古宅泥墙黛瓦高耸,掩映于山水之间,古朴迷人。石仓六村就位于石仓古民居群的核心区域,因为这里古民居最为密集,两千平方米以上的清朝大宅就有六座,单幢面积最大的古民居也在六村。而造就六村豪华古宅的,正是阙氏先人阙天有和阙天开两兄弟,以及他们的儿孙。

从明朝永乐年间到清朝乾隆年间,福建上杭通贤阙氏历经三百余年,陆续迁入松阳石仓。清康熙四十六年(1707),上杭通贤阙氏第十四世孙阙盛宗携三个儿子其春、日春、其兴背井离乡,千里迢迢来到石仓创业立家。一家人在石仓扎根后,在辛勤耕作之余,还经营铁砂炼铁的生意,生活日渐富裕。三个儿子当中,以阙其兴最为成功,而其兴的四个儿子天有、天贵、天培、天开更加把家族事业发扬光大。在短短五十年的时间里,他们及后代光在本地就建有豪华大宅十七幢,并且在县城、温州、兰溪置办产业以及捐建公益事业,可见家族事业之发达,财富之盛。

盛宗公三个儿子分家后,阙其兴凭借自己的才学和阅历,兢兢业业经营自己的产业，他广交朋友，扩展自己的商路，家业稳步发展。可是正当家业蒸蒸日上之际，他却离开了人间，把有待继续发展的事业留给了还未成年的四个儿子。

这突如其来的变故，迫使才十八岁的天有不得不放弃读书，扛起了父亲留给他的重担。他"衣不裘帛，食不重味，克勤克俭，富有日新"，不仅挑起了重担，而且还使家业有了快速的发展。天贵也念母亲抚养子女辛苦，毅然放弃学业，帮助天有打理产业。当天培、天开都长大成人时，四兄弟就如四条巨龙，腾跃在茶排乃至整个石仓的上空。他们拓展产业，不断扩大洗砂、烧炭规模，增添田产地基，开拓贩运靛青、木材、生铁的生意，购置新造炼铁炉，获得巨大利润。在获取丰厚财富之后，他们也是乐善好施，捐资修桥补路，建造寺庙祠堂，救济帮助贫困人家，积德施善，广交朋友。阙氏四兄弟因此英名远扬，又结识了大批仁人志士，有力支持了事业的拓展。与此同时，家族人丁也兴旺昌盛，四兄弟共有十五个儿子，这十五个儿子也如龙似虎，个个都成为工商业的经营能手。

阙氏四个兄弟手足情深，不过在村民中间流传最多的还属天有和天开的故事。阙其兴去世时阙天开才四岁，十八岁的长兄天有虽然与其是同父异母，但对天开却格外照顾，不仅带他读书写字，还从小带他经营事业，正如古人所说的"长兄如父"那样。天开稍长大之后，有一次天有带着天开一起去县城赶集。在路上，天有跟天开讲起有个村民要把水碓卖掉，并相互探讨盘算，觉得这是一件挺划算的买卖。天开听了之后，佯装肚子疼，半路就折返回家中。回家后，他立即找到水碓的卖家，把它买了下来。等天有在县城住了一夜回来后，发现天开已经将水碓买了回来。天有虽然怪天开不明说，骗他说肚子痛，但转念一想，天开是自己一手带大的，相当于自己的儿子一样，这件事说明他已经长大了，他已经有经营产业的能力了，应该为他高兴。石仓最大的古宅九厅十八井的"余庆堂"正是兄弟两人合建的，房子盖好后分房子，本来南边面积较大，应该归哥哥，北边面积较小，应该归弟弟。可是天开喜欢南边的房子，天有二话没说就让给了天开。到现在南边住的仍然是天开的后人，而天有的后人住在北边。

在天有的带领和影响下，天开后来在产业经营方面取得了更大的建树，成为一个工商奇才。在村民的传说中，他的铁炉是经营最好的。其他人的铁炉一年只炼二十天，而他的铁炉可以三个月不熄火。据相关契约记载，他的一个炉子需要二十个炭窑供炭，利润是别人的五倍以上。为什么天开炼铁能取得远比他人更大的成功呢？关键在于他的远见和大度。据村民介绍和相关材料可以知道，制约铁炉炼铁时间的要害在原材料，主要是铁砂。由于炼铁的利润丰厚，导致铁炉不断增多，可是原材料铁砂却受到水的限制，每年只有丰水期才能淘得足够多的铁砂，以维持铁炉的正常生产，这是造成铁炉每年只能炼铁二十天的原因。不过天开有先见之明，他在开铁炉前就扩大了自己的洗砂业，采取收购、长期租赁他人洗砂坑等方法，掌控铁砂资源，甚至采用高价租进等价租出的办法扩大掌控范围，从而实现在少水期仍然还可以维持自己铁炉的生产。事实也说明，天开的做法是英明的。他不仅常常跑县城，还经常跑温州、乍浦、兰溪做生意，而且每单生意都非常赚钱，他做的生意包括靛青、木材、木炭和生铁等。他在松阳设有自己的经营点和仓库，在温州、兰溪也都有自己的经营点。《阙氏宗谱》这样记载他："其兴公与兄弟析业为三，而公承父命，析业为四。公遂效端木货殖之术，经营四方，游兰江，历乍浦皆获厚利，不数年增租千余石噫，岂独公之才识敏达料事多中耶。"

　　天开还是个非常大度的人，这突出表现在他大力捐助公益事业上。松阳县城望松禅院修建时，别人都是捐一梁一柱，而天开开口就是捐助大屋一幢，令在场的人瞠目结舌，怀疑是不是诈捐。当阙天开将整船木料运到时，人们由衷地发出称赞之声。天开还是一个热心肠的人，他倡导石仓三大阙姓联合兴建石仓阙氏宗祠——维则堂，他不仅带头捐款，还亲自料理建造工程。历经两年，宗祠工程才完工。关于天开捐助公益事业的传说还有很多，这说明他是一个慷慨大方、乐善好施的人。

　　天有和天开两兄弟联合建造的九厅十八井大宅，堂号余庆堂，位于茶排湾里，坐西朝东，西面靠山，东面是开阔的田野。始建于清乾隆五十五年（1736），于嘉庆年间建成，前后历时二十五年。余庆堂占地面积3303.5平方米，建筑面积2960平方米，共有9个厅堂、18个天井、196间房间、552根柱子。兴盛时，内住60余户、200多人。整幢建筑椽檐相连，回廊相通，气势恢宏。

　　大宅中轴线上三进六厢房，前进为厅，面阔七间。二进、三进为楼屋重檐，面阔七间。左右两侧为横屋，南首横屋九间二厢房，北首横屋两列，前列七间四厢房，后列面阔九间。正门外围有一楔形门院，大头朝南并设大门即为外大门。外大门为石制门，门墙泥筑，花砖叠涩出檐，门楣墨书"祥云献瑞"。内大门也为石制门，门墙砖砌，砖上施手印辟邪，门楣砖雕题额"花萼联芳"，两侧有砖雕彩画人物花卉。整幢建筑为夯土墙木结构，马头墙硬山顶构造，三合土地面，石板卵石天井。

　　第一进厅堂前后的牛腿都雕刻细致，前端一对镂雕狮子戏球和少狮太狮，后端一对浮雕松鹤。天井中间为青白卵石铺设纹图案，四周青石板，两侧细卵石铺砌，两边各石凳一只，上置多个盆栽。两边厢房的格栅板门为几何纹。第二进牛腿、雀替和月梁雕刻精美，前端一对牛腿镂雕喜鹊卷草，后端一对牛腿镂雕鹿衔仙草。正门上有牌匾"名班厨硕"。据说当年老太爷阙懋贤（天有）六十大寿，知府带了两个梨考察该府厨师的厨艺。吃了厨师奉上的雪梨羹，大家赞不绝口，特送了一块"名班厨硕"的匾额。第三进为重楼，这个厅堂高三步台阶，为全宅的最高处。后墙正中有木质神龛橱，供奉祖先牌位。神龛上有嘉庆十九年处州总捕林国泰为阙懋贤立的匾额"德寿双辉"，这是林国泰送给阙天有七十大寿的礼物。外檐梁下悬挂的则是乾隆五十一年松阳县事粤东刘及元送阙懋贤的牌匾"克振家声"。厅堂前柱上也有一对牛腿，雕刻细致，是镂雕松竹喜鹊图案。两侧横屋虽然相比正屋简陋，但牛腿、雀替雕刻依然精细，特别是北边横屋花厅两侧的牛腿，是一对镂雕麒麟，不仅雕刻细腻流畅、形态逼真，气势也非凡，很具艺术感染力。中堂上还挂有道光二年松阳县刘国龄为国学生阙懋官（天开）立的牌匾"德厚载福"。

　　而今，石仓没有了曾经的炼铁炉林立、淘砂场繁忙的热闹创业情景，只余归于宁静的田园生活，但是当我们徜徉在九厅十八井等一幢幢古宅之中时，脑中不禁联想到当年阙氏兄弟同心创业的情景，一担担的木炭，一车车的铁砂，一炉炉的铁水……而那一块块名人赠送的牌匾，隐含着他们仁义、慈爱、孝悌、诚信、勤俭的品德。

（文：叶高兴）

第四章 见利思义

淳安茅屏村

汪季驸积善得报

茅屏村位于淳安县汾口镇境内，由原茅屏村、双联村合并而来，全村现有人口约1130人。这是一个历史悠久、交通便利的传统村落，聚落主体部分地处蜈蚣尖东南山麓，龙川溪东西两岸，有"最美公路"之称的淳开线穿境而过。

关于茅屏村始祖迁徙来源以及村名由来，据民国十年重辑的《汪氏宗谱》记载："大宋建隆二年九月一日，祖先豪公自江西婺源迁居于此，因茅草丛生，旁有一山宛如屏风，故名茅屏。"不过本村百姓世代口耳相传的定居经过更富有乡村野趣：当年江西婺源豪公辗转行猎到此地时，数日间将山林间的野兽猎了个十之七八，正当他准备另觅去处时，随身带的猎狗却不依了，狂吠着在原地打转不肯离去。无论豪公呼喝、抽打、生拽，猎狗都固执地蹲在原地。豪公没有办法，只好就在屏风山搭了茅草棚暂居，在打猎之余，尝试开垦周边土地，种起了粮食、果蔬。不成想此地土壤沃饶、水源丰足，尤其气候宜人、风调雨顺，连年都有极好的收成，慢慢地豪公就生了定居此处的心，便从婺源大畈将妻儿接来，一家子过起了男耕女织的农家生活。婺源汪氏传至今世，已经在茅屏村繁衍生息一千余年。

茅屏村有着悠久的历史，其中自然涌现许多名人轶事，加上此地人性淳俭崇尚仁义，于是民间流传着许多仁人义士乐善好施、勤俭积福的故事。这其中又以"汪季驸积善得报"最为有名，经村人代代相传至今，三百余年仍为后人所津津乐道。

汪季驸，字士先，清顺治、康熙年间人，家境富裕、乐于布施，是方圆数十里有名的"大善人"。他崇尚儒学、博览典籍，日常行止坐卧都注重礼仪，持家勤俭有度，待人谦和宽厚，尤其推崇儒家对贫困老弱的关爱，将"老吾老以及人之老，幼吾幼以及人之幼"奉为人生信条，对周边村庄的穷人、老人多施恩惠而不求回报。

顺治庚子年间（1660），遂安地区发生了大饥荒，普通百姓为了果腹活命，只能靠吃糠皮、野草根充饥。尽管如此，还是有许多人饥饿难耐，挣扎在生死边缘，其状甚惨。汪士先不忍其苦，命家人将自家粮仓中的存粮悉数搬出救济穷人，尽己所能赈济了本村及周边村庄的数千饥民；又令人在路边架起大锅熬煮粥饭，施舍给外地流亡至此的逃难者。而他自己家，则与普通百姓一样，依靠清粥薄饭度日，以示与大家同甘共苦、抵御灾荒的决心。此前有曾向士先公借债约定归还的人，在遭遇饥荒后几乎家徒四壁，失去了偿还能力，对此他毫无怨言，绝口不提偿债之事。

正因为有汪士先这样慷慨解囊、舍家为民的义举，茅屏村的大多数平头百姓都熬过了这场大饥荒。此后，为了表示对汪公的感激及爱戴之情，村民们自发捐资修建了一座八角凉亭，定名为"驸公亭"，以此纪念称颂士先公的厚德。

驸公亭坐落于村庄中央（今茅屏村大会堂处），主体木质，飞檐斗拱、八角高翘，木梁木架成"伞"形支撑瓦顶，最上端立着一只葫芦形制的"宝顶"。檐下廊架镂刻着简单的花纹，亭身圆体朱漆，整体形象质朴庄重，好似士先公的人品端庄、品格高尚。三百多年来，这座驸公亭在村民们的眼中就像士先公的化身一般，因而平日里对它倍加爱惜，一旦发现结构松动、梁柱朽痕便立即动手修葺，使其终年亮丽如新。因此在新中国成立时，驸公亭几经世事变迁，经受无数风吹雨打仍面目不改，始终为茅屏村民们提供了一处休憩、追怀的场所。可惜的是，始建于清初的驸公亭，其后还是不幸被毁。时至今日，原址早已建起了茅屏村的村民大会堂，凉亭旧貌已然不复存在，然而许多村民尤其是老年人仍旧对当年的八角凉亭和士先公的事迹念念不忘，总是喃喃向后辈讲述着先人的壮怀义举，希望可以将这一份淳厚质朴的品德世代传承下去。

清康熙癸丑年（1673），有一波流窜的逃兵来到茅屏村，围劫了汪士先的宅子。他们打伤了汪家人，找到家主汪士先，将他绑在正厅的柱子上拷问，逼其交出家里值钱的财物。片刻间，汪家遭劫的事情就传了出去，茅屏村的百姓们在深夜惊醒，知道善人家横遭匪难，无不义愤填膺，马上就抄起了锄头、柴刀、扁担等工具浩浩荡荡来到了汪宅，都想要和匪徒拼命。很快，守在大门口的几个逃兵架不住村民们的围攻四下溃逃，等百姓们冲进正厅想要解救汪公时，才发现早已人去楼空。众人内心悲恸，生怕稍晚一刻善人便遭了匪徒毒手，于是不敢怠慢，立即兵分几路找寻士先公下落。

且说惊惶而逃的歹人们将士先公掳至峡源山（今霞源山）中时，天已经微微放亮了，他们担心激愤的百姓很快就会追来，就极尽所能地逼迫汪士先交出财物，在遭到拒绝后恼羞成怒，将他倒悬在树上，想要用残忍的手段折磨他。正准备动手时，捆绑士先公的绳索突然断了，细瞧断口处就像是被锋利的石头割过一般，而从高处跌落在地的士先公竟然毫发无损，就好像什么都没有发生过似的。逃兵们大惊，认为汪士先是圣人转世，有神明庇佑，不可触犯，于是便恭恭敬敬地将他送回了家。当时的人们都认为这是士先公常年积累善行所得到的福报。

此事广为传颂，辗转传到了当时的严州府知府梁浩然耳中，梁知府深深为之折服，便亲笔题写了两块匾额，曰"为善最乐""德厚流光"，赐予汪士先以示旌奖。

（文：卢萍）

宁波鄞州南头村

慷慨悲歌大营救

南头村隶属于宁波市鄞州区咸祥镇,由金家高墩、七份头、后史家、王口江、桥头、前施家、南叉塽、南头横八个自然村组成。因为村子位于老皇塘外南面尽头,所以取名南头村。村子靠山面海,祥和平静,是一个美丽的濒海渔村。

南头村地处沿海,当地百姓在历史上就有抗击外侮的优良传统。抗日战争期间,他们又与日本侵略者英勇斗争,慷慨悲歌,其间发生了一起生死营救美军飞行员的故事。

1941年12月,日本偷袭珍珠港,美国对日宣战,世界反法西斯同盟成立。1942年4月18日凌晨,美国空军中校杜利特率十六架B-25型轰炸机,从"大黄蜂"号航母上起飞,横跨太平洋,发起震惊世界的"东京上空三十秒"行动,空袭了日本东京、大阪等地。当天下午,全部美军飞机凯旋返航,原计划在浙江衢州机场着陆,但因气候、燃料告罄等原因,飞机不得不各自寻找迫降地点,其中一架飞机(2号机)就迫降在鄞县咸祥镇南头村南星塘的棉花田里。

2号机上共有五名成员,分别是正机械师胡佛中尉,航行员瓦得纳中尉,副机械师兹田少尉,轰炸手米纳少尉,机械员勒得纳军士。除了迫降在棉花田的胡佛中尉和瓦得纳中尉外,其余三名成员已在东钱湖上空跳伞降落。

当时鄞县已经沦陷,但是日军还未能完全控制乡村地区。飞机迫降后,周边的日伪军赶来搜查。他们找到了飞机,却怎么也找不到飞机上的两名美军飞行员。那这两名美军飞行员迫降后究竟去了哪里?一场关于美军飞行员命运的生死营救悄然拉开了序幕,然而当地民众却为此付出了血的代价。

据史料记载,迫降后的两名美军飞行员,先动手破坏了舱内仪器设备,并浇上汽油焚烧,以防飞机被敌人利用。随后,两名美军飞行员在大礁面遇到了村民徐阿贵。由徐阿贵引路，两名飞行员第一夜藏在黄牛岭下的"龙王堂"。迫降第二天，时任咸祥镇镇长的朱绣芳接到了徐阿贵提交的有关发现两名外国人的报告，联系到昨天飞机爆炸的传闻，心想这两人很有可能就是弃机而走的美军飞行员。朱绣芳迅速找到了他们，凭借着手势比划和简单的语言沟通，了解了他们的情况，并为美军飞行员指了一条通往国民党军队驻地的步行路线。随后，东钱湖区署警备中队长带领武装队员赶来，决定护送美军飞行员前往安全区域。在咸祥人民自发营救下，两名美军飞行员顺利到达奉化县营口游击队驻地，再转宁海、新昌，最终安全返回美国。

临别时，两位美军飞行员紧紧握住朱绣芳的手表示感谢，其中一位脱下自己的军装送给他表示谢意，另一位拔出一支橙红色笔杆、黑色笔套的"派克金笔"赠予他。

然而，勇敢、朴实、善良的南头百姓在营救美军飞行员后，却遭到了日伪军的报复。1942年8月8日，日伪军100多人来到当地扫荡，100余名老百姓被抓到球山书院操场里，在烈日之下赤膊暴晒。早上面朝东，下午面朝西，当场就有许多百姓中暑昏倒。操场四周用草绳围着，不准进出，不准送吃的东西，家人去送饭，被强令倒在校外阴沟里。这些百姓晚上被留在操场上过夜，第二天继续晒，这便是让当地人民切齿痛恨的"球山书院晒太阳"。对于朱绣芳，日军更是"不择手段"。朱绣芳在日伪军到来之前已经提前撤离，所以丧心病狂的日寇伪军在8月10日清晨五点钟，拿着几箱煤油，挥舞着钢枪刺刀，点燃了朱绣芳的房子。刹那间，左邻右舍七户人家三十余间民房全部淹没在一片火海之中。最终，当地共有四名无辜百姓惨死在侵略者的手下，可是没有一人出卖美军飞行员的行踪。

当地百姓为营救美军飞行员付出了巨大的代价，不过美军飞行员没有忘记他们的恩情。当年获救的飞行员米纳在他的日记中详细记载了他被救的经历，这本珍贵的日记本如今藏在他的侄女美国《纽约时报》记者苏珊娜手中。因为亲人受到过咸祥人民的营救，因此，2011年9月她来到咸祥采访，感谢当地百姓的恩情。

如今，在南头村当初美军飞机迫降的那片棉花田上，一座纪念亭已经建成。亭子顶部是和平鸽，亭子两面的黑色牌匾上分别刻着金色的"正义""和平"两个词，这两个词或许能诠释1942年咸祥人民那场自发的营救行动的初衷。当年的镇长和百姓是冒着巨大的风险去救人,这是一次为了拯救正义和平,为了中国人民与世界人民、美国人民友谊的行动。正义和平亭记录了当地百姓的英勇善良,也在告诉世人要铭记历史,珍爱和平。

(文:鄞州农办)

温州瓯海吴坑村

妙手仁心吴德寿

在距离温州市区约 30 公里的瓯海区泽雅镇，有一个古老的村落名叫吴坑。这里群山环抱，竹林掩映，环境清幽。相传明朝永乐年间，青田白岩小溪鹰山下村有一吴姓人家，因避战乱，背井离乡，千里跋涉，来到泽雅的源口村，在源口村拓荒垦地，开基定居。明嘉靖二十年（1541），吴家有一子名叫素三，年方二十，因勤劳诚实，深得同村一林姓人家的喜爱，于是林家叫人说媒，将自己的女儿嫁给了素三。随后几年，吴氏家族因人丁繁盛，逐渐向周围村落扩展。明嘉靖二十六年（1547），吴素三带着岳父一家和自己的妻女来到离源口村不远的一个山坳里，觅地开荒，建屋定居。因为所居住的山坳前有一溪坑，自己又为吴姓，素三便把村名取作"吴坑"。不久，邻村一王姓家族，也闻讯搬迁而来。于是，吴、林、王三家和睦相处，在吴坑农耕狩猎，开枝散叶，过着自给自足的生活。村落的形成，距今已有近五百年的历史。

吴坑村泛黄的《吴氏宗谱》记载着这样几条祖训："一、子孙须孝悌为先，和睦为本，或遇寡孤独人饥寒无靠之辈，理宜赈恤，毋得袖手旁观；二、子孙须恭敬尽礼，见尊长，坐必起，行必徐，如应对间，毋以尔我相称，妇女亦同；三、子孙婚娶，须择良家之女，素娴姆训者，方可聘娶，再毋图小利，有妨大义，凡养女字人者，亦如择妇之心择婿；……"吴氏后人铭记先祖之训，在漫长的岁月中，一代代弘扬祖德，敦宗睦族，悯民恤贫，济急救穷，美誉乡邻。

吴氏第十三世孙吴德寿，出生于民国壬子年（1912）。德寿 7 岁时便到外村读蒙馆，从小就受到私塾和家族的良好教育。青年时，德寿目睹近邻的贫困乡民生病时无钱医治，忍受着百般痛苦，于是立志学医，决心以自己的能力去解除乡亲们的病痛。20 岁那年，吴德寿背着棉被外出寻师。然而当时邻近的乡村并没有现成的师傅可拜，德寿只能靠着自己的运气，偶遇民间郎中给乡人看病，帮其买药，凭着记性记住药方。以后再遇到类似的病症，便试着用记住的药方，无偿为患者看病。好多患者吃了他的草药，病果真逐渐转好。于是，他一边帮乡亲们看病，一边自学医术，慢慢地积累经验。经过几年的实践，德寿的名气越来越大，来找他看病的人也越来越多，经常是天没亮便从家中出来替人看病，晚上忙到半夜才回到家中。

时光荏苒，转眼间十几年过去了，中国共产党在浙南山区开展武装游击斗争，中共闽浙边临时省委书记刘英同志率领省委机关赴泽雅山区建立党的组织，并在吴坑的邻村石榜山将军岩建立游击队交通联络站，为解放温州做准备。浙江省委、特委机关多次派吴毓、吴荣膺等同志带领武工队、短枪班、警卫队到泽雅山区活动，经常驻扎在石榜山将军岩联络站。

一天，游击队一名姓林的同志从总部领来一袋黄金作为活动经费，带回石榜山将军岩联络站。由于日夜兼程，身体极度疲劳，林姓同志在吴坑村边的路亭里歇脚时睡着了。当他一觉醒来，发现自己已经睡了很久，慌忙之中拿起背包和随身携带的档案夺路而奔，赶回游击队，竟然将暂放在石凳底下装金子的袋子给忘了。没过多久，外出看病的吴德寿路过路亭，当他发现石凳底下那一袋光闪闪的金条，一下子呆住了。此时的他，好像身处梦境，心里忐忑不安。定下神来后，他沉思：在这样的穷困山区，一般人家不会有这么多的金子，即使有金子，也不会外出携带这么多。他突然意识到，金子一定是石榜山游击队的财物。这时附近一个人也没有，如果放在这里，给坏人拿走怎么办？他左思右想，最后决定先把金子藏好。于是，他在附近找到一个隐蔽的石洞，将金子藏在石洞当中。

出诊回来，吴德寿再次路过山洞，这次他把沉甸甸的金子带回了家中，一称足足有17斤。他焦虑不安，想着尽早将金子送还游击队，却又不熟悉游击队的住处，无法送交，终日为此事牵肠挂肚，寝食不安。后来，他终于打听到村里的青年吴阿旺与游击队有联系，于是就托阿旺将金子送还在寻找金子的游击队。游击队拿到失而复得的金子，战士们欣喜若狂，立即对吴德寿的行为进行了表彰。就这样，吴德寿和游击队的战士们熟悉了起来，有战士生病了，都会找他看病，他成了游击队里的常客。

吴德寿拾金不昧的行为在泽雅民间传为美谈，而他悬壶济世的医德更是让山区人民交口称赞。有一回，在一个风雨交加的夜晚，邻村垟坑有一名妇女得了严重的风寒感冒，恶寒发热，浑身酸软乏力。她的家属赶到德寿家中，德寿二话没说，便背起医药包，连夜往患者家里赶去。山区的雨夜一片漆黑，泥泞的小路没有路灯，路上他不知摔了多少跤，德寿走了一个多小时才来到患者家里，为病人开方看病，却是没有半句怨言。

邻村林岙有一名妇女得了妇科病，由于家庭贫困请不起医生，一直没有得到妥善治疗。当吴德寿出诊路过此村，听人说起这事时，他便叫村里的人带路，来到患者家中，询问病人的患病情况，免费为病人开药方。听到患者家里连到药店抓药的钱也没有，德寿马上从自己的口袋里掏出钱来，递给家属，让患者家属到镇里卫生所抓药。

如此例子，不胜枚举。吴德寿从 20 岁学医开始，直至 88 岁去世，60 多年的行医经历，在泽雅山区留下了好口碑。他行事为人的良好品德，给吴坑村的吴氏后人留下了好的榜样。

（文：陈安生）

嵊州竹溪村

义士义举得福报

竹溪村隶属于绍兴嵊州市竹溪乡,坐落在嵊州西部海拔五百米以上的群山之中,有着"嵊州西部第一村"的美誉。村子四周奇峰罗列,古木参天。农舍粉墙黛瓦,清溪环绕。古亭、古桥、青石街巷,连片的白墙灰瓦、马头墙隐于碧谷之中。

村里有一座标志性的建筑——旗标台门,是钱武肃王第三十世孙嵊县首富钱万象于道光二十四年(1844)所建,占地五千余平米,共66间房屋。整座建筑雕梁画栋,气势恢宏,左前方照墙上嵌有一块满文石匾,长2.42米,宽0.89米,译成汉文为"蕴玉含晖"。一百多年来,成为竹溪村的镇村之宝,同时也记录了义士勇救难民得到福报的历史佳话。

话说清朝乾隆年间,乾隆皇帝与大臣和珅同声相应,从朝廷大事到生活起居都形影不离。乾隆皇帝为了表示圣主隆恩,一方面将和珅的长子赐名为丰绅殷德,"丰绅"在满语中含有"福禄""福泽""福祉"之意;另一方面,又将自己年仅六岁的十公主和孝公主许给和珅的长子为妻,从而与和珅结成儿女亲家。

和孝公主是乾隆皇帝六十五岁时惇妃所生,相貌特别像乾隆,因此乾隆对她格外宠爱,曾对人开玩笑说:"要是她是男的,朕便将皇位传她。"当和孝公主十三岁时,乾隆又破格将她晋升为固伦和孝公主。"固伦",满语为"国家"的意思,其品位相当于国家的郡王。乾隆五十四年(1789)农历十一月廿七日,乾隆皇帝亲自为十五岁的固伦和孝公主和同岁的丰绅殷德主婚,举行了极为隆重的婚礼。嫁妆赏赐之多,前所未有。光是婚礼后的拜见礼,乾隆就给了丰绅殷德三十万两白银。

和珅虽然专横跋扈,穷奢极侈,但对子女管教甚严,以儒家思想教育他们,令他们克己为国,敛欲无私。因此丰绅殷德为人忠厚,好学上进,并未沾上纨绔习气。更难能可贵的是,固伦和孝公主虽然生在帝王之家,又深得父皇宠爱，却无一点骄纵之气，且为人贤淑，卓有见识。除了极尽妇道之外，每日与丈夫鸡鸣而起，绝不贪恋温床。

固伦和孝公主见公爹和珅胡作非为，预感将来的下场堪忧，便对丈夫直截了当地说："我早有一言想对你说，你爹受父皇厚德，不思好好报答，我确实替他担忧，长此以往，他日恐怕身家不保，我们也一定会受他连累的。"丰绅殷德也深以为是，答道："我和母亲有时也转弯抹角地劝他，可他却听不进一句，弄不好反而大骂，如之奈何？"丰绅殷德的生母冯霁雯是和珅的第三个老婆，她为人正直善良，看不惯和珅的所作所为，就和和珅分开了。

嘉庆四年（1799）农历正月初三凌晨，太上皇乾隆崩于乾清宫，享年八十八岁。嘉庆皇帝对和珅的倒行逆施早就恨之入骨，一方面令和珅主持国丧，要他日夜守在殡殿之内，同时宣布在主持丧务期间暂时免其职务；另一方面暗中调兵遣将，于正月初八突然将和珅逮捕，同时抄没他的所有家产，接着宣布了和珅犯下的二十大罪状，于正月十八下诏，令和珅在狱中自缢而死。

也许是早有预感，或者是有人暗通情报，丰绅殷德只身逃出京城。他知道，父亲犯下的是滔天大罪，全家上下必受株连。他心急如丧家之犬，只有离家出走。丰绅殷德扮作书生，不敢走驿道，专门过小路，拼命往江南逃去。到了长江渡口，就听到了爹被赐死、家产被抄的噩耗，从此就连白天都不敢走了，每天天刚蒙蒙亮就起身赶路，天大亮后就得避匿于旅舍或山林草莽之中。

一路逃亡，丰绅殷德辛苦异常，随身带来的银票大部分也都被窃。走走停停，停停走走，不知走了多少路，吃了多少苦，最后几乎沦为乞丐，蓬头垢面，骨瘦如柴，累倒在竹溪村村口的大路旁。

那晚，北风呼啸，寒气逼人，丰绅殷德如果再没有人来救他，那真的快要没命了。幸好竹溪村有个九岁的孩童，名叫钱万象，正在村口的路上玩耍，见到路旁躺着一个人，连忙跑回家去，报告父亲。

他的父亲名叫钱尚河，娶妻张氏，是王院乡培坑村张延掌的女儿。时年，钱尚河三十七岁，其妻张氏三十九岁，两人已经育有两个儿子。钱尚河是个有文化的人，以包罗万象这个词给两个儿子取名字，大儿子叫钱包罗，二儿子叫钱万象。

钱尚河听了儿子万象的报告，赶紧来到村口路旁，只见一个人躺在地上，还有一口气。他见到之后，二话没说就把人背回家中，并马上请来郎中给他治病。一家人对这个被救回来的陌生人如同亲人，百般照料，关心得无微不至。尤其是钱万象，别看他人小，但挺懂事，把这个父亲背回来的人当作自己的亲哥哥一样，十分亲热，经常陪他一起玩，陪他聊天，还陪他到外面去转转，以解寂寞。在钱万象家里，丰绅殷德的病也慢慢好了起来，身体也开始恢复。

再说固伦和孝公主，她知道这一天早晚要来，只是没想到父皇崩逝才五天，皇兄就马上动手。由于固伦和孝公主是自己的胞妹，嘉庆帝便将和珅的住宅、淑春园以及在承德的房屋，留了一半给她，从此由她出面主持和府家务。

过了半年有余，固伦和孝公主亲自进宫，请求皇兄开恩赦免丰绅殷德。嘉庆见已除去和珅，抄其家财，看在妹妹的面上，就免去了丰绅殷德的死罪。但规定今后只得在家闲住，不许外出滋事。固伦和孝公主谢恩之后，即刻派出家人，到处寻找丰绅殷德的下落。只是清朝的天下那么大，到哪里去找？

这边固伦和孝公主像大海捞针那样在找丰绅殷德，那边丰绅殷德也在想方设法与妻子取得联系。丰绅殷德见大半年过去了，觉得父亲的事已经平息，就跑到诸暨向妻子固伦和孝公主寄了一封信。固伦和孝公主收到信之后，高兴得流下眼泪。但信中并没写明地址，又叫她怎么找呢？好在信中有诸暨字样，于是她派出人马到诸暨寻找。有人找到诸暨斯宅，斯宅的斯家与竹溪的钱家有通家之好，就把这一消息转告了钱家。丰绅殷德知情之后，辞别钱家踏上了回京的路途。

丰绅殷德返回京城，便向固伦和孝公主说明了经过。为了报答于患难之中救己一命的恩人，夫妻两人派人向钱尚河家送去了一张用满文书写的横幅和无数珍宝钱财。钱尚河无意之中救了驸马一命而得到厚报，一下子暴富了起来。

钱万象长大当家之后继承了家里的财产，建造了旗杆台门。为了告诫后代不忘前恩，钱万象在建造旗杆台门时，特意将当年丰绅殷德送来的横幅原样制成石匾，镶嵌在正堂左边的护墙之中。现在的人们每每看到这块石匾，除了不认识这满文之外，还会发现上下皆无落款。这是丰绅殷德故意所为，因为他回到京城，虽然罪被免了，但是还没有恢复官职。而且刚喘过气来，也不敢具名。同时他对父亲的事情心有余悸，生怕万一出错会连累恩人，所以故意不落款。后来的事实证明果真如此，由于该匾是满文，大家都看不懂，又不知道是谁写的，所以避免了人为的破坏，竟完整地保留了下来。

（文：张刚裕）

金华金东仙桥村

白猴赠书助仙人

　　仙桥村位于金华市金东区西北部,是赤松镇镇政府所在地。仙桥村坐落于金华山南坡,属于丘陵和平原相间的地形。历史上,这里是金华通往义乌的交通要道,商贾云集。据传说,道教仙人黄初平在此登天成仙,又因为黄初平和黄初起两位大仙曾在此建桥,所以仙桥村又被称作二仙桥。如今,村民对于黄初平的传说故事依旧是耳熟能详。

　　据说,黄初平最初靠砍柴为生,中饭要带到山上去吃。有一段时间,他遇到了一件奇怪的事,每当他砍好柴准备吃午饭时,装饭的蒲包总会不翼而飞。为了使蒲包不再丢失,这天他特意用一根绳子把蒲包系在了腰后,心想这样总应该万无一失了吧。可是当他砍完柴一摸腰后,只摸到一截短绳子,装饭的蒲包又消失得无影无踪。他惊奇万分,四处寻找。

　　过了一会儿,他发现不远处的一块山石上蹲着一只白猴,嘴里正叼着他的饭蒲包。黄初平怒火中烧,忍不住大骂:"你个死猢狲,原来经常让我饿肚子的是你啊!看我怎样收拾你。"黄初平一边骂,一边拿起担柱就去追打白猴。白猴见黄初平追来,叼着饭蒲包撒腿就跑。那白猴一边逃,一边不时地回头看看黄初平。黄初平追得快,它就逃得快;黄初平追得慢,它就逃得慢;黄初平停下来喘气竭力,它就冲黄初平扮鬼脸,惹得黄初平火气直往上蹿。就这样一追一逃,大约跑出了四五里山路,来到了一处山崖边。只见那白猴往一个山洞里一钻,便不见了。黄初平跑到山洞前细看,那洞口不到一尺见方,人想进去是不可能的,气得他只能跺脚大骂。饭被偷了,还白白追了这么远的山路。黄初平越想越气,搬来了石块想把洞口堵死,让白猴永远都出不来。

　　突然,洞里传来了求饶声:"初平哥哥饶了我,你千万不能把洞口堵死了,不然的话我可要憋死啰。"黄初平吃了一惊,定睛一看,原来是那只白猴趴在洞口,正在和他说话呢。"憋死你正好!说,为什么要偷我的饭蒲包?"黄初平喝问白猴。白猴便答道:"我是只哑猴,在洞中修炼多年，自从吃了你的人间饭食，今天能开口说话了。我这里有一本宝书送给你，就当对你大恩大德的回报好不？""我又不识字，你送我宝书也没用。"黄初平说。"你心眼好，用心去读，不识字也会读懂的。"白猴说。"就算我能读懂了，又有什么用呢？"黄初平问。"你如果把这本书读懂了，就能求道得道，求仁得仁，呼风唤雨，无所不能。"白猴继续说。听白猴这样说，黄初平心动了，接着问："不管怎么学，总该有个老师才好啊！"白猴说："赤松山有个赤松子，道行高超，你去拜他为师就能道术有成。"黄初平一听，于是接过白猴手中的"宝书"，谢别了白猴，便上赤松山寻赤松子拜师去了。来到赤松山后，黄初平勤学苦练，终于也得道成仙。

黄初平成仙之后，并未驾云而去，而是时刻关心民间疾苦。相传，北山的森林里住着一个黑鬼，这个黑鬼不光长相黑，而且心黑肝黑肚肠黑，专门在山坳里转来转去，搞些偷鸡摸狗见不得人的事情，山民们都痛恨死他了。但是黑鬼有法术，人们治不了他，只能任他胡作非为。这事让黄大仙知道了，决心要为民除害。

黄大仙来到清水潭下搭了两间茅屋，开辟了一片园地，园地里种上了一些瓜果蔬菜。由于有清水潭水的灌溉，这些瓜果蔬菜长得很好。绿豆荚、红辣椒、紫茄子、黄南瓜……看得人赞不绝口。特别是一根大黄瓜，它有碗口那么粗，扁担那样长，金灿灿的，散发出阵阵清香。有一天，黑鬼在山坳里转来转去，来到了黄大仙的蔬果园，看上了那根金黄瓜，就决必要把那根黄瓜偷到手。不过他也知道这黄瓜是黄大仙种的，不敢轻易下手，只能等到晚上再来行窃。半夜时分，黑鬼换上了软草鞋，脸上涂了厚厚的白粉，蹑手蹑脚地来到了黄大仙的瓜果园。他先来到黄大仙睡觉的茅屋外听听，当他听到屋子里传出呼呼的睡觉声时，一阵窃喜，立即转身把那根金黄瓜偷走了。

黑鬼抱着金黄瓜径直往回走，来到东山头上，它摸着金黄瓜不禁心花怒放。突然，金光一闪，东山头裂开了一条一丈多宽的裂缝，黑鬼吓了一跳。再仔细一看，立刻转惊为喜，原来裂缝里全是金银财宝。黑鬼抱着金黄瓜钻进裂缝里，看见一对金手镯就往手上戴；看见一个银项圈就往脖子上挂；忽然又看到一匹金马驹拉着一台金磨转，他更来劲了，抓起马缰绳就想把金马驹牵走。可是金黄瓜总是拦着他的去路，金马驹也死死地僵着，不肯跟他走。这时裂缝已经开始合拢，黑鬼一看势头不妙，赶紧松开手中的缰绳往外跑，连金黄瓜也来不及抱了。他一边跑一边叫，原来他的双手和脖颈像被绳索勒住一样难受。他赶忙摘下了金手镯和银项圈，扔了回去。刚跑了出来，"嘣"的一声山缝合上了，黑鬼侥幸逃得一命。

　　黑鬼没有得到金银财宝十分气恼，心想这一定是黄初平搞的鬼，这口气不能就这么咽下去。第二天，黑鬼找来几个小鬼，一起去找黄初平算账。不料黄初平已经升仙回到仙境，那瓜果园和茅屋也不见了。只有旁边山岩上留下了一溜遒劲有力的大字：你这北山鬼，黑心料难回，作恶已到头，地府把命归。黑鬼们还没把字看完，"轰隆"一声山崩地裂，山岩崩塌下来，把黑鬼们埋在了地底。赤松山山民们的日子从此又回归太平。

（文：金东农办）

兰溪虹霓山村

神奇古井诉仁义

　　虹霓山村隶属于金华市兰溪女埠街道，位于省级风景旅游名胜白露山南麓，兰江之畔。村落格局如同棋盘，村内鹅卵石铺就的小道纵横交错，道路巷弄错综复杂，形成防御空间体系，盗匪易进难出，容易迷路。村落随着山势高低起伏，形如乌龟，南头北尾，既象征着古村悠久的历史，又寓意万事常春。村中的古民居连绵成片，一汪汪池塘分布于其间。村前甘溪清澈甘洌，河道蜿蜒穿越，静静流淌。村后的白露山景色清幽，山上千年古刹"慧教禅寺"潜藏山腹，松篁蔽天，晨钟暮鼓。

　　村子原名"黄冈"，又名"蟠龙山"，后因青山雨霁，阳光折射如虹霓，又易名为虹霓山。虹霓山村初建于唐朝前，至北宋年间初具规模。村中村民历史上主要有童氏与刘氏两大家族，宋代太平兴国年间（976），童氏村民始迁祖童徽自睦州寿昌迁徙至该地，迄今已有一千余年。据《黄冈童刘总论合序》记载，南宋时驸马都尉刘文彦四世孙元七公娶黄冈迪功郎童尚文之女为妻。后因童氏六世祖允让公膝下无嗣，后继无人，便过继刘氏元七公幼子为嗣子，更名为仕一，从此童氏族大氹繁。至明代中期，刘氏门祚衰微，又以童氏继刘。因此，黄冈童刘二氏虽不同姓，实际上同出一源，村内两姓村民共书家谱。其后，村内童氏家族繁衍兴盛，而刘氏家族日渐衰微，目前村内村民以童氏家族居多。

　　虹霓山村历史悠久，村内历史古建筑保存完整，规模宏大，工艺精湛。目前村内自元末到民国初年的宗祠、古民居依旧存有四百多幢，占地面积六万多平方米。村内古建筑鳞次栉比，主要为徽派风格，马头墙参差错落，粉壁黛瓦，青石门面，建筑古朴。其中世美堂、亦政堂、积庆堂、崇本堂、景福堂等建筑的木雕、砖雕、石雕千姿百态，戏曲人物图案惟妙惟肖，山水仙鹤图案栩栩如生，令人叫绝。

　　村内的水系主要由池塘构成，大小池塘由水渠相连，不仅可以用于洗涤，还可以用于防火。殿口塘与中心塘边，有两株古树静静屹立于旁。除此之外，村中还有一口引人注目的神奇古井，有四丈余深，红石井圈，位于黄冈山南侧。据《黄冈童氏宗谱》记载，这口井开凿于宋朝，每日可供万人饮用。相传清朝咸丰年间，太平军围攻白露山，当时正值大旱荒年，村中池塘枯竭，村外山涧断水。最终数千避难之人的饮水问题靠这口神奇的古井得以解决，大家昼夜轮流从井中汲水解渴，渡过难关。说起这口神奇古井的由来，村民中间还流传着一个神奇的故事。

据传说，虹霓山先祖为了解决村民用水艰难的问题，决定在村中凿井取水。于是，先祖便请当地风水先生查勘井址，风水先生现场勘测，最终决定将井址定在黄冈山南侧的坡地。然而，井址所在之处岩石深厚，村民深挖至四丈，仍然不见滴水。先祖对此十分疑惑，认为风水先生的话是胡乱编造，不可相信，一怒之下便将风水先生辞退。风水先生自认尽心尽力，选址无误，可是无法说服虹霓山先祖，只好无奈离去。

当风水先生行至渡读山冈，心有不甘，又观察当地地脉走向，确认自己选址正确无疑，于是决定重返虹霓山，说服雇主。返回之后，风水先生也别无他言，只是恳请主人让他在井底睡上一宿。先祖不好推辞，便将风水先生留了下来。到了深夜，风水先生隐隐约约听见井底岩石下有水声，连忙在井底划出一槽形。天明之后，风水先生爬出井底，再次求见先祖，恳请先祖务必再派人凿石二尺，定有水源流出。如果这次仍不成功，自己一定离去。先祖思前想后，召集家人进行商议，想想与其畏惧艰难，半途而废，不如下定决心，锲而不舍，继续开凿。于是，全家人凝心聚力，不分昼夜，专凿岩石。三天三夜后，泉水果然从井底喷涌而出。不到一天，泉水便冒到了井口。凿井成功之后，先祖自觉愧对风水先生，便重金酬谢。

这次凿井成功，不仅解决了大家的饮水问题，也让虹霓山先祖感触颇深，从此明白凡事不可浅尝辄止，半途而废；居家孝悌，齐心协力；妇贤家和，勤不怨其劳。于是，特立家训三条，告诫子孙。

一、毋怀私以妨大义，毋懈怠以毁成功；毋奢靡以肖囊；毋越规以干法纲；毋自尊以形骄慢；毋扬过恶以失忠厚。

二、男训：居家孝悌，处事仁慈；凡所以济人，所以方便者是也。不但倚己之势以自经，取人之财以自富，凡所以欺心，所谓刻落者是也。积善之家必有余庆，不善之家必有余殃，世事孙孙，各宣自省。

三、女训：妇贤家和。贤者，奉公婆以孝，事夫君以敬，处妯娌以和，扶子侄以爱。勤不怨其劳，俭不失于理。妇为内助，克举家和，家道乃成。不贤者，漠视公姑，仇视妯娌，欺慢夫君，忍心诸幼，狠戾妒恶，翻拨是非，家门兴替，实于此。

并在井旁立碑，曰"喝水不忘掘井人"。大井历经数百年，如今犹存，养育着一方百姓。因凿井而立的家训更是一直教育着虹霓山后人，村民们始终以族规家训为准则，耕读传家，明道立德，终成当地大村望族。

（文：王秦乔）

东阳上安恬村

安谧恬静存信义

上安恬村坐落于东阳市南马镇西部,地处南江下游东岸,是东阳马氏聚居的大村,也是东阳优秀晚清民居聚集的代表村落。全村依山傍水,环境幽雅,据称风水格局极佳。上安恬村建村至今已有九百余年,历史上财货丰裕,富甲一方,村里气势恢宏的古建筑见证了上安恬村曾经的富饶。村里村民主要姓马,据村史记载,先祖从河北迁居而来。北宋崇宁四年(1105),马乔岳(1084—1160)见南马安恬一带山环水绕,山则有兜鍪之高耸,层峦叠翠,枕居于其后;水则有双溪之秀丽,源远流长,襟带于其间。于是从松山迁居兜鍪山附近居住,繁衍生息。因为这里安谧恬静、人熙物阜,就将这里称作安恬,马乔岳因此成为东阳安恬马氏始祖。

这块带有特殊色彩的宝地,在历史发展与文化熏陶下,人才层出不穷,许多故事至今仍在民间广为流传。西有阿凡提,南有马坦鼻,东阳民间故事中最富代表性的马坦就来自上安恬村。自明末清初以来,马坦的故事就在东阳、新昌一带广为流传,可以说是家喻户晓。而到了近代,上安恬村马标宇的故事最为深入人心,得以口口相传。

马标宇是存义堂的创始人,他的父亲马汉基共生有四子,长子马标宁早早便分居在总厅厢屋,之后就与其他兄弟不相往来,长女马氏则出嫁到下陈宅。二子马标宇、三子马标师、四子马标富与父母仅有部分土地耕种用以养家糊口,到了标宇、标师、标富成年后,父母相继去世,家中生活日益艰苦。转眼间,马标宇已经年近三十,兄弟三人日日在家中轮流洗衣做饭,无人管问,长女马氏只好隔几天回家一次帮助料理家务。有一天,姐姐见家中萧条景况实在无奈,便催促兄弟三人出门打拼,标宇向姐姐讲述了心中酝酿已久的做腌火腿生意的想法,然而苦于没有资本,心有余而力不足。姐姐听罢,便决定帮助标宇。

这一年冬天,姐姐借到了足以买两件火腿的本钱(一件火腿约为120斤肉)给标宇。兄弟三人经过苦心经营,第二年便将腌好的火腿全部卖出，卖得的钱比本钱翻了一番。兄弟三人从此有了信心，向亲朋好友又凑了一些资金，增加了货量，将火腿直接运到杭州销售。其间在杭州结识了一位火腿商行的大老板，得到他的帮助后，三兄弟的生意越做越红火。

　　在杭州销售火腿的第二年，一次结完账回家的路上，马标师发现多出了一千银元货款，回到家中便向哥哥标宇讲明商行多算银元之事，标宇当即告诉标师："做生意要诚信，你吃完点心马上将多算的银元送回。"马标师急忙跑回码头坐船赶往杭州。而那杭州商行管账先生当夜盘账时发现算错了标宇一千银元的货款后，十分着急，第二天一早便派人赶到东阳收回。来人找到马标宇后，讲明错付银元之事，标宇安慰他不必着急，其弟标师已经将银元送回杭州商行。来人听完之后万分感激，留宿一夜后再三道谢告别。商行老板听闻此事，对马标宇兄弟十分钦佩，他告诉马标宇今后经商资金若有困难，随时都可以找他帮忙，他一定助马标宇渡过难关。从此，马标宇的火腿生意愈加红火了，东阳、义乌、永康、兰溪、金华等地的火腿商纷纷来马标宇家收购。马标宇售卖的火腿也打上了金华火腿商标，金华火腿名震杭城。

　　又过了一年，马标宇在杭州开设了十多家分店，有了自己的火腿行。有一日，马标宇同两个弟弟商量："我们兄弟三人现在事业有成，但缺房屋，希望可以造一幢气派一些的房屋。"阐明想法后三兄弟便分了工：马标宇负责造楼的烦琐之事，弟弟二人负责管理火腿生意。

　　在马标宇采购楼板厅方栅时，又发生了一件有趣的事。

　　标宇听闻永康长川村山上有一棵巨松，需要三人才能环抱一圈，十分惊喜，便找到了山主讲明要买下这棵松树，山主讲道："这么粗一棵树，我看你也无法砍倒，即便你砍倒了，也运不回安恬去，你要是能砍倒还想出运送的法子，我便将这树白送给你。"马标宇听完之后当即拍手叫好："你可要说话算话，立据为证。"山主答道："我早知马老板是个诚信之人，我也绝不会欺骗马老板，你定日来砍就是了。"过了几天，马标宇便领了十余人，肩挑火腿、黄酒、大米来到山主家中并住了下来，历经近半月的砍伐终于将松树砍倒，又经过半月将树锯断加工成料，每段木料重千余斤。工友将木料撬滚至山下溪边后，实在无法搬运，找来标宇想法子。这时刚好是五月天，标宇等人行至山脚便刮起了大风，天空乌云密布，眼看倾盆大雨即将到来。标宇一拍脑袋，心想大雨后溪水必将高涨，便可以利用水流将木料淌回上安恬村。第二天一早，马标宇赶到溪边一看，果然木料已可以浮于溪水之上顺流而走，标宇喜出望外，大笑："天助我也。"

在房屋完成近六成时，马标师因重病去世。房屋落成后，马标宇说："我们兄弟三人团结创业，处处以存义为重，我决定在厅中立一块匾额，取名'存义堂'。"

后来，兄弟二人的火腿生意逐渐转淡，便改行做起了百货生意。子嗣逐渐长大成人成家，兄弟二人也慢慢老去。在马标宇75岁那年，店中因意外事故遭受了无法估量的损失，马标宇因年老体弱受不了如此重大打击而卧床不起，多方求医不得而终。马标宇过世后，家业凋零，子嗣分家，曾一度振兴的家族至此也走向衰落。

为了保护文化遗产，1995年3月4日存义堂经东阳市政府审批被列为市文物保护建筑。直至2009年，经村里合议后，存义堂匾额被重新挂上，请来画师重新描画了太公画像，厅里进行了大翻修，存义堂才重现光彩。时至今日，存义堂已有100多年的历史，是东阳清晚期民居建筑的优秀代表，也是东阳古建筑延续传承和发展多样化的重要实例，还是东阳"精工善艺"人文精神的直接体现。

上安恬村正如其名，安谧恬静，村民生活幸福祥和，旧的故事在流传，新的故事也必将不停发生，存义的民风会一直传承下去。

（文：东阳农办）

义乌何宅村

以德报德森玉堂

　　何宅村隶属于金华义乌市廿三里街道，与东阳市毗邻。何宅、前宅、傅宅、前仓、上江益、下江益、宗塘、更下八个自然村犹如八颗珍珠一般，分布在村内。村中河塘清澈，柳树飘扬，风景优美。这里的村民民风淳朴，勤劳勇敢，从鸡毛换糖开始，有着悠久的经商传统。何宅建村至今已有八百多年历史，村内仍然留有大量保存完好的清朝古民宅、古祠堂，与村内新建的洋房相映成趣。在下江益，一棵古樟树郁郁葱葱，吸引着人们前往纳凉，似乎是要向人们诉说何宅的往事。

　　蜿蜒曲折的东阳江经过何宅村南，从东阳缓缓流入义乌境内。东阳江流入义乌后被称作义乌江，又因村民爱其之美被称作"爱溪"。爱溪润泽了一方水土，也养育了一方百姓。何宅村内何氏村民被称作爱溪何氏，是与王柏、金履祥、许谦并称"金华四先生"的何基的后裔，开基始祖为何基的孙子何宗瑜。南宋末年，何宗瑜随军抗击元兵，屡立战功，终因南宋败亡隐居何宅，不侍元主。何宗瑜以家国为重的气节高尚而又可贵，经过岁月的传承，教化着他的子孙。何氏后人多仁人志士，比如说曾经参加戚家军抗击倭寇的何志元，又比如说开国大校何振声。何振声同志上个世纪三十年代初参加革命工作，抗日战争期间在华东地区组织参与抗日救亡运动，为何宅人民爱国精神在新时期续写了新的篇章。

　　何宅的百姓不仅忠于国，同样重于义，在何宅村的古宅"森玉堂"内就流传着一个以德报德的故事。"森玉堂"是一座规模宏大、建造精美的古宅，为荣四十五如泽公所建。"森玉堂"坐北朝南，环境优美，面朝风景优美的甑山，背靠气势雄伟的北山，村前有蜿蜒西去的义乌江，门前有大约8亩的长塘。正如中国传统风水学上说的那样，"前有沼，后有靠"，"森玉堂"的建筑布局典型地体现了传统风水学的要求。"森玉堂"内有一副堂联：森罗南北甑山秀，玉环东西爱水清。意思是说：网罗南北的高山就数甑山最秀丽清亮了，像白玉一样环绕村庄东西面的是清清的爱溪水。堂联的描述也是对这种建筑布局美丽的说明。

"森玉堂"还有一道其他古建筑所没有的二门，原因在于按照传统风水学的说法，上门前的池塘如果离建筑太近，池塘就成为"血盘照镜"，是一大忌。所以要在池塘里养荷花或萍以遮盖，然而池塘三面都是村落，又害怕小孩落入水中，不容易被发现，因此在大门内又设一道共四扇的二门，平时只开东西两扇，中间两扇作为屏风用以遮挡池塘的煞气。

"森玉堂"面阔三间，左右厢房，冬瓜梁，为走马楼，楼上楼下可通行。前后共五进，第一进为门楼，第二进为大厅，第三进为堂屋，第四进为排屋，第五进为花厅。花厅面阔三间，是当时何宅最高的建筑，隔三四里路就能看到高高的屋顶，属于何宅的标志性建筑。花厅雕梁画栋，工艺甚是精美，据说耗费了五代花匠的精力才最终建成。十八扇花门上雕了历代名人有关"孝"的名言，用篆体篆刻，因此很少有人认得。天井东、南、西面均有游廊，雕工精美。墙上画有二十四孝图，东西有八角门，石门框上雕有缠枝莲，十分精致。

花厅为如泽公的曾孙禄二百五十九懋九公所建，懋九公有胆有识，属于文化人。因为夫妻同见五代同堂，被朝廷封为文林郎。他既务农又经商，倚仗祖上丰厚的家底，与东阳南马的两位好友合伙做瓷器生意。

时值太平天国起义，天下大乱，南马的两位好友胆小怕事，不敢再出门做生意。懋九公却认为这是难得的商机，决定再去江西跑一趟。三人合计将资金全部交给懋九公，由他一个人去，盈亏也全由他一个人承担。

懋九公顺义乌江而下至建德，过婺源，千辛万苦到达景德镇。懋九公找到瓷厂老板，老主顾相见，真是又惊又喜，不胜欷歔，随即安排懋九公先行住下，盛情款待。第二日，瓷厂老板与懋九公谈起，因为天下大乱，时势不稳，想盘掉瓷厂，关门歇业。他让懋九公运走所有的瓷器，所欠款项如能送过来就送过来，如果路途不太平，送不过来也就算了。懋九公历来非常讲信用，因此瓷厂老板也非常放心，况且瓷厂关门后瓷器留下来也没有什么用处。懋九公在瓷厂老板的协助下，历尽艰险，终于将大批瓷器运回义乌。

后来太平天国运动波及江西、浙江，天下大乱，瓷器价格飞涨，懋九公即便拥有这样大批的瓷器还是供不应求，因此发了大财。战乱历时多年，道路不通，余款无法及时送到江西景德镇，于是懋九公便造了这座花厅。在楼上立了一块牌匾，上书"报德"二字，并将此事详细记录在匾上，以示纪念。

在当时太平天国的首都南京危急之时，侍王李世贤在江西和金华的几十万部队被紧急召回，救援南京。部队在义乌过境七天七夜，给义乌造成的损失和破坏是巨大的，祠堂庙宇均被拆掉当柴烧，老百姓死伤惨重。

当时有一支部队就驻扎在"森玉堂"内，"森玉堂"南西厢的花门就被太平军拆下，拿到大门外去围马而被马蹄踢坏，直到近年修缮才得以恢复。由于太平军仇视富人，仇视传统文化，他们原想第二天烧掉这座建筑。事也凑巧，这支部队的头目恰恰是景德镇瓷厂老板的子侄，他看到了花厅楼上的牌匾，认为楼的主人与他家颇有渊源。这头目心想这楼的主人能够以德报德，修建花厅以示纪念，于是就放弃了烧掉这座建筑的想法。就这样，这座精美绝伦的古建筑才被保存下来。

从这个故事我们可以看到，为人既要有文化，还要有胆量，更要有诚信，这是一个人安身立命的根本。只有这样，才能立信于人，才能和气生财，才能使自己得到他人的尊敬和肯定。金钱无法长存，只有立德才能福佑子孙，"森玉堂"告诉我们的就是这样一个道理。

(文：义乌农办)

衢州柯城陈安村

陈安荷塘清香溢

陈安村地处浙西钱塘江上游，隶属于衢州市柯城区航埠镇。这里既是浙皖赣三省通衢的咽喉，也是柯城区、江山市、常山县三县市分界之地。村庄坐落于雨灵山麓，面朝衢江，与美丽的乌石山相邻。乌石山古树成荫，竹林叠翠，山上有通济大师所建的福慧禅寺，是庇佑陈安村民的福地。

陈安村由枧陈村与安里村两个自然村合并而成。安里村村民以毛姓为主，祖籍为江山石门。枧陈村曾名渔湖村，村民主要姓陈，祖籍常山东鲁。毛姓始迁祖陈坚公，字志道，号教所，系颍川派第四十八世，东鲁派第十二世。明朝万历十七年（1589），陈坚公离乡别祖，移居于乌鸡山下乌家蓬，后因寻家养母猪，见其母猪和一群仔猪在一塘边嬉逐打闹，甚感惊奇，再往塘中一看，这块地恰似一片莲叶，认定这是一块风水宝地。于是在池塘西边搭起平房一座，从此定居下来。更令人惊奇的是每当月光皎洁夜深人静时，池塘中映出金莲朵朵，月光下熠熠生辉，香气袭人，于是此塘被称作荷花塘。因为此处枧树高大，枝繁叶茂，又因本村陈姓村民偏多，故称村名为"枧陈村"。

荷花塘地处枧陈村中间，有四百多平方米，水深三米，紧靠着陈坚公所造的平房。自陈坚公迁居枧陈，至今五百余年的历史中，每逢元宵佳节，全村各房都会来到这座平房，祭祖烧香，分发香饼，并在月光下对荷花塘点香拜月。到了中秋佳节，全村年老长辈都会携带子孙来到荷花塘边拜月，期盼子子孙孙心怀仁义礼智信之德，学好礼乐射御书数之艺，像十五的月亮那样饱满闪光。

陈坚公所造的平房，后人将其称为龙凤花厅。在村民中间，还流传着一个当年建造龙凤花厅时的神奇故事。

造龙凤花厅时有班木匠在一起劳作，他们当中有徒弟，也有伙计。其中有一位烂脚师傅被人瞧不起，因为他的脚上生着烂疤，一天不洗脚就臭气冲天。所以大家见到他就非常厌恶，但是有一位叫福益的徒弟对他却很友善，每天都要帮烂脚师傅洗脚，烂脚师傅当然很感激他。

上梁那天，烂脚师傅对福益说："福益，我告诉你，今天这根梁，别的木匠是上不上的，到他们没办法时，你就去上。梁抬到上面，会短三尺，这个时候你就说，天助一尺，地助一尺，鲁班师傅助一尺。再'嗨'一声用斧头打将下去，保证你能成功。"

福益听了好生奇怪，也没有多加理会。没有料到，到上梁的时候，其他木匠果真没有办法，梁吊上去就是少了三尺。吊上去又吊下来，左量右量，就是解决不了。这梁在地上量，一尺都不会少，可是一到了上面就是短三尺。

这时，福益才想起刚才烂脚师傅所说的话。见大家都已经没有办法了，于是就上前说道："不如让我来试试看。"

大家也没有其他好的办法，就让福益去试试。只见福益爬上柱顶，叫其他人把梁吊上来。梁吊到柱顶时，还是短了三尺。这时，福益大声说道："天助一尺，地助一尺，鲁班师傅助一尺！"福益一喊完，那根梁竟然马上恢复了原来的尺寸。福益立刻抡起斧头，"嗨！"地一声打下去，榫头就对上了。所有人都连声说好，却也奇怪为什么一个年轻徒弟竟然有这本事。

原来，这烂脚师傅就是鲁班，他见福益谦逊礼貌，不像其他人粗鄙无礼，就决定暗中帮助他。烂脚师傅说："一方水土养一方人，这荷花塘能化龙，但还必须讲嘉德善行，才会产生人中之龙，倘若自恃有才却缺德作恶，就会短尺寸，成不了正梁的"。所以，如今木匠师傅用的"五尺竿"都要写上"鲁班先师"几个字，表示对祖师爷的尊重，这样才可以防止尺寸上有差错。

传说固然有神奇的地方，但枧陈村的确从此形成了尊师重教的传统，文风鼎盛。因此，枧陈村自古人才辈出，村中第二代后人就出了个庆元县"知县"，清代时文武秀才更多达十余人。在清朝，村中楼房鳞次栉比，簇拥而立，弄堂的地面也都砌有鹅卵石，各楼之间均有密封天桥相连。至于"山场田地"更是不计其数，由于陪嫁田抵达数省，所以就有了"马距三日不到边"的说法。陈安村因此日渐繁荣富庶，闻名遐迩。解放后，村里同样是人才济济，名流辈出。

在村庄整治过程中，荷花塘塘坎已经被重砌加固，改为八角菱型的荷花塘如同置于八角花檀之中，在美丽绽放。村民在荷花塘边砌起水井一口，专门用于保持荷花塘水的清洁。如今塘清水秀，池塘底面的鹅卵石清晰可见。每逢傍晚时分，周边村民都喜欢来到塘边嬉戏。先祖的美德就如同荷花塘水一般清澈明亮，村民们未曾忘记，谨遵先祖教诲，尊师重教的美德在荷花塘畔代代相传。

（文：柯城农办）

衢州柯城彭村村

报恩建祠仁义扬

彭村村位于衢州城西，坐落于衢江之畔，隶属于柯城区航埠集镇，由彭村、尖坑、毛家三个自然村组成。彭村古时又称祝家埠、彭川、橙川，南宋初年，祝氏家族迁居于此，因为近常山港，村民又姓祝，便取名为祝家埠；彭氏迁入之后，改称为彭川；又因为村内盛产橙子，遂称橙川。在历史的演进和时代的变迁之中，村落承载着先人数百年的生息历史，村内的建筑、道路、水系、农田见证着世世代代的生活轨迹。

目前，村内主要居住着严、王、朱、祝四大姓氏村民。村内现存的宗族建筑有三处，分别为严、王、朱三姓的祠堂。其中，关于严氏祠堂，在村民中间还有一个口耳相传的故事。

从前彭村所在的这片土地上还只是一片茂盛的森林，400多年前的明末清初，从江山大溪滩迁徙来十几户人家，在此定居繁衍，过起种田樵牧自产自足的安逸生活。这些人大都姓严，他们正是严氏的祖辈。当时，严氏族人之中有一位德高望重的长老，大家都尊称他为旺公族长。据记载，彭村村严氏始祖为严子陵先生，旺公颇有先人之风，素以慈悲为怀，乐善好施，常以济贫扶困为表率，深得族人敬重。

有一天下午，旺公侄子前来报告说，他在去打柴的路上，发现路边的草丛里有一个病人，背靠着树不停地呻吟，无法开口说话，看起来病得不轻。旺公一听，立刻带着几个人赶了过去。找到病人之后，看他模样像是位商人，可问他话却什么都回答不了，应该是一个病重之人。旺公二话不说，就和侄子等人把他抬回了自己家中，同时派人到县城请来郎中为他治病。在旺公和他家人的精心照料之下，病人的病情得到控制。一个多月后，已经康复的"商人"就要告辞回家了。

这天早晨，商人早早坐在大门口等着旺公起床。旺公来到厅堂，看到客人，高兴地问道："昨晚睡得可好？"

"好，好！"说着，商人站了起来，然后突然下跪，动情地说："恩公在上，请受我一拜！今天我就要走了……"

旺公双手合抱，躬身施礼，并赶紧双手把他扶起来说："不要客气，不要客气！患难相救是应该的。"

一会儿，两人就在厅堂坐下。旺公还是十分关心商人的病情，接着说道："病刚刚好，是否再休养一段时间再走？"商人笑着说："我在贵府已经打扰一个多月了，大恩不言谢，必定铭记在心。现在身体已经恢复健康，不便再打扰，在下就此告辞。"旺公再三挽留，见他去意已决，便不再勉强，只好同意。

临别之际，大家互道保重，依依不舍。全家人随着旺公一路送商人到村前，旺公还拿出一些银两送给他做盘缠。这时客人笑道："恩公救了我，在你家又养病一个多月，可是都不曾问起过我的来历。"旺公说："是的，我救的是落难之人，是一条性命。不管是谁，有了危难我都会相救的。"商人又笑眯眯地说道："佩服，佩服！现在我就将我的身世来历告诉你。"

原来旺公所救之人名叫朱浚，乃是南宋诗人、大思想家朱熹的后裔。于是旺公抱拳施礼，说道："原来是贵人大驾光临寒舍，三生有幸啊。"说着旺公就要下跪行大礼参拜。朱浚急忙起身扶起旺公，笑呵呵地说："不可，千万不可。救命之恩，永世不忘！"可是旺公似乎还有些惭愧，说道："这些日子照顾不周，还请见谅包涵！"

旺公又与朱浚推心置腹地交谈了很长时间。最后临别时，朱浚给旺公留下了他在黄山下的住址，并对旺公说，今后任何时候，只要你有困难，严家有难事，都可以到黄山来找他。朱浚说："你们只要带上三斤三两、三尺三寸长的苎麻作为联络信物，我就知道是对我有救命之恩的彭村严家来人了，我一定会全力相助。"旺公高兴地说道："好！好！后会有期，祝一路顺风！"随后，两人相互作揖惜别。

时间如白驹过隙，很快二十多年过去了。随着旺公的年龄越来越大，身体也越来越差，终于有一天病倒在床榻上。可是积压在旺公心底的一桩大事到如今还是没有实现，那就是建造一座严家祠堂。

临终前，旺公把儿孙召集到床前，忧伤地说道："我这一生慈悲为怀，勤俭持家，生活安稳。但是想为严家族人建一座祠堂的愿望始终没有完成，死不瞑目啊！"他接着交代道："看来只好去找当年我救过的那个人相助了。他是朱熹后人朱浚。"旺公将去黄山找朱浚的联络方式告诉了儿孙，又说："如果哪一天严家祠堂建成，你们一定要到我的坟前来烧纸禀告于我，也让我了却这桩心愿。"

旺公去世之后，他的儿孙带上信物，几经周折，终于在黄山下找到了朱浚。朱浚听闻旺公逝世，失声痛哭，带上祭品与银两跟随旺公儿孙来到彭村。他在旺公坟前敬香秉烛，行三叩九拜之礼，隆重吊唁，并将随身所带银两悉数交予旺公后人，用作修建严氏宗祠，以了却旺公的遗愿。在朱浚的资助之下，严氏祠堂终于得以建成。

严氏祠堂建造得气势恢宏，祠堂门前照壁矗立，门楼高大。大门两侧有一对用青石精雕细刻的石鼓，非常威严。石柱托着硕厚的额坊和曲梁，大门内硕大的木柱支撑着大大小小的梁枋。祠堂共分上、中、下三进大厅，大厅为享堂，中厅为祀堂，下厅是吹鼓奏乐之地，也可搭台演戏。

严氏祠堂建成之后，成为村中严氏族人的精神地标，它能建立离不开旺公积德行善，祠堂更是成为传承旺公美德的象征。四百多年的历史长河中，严氏祠堂遭遇过多次厄运，能保留如今并不完整的格局已属不易，严氏族人凭借着对先人的敬仰，守护着他们共同的精神财富。

（文：柯城农办）

衢州柯城治岭村

治岭仙洞述传奇

治岭村位于衢州市柯城区七里乡的东北角,由徐家、朱家、上金家坞、下金家坞四个自然村组成,是一个偏僻的山村。这里属于怀玉山千里岗山系,村子就藏在海拔六百多米的深山之中。虽说山高谷深,路途艰险,进村之后却是豁然开朗,村内幽静安逸,景色优美,如同世外桃源一般。据说,村里的祖祖辈辈期望着能治理好这深山中的座座山岭,便将村名称作治岭。

村子四周的山属于喀斯特地貌,石壁削立,嶙峋险绝。山上布满了如同山羊的石头,形状各异,惟妙惟肖。据传说,曾经有个放羊娃赤松子在此放羊,遇见一个仙人,便随他一起修道去了,后来留在治岭的羊群就成了这些"石山羊"。这里还形成了大片的溶洞群,共有108个,洞内奇石林立,深不可测。关于这些山洞,村民中间还流传有不少神奇的传说故事。

村外水口边有一个神奇的山洞叫木莲洞。传说很久以前,水口附近有一棵千年木莲修炼成精,名叫木莲娘娘,成精后就以木莲洞为住所。木莲洞旁边以前曾是一个水流的关口,流经的水供给全村生活和灌溉。木莲娘娘虽然是精怪,却是十分善良,她不但不会害人,反而会保护这一村人赖以活命的水源,让村民过上安宁的生活。只是木莲娘娘长相丑陋,谁见了都会害怕。木莲娘娘也知道人家怕她,所以平时都躲在洞里不大出来。

有一年天大旱,山场田地全被晒干。由于粮食歉收,治岭村人生活很是困苦。木莲娘娘见到水源短缺,也是十分心焦,于是一天夜里在洞外设坛请求龙王爷降水。

话说这一天,正好村里的族长老倌到海阴收租。他在海阴凉亭背有一片山地,由于路途遥远,自己不便管理,便把这片山地租给海阴山下的一户人家经营,每年去收五斤猪肉的山租。这天,他在那边吃过晚饭喝过酒之后,连夜拎着五斤猪肉往回走。当他走到村口时,木莲娘娘老远就看到族长老倌手里的肉,想用猪肉来祭献龙王爷。木莲娘娘忘了自己的长相,上路拦住族长,并要族长分两斤猪肉给她。

族长老倌见是一个披头散发的丑女子拦路讨肉,十分疑惑,就说:"我不认识你,你不认识我,非亲非故的,为何要我的猪肉?"木莲娘娘说:"怎么不认识?我是你的邻居,就住在这洞里,天天为你们把持水口,保护你们一村人四季平安。你是族长,今天是从海阴收租回来,还带来五斤猪肉。今年天大旱,我要你两斤猪肉,祭献龙王爷,为村里祈雨。"

族长老倌听到这里,十分惊恐,以为自己碰到鬼了,不由全身毛发竖了起来。为了使自己不被鬼迷去,他赶紧把猪肉往地上一丢,壮着胆说:"你统统拿去吧!"说完,便急步回到家里,躲到床上不敢出声。

拿来族长老倌扔下的猪肉,木莲娘娘便设坛作法,诚心祈求龙王爷能够保佑村民,降雨消灾。木莲娘娘的祈祷感动了龙王爷,村里终于下起了雨,缓解了灾情,村民也可以得救。

不过另一边,族长老倌回家后第二天,族长老婆起来烧早饭,看见砧板上有一块肉,问老公是怎么回事。族长老倌听了马上联想到前天夜里的事,赶紧起床把肉一称,刚刚三斤,正好少了二斤。族长老倌不放心这样一个鬼怪待在自己的村边,要把她赶走。于是,他请来一班道士来打清醮。道士作法降妖,一个道士拿了把刀在木莲洞洞口用力砍了下去,结果一把头发抓在手里——木莲娘娘只好走了。

木莲娘娘走了以后,仍然关心着治岭村人。在她的庇佑之下,治岭村慢慢安宁,逐渐兴旺起来。

治岭村四周环山,中间平坦,像一条船形的大盆地,大盆地有两公里长,船型盆地的最中间有一个大洞。这个洞有入口,却无明显出口,流入洞中的水也不知去处。有人说水流入衢江浮石潭,也有人说水流到杭州西湖,总而言之,此洞有多深多大无人知晓。在很久以前,这个大盆地中间是没有这个洞的,一旦遇到大雨,四面山上的雨水便倾泻而下,村庄和农田就会被淹。相传,村中有一个秀才在外做官,最后官至宰相。虽然在外为官,但他总是挂念着自己的老家,一遇到下大雨,宰相总会坐立不安,担心自己的家乡会受灾。

有一年连下三天暴雨,第四天上朝时,宰相由于几天没睡好觉,晕倒在宫殿上,清醒后仍泪流满面。皇上便问他:"爱卿为何落泪?"宰相呈上地图一张，对着皇上说："我老家是一处船形盆地，四周环山，中间平坦，无处出水，一下大雨就水漫村庄，这三天三夜的暴雨，可能我老家的亲人和父老乡亲全部被洪水吞没，生死难料了。"

皇帝听罢，对着地图上下左右观看，随后用朱砂笔在地图上村子的中间点了一下，说："水往盆底走"。这边朱笔刚点完，治岭村中间突然塌下去一大块泥土，形成一个大洞，村里的积水都顺着这个洞排走了，老百姓转危为安。皇帝得知后十分高兴，但是宰相反而更加担忧了，因为这么大这么深的洞凶险万分，万一出什么意外也是难料。皇帝得知宰相的担忧后，便命礼部天官在年三十夜封神时带封洞吉言，从此不管下多大的雨、发多大的洪水，都往这个洞流走，不会闹水灾，而且深洞还使村民逢凶化吉，百姓从此安居乐业。全村百姓为感谢天官封洞保村民安全，就把洞称为天官洞，以示感谢天官。

第三个洞是坐落于治岭村东南面的孟家洞，洞的面积一亩左右，洞里奇石壮观。这里是治岭村村民居住的最上端，离治岭村中心尚有一公里路程，比治岭村中心的位置还要高一百多米。据传在很早以前，这里被称为治岭大坪，因为孟姓家族居住，所以又叫孟家大坪。孟家大坪地形开阔，环境十分优美。孟家大坪三面环山，是个椅子形的大坪坦，土地平整肥沃，还有两处常年不断流的高山泉水。

相传孟家大坪开始时住有九户人家，全都姓孟，都是亲兄堂弟一个家族的人。他们都十分勤劳，生活也过得去。其中孟老大最为富裕，他有三个儿子，老大老二学武，老三在外求学。孟老大也算得上这深山小村之中的首富，为了得到整个孟家大坪和西坞几百亩的土地，孟老大以强欺弱，三年时间赶走了八户亲兄堂弟，霸占了整个孟家大坪。

相传，孟老大的儿子在邻村金家订了亲，结婚那天孟家父子为了显示孟家富有，叫长工把仓库里的稻谷搬出来，一路铺到金家来迎接新娘。新娘坐在轿子里，听到沙沙的声音，伸头一看，路上满地都是金黄色的稻谷。新娘深感可惜，心想怎么可以如此糟蹋"五谷神"，便叫轿夫靠边慢行，粮食可贵，不可浪费。结婚第二天，送礼同喝酒的客人全部走光后，新娘子起床梳头。一不小心，梳子跌落在地，马上被守在房门口的黄狗含走。新娘连忙起身直追，追着黄狗到了门外几十米，忽然听到身后一声巨响。她回头一看，只见地面塌陷，形成了一个大洞，整栋房子已落洞底，只留下一个门半面墙。同时洞中不断涌出水来，转眼工夫就将洞内的废墟淹没了。新娘无奈只好带着这条黄狗回到娘家。听闻消息之后，孟老大在外求学的三儿子连忙赶回家中，一看家里只留下一个门半面墙，站在门槛上唉声叹气。突然一股恶风刮起，把一个门半面墙全部推入洞中，孟老大的三儿子也跟着跌入洞中。后人又将孟家洞称为满家洞，说是孟老大一家为人霸道，不懂得珍惜粮食，天地不容，所以"五谷神"要惩罚他。而新娘懂得珍惜粮食，所以"五谷神"特地将她引出，救了她一命。这是教育世人做人要以善为本，不能太霸道。

（文：柯城农办）

衢州柯城七里三村

行善得报山水间

　　七里三村位于衢州市区西北部,坐落于杨花峰的东南麓,隶属于柯城区七里乡,由杨坞村、七里村和七里排村三个自然村组成。这里鸟语花香,竹影摇曳,七里香溪沿村伴山而过,周边有杨花瀑布、高居坞瀑布、玉泉瀑布等多处悬瀑,是一个山清水秀的好地方。

　　七里三村不仅自然风光优美,而且民风淳朴,是一个人杰地灵的山村。山里人自古以来都以善良敦厚著称,七里三村的三个自然村都有着源远流长的文化传统,每个村中各流传着一个行善得善报的故事。

　　杨坞村是三个自然村当中最北面的自然村,海拔1206.5米的七里乡第二高峰杨花峰和落差70余米的杨花瀑布都在该村。杨花峰地域广阔,林木葱郁,盛产黄杨木、黄连、茴香、桂皮等。据测量,杨花瀑布的负离子高达80000个$/cm^2$,远高于有利于人体保健的水平。可以说杨坞村就是一个天然氧吧,是人们休闲疗养的好去处。

　　据民间传说,杨花峰正是中国长寿偶像彭祖的故里。也许,这得天独厚的生态环境就是彭祖长寿的原因。然而,在村民中间还流传着一个关于彭祖长寿原因的神奇故事。

　　相传古时天帝到人间察访,见杨花峰植被繁茂,空气清新,就来到杨花峰尖上,张目眺望,一览群山小,百里田畴、村落、河泊历历在目,人间天地如此奇秀。忽见一点小屋坐落在山坳之中,天帝就化身成一个贫苦的百姓,前去问询。这座小屋正是彭祖的住房。彭祖见一个衣着破烂的人走进房中,并未嫌弃,而是对来客热情敬茶,留客人在家用餐,还亲自烹调野菜山珍给客人品尝。天帝吃了之后十分满意,对彭祖没有嫌贫爱富,而是彬彬有礼十分肯定。于是,天帝就以彭祖的善良和护林有功赐给彭祖长寿,彭祖因此成为中国历史上寿命最长的人。据说,活到七百六十七岁那年,阎王觉得此事不可思议,便派人去探查彭祖长寿之道。彭祖不肯泄露天机,只说他丧失了四十九个妻子和五十四个儿子,经历了兵荒马乱,吃尽了人间愁苦，已经元气大伤，血脉也将干枯，恐怕将不久于人世，阎王也就不再理会了。后来彭祖活到了八百岁，成为中国人长寿的象征。

自北而南贯穿七里乡的七里香溪，流经七里自然村时要穿过一座圆拱石桥。这座桥叫三仙桥，伴随着这座古石桥的是一个不同寻常的故事。

话说很久以前，七里村"三仙桥"所在的地段原本并没有桥，来往的人们都得绕道而行，很不方便。

有一年，村里决定建造一座桥，方便过往行人。于是，就请来石匠师傅和很多民工，开始建桥。那时正值夏天，火辣辣的太阳烤得大地发烫，师傅们在烈日底下苦干了七七四十九天。眼看着石桥马上要竣工了，想不到将最后一块大石头架上去时，桥身就呼啦啦地倒了一半。没有办法，师傅们只好重新搭建。可奇怪的是，一连试了好几回，等到架最后一块石头时，桥身都要倒塌。师傅们从没见过这种事，毫无办法。

一天，村里来了三个"叫花子"。只见他们衣衫褴褛，口干舌燥，饥饿难忍。原来，他们一路沿途乞讨，既没讨到一滴水喝，也没讨到半点食物充饥。三个"叫花子"见造桥的师傅一个个汗流浃背，满身是泥，可是桥却建不起来，心里非常同情。这时，饥渴难耐的三个"叫花子"向师傅们讨点水喝，没想到已经疲惫不堪的师傅们竟然十分慷慨，不但让他们自己倒水喝，而且还让他们自己盛饭吃，三个"叫花子"感慨万分。饱餐之后，天也黑了，三个"叫花子"对着大家随口说道："今晚我们三人想在桥洞下借住一宿，你们明天早上再来想办法吧！"

第二天清晨，当师傅们来到桥头一看，顿时傻了眼，只见一座完整的石拱桥架在小溪两岸。愣了一会儿，他们才想起昨天的三个"叫花子"。原来，这三个"叫花子"可不是普通人，他们是天上的三位神仙，下凡来体察民情，为民办事的。见七里村民慷慨友善，就帮他们把这座桥建了起来。

当地的村民为了纪念三位神仙，就把这座桥取名为"三仙桥"。现在如果你到了"三仙桥"细细察看，还能在桥身石壁上看到几个像脚印一样的凹陷，据说这是三位神仙留下来的脚印。

七里排村是七里香溪流经七里乡的最后一个村，溪流养育了这里的村民，但也阻隔了村民出行的道路。据传很早以前，村里一直没有桥，村民也曾多次尝试造桥，但是每当山洪来临，新建的桥就被冲走。村民对此十分无奈，却没有任何办法。

直到后来，村里有一农户在下地干农活时，经常看到有只小螃蟹到他地里觅食。为此，他每次下地总要将自己的食物分一些给小螃蟹吃。几年之后，这只小螃蟹变成了大螃蟹，并且很通人性。要喂它时，它就自动出现在人面前。有一天，农户在喂蟹时突然发现大蟹所在地段，水流很缓。于是，农户跟村民商议，就在这里建了一座木板桥。没有想到，自从木桥在这里建起以后，不论多大的洪水，桥都是安然无损。也有人多次看到，发洪水时，大蟹不是在桥上就是在桥头，好像在巡逻，保护着木桥。有一次发大水时，蛇精水妖作怪，洪流滚滚，全乡的桥都被冲毁。洪流到了七里排村的木桥，只听见炸雷一声，传来一句："蟹将军在此，谁敢作乱！"蛇精水怪一听，就赶紧逃跑了。洪流到了木桥这里，竟然缓慢流出，保证了木桥的安全。

　　七里排村的木桥是全乡最大的一座桥，所以人们就叫它大桥。后来又因大蟹成仙的传说，人们就叫此桥"蟹大桥"。直到上世纪七十年代，大木桥在造公路的时候被损坏，才由政府出钱改建成现在的水泥石板桥。

（文：柯城农办）

龙游项家村

诚信美德照项家

龙游县横山镇项家村地处平原，居衢江以北，由项家、芦塘底、翁家山、小殿下四个自然村组成，是一个有着悠久历史的古村落。村内古已有之的芦塘（古称泗塘）面积六十余亩，是北乡最大的池塘，也是立村的"风水塘"，有"聚财塘"之誉。如今为村民聚财的是遍布村四周的金丝草，每当金秋时节，漫山遍野的金丝草随风摇曳，如同金色的海洋。

项家村村民主要姓项，人数约占全村一半，其余有李、吴、张、邓等姓氏。据《泗塘项氏家谱》记载，项氏起源于周，远祖是黄帝，其中一系迁至浙江淳安。至四十四世孙康山公，生一鹏和一训两个儿子。一训仪表堂堂，聪明好学，科举中进士，官至湖北荆门知州。他为官清正廉洁，从不接受贿赂，名望很高。一训任职期满，与父兄回淳安，途经龙游北乡泗塘（今项家芦塘）遇上暴雨，道路被毁，父子三人借宿于当地村民家中。第二天，天晴雨霁，一训公同父兄一同外出散步，见泗塘"山清水秀，田宽畈平，正风水所钟之大地也"，便起了迁居此地的打算。他向村民询问，村民告诉他："此地山川毓秀钟灵，且有田可耕，有山可樵，有池可渔，有园可蔬，正可以居君子也。"一训公于是在宋淳祐元年（1241）"命工伐木，构造厅堂，前后竖两厅，檐牙高耸于云霄"，在泗塘定居立足，"由是创置田地，山塘，圃园，以足一家之食"。因此，一训公成为项氏开基项家村的始祖。

项氏宗祠如今依然巍峨屹立于村西山冈之上，后有晒场一块，前有小学旧舍。尽管周边环境零乱，宗祠还是宗祠，老年人对其敬重有加，有专人掌管钥匙。祠堂雕梁画栋，气势壮观，里面供奉着开村始祖的画像，香火始终相伴。宗祠不畏灾害所迫，不惧历史变迁，历经数代修复，为项氏后人争得许多脸面。

项家村地临官商古道，自古以来代有商人，商号众多，诚信美德源远流长，荡漾古村，滋润心田。在这里，项氏家族走过七百多年的风风雨雨，开基创业，繁衍生息，终成名门望族。而这一段历史，与龙游商帮从萌发兴盛最后趋向衰败的时间是相吻合的。弘治《衢州府志》卷一记："龙游，瀫水以南，务耕稼；以北，尚行商。"在地理区域上与龙游商帮也是一致的。通过大量的田野调查，以及家谱史书的梳理寻觅，我们可以钩沉发微，探究项氏家族与龙游商帮的点点滴滴。

村中有子容公祠，三进二天井，为明清时期所建，保存较为完整，村人一向对其十分敬重。子容公到底是什么人？后人又为什么为其建祠纪念？据家谱记载，项子容为项家开基项家村后的第三世，是一训公之孙，自号东野主人。子容公天性聪慧，博览群书，尤其精通阴阳、地理以及医术。他平生清心寡欲，从不羡慕朱紫荣华，而是好寄情于山水之间，优游泉石之乡，乐耽山水之趣。虽然官府常常举荐子容公，予以表彰，但他从来都是加以拒绝，宁可效仿古人清隐于世。不过子容公"迁祖宅之东号曰墙里，杰构高大之居。广创膏腴之业以遗后人。今子孙繁衍，税产增加，咸由公存仁积德以得之也"。厚厚的家谱告诉我们一个存仁积德的子容公，但是他如何广创膏腴之业，家谱未作交代。他或许就是龙游商帮的先驱，经商是他发家致富的门路。古人视经商为末技，是不载入正史的。正因为如此，龙游商帮存世资料甚少，家谱没有说明子容公的财富是如何积累的也是可以理解的。古人云，小富在智，大富在德。以诚待人，以信经商，诚信理应是商人的基本道德。子容公只有做到了这一点，才可以在家谱里留下存仁积德的美名，才有后人为他建祠立碑加以纪念。道德丰碑的重要意义在于，不仅仅是为了光宗耀祖，而是要用祖宗的美德教诲后人，约束后人的行为，保持家族兴旺昌盛。

事实上，子容公的美德的确影响到了他的家人与后人。据家谱记载，子容公的弟弟项子忠也是一个仁德之人。子忠公平时少言寡语，不喜欢与他人嬉戏，但为人勤俭，忠正耿直，靠自己的勤劳耕作也是家业富足。元朝末年，龙游遭遇大荒，子忠公慷慨解囊，捐赠大量粮食接济灾民。待天下太平之后，他又挺身而出，运粮进京。官府知道他的仁义之举后，准备赐以冠带以作表彰。但是子忠公与他的哥哥一样，高风亮节，没有接受，而是选择归隐山林，安享天年。

读到这些道德文章，让人肃然起敬。道德立身，道德立命，已经渗透到项氏家族的血脉之中，代代相传，后继有人。

项氏家族与龙游商帮一样，在经商中言而有信，信守契约，重视信誉，重视商品质量。龙游北乡旧时盛产乌桕，乌桕加工后可以做成白蜡，是制作蜡烛的主要原料。明朝末年，有项氏三兄弟做白蜡生意，做到江淮一带，贸易量很大。有一次，货船装着一百担白蜡运往扬州，停靠苏州码头时，有当地商号以高于扬州百分之十的价格要他们的货。项氏兄弟回答，我们与扬州商号签有契约，不可言而无信，自败信誉，断然拒绝了这笔生意。货船沿京杭运河继续北上，数天后到达扬州。白蜡卸船堆置于仓库之中，当夜突发大火，白蜡受热融化全部流入阴沟。当时还有另外三个老板也有白蜡置于同一仓库，流入阴沟的白蜡到底属于谁家，就成了难题。其他三个老板为了争得这批白蜡，便向官府起诉。最后还是扬州商号出面摆平了这件事情，认为这批白蜡应当属于龙游项氏兄弟，理由有二：一是这批白蜡质量优等，产地应出自龙游；二是龙游项氏的白蜡最迟到达，就堆在仓库门口，火是从门口烧起的，龙游白蜡损失最重。而其他客户的白蜡堆在仓库里间，基本没有损失。由此可见，龙游项氏兄弟在商界口碑甚好。

在《泗塘项氏家谱》里，还记载着许许多多类似的诚信的人和诚信的故事。比如项文鼎，自号翠林主人，生平简重，诚信正直，在当时颇具影响，经常得到周遭有识之士的赞赏。文鼎公经商一向言而有信，有次与常州客商做一笔烧纸生意，合同约定一个月内交货。然而货船在桐庐江面上突遇大风，船翻纸毁。他获悉之后，马上组织货源，再次装船发货，日夜兼程，终于赶上交货时间。对方知情之后很受感动，文鼎公虽然损失了不少银子，却和对方成了生意上的朋友。又比如民国初年，项小军的祖父开了一家商铺，主营陶器，平常从兰溪等地采购缸罐，转手买卖，属于小本生意。有一次他挑着数只酒坛路过横山溪，一阵大风刮来，把他吹进山溪之中，人伤坛碎。虽然被人救起，但因为伤及内脏，村医回天乏力。弥留之际，他仍然再三叮嘱子女，拖欠窑主酒坛货款已经过了期限，赶紧送去，决不可遗忘。说完此话，便合上双目，驾鹤西去。

（文：余林）

江山永兴坞村

讲义守信永兴坞

永兴坞村坐落在江山市贺村镇西南部,最早的时候叫林厅坞,取古木高大、林形似厅之意;又名荷花形、莲心坞,因村形象一张带柄的莲藕叶,后谐音为永兴坞,寓意永远兴旺发达。村中溪流纵横交错,村内道路四通八达,村口的殿山、龙山、三春山错落有致。这里道旁栽有花草树木,常年绿树环抱,四季鲜花盛开。人们徜徉在白墙黛瓦的自然山水之间,静静地体味悠悠古村落的意境。清洁的连心塘和连心桥,寓意1996年1月与上木山村合并后,两村村民心心相连,和谐相处,共创辉煌。塘边竖着高大的石景观,上书"永兴永固"。此石既有外观美更有内在美,既是一块又是两块,酷似小伙子和大姑娘在拥抱、在接吻,既寓意男女爱情,又寓意村民团结。

据永兴《缪氏族谱记》载,元朝仁宗皇帝皇庆壬子年(1312)三月十八日,衢州城内一徐姓官宦人家出生了一个男孩,取名为惇和。惇和天资聪颖,灵敏活泼,孩提之时就被邻居们视作可造之材。家中因此希望惇和能发愤图强,认真念书,童试、乡试、会试、殿试都能参加,秀才、孝廉、贡士一级级地考上去,最后进士及第,光宗耀祖。但生性刚强的惇和从小就流露出伸张正义之赋性,爱打抱不平。他不好圣贤之书,却酷爱武功,常常偷偷跑到城中武馆学艺。武馆见他年龄实在太小,加上父母不同意,不给他学费,所以就不接收他。惇和便站在门外,从门缝里偷看偷听,暗暗把师傅教的动作和名称一一牢记在心。回到家中再用念书的本子把这些名称记录下来,不会写的字就用白字代替,然后根据这些记录边回忆边练习,把别人打陀螺、捉迷藏的时间都用于练习武功。惇和就这样一日三、三日九地独自苦练,竟被他学得比那些正式的武馆学员还高出一筹。有人说惇和是个怪人,怪就怪在他文思敏捷,却不去学文,不愿以文入仕;而武功学成之后,也没有凭借武艺考取功名。他善骑射,爱游猎,不过是凭着自己的兴趣专心去做。他狩猎的范围非常广,不但在衢城周边

第四章 见利思义

郊区捕杀野兽飞禽，有时还会游猎到其他各县区域，不怕劳累。

有一天，他追赶野兽，竟然追到了江山永兴坞这边。野兽钻进密林之中，一时无从寻找。这时天色已晚，他只好下山到村中借宿。经过一小田畈时，只见有一老一少两位妇人在田塍上剪马兰头。走到近处，发现这年少的妇人貌若天仙，使人怦然心动。于是惇和走上前去，问何处可以借宿。两位妇人抬头一看，只见一位陌生男子立在眼前，年轻英俊。老妇人立马答应自己家中可以借宿，年轻妇人却瞬间脸颊绯红。惇和便随着两人，来到她们的家中，原来她们是母女，家中姓缪。惇和放下猎具，帮缪女父亲担水劈柴。缪女则帮着母亲烧火做饭，补衣纳鞋。通过一晚上的接触，惇和知道这缪女不但容貌国色天香，而且心灵手巧。缪女亦发现惇和不但相貌帅气，而且勤劳善良，谈吐不凡。

翌日，惇和谢过缪氏夫妇准备出去继续狩猎，但见缪家女儿靠立门边呆若木鸡，并时不时地瞟眼于他，眼含泪水似有不舍。此景此意冲撞着血气青年的心房，惇和的腿脚重若千斤，有些迈不开步。突然他脑子当中闪出一个念头：莫非这缪女有意于我？

惇和在村中打听到一位媒婆，于是许以重礼央求上门保媒。媒婆见小伙子人长得魁梧英俊，并且态度诚恳，礼重意切，当即满口应承下来。她安顿惇和留下，让其听候佳音，自己立马来到缪家，一番巧舌生花后，触动了缪氏夫妇本不经意的心思。事实上，凡事都有前因后果，有了一晚借宿的接触言谈，二老对这小伙子已经有了一种莫名的喜爱。更何况缪女对惇和一见钟情，只是碍于少女的羞涩，没有开口讲明而已。当她偷听到媒婆与父母的谈话，激动得心花怒放，再也掩饰不住心迹了，显现出极其愉悦的心情，烧水端茶表现得特别殷勤。缪父缪母看在眼里，喜在心中，于是没怎么推辞就答应了这门亲事。

惇和听了媒婆的回话，本来悬着的一颗心落了下来。第二天，他邀媒婆一起再次造访缪家。缪父再次见到惇和既亲切又陌生，昨天还是个借宿客，现在变成了准女婿。两人身份的变换一下难以适应，但缪父毕竟年长脸皮厚些，过了一会儿就对惇和说道："小伙子，你是衢州城里人，会看上我农家女儿，老汉我实在没想到啊！"

"但是，古人说姻缘天定各有运数，这或许是上天的安排，让你投宿我家是机缘巧合。但有两点我必须事先说明：其一，我家只有一个长女，小子尚幼。我老来才得一双儿女，年长的我养家已力不从心，我的心愿就是招婿入门与我同担养家之任，否则我不能应承这门亲事。其二，如果你有心入赘我家，但不知你父母意下如何？要及时征得你父母的同意，此事才可完满。天下父母都是一样的心，我不愿只顾自家而强人所难。"

惇和当天就返回衢州老家，向父母禀明此事。起初惇和的父母死活不同意，因惇和仅兄弟两人，如果惇和一走，仅剩一子陪伴身边，这在古代来说，显得比较单薄。再加上城里人到山乡招亲，好像有点本末倒置，心理不平衡。但惇和说，做人应讲义守信，言行如一，我借宿她家，并已求亲，不能随意定卦，所以执意定居永兴，父母只好依他。惇和入赘后，夫妻两人恩爱甜蜜。惇和劳作起来十分肯吃苦。此处原来有一个小水坑，但浇菜、抗旱、抢救火灾等还是远远不够，于是惇和就要把它挖成三十亩田那样大。有人笑他不自量力，惇和却说，年轻人就是要敢闯实干。他不辞劳苦，自己带头，并发动地方其他青年，果真把水坑挖得很大，取名为大目塘。挖大目塘时，在塘底很深处挖出一爿石碑，碑上有地形图，图上把村庄及山场田地，标得清清楚楚，并有文字说明这是林厅（永兴）坞缪氏居住的地方和应该管辖的范围。惇和见后就说，这证明此处古时就是缪姓族人栖居之地。

谁知天有不测风云，人有旦夕祸福。惇和婚后几年，比他小两岁的爱妻一直都没有生育，更令人悲伤的是缪氏在22岁那年就不幸得病归西，老丈人随后也撒手西去，惇和成了这个家庭的顶梁柱。

有人劝惇和离开缪家，不要背着一座大山度日如年啊！但惇和不为所动，他坚持着讲义守信的承诺，不忍心丢下年老体弱的丈母娘和年纪尚小的妻弟，他要担负起这苦难家庭的生计，决不能背信弃义自顾前程。

山重水复疑无路，柳暗花明又一村，惇和终于熬到了云开日出的时候。到了小舅子长大成人之日，惇和才动了续弦的念头。后来，惇和被招赘到山头姜姜姓人家为婿，风华正茂的姜女小他7岁，很快就怀上了孩子。但是，惇和心里念念不忘与结发亡妻的恩爱，总想报答亡妻的深情。他反复做姜女的思想工作，最终把长子过继到缪妻弟弟的名下。此儿长大后共生四子，建有四井，缪氏得以繁衍下来，并发展壮大。明末，缪氏后人建起了占地四百多平方米的缪氏大厅。清乾隆四十六年（1781），又建起了占地八百多平方米的缪氏宗祠，别名聚顺堂。清咸丰八年（1858），太平军翼王石达开的指挥部曾设在缪氏大厅，后人就把此厅称为石达开大厅。

惇和享年 79 岁而终，缪家后代将惇和尊为始祖太公。因为清咸丰戊午年（1858）至同治壬戌年（1862），永兴连续五年惨遭兵燹，古时缪氏的文字资料散失殆尽。民国时期新做的族谱，就把惇和写在最前面。他讲义守信敢闯实干的故事得以代代流传，被缪氏后裔奉为行为规范，也成为"永兴坞精神"。

（作者：徐太）

江山游溪村

游溪之名由信义

　　游溪村隶属于江山市凤林镇，地处浙赣两省交界的群山之中。村庄三面环田，背后靠山，村庄东、南、西面各有一条小溪，小溪经英岸村流入江山江。从远方高处看，北靠的门山顶山狭长似手臂，门山顶山上一大块乌石头似神仙头，村庄似手掌，好比一个神仙趴着，一只手伸出来，如此风水，人称"神仙显掌"，这使游溪村沾了几分仙气，添了几分神秘。有好山、好水、好田，村民又勤劳俭朴，所以游溪村民历来温饱有余，再加上村内潘、胡两大家族教育有方，民风淳朴，商旅行人都乐于在游溪村歇脚。说起游溪村的历史渊源，村里还有一个代代相传的故事。

　　话说江山紧邻江西省广丰县，那里盛产桐油。可是那儿的交通闭塞，桐油需要从江山清湖码头运出去。于是，广丰人挑桐油到清湖码头，卖出去之后，再换些日常生活用品挑回去。这一趟来回都得靠肩挑，加上路途遥远，其中艰辛可见一斑。年年岁岁，这挑夫走过的路太长太长，发生的故事太多太多。

　　有一次，一位广丰挑夫挑了一担桐油赶路，经过卅二都村，快到上马坳村时，两肩已经被担子压得生疼生疼的，想歇一歇。这上马坳村中有一块像木鱼一般的巨石，人称"喇嘛石"，过路之人常在此歇脚。挑夫放下担子，一屁股坐到"喇嘛石"上，呼哧呼哧直喘气。一放松，他才感觉右脚后跟火辣辣地疼，扭头一看，右脚后跟已经被磨破了。原来今天第一次穿的新草鞋有点硬，不太合脚，连他多年磨就的老茧也被磨穿了。

　　他骂了一声娘，正准备自认倒霉，拖着伤脚继续上路，忽然一道白光直晃他的眼。原来，他坐着的"喇嘛石"不远处有一只晒埠，中间晒着一篁棉花，白花花，毛茸茸，煞是好看。旁边有位白胡子老人在照看着，他见老人慈眉善目，就主动上前跟老人寒暄了几句，然后有些不好意思地问老人："老伯，能不能抽一朵棉花给我垫垫脚后跟？"老人笑眯眯地一挥手，说："自家种的东西，没什么金贵的，要多少，你自己拿吧。"挑夫深知劳动的艰辛，不肯浪费老人的棉花，只拿了一朵塞在脚后跟与草鞋之间，感觉软绵绵的，很舒服，不硌脚了。他谢过老人之后就告辞了，朝着清湖方向继续赶路。

没走几步，忽然一阵狂风大作，挑夫的桐油担子被吹得晃晃悠悠，脚步趔趔趄趄，凭他的身强力壮才使劲稳住身体。他赶紧把担子放在路边一个吹不到风的山坡底下的角落里。刚才还好好的天气，太阳挂得高高的，天上碧蓝碧蓝，一丝儿云也没有，怎么突然间吹起这"鬼头风"了？真是活见鬼了。低头的一瞬间，挑夫看到了垫在脚后跟的棉花，一下子想起那位白胡子老人，那一簟棉花这下可要漫天飞了，他一个老人怎么来得及收呢。

等他跑回去，看见老人正与大风抢棉花呢。棉花飞到半空，老人跳起来，扑上去，抓回来，如此折腾着。老人这样一朵一朵去抓太费劲，还顾头不顾尾的，抓了这边的，那边的棉花又飞走了。挑夫跑上去，二话不说，抓起簟的卷轴，呼啦啦，一下子就跑到簟的另一边盖下去，这样棉花就被簟罩在里边了。然后，挑夫与老人一起一朵一朵捡起被吹在旁边地上、草上、树上的棉花。还没等他们捡完，大风已经无影无踪了，太阳依旧高高地挂着，天空依然一碧如洗。挑夫又帮老人掀开竹簟，把棉花重新摊开晒匀。老人感激不尽，对挑夫千恩万谢，随手抓了一把棉花塞给他，让他路上换着垫在脚后跟。挑夫把棉花撒在簟里，没拿，他说刚才的那一朵就够了，别浪费了这么好的棉花，种棉花很辛苦的。老人捋了捋白胡子，微微颔首，语重心长地说："好心有好报，好人会有福的！"

说也奇怪，做了好事心情也舒畅，挑夫脚步轻快地挑着桐油，一路上也没换肩，单肩就挑到了前面的村庄。突然，好好的脚后跟又疼了起来，好像有什么硬硬的东西顶着。挑夫弯下腰一看，顿时傻了眼，脚后跟哪还有什么棉花呢，只见一锭白花花的银子夹在脚后跟与草鞋之间，这锭银子足足有五十两。他呆呆地出了会儿神，颤悠悠地拿起那锭银子，前后左右地看，翻来覆去地摸，用手使劲摁，用牙用力咬，还放在担桶边沿的铁箍上敲了敲，噗噗响，是一锭货真价实的银子。挑夫顿时心花怒放，口中喃喃有词："今天运气真好，碰到神仙了，发大财了，赶紧把桐油挑到清湖卖了，回家报喜去！"

很快，挑夫来到了村前面的小溪边，心里头有点飘飘然，没看到路上有个土坑，一脚踩进去，扭了脚筋，疼得他龇牙咧嘴的。这时，磨破的右脚后跟又疼了起来，肚子也饿得咕咕直叫。挑夫的心情变得恶劣起来，嘴里脏话连珠炮似的放了出来："挑什么挑，挑死挑活一担桐油只卖五十两，不挑了，回家！"本来只是发发牢骚，出出怨气，再苦再累，也得把桐油挑到清湖卖掉，可是这一骂不打紧，一骂就把他的脑袋骂开窍了——哎呀呀！刚才那个白胡子老头就是活神仙啊！一朵棉花就是一锭五十两的银子！那一簟的棉花，该有多少锭五十两的银子啊！挑啥桐油，回头挑棉花去！

　　人的贪念就像顺风的火焰，只要一燃起来就会一发而不可收拾。想到那白花花的银锭子，想到以后再也不用辛苦挑担，想到即将到来的荣华富贵，挑夫脚也不疼了，肚子也不饿了，牢骚也不发了。他把担桶底一提，一担桐油哗啦啦地被倒进小溪之中，溪水马上浮泛起彩虹般的油渍，阳光下格外耀眼，仿佛天上的彩虹掉进了溪水里。这桐油倒进溪水，挑夫丝毫没有心疼，也没来得及看上一眼，就马不停蹄地奔回上马坳村。

　　赶到"喇嘛石"处时，天色已晚，挑夫睁大眼睛四处寻找，只见晒埂上空空如也，哪里有老人？哪里有棉花？连影儿也没瞧见一个。急忙问村中人，可是谁也没见过什么白胡子老人晒棉花，他们说那块晒埂离村庄有点远，路也不好走，村里人平常不会去那儿晒东西，莫非他见鬼了？只有挑夫心里明白，不是见鬼，而是见到神仙了。他拍着胸脯，心中那个后悔呀，要是先前多拿点棉花，那就发财了，现在倒好，白胡子神仙没有了，棉花没有了，一锭一锭的银子也没有了。

　　挑夫摸了摸口袋，幸好，那锭五十两的银子还在。他长长地叹了口气："唉！白高兴一场，还是跟原来一样，一担桐油卖了五十两！"

　　俗话说，贪心不足蛇吞象。挑夫的好心获得了好报，可是他的贪心又让他回到了原点。人们以此来教育子孙后代，做人要行善，见钱不贪心，勤劳肯干才是发家致富的正道。这个故事慢慢流传开了，后人就把挑夫倒油的那个村庄改名为"油溪"。后来，有人认为"油溪"之名不够文雅，经文人指点改为"游溪村"，一直沿用至今。

（文：胡光余、王法根、李萍）

江山广渡村

广渡善人毛嘉裔

广渡村坐落在江山市峡口镇西端,与江西省广丰县管村镇毗邻,往西走两三公里就是江西古村落——龙溪村。广渡村建在广渡溪西岸山坡上,呈三角形块状散列,依山傍水,景色秀丽。据当地《毛氏宗谱》记载,在五代十国的吴越王钱镠时,清漾村毛修业曾担任过江山县主簿,致仕后迁居广渡,距今已有一千多年。因村子建在于溪边,村民往来两岸必须由此渡河,故而得名。

你曾去过的那些地方,也许有山,却缺失流水的灵动;也许有水,却没有青山的巍峨;或者既有山又有水,却不见独有的文化古韵。广渡村,这个仙霞古道上的偏僻小村落,却能够给人们带来从没有过的惊喜。

广渡村历史悠久,村中现存诸多知名的文物古迹。建在村口古色古香的大公殿,建于乾隆四十六年(1781),建筑面积五百多平米,规模宏大,造型别致,雕刻艺术更是精湛,是一座十分罕见的阁楼状古建筑。上马石公路边与八股厅门前的两座节孝牌坊,以及坐落在村中心的八角井与毛氏宗祠,还有大量散落在村中的百年古民居,都富有传奇色彩,背后都有着感人的故事。

村中不仅古建迷人,历史上更是文风鼎盛,人才辈出,走出了一大批文人学士。生于北宋仁宗天圣二年(1024)的毛恺,字和叔,自少勤奋好学,求师访友,不远千里。皇祐二年(1050),二十七岁的毛和叔考中进士,从此开创了家族辉煌的一页。毛和叔一家祖孙四代,共有十人考中进士,其中和叔的孙辈六人及女婿都是进士,故时人称其为"六子七进士"。

广渡村民耕读传家,诸多功成名就的社会贤达更是帮扶行善,安定一方,在江山一代颇有声望。清朝嘉庆年间,广渡毛氏就出了一个至今名盛不衰的大善人,他就是毛在桂的遗腹子毛咸恒的长子、江南毛氏第五十世孙毛嘉裔。说起他的美德善行,广渡人如今谈起依旧是交口称赞。

毛嘉裔广有钱谷，家业颇丰，时有村民向他借钱。不过同样是借钱，向毛嘉裔借与向毛嘉裔对门的毛庐川借，结果却是截然不同，形成极其鲜明的对比。

　　据说向毛庐川借钱，是"好借难还"。只要你有抵押物，毛庐川是什么人都肯借，不管你是懒汉还是赌徒，不管钱借去是用于大酒大肉还是随意挥霍，他都愿意借。但是向他借钱利息一向很重，而且一旦到期无力偿还，必将抵押物没收，甚至是抄你的家，绑你的人，弄得你家口不宁，非还不可。

　　然而向毛嘉裔借钱，是"难借好还"。毛嘉裔借钱的原则是：救急不救贫，救勤不救懒。赌钿者不借，好吃懒做者不借，造屋者不借，结婚者不借。他说：借钱给赌徒，是促成他早点家破人亡；借钱给游手好闲者，是在养懒汉；借钱给建房者，是让他产生攀比之心，住房的好坏是无止境的，屋是挤不破的，要住好屋可以到有钱时再建，或到钱庄里借，不要问我借；借给结婚者，是助其铺张浪费，结婚时女方不应该给男方施加经济压力，男方应该把婚礼办得越简单越好。你要是讲排场，但又没有钱，那就迟一点再结婚吧！

　　不过如果遇到父母生病或过世者，遭逢天灾人祸者，置办农具者，毛嘉裔却是有求必应，并且问少借多。期限到时，借者无力归还，他也从不向人催讨，而且不收取利息。他说：借债为父母治病，不忘养育之恩，是孝顺之人，我必借无疑；父母过世，尸体不能烂在家中，我借钱给他，让他安葬父母，尽最后的孝道；火烧水冲惨遭横祸者，你不救他，他就不能生存，借钱给他是救死扶伤，是人道主义；平日辛苦耕种，需要添置农具，以用于加工农副产品，我肯定要借钱给他的，支持勤劳致富嘛！

　　毛嘉裔家中多有良田，向他租田耕种的村民甚多。如果恰逢天旱少雨，田里庄稼被晒死交不出田租者，毛嘉裔不但不会向佃户收租，反而会向他们嘘寒问暖。有一次，当他得知一家佃户因为收成不好，连年都过不成时，他就叫家中长工把自家谷仓打开，挑一担稻谷、送一刀猪肉、赠一串铜钿给他。佃户对此感激不已，第二年继续租借毛嘉裔的田种。适逢这年庄稼大丰收，佃户便把两年的田租都挑来交租。可是毛嘉裔却坚决不肯收下去年的田租，只收当年的。

　　另外，毛嘉裔还建立了一套朴素的养老保险制度，凡是在他家做事挣工钿的青壮年长工，如果一直干到花甲之后，晚年就可以在他家休养生息，白吃白住，生前为其治病调养，死后为其安葬。如果长工要回到自己家中住的，嘉裔就叫人把稻谷和零花钱及时送去，一直送到他离开人世为止。

毛嘉裔还是一个心胸开阔、极具忍耐力的人。有一年，毛嘉裔到五里路外的江西省广丰县大阳地方收田租，到了之后很是顺利，只要通知一下，佃户们纷纷把晒干扬净的稻谷挑到毛嘉裔建在大阳的仓屋里来交租。但是收到最后一户时却发生了意外，这个佃户原先在他父亲当家时，就是向毛嘉裔租田种的，他父亲是个善良之辈，每年交租的稻谷都比别人晒得干扬得净。可是今年他父亲离开人世了，他的儿子却是一个恶棍，竟把湿漉漉的稻谷挑来交租，毛嘉裔便劝他挑回去，重新晒一下再挑来，还对他说："你挑来挑去怪辛苦的，就少交五十斤吧。"

可是没有想到，那恶棍却大声吼道："你浙江人还想到我江西来作威作福，老子今天就是不挑回去重晒，你非收下不可！"

毛嘉裔耐心地说道："如果收下你这担湿谷，倒在晒干的谷堆里，我整屋的稻谷都会烂掉的，还是麻烦你重新晒一下吧。"

"你到底收不收？"恶棍继续吼道。

毛嘉裔摇手拒绝，并想再次劝说。不料那恶棍竟像头猛兽一样，猛地冲上前去，挥起拳头，对着毛嘉裔的胸脯重重地打了两下，把毛嘉裔打得仰面朝天，横地不起。

消息很快传到广渡，毛嘉裔的儿孙和地方百姓成群结队地拿着刀枪，愤怒地向大阳冲去，并高喊着非把那恶棍杀掉不可。待他们冲到大阳岭背时，却见毛嘉裔已从大阳回来了。儿孙们连忙问他是否被打，伤情如何？毛嘉裔却是笑着摇头否认，并说："没事，没事，那佃户就是有点拗劲，被我狠狠地掴了两记响亮的耳光。是我打他，不是他打我。"就这样，一场凶杀案没有发生。

没想到年都没过，那恶棍在别处行凶时，被人杀掉了。毛嘉裔忙叫家人宰猪杀鸡庆贺，家人问他："您这么善良慈悲的人，别人死了，应该同情悲痛才是，怎么还要庆贺呢？"

毛嘉裔解释道："我不是庆贺那恶棍的死，而是庆贺杀人之事没有出在我们家。其实，那次确实是他打我，至今胸伤还未痊愈呢。但是当时我不骗你们的话，你们不是成杀人犯了吗？结果性命的事，是属于官府按律法判的，个人没有这种权力。恶人自有恶报，恶人的好景自然不长。凡事要以忍耐为上，不能一时冲动。"

据说，毛嘉裔一生练习书法，就数"忍"字写得最漂亮了。

（文：徐太）

开化霞山村

爱亲敬友结金兰

开化县霞山村古称九都,坐落于钱江源头、丹山脚下、马金溪畔,是浙皖赣三省相接之地。自古以来,霞山村就是通往江西安徽的咽喉,境内至今仍留有长达五公里的唐宋古驿道。

村中村民主要有郑、汪两大姓。据《汪氏宗谱》记载,汪氏霞山始迁祖汪嵩原本是一猎户,一次外出打猎期间,行至霞山,见这里水土肥美,便将猎叉插于地上,说来年这猎叉如果能发芽,就迁居到这里。果然,当他第二年来到这里时,猎叉真的长出了枝芽。于是,唐贞观十三年(639),汪嵩举家迁居,也在这里生根发芽。据《郑氏宗谱》记载,宋皇祐四年(1052),郑氏先祖郑慧公迁居丹山,因见霞蒸丹山,便将这里命名为霞山。千百年来,郑、汪两大家族互通有无,和睦相处。因为地处交通要道,霞山也日益兴盛,繁花似锦,商铺林立,成为远近闻名的富庶之地。

霞山村不仅有着悠久的历史,更有着深厚的文化底蕴,许多文人墨客在这里留下了他们的墨宝。如今村中依旧留有数百幢明清古建筑,建筑风格多为徽派结构,青瓦飞檐,马头翘角,令人赞叹。村中阡陌纵横,曲径通幽,如同迷宫一般。一条鹅卵石堆砌而成的百米老街穿插其中,勾连起这个韵味悠长的古村。在这些美丽的古居之中,"爱敬堂"尤为精致灵巧,在它的背后还有一个美丽的故事。

明成化年间有一名大学士,名为商辂(1414—1486),字宏载,号素庵,淳安县商家村人,霞山人称他为"商辂公"。"十里长街灯光通明,百停木筏不见水道。"就是商辂回乡省亲途经霞山时,对霞山的赞美。

商辂公自幼勤奋好学,天资聪敏颖悟,熟读经史,习科举业。明宣德十年(1435),荣获浙江乡试第一;正统十年(1445),又获礼部会试第一;继而中殿试第一,是明代唯一一个三元及第的奇才,后来官至荣禄大夫、太子少保、吏部尚书兼谨身殿大学士,人称三元大学士,卒谥文毅。

据传，商辂公三元及第之后，经皇上恩准，回老家淳安商家村省亲，建造府第。听闻此事后，方圆百里的能工巧匠都赶来献艺。开化霞山有个闻名乡里的石匠，名叫张卯生，字月桂，号鼓石，也去淳安商府献艺。张鼓石的石雕工艺精巧绝伦，做人的品德更是诚恳憨厚，深受同行的敬佩和大家的赞誉。商辂公听说后，观看了张鼓石的制作工艺，果然精美绝伦。与之闲谈，想不到张鼓石的生辰八字竟然与商辂公一模一样，两人是同年同月同日同时出生。商辂公知道后，十分欣喜，他并不嫌弃张鼓石地位低微，与他义结金兰，成为挚友。同时，张鼓石还向商骆公推荐，开化霞山首富郑杜乔（即郑旦），也是一个好读书、行善义、广交名士之人，而且也与张、商两人同年同月同日同时出生。对郑旦商辂公也早有耳闻，本就有结交之意，于是托张鼓石到霞山，与郑旦约定三人相会之期。

霞山郑氏是开化望族，在开化本地颇有威望。郑氏总宗祠叫做"裕昆堂"，分房的支祠有三座，分别是"永锡堂""永敬堂""永言堂"。明正统乙丑年（1445），为迎接商骆公到霞山游玩，郑旦立即着手重建本房支祠"永敬堂"。该堂面积七百多平方米，前后共三进，依次为戏台、大厅和后堂。虽然面积不算太大，但重檐翘角，雕梁画栋，雕刻精美，装饰华丽，做工精细。竣工之日，只见"永敬堂"内张灯结彩，红烛高照。郑氏家族大请宾客，大摆宴席，商辂公应邀赴会，张鼓石也带上自己新制的土茶"高山云雾"前来祝贺。

商辂公进入宴会厅后，便被拥入主桌。按生辰排定，张鼓石为长，郑旦为次，商骆为弟。然而，郑旦却拥商辂坐上首席，而让张鼓石坐在偏位。商辂再三推让不掉，怕有扫主人颜面，只得勉强落坐。在宴席的敬酒、对饮、言谈之中，郑旦明显地表露出尊商薄张之意，商辂公悄悄地看在眼里。宴别，郑旦请商辂公为新祠堂题写堂名，书写楹联。商辂公联想到刚才宴席上的情景，略一思索，挥笔写下了"爱敬堂"三个字，即将原来"永敬堂"的"永"字，巧妙地改为"爱"字。写就的楹联上联是"爱亲者不敢恶于人"，下联是"敬亲者不敢慢于人"，寓意郑张二人要互敬互爱。这时，商辂公又泡上张鼓石带来的"高山云雾"茶请郑旦品尝。郑旦是富商，平时喝的都是上等的好茶，可是这"高山云雾"茶一入口，也连声说好，赞其滋味醇爽。商辂公见状说道，人生交友犹如品茶，关键在于质淳而德厚，而非名贵与否。郑旦听后，又看看商辂公写的楹联，立刻体会到商辂公的用意，深感愧疚，并向张鼓石表达了歉意。自此，"永敬堂"便更名为"爱敬堂"。岁月轮回，五百多年过去了，大名鼎鼎的商辂公亲笔题写的"爱敬堂"的名匾和楹联仍然挂在爱敬堂之上。

从此以后，郑旦平等待人，广行善事。乡里村间，人遇急难，常常加以救济。明景泰癸酉年（1453），朝廷财政困难，边关军饷粮草告急。朝廷下诏，号召天下义士捐款助粮。郑旦即命其子郑永贞在自家粮仓调拨五百斛粮食，运至京师。郑永贞，谱名郑坤，号顺庵，旦公长子。据雍正《开化县志》记载，郑永贞世笃良善，家富好行，他的义举远近闻名。景泰年间，永贞受父亲之命，不惮远涉，运粟五百斛至京师，以助边关防务。郑永贞输财助边，得到了朝廷的肯定，不仅得到机会觐见明英宗皇帝，还被恩赐冠带荣身。商辂公当时已经官至少司马，对于郑永贞的义举，他说："观江源之深广，则知祖宗之积；观江流之浩渺，则知庆泽之远；观江汉之朝宗，知有尊君亲上之诚；观彭蠡之既潴，知有君子容蓄之义。"临别之际，还赠送给郑永贞一首诗，"高门积善令名崇，此日摅忠觐九重。远道不辞家万里，边输岂吝粟千钟。枫宸拜命君恩重，菊经归闲逸兴浓。想到故园春正好，锦衣炯炯映霞峰。"

从商辂公对郑永贞的赞美来看，郑永贞当时捐粮五百斛输送到京城，这在当时的开化乃至衢州应是一笔不小数目的义举。商辂曾力劝郑永贞留京任职，郑永贞却以高堂年迈而婉拒。可见，郑氏家族修身正家，积厚流运。在京城时，同乡汪文广曾赠送郑永贞一幅《长江万里图》，是当时著名画师夏禹玉的画作，商辂公还为画写了《长江万里图引》。这幅画描绘了长江水浪翻滚奔腾的情景，被郑氏家族视作传世之宝。只可惜，在其后的历史中，霞山多次遭劫，几次劫难之后，家园被毁，田园荒芜，祖上收藏的名画如今已不知去向。随着木材资源逐渐减少，霞山曾经的繁华已经逐渐褪去，但在一片祥和之中，霞山人的美德依旧在流传。

（文：开化农办）

开化下淤村

路不拾遗美德颂

　　下淤村古称霞洲，是衢州开化县音坑乡东南部的一个山村。下淤村坐落于钱塘江源头，背靠月亮山，中村溪和马金溪在此交汇。霞洲大桥横跨马金溪两岸，时常有白鹭从溪上掠过。这里依山傍水，景色宜人，一派田园风光。村内千年古樟苍翠挺拔，成片的枫杨郁郁葱葱。每逢秋高气爽时节，站在月亮山之巅，远远望去，成片的向日葵花海，如同油画一般。

　　下淤村历史悠久，宋朝的祖墓如今依旧保存完好。说起下淤村叶氏始迁祖百五公，还有一段动人的传奇故事。

　　百五公名为叶志成，为中散大夫叶琰的曾孙，年幼时随同父母一起迁居叶畈（今中村乡树范村）。志成从小聪慧，读书过目不忘，对父母更是十分孝顺，村里人都称他为"孝子加才子"。谁料志成十五岁那年春日，父亲上山伐木，不幸跌下山崖，当场命绝。母亲闻讯之后，顿时昏倒在地，因为伤心过度，自此一病不起。为了治好母亲的病，志成不得不放弃学业，变卖家产，用小车拉着重病的老母，到处求医问药。有一次，听说底本前洲有位姓徐的郎中医术高明，治好过不少疑难杂症，于是他一早就拉着母亲赶到前洲，跪求老郎中为母亲治病。面对这位少年的孝顺之心，徐郎中颇为感动，连忙扶起志成，答应一定尽心而为。这位郎中果然高明，在他的精心治疗下，不到半个月，老母病体基本痊愈，身体逐渐康复。临别之时，母子两人千恩万谢，说不尽感激之情。

　　俗话说"人逢喜事精神爽"，对志成来讲，母亲大病痊愈，就是他最大的乐事。他拉着母亲沿着马金溪东岸的山路向南返回，一路上脸露笑意，口哼小曲，经姚村、穿杨家、过高山村、走读经畈，刚进霞洲，欲从该村过桥回叶畈。谁知天公不作美，忽然下起倾盆大雨。志成生怕老母再得风寒，匆忙脱下外衣披在老母身上，自己光着身子四处张望，欲觅避雨之处。正在心中焦急之时，忽见不远的小山坡上，隐隐约约有个山洞，连忙拉着小车，向那边跑去。到了山脚下，他将母亲背起，躲进山洞。该洞宽敞干燥，里面还有村民堆放的稻草、柴禾。志成急忙搬些稻草铺填好，让母亲躺下休息。安置好后，见母亲渐渐睡去，而洞外依然大雨未停，这才坐靠岩壁，闭目养神。因疲劳过度，志成不知不觉就睡过去了。待他醒来时，已经是午后，天也放晴。见母亲还未醒来，他就走出洞外。放眼眺望，只见一江碧水环村，两岸山树葱茏，东南平川大畈，可耕可种。加上春日的阳光照在河岸的沙滩上，霞彩璀璨，景色十分绚丽。看到这美景，志成心中油然升起一个念头，急忙转身进洞。他轻轻叫醒老母，扶她走到洞口，一面指指点点，向她解说四周景色，一面将自己有意迁徙到此安居的打算禀告母亲，征求她的意见。老人虽有恋旧之感，但面对眼前的环境，加上叶畈的家产全因为己治病，也已经变卖殆尽了，倒不如依儿子之计，迁到霞洲再图创业，于是笑着对志成说："就依你吧。"

南宋乾道二年（1165）前后，志成随母亲隐居于此，开始以山洞为家。他每天上山砍柴，挑到芹城去卖，晚上为老母端水洗脚驱蚊，服侍老母入睡后，他又开始挑灯苦读。此间，凡是村中有红白喜事，都会叫他帮忙，他是一叫就到，加之平日勤奋、厚道、孝顺，因而深得乡民的喜爱称赞。

霞洲村当时只有十余户人家，其中一户姓金名弘，因为祖上做官，颇有家产。夫妻两人只生有一个女儿，取名洁溪，芳龄一十有四。这一年冬天，金弘外出访友，因为多喝了几杯酒，回来过山路时滑倒在地，摔伤了腿骨。恰逢志成砍柴归家遇见，见状立即放下柴担，将金弘背到家中休息，然后又奔到城里请来郎中，为他接骨，金弘一家十分感激。当他了解志成的家境状况和他的为人后，心中十分疼爱，于是请村中有名望的老人出面说媒，欲招志成入赘。开始时志成婉言拒绝，他告诉来人说："别人有难，逢而救之，这是做人的本分，怎么可以索取回报！金员外之情，我心拜领，入赘之事，不能答应。"媒人将这话回禀，金弘听后更是感动不已，暗暗下定决心，女儿非他不嫁，于是一次又一次地请人上门说亲。金弘的真诚感动了志成母子，第二年冬，志成入赘金家。为使女婿能求得一官半职，金弘还专门到县城请来名师教授。

弹指流光，又逢三年一次秋闱，天下举子纷纷赴京赶考。志成在岳父的劝导下，拜别老母，辞别娇妻，带着书童，扬鞭上路。为不负岳父的关爱，这次他立志争取名登皇榜。数天后，主仆二人来到婺州城内，经过一家豪门宅院时，忽然一盆脏水当头泼下，弄得小书童如同落汤之鸡。志成见状，抬头欲加叱责。然而见丫鬟一脸的惊慌愧疚之情，也就忍气没有发怒。然而，当小书童在抖落身上脏水时，竟然发现脚下有一枚金镯，连忙悄悄地拾起，放进袋中。

随后两个人继续匆忙赶路，穿过闹市，直奔杭城而去。行至中途小镇，两人忽然觉得肚中饥饿，急忙找了一家餐馆就餐。在打开行囊欲取银两时，这才发现钱袋已空，所带盘缠不知什么时候已被贼人偷走。面对此情，志成急得不知如何是好。书童见主人如此心焦似焚，赶紧从袋中拿出金镯对志成说："公子且莫忧愁，有这金镯典当银钱，也足够支付上京赴考的费用了。"志成接过金镯细看，急忙问这镯子到底从何处得来。书童不敢隐瞒，就将丫鬟泼水倒出金镯一事详细告知。志成听后一言不发，将金镯放进袋中，拉起书童上了马背，连夜直奔婺州。

且说小丫鬟因替少夫人倒洗脸水，不小心连同金镯一起倒掉，悔恨不已，加上被夫人痛斥，一时想不开，竟想投河自尽，幸好被管家撞见，将她劝住。而少夫人更是含冤受屈，因为丢失金镯，老爷怀疑她是"红杏出墙"，移情别恋，逼她交代将金镯送于何人。夫人冤情难雪，悲愤难抑，于是趁老爷离房之际，剪下三尺白绫，欲上吊自缢，以死明志。忽闻前堂人声嘈杂，不知何故。就在这时，老爷推门进房，一把抱住夫人，连声说："我错怪你了，我错怪你了！"少夫人瞪着双眼，疑惑不解地望着自己的丈夫。于是老爷将前堂所发生的事情，一五一十地告诉妻子。

原来就在夫人欲自寻短见之时，志成马不停蹄地赶到她的府中。志成如实告知金镯之事，并将金镯当场归还主人。这才解除老爷心中疑团，不但救了少夫人性命，也救了小丫鬟性命。少夫人听完丈夫所言，顿时泪如雨下，抱住老爷放声痛哭。突然少夫人狠狠推开丈夫，打开房门直向前堂奔去，她要好好地感谢这位素不相识的救命恩人。随后小丫鬟也在管家的带领下赶来，然而当她们含泪匆匆来到前堂，却已是人去堂空，耳边传来的是渐去渐远的马蹄声。第二天，因为还金镯耽误了考期，主仆二人忍饥挨饿，无奈地回到霞洲。当他向母亲、岳父和妻子说明未去参加考试的因由之后，全家人虽感遗憾，但也没有责怪他。尤其是贤惠的妻子，拉着他的手，深情地说："救人一命，胜造七级浮屠，你这样做，上天会施福于我们全家的。"

（文：开化农办）

岱山双合村

卧狮藏宝建渔庄

  双合村是一个位于岱山岛最西端的渔村，隶属于舟山市岱山县岱西镇。走进村中，处处弥漫着石头的味道，大自然的鬼斧神工加上当地人民的潜心雕琢，造就了这个石头堆砌而成的村落。村中的石板石块虽说粗犷，却又不失灵韵，遒劲之中透出阵阵秀美，曾有诗人赞道："石壁潺颜影倒横，夕阳闪闪十分明，若教移人天台郡，霞彩何曾让赤城。"这美丽的石板，既是大自然的恩赐，也留住了村民悠远的记忆。东海之畔，碧波汹涌，双合村民搏击于其间，世世代代艰辛付出，建设着自己美丽的家乡。说起双合村的由来，村民之中还流传着一个传奇动人的故事。

  相传在三百多年前，宁波镇海有一个渔民叫陈仁义。陈仁义人如其名，待人特别仁义，村里人几乎都受过他的恩惠。有一次，他到岱衢洋捕鱼返回镇海途中，洋面上狂风大作。在避风时，陈仁义突然发现海上漂浮着几个人，奄奄一息。他不顾自己的安危，和船员一起把这些落水的人员一一救起。不料后来船只在海边搁浅，船上一行人漂流到一个陌生的小岛，船上的生活物资在狂风暴雨中都遗失殆尽。幸亏作业工具还在，抱着试试看的态度，陈仁义在小岛的港湾中撒下网去，想不到一网上来，鱼虾满仓，活蹦乱跳。几天下来，每每下网，捕上来都是鱼虾满满，一行人的一日三餐都有了着落，心情也慢慢平静下来。因为岛上有两座大山，中间相隔一条港湾，两头通海，所以晚上聊天之中，一行人就把这岛称为两头洞。三天后，风平浪静。在返乡途中，被陈仁义救起的落水人员中有一名风水先生，他感激陈仁义的救命之恩，偷偷告诉陈仁义，两头洞这里"卧狮藏宝，必藏珍物，建庄于此，世代繁盛"。

  陈仁义急着和船员们返回镇海家中和家人团聚，并没有把风水先生的话放在心上。族人们见遭受风暴的亲人平安归来，大摆酒席，庆祝劫后余生。陈仁义酒足饭饱之后，就上床睡觉，很快进入了梦乡。半夜，他梦见自己怀中多出一个小匣子，刚想打开看看，谁知只开了一道匣缝，就猛地蹿出一只小小的金狮。那小狮子一落地，就迎风而长，立刻变得跟小牛一般大小，急蹿而去。陈仁义大惊之下，措手不及，把小匣子打翻在地，不料从中又蹿出一只同样大小的金狮，并朝前一只同一方向蹿去，这时他才发现，原来这是一对鸳鸯狮。两只小狮子跑啊跑，跑到一座大山上，开始在山顶用爪子刨地，只见刹那间金光闪闪，山顶出现了一只大元宝，那对鸳鸯狮蹿入元宝之中就不见了。连续三天晚上，陈仁义都梦见了鸳鸯狮和金元宝，而且梦醒后都觉得那座山很像他们落难在两头洞的那座大山。他又想起风水先生的留言，终究不敢怠慢，于是急忙禀告族中老人，族中老人听闻此事，秘密召集陈氏宗亲商议数日，一致决定举族搬迁。搬迁消息一出，村里那些曾经受过陈仁义恩惠的乡亲以及那些船员和他们的亲族纷纷表示，愿意追随陈氏一起搬迁。

经过近半年的充分准备，陈仁义决定带着全族以及愿意追随的乡亲们一同东渡。他们带上足够多的粮食以及各类备用物品，几十条船一起起航出海，声势浩大。陈氏船队在茫茫的大海上行驶了两天两夜，终于到达了两头洞外洋。大家欢欣鼓舞，觉得希望就在眼前。突然间，天空乌云密布，瞬间狂风骤雨，海浪翻天，整个船队随着巨浪剧烈颠簸摇晃，船壳咔咔作响，快要散架似的。船上的人们十分恐慌，不断地呕吐。陈仁义扶着船上快要被狂风折断的大桅杆，口中不停地祈求天后娘娘保佑。就在这时，他隐隐约约看见不远处的海面开始旋转，越来越激烈。突然，整个海面沸腾起来，随着一声巨响，从沸腾的海水中跃出一条足有五十丈长，如千年大树一般粗的大蛟，大蛟张着血盆大口，张嘴就把附近的船咬成两段，连人带船吞入了肚中。

在陈仁义的带领下，船队艰难地向西行驶，后面的大蛟凶猛地追赶，好多人掉入了大海，好多船都被狂风打成了两段。陈仁义带领着残缺的船队终于看到前面高高耸立的两座山，中间有条小江隔开，江面风平浪静。于是，陈仁义带着这些船挤进了小江。说巧也巧，这个江面不大不小，刚刚好容下陈仁义剩下的船队。这时，剩下的船已经是帆也破了，桅杆也马上要断了，而且船体已经有裂缝进水了。陈仁义马上命令村民们带着粮食上岸，一些村民爬上一边的一座大山，其他村民爬上另外一座大山，所有人全部躲进大山的山洞中，跪下虔诚膜拜，希望天后娘娘大发慈悲，庇佑陈氏。陈仁义发下誓言：如若此次得以幸还，愿从奉化迎来天后娘娘供奉，兴建天后宫。大蛟气势汹汹地赶到，因为太庞大，无法挤进这条江，于是它拼命地往里钻，头恰好被两座山卡在半空中，进退不得。过了几天，江水慢慢退却，天也开始放晴，风浪也平息了，大蛟就这样被卡住活活饿死。可是陈仁义他们也只能暂时生活在这两座山上，因为中间有大蛟的尸体，无法跨越，他们只能隔江相望。陈仁义也没有什么好办法，就先把破损的船只都修理好。终于有一天，江面的水开始涨了起来，大蛟的尸体也被海水冲走。等船队驶出后，江水又开始下降。就这样，等到小潮水时，江两边的人可以相互来往，遇到大潮水时只能隔江相望了。从此以后，陈氏族人就将靠南的那座大山叫做南洞山，靠北的那座大山叫做北洞山。

陈氏族人以及乡亲们在陈仁义的带领下，开始在两头洞岛上定居繁衍。岛内港湾之中有丰富的海产品，加上岛上独特的避风条件，给生产生活提供了良好的条件，岛上渔民逐渐增多。后来陈氏族人秘密派人在大山上挖掘元宝，但一无所获，只发现山上有一块形似元宝的巨石。数十年后，人们在探宝过程中渐渐发现山上石质细腻坚韧，属页岩，宜于开采石板、石条，是上好的建筑材料，也能带来丰厚的收入。由此两头洞开始开采石板、石料，远销上海、宁波等大城市，勤劳睿智的村民充分利用这一优质的资源，造房、筑墙、铺路，甚至打造生产生活用具，生活逐渐富裕。为感激陈仁义带领大家东渡于此，众人推举陈仁义为渔庄庄主。陈仁义为还愿亲自到宁波奉化迎来天后娘娘，新建天后宫以庇佑庄内百姓，并立下庄规："以孝待人，以勤待日，以恩待庄。"正所谓没有规矩，不成方圆，后人以此为标，传承至今。

（文：俞潇潇）

仙居西郭垟村

积善成仁终成仙

西郭垟村是仙居县城中的一个美丽村庄，隶属于安洲街道。西郭垟村地处仙居东西大动脉，整天人来人往，热闹非凡。在它的南边，有人们敬若神灵的岩石殿，殿前有新石器时代晚期至春秋战国时期的石棚墓；在它的北边，是仙居最初的县城金家店；在它的东边，则有隋代大业末年杜烈女鬻汤饼遗址。

仙居原名叫永安县，而不是叫仙居县，到宋朝时才由真宗皇帝下诏改为仙居。为何要改名呢，这和王温升天的传说有关。王温升天的故事就发生在西郭垟村。

相传，在永安县西门外西郭垟清水塘边有一口神奇的水井，常年不涸，冬暖夏凉，水质很好，喝了它五脏六腑备感清凉，有病能治病，无病能健身，有许多过路人到这里就是为了喝一口清水塘边的井水。

当地有一个酿酒师父，名叫王温，就在水井附近开着一间酒坊。他忠厚诚实，酿酒手艺很好，酿的酒又甜又香，人人爱喝。再加上这里鸟语花香，古木森森，王温酒坊的生意十分兴隆，人们都爱到这里来。不仅如此，王温夫妻两人品行善良，修行吃素，造桥铺路，舍施救苦，是地方上有名的善心人。王温平时除酿酒外，有空余时间就去帮各地佛堂、寺院造夹纻像。

有一天，王温正在卖酒，忽然店外走进来两个人，衣衫褴褛，像乞丐一样。两个人全身长满了疥疮、癣毒，愁眉苦脸地呻吟，表情十分痛苦。王温问道："这两位兄台身子不大舒服吗？"两人叹了口气，说道："我们前世不知道作了什么孽，竟然得了麻风病，全身烂疮，流脓出水，又痛又痒，手脚也没办法伸直，一股烂臭大老远就能嗅到。等了三年啦，昨天晚上梦见一位仙翁，告诉我说，括苍山顶有股水是仙水，流到永安县清水塘村，如果喝一口泉水酿的酒，就能三天不痒不痛。"

王温听后二话没说，舀了两碗酒递给他们，说："你们喝吧，不要钱。"两人连声道谢，接过一饮而尽。过了一会儿，两人都笑着说："师傅你真是个好人，我们喝下后舒畅多了，疮也不痒不痛了！不过，还有一句话，不知该讲不该讲。"王温说道：没关系，你们就说吧。两人就说："要是能在酒缸里洗浴一番，这身上的病就能痊愈，可是我们不好意思开口啊。"王温听到这里，确实感到为难。要是答应他们洗，一缸酒就全部糟蹋了。如果不答应，他们就要一辈子痛苦啊！想到这里，王温一咬牙，便点头答应下来，把他们带到内室一口大缸前，说道："洗吧，只要能治好你们的病，就算我的一缸酒全坏了也没有关系。"于是那两人跳入缸中，在酒缸里泡了半天，过了好一会才从屋里笑吟吟地走出来。王温一看两人，马上惊呆了，几乎完全认不出两人的模样，真是奇怪的事情。两个人走进店内时一副讨饭人的模样，如今只见他们全身皮肤雪白光洁，成了英俊少年。他们笑着对王温说："师傅你真是一个名不虚传的大善人呀，咱们后会有期。"两人话一说完，忽然就不见了。

等两人走了以后，更奇怪的事情出现了，讨饭人洗浴过的一缸老酒，颜色雪白，发出一阵阵扑鼻的香气，人闻了以后，双脚都要飘起来。于是，王温就将这件事告诉老婆说："可能是仙人在试探我们吧？仙人洗过的酒那就是仙酒，我们全家都喝一杯，说不定长生不老。"说罢，王温就舀起酒来，递给大家。王温喝下去之后，马上觉得脚下轻快，就要腾飞的样子，顷刻之间就能辨别鸟兽语言，行走如飞，数百里外的郡府转眼就能到。他高兴地叫全家人都来喝，王温妻子留恋房舍及禽畜，少喝了几口，这时缸里未喝完的酒，就像发大水一样溢出缸外，流到门堂、菜园，连鸡狗猪都喝着了。没过几时，只见整栋房屋连人连家牲都向上飘动，越升越高，向天上飞去。家人又笑又叫，互扯衣角。这时有大风玄云飘来，迎接王温和家人。房屋六畜倏然与他们俱去，一时间"鸡鸣天空""狗吠云中"，大家都马上要成仙了。

半空之中，一只狗熬不住要撒尿，不料狗尿浇到一道升天的水井井栏圈和两块石头。井栏圈与两块石头由于让狗尿浇着了，就不能上天，仍旧跌落原来的地方。现在，西郭垟村还有地名叫"花井栏"与"大石头"，据说就是当年井栏圈与两块石头跌落的地方。沾到狗尿不能上天的两块石头只好做地方上的土地老爷，据说大石头后来被四个人扛去做桥的桥墩，小石头则立在离井数十步的官道旁，方广二尺许，黑如铁，坚硬无比，不同于其他石头，至今还被人们朝拜。据老辈人说：同治十三年（1874），锄麦者在石头南边王温升天的遗址田中找到如指甲般大小的银子,随后大量的人赶来找银子,找到的银子共计一二十两,银子上都铸有"宋"字。现如今,花井栏的水依旧清澈如故,据说井底还有一辆王温送的金纺车呢。

"积善人家必有余庆",王温升天后全县人民欢欣鼓舞,奔走相告。不久之后,此事便传到京城,皇帝知道后也感到十分惊奇,觉得永安县是神仙居住的宝地,于是下了一道圣旨命县令郭易直将永安县改为仙居县,这一年是宋景德四年(1007)。王温升天一百多年后,到了宋政和元年(1111),人们在他升天的遗址上建社稷坛,共立五坛:中社神、稷神,东祀风师、西祀雨师、雷师。

王温升天的故事只是个传说,但有一点可以认定的是,这种类型的故事传说各个地方各个年代都有很多,诸如:拨宅升天、鸡犬升天、九人升天等,历代都有许多版本。之所以如此,就在于它们有广泛的群众基础,而且得到统治者的认可。类似的传说看似是在讲述凡人升天的故事,其实所传递的是这些升天凡人积善成仁、重义轻财、乐善好施的美德,王温就是这样子的一个人。仙居人也以王温为豪,以仙人自居。

(文:仙居农办)

仙居厚仁村

厚德载物仁善传

　　仙居县白塔镇厚仁村由西里、上街、中街、下街四个自然村组成,前有玉凤朝阳的巨型平峰山屏蔽,后有九龙入宅于笔架山坐镇护卫,东有杜蜀溪,南有水帘溪,西有韦羌溪,北有永安溪,四面环水,被风水学家誉为难得的风水宝地。

　　"西乡高迁厚仁,东乡下各怀仁。"这句话说的是仙居历史上最有名的四个村庄。厚仁村是仙居吴氏的聚居地之一,唐光化元年(900),仙居吴氏始祖吴全智为躲避朱温政变,从遂昌迁至仙居。其后吴全智的第九世孙吴芹与夫人叶氏带着儿子吴渭从田市吴桥迁到现在的厚仁村所在地,在此栖息繁衍至今。

　　仙居各个村庄名称的由来有多种类型,有的以地方名与姓氏联合定名,如埠头多姓王就称埠头王,大路村多姓徐就称大路徐;有的以地方名定村名,如感德堰的入口处有个村庄就叫圳口,鱼山脚下有个村就叫鱼山村;有的先定居再定村名,如李姓居住的地方就叫李宅,王姓住的一个坑谷就叫王坑村。不过说起厚仁这个文雅的名字,却是来自官府对该村吴姓村民的表彰。

　　在厚仁村吴氏大宗祠里,刻着这么一副楹联。上联为"雪天登高楼,瞰他宅,无炊烟,痛悲切",下联为"严冬开仓廪,拯饥馑,有渭公,洒甘霖"。这里所说的渭公就是人人称颂的厚仁吴氏始祖吴渭。

　　吴渭的母亲叶氏从小就有志能干,她的母亲为了选一个好女婿,迟迟没有给她安排婚事。直到三十岁,叶氏才与同村的吴芹结婚。吴芹屡次考进士未果,就厌弃了读书,和妻子一起迁居到现在的厚仁。夫妻两人同心协力,勤于耕稼,想以此振兴家业。不料吴渭一岁的时候,吴芹不幸生病辞世。叶氏的母亲可怜她结婚晚,丧偶早,屡次苦劝她改嫁,都被叶氏婉言拒绝。叶氏变卖自己的金银首饰,买了一些田地,把家里家外的事务都管理得井井有条。在叶氏的苦心经营下,吴家渐渐富裕起来,后来更是成了村里数一数二的富户。

叶氏不仅持家有道，对儿子的教育也没有放松，她对吴渭说："我日夜辛勤，日积月累，不肯乱花一分钱，全是为了你着想，你现在已经成家立业，应该多做一些善事，反馈社会，以振家声。"家庭渐渐富裕之后，叶氏把大量的精力投入到济贫恤苦上，资助佛寺，造桥修路，舍药施棺，以自己的行动教育吴渭要积德行善，她的善行也得到了当地老百姓的一致称颂。

受到母亲济人行善的影响，吴渭从小就有一颗乐善好施的心。他在家里建了一座高楼，每当下雪的时候，他都要登上楼顶，看看哪些人家没有炊烟升起。如果炊烟没有升起，就意味着这些家庭肯定是没米下锅了，他就会赶紧叫家人给这些家庭送去粮食。严冬时节，为了接济村民和流浪到厚仁村的流民，他就打开自己的粮仓，发放粮食，帮助他们度过严冬。

母亲过世之后，吴渭遵从母命将村民平日借钱的账簿尽数毁去，并开仓放粮，受到了百姓的称赞和爱戴。当时的县令知道了吴渭的善行，要推荐他去做官，想为他立牌坊赐匾额，以示表彰，都被他婉言拒绝。

厚仁村历史上重仁厚义的先人不止吴渭一人。吴氏有一名先人叫吴福，也是一个重信义的人。有一年，有个姓颜的福建商人路过厚仁村，因为身上携带的钱财太多怕不安全，在听说了吴福重信义的名声之后，找到吴福家，请求将重金寄存在他家里，约定第二年年末来取。后来村里的族人做生意碰到困难，就找到吴福，请求借取资金周转，同时和吴福约定好利息。族人生意好转之后，就把钱还给了吴福，同时把利息一同结算给吴福。到了第二年年末，颜姓商人来到吴福家中，吴福便将借钱给族人周转的事情告诉了颜姓商人，然后把钱连本带利都交还给他。

这让颜姓商人十分感动，他推让说："当年把钱寄存在你家，已经很麻烦你了，现在怎么还能收利息呢？"吴福说："没有经过你的同意，我擅自将钱借给族人已经很对不起你了，况且这笔利息是用你的钱换来的，本来就该归你所有，我是绝对不能收的。"两人推让不下，就一起来到衙门，让知县来判决。知县说："从古至今只听说过为了争夺利益而到衙门的，从来没有听说过为了让利而进衙门的，吴福重信义，临财不苟得，颜姓商人轻财重义报恩情，你们两人都是百姓学习的榜样！"最后，知县判决本金归颜姓商人所有，利息由两人均分，结果两人还是推让不下。知县就将此事上报到台州府，知府也被两人的事迹深深感动，于是为两人想出了一个折中的解决办法：本金归还颜姓商人，利息则捐献出来为当地百姓做一些慈善事业。两人对这个判决都很满意，吴福重信义临财不苟得的名声从此也传遍台州各县。

颜姓商人见吴福已经快五十岁，膝下却没有子嗣，就将自己的妹妹嫁给了他。之后吴福家人丁兴旺，能人辈出，南宋高宗时的龙图阁直学士吴芾、恭宗时的左丞相吴坚、明神宗万历中期的督察院左都御史吴时来、云南按察司副使吴炳庶都是吴福的后裔。吴渭、吴福等人仁慈厚德的名声越传越广，官府为了表彰和激励吴氏后人，就将他们居住的这个村落改名为"厚仁村"。

吴氏后人一直秉承着先祖"乐善好施、仁义诚信"的遗训，常行乐善好施之事。村民在村里的杜蜀庙设立施茶廊，每年立夏至立秋期间，天天免费为过往行人供应茶水；村中还设立义仓，储备粮食，遇到水灾、旱灾、火灾或贫穷的重病户，就开仓接济；为了方便行人夜间行走，组织了天灯会，在危险地带竖立天灯柱，由天灯会会员轮流挂灯笼。当地此类造福百姓的善事可以说数不胜数。

（文：仙居农办）

庆元洋背村

悔过自新银掌坑

在庆元县秀拔奇伟的巾子峰山下，有一个美丽的古村，它就是远近闻名的洋背村。

洋背村坐北朝南，依山而建，村后巾子峰山脉蜿蜒而来，树木青翠欲滴，村前梯田成垄，阡陌纵横。清澈的巾子溪从群山深处汩汩而来，绕过村庄，穿越田野流向远方。整个村庄基本上都是江南风格的老房子，一座座黄土墙黑瓦片的农舍，错落有致地分布在山坡上，疏密相间，层次分明。房前屋后，绿树掩映，花繁叶茂，瓜果飘香。青山、绿水、村舍、田野，组成了一幅唯美动人的水墨画卷。

洋背村不仅村貌优美，而且民风淳厚。村内村民主要由杨、吴、毛、李等姓氏组成，虽然属于多姓氏村庄，但是村民邻里之间长期和谐相处，亲如一家。遇到矛盾纠纷，人们总是相互谦让，绝不会演变成打架斗殴，连口角也很少发生。这里没有小偷小摸现象，村民路不拾遗、夜不闭户。村民家中一旦有事，却能一家有事百家帮。据了解，洋背村这样其乐融融的好村风，已经延续了几十代人，它的形成与一个传说故事有着直接的关系。

相传，洋背村肇基初期，村里住着十几户人家。一年天逢大旱，地里的庄稼歉收，人们只好上山寻找野菜野果充饥。那年冬天，村里的杨土根、吴广有、毛满发一起到巾子峰下的一处山场挖蕨根。每逢荒年，当地人一直有挖蕨根的习惯，就是把深植于地下的蕨根挖出来，经过捣碎、水洗，滤出蕨根粉，再用蕨根粉烧制"蕨粉粿"充饥。

蕨根粉是灾荒之年较好的粮食，然而挖蕨根却十分辛苦。杨土根三人每天起早贪黑，到山上挖啊挖，挖得筋疲力尽、满手血泡，挖到的蕨根却不多，滤出的蕨根粉更是少得可怜。尽管如此，三人依然日复一日，挖掘不止。恰好有位仙翁带着童子云游到巾子峰，将他们的举动看在眼里。一日，童子对仙翁说道："师父，你看，他们真是太辛苦了，你不妨略施法术，赐他们一堆银子，让他们不要再这样辛苦呀。"仙翁却摇头说："赐给他们银子，弄不好反而会害了他们。"童子好奇地问道："师父，这话怎讲？"仙翁道："你不相信，我们试一下就知道了。"说着，仙翁将手上的拂尘朝杨土根他们挖掘的山上挥了两下。

且说杨土根三人只顾埋头挖蕨根，挖着挖着，突然挖出一大堆白花花的银子，顿时惊呆了。他们连忙用簸箕装，足足装了三担，地上的银子还没装完。此时，已经是傍晚，挖了一天的蕨根他们早已经筋疲力尽，肚皮也饿得咕咕直叫，他们再也无力将满担银子挑回家。另外，现在将银子挑回家，路上难免让人看见，这意外横财被人知道了，容易惹麻烦。万一被人报官，就竹篮打水一场空。于是他们商定，杨土根和吴广有两人在山上守住银子，由毛满发回家烧饭，将饭带到山上来，大家吃饱肚子有了力气，再乘夜色偷偷挑回家。然后，三人平均分银子。

毛满发走后，杨土根跟吴广有说："三三遇宝，不如俩俩偷牛。等满发挑饭回来，我们两锄头把他打死，银子我们两人平分。"吴广有听了，连声道："老大说得有理，此话正合我意，到时候我们不能手软。"想到银子多出三分之一，两人异常兴奋，又仔细商量了一番。

无独有偶，在杨土根与吴广有商议如何谋财害命的时候，毛满发在回村的路上也边走边想：三三得宝，不如俩俩偷牛，俩俩偷牛不如独自偷鸡。主意已定，毛满发到家后抓紧煮饭，自己先吃饱，然后将砒霜拌入饭中，再装成两包，匆匆赶回山上。

毛满发回到山上，刚想说吃饭，只见杨土根、吴广有手中的锄头朝他头上砸来，立刻躺在地上不动弹了。见毛满发倒在地上没了声息，杨土根和吴广有从地上捡起两包米饭，各自解开饭包，很快就吃了个精光。他们刚想起身挑银子，突然腹内绞痛起来，叫声不好，就开始在地上打滚，没过多久，也在地上伸直了双腿。

山中发生的一切，被山顶上的仙翁和童子看得一清二楚。仙翁说："你看，很不幸，我先前讲的话还是应验了。"童子感叹道："真没想到，意外的横财会害死人呀！师父，您还是救救他们吧。"仙翁取出三颗仙丹，叫童子塞进杨土根三人的口中，带着童子到其他地方云游去了。

片刻之后，三人从地上醒来，你看我，我瞧你，羞愧地低下了头。再看地上时，那些白花花的银子，已经不翼而飞，只见地面留着几行字："勤耕得来心自安，意外横财反伤身。见利忘义害自己，积德行善泽后人"。三人对着字默念了几遍，终于醒悟过来，对自己的所作所为后悔不已，分别向对方认错求饶。为了告诫自己以后永远不做这种见利忘义、害人害己、灭绝人性的行为，杨土根、吴广有、毛满发一起跪在地上，撮土为香，击掌为信，对天发誓：从今之后，三人要相互谦让，亲如兄弟，共同积德行善，勤耕厚土，过安分守己的日子。后来，他们不仅笃行自己的誓言，还用自己血的教训教育自己的家人和后代，与人为善、勤耕苦读逐渐在村里形成了风气，代代相传。再后来，人们就将三人遇到银子、击掌盟誓的山场称为"银掌坑"。

尽管"银掌坑"的故事是一个神话传说，然而洋背村人总是将它作为真实的故事来讲。同时，"勤耕得来心自安，意外横财反伤身。见利忘义害自己，积德行善泽后人"已经成为祖训，被写进了《杨氏家谱》。据村中老人回忆，解放前，每年清明节祭祖，村中的杨氏、吴氏、毛氏祠堂都要向族人散发"蕨粉粿"，给小孩讲"银掌坑"的传说。所以，这个故事在洋背村妇孺皆知，人人都会讲，而积德行善、勤耕苦读、友爱谦让、相互帮忙的村风一直传承到今天。

（文：庆元农办）

庆元大济村

恩济乡邻崇煦公

大济村位于庆元县天马山南麓，一条由青砖铺设的古驿道由庆元县城直通村内。村的东南部群山环绕，西部为河谷地，发源于天马山的济川溪从村中穿过。大济村是一个有着悠久历史与灿烂文化的古村落，村中古老的木拱廊桥甫田桥和双门桥如今风采依旧。

双门桥又称临清桥，始建于北宋天圣三年（1025），为旌表村中吴榖、吴毂两兄弟连登进士而建，同时激励后人。果不其然，从宋仁宗天圣二年（1024）至宋理宗宝祐四年（1256）的两百三十年间，这个当时方圆不到一公里、人口不足三百人的小村子共有二十五人考中进士。另加上明朝一人，这个不起眼的小村共涌现出二十六名进士，其中更有不少类似一门双进士、兄弟同榜的美谈。那些未中进士而入仕途的大济先人也有百余人，大济确实称得上是一颗文化明珠。因此大济享有"进士村"的美誉，吴敬梓在《儒林外史》中屡次提到的"进士村"指的就是这里。

千百年来，大济崇文尚礼、尊儒重教的氛围吸引了许多名士流连驻足。宋朝时，著名理学家朱熹曾游学于此。明朝时，著名哲学家王阳明也曾到大济讲学，留下了"居天下之广居，立天下之正位，行天下之大道，得志与民游之，不得志独行其道"的遗墨。清康熙年间，大儒陆珑琪也慕名来大济游学，在"日涉园"书院讲学三年。民国时期，孔子南宗第七十四代孙孔繁豪因恭护孔子夫妇圣像，曾避隐于大济，死后葬在大济的仙宫山。

千百年来，大济这样一个小山村之所以文人鹊起，墨香飘逸，还得从开基始祖吴崇煦说起。大济古村由大济、小济及黄坳等地组成，北宋真宗咸平年间（998—1003），先祖吴崇煦带领家人由松源迁居至下滩溪与济川溪交汇之处，也就是古称"樱垟"的小济。至北宋真宗景德元年（1004），崇煦公又扩建村庄，迁至小济南面不远处的"樱垟原"，并将其改名为"大济"，取子孙后代经邦济世之义。崇煦公辛勤劳作，大济也逐渐兴盛。

大济吴氏开基始祖吴崇煦生于北宋乾德六年（968），死于宝元三年（1040），曾任大理评事公。崇煦公是一个有家学传统的人，因此耕作之余不惜重金兴办文教事业，以期子孙光宗耀祖。迁居小济之初，北宋真宗咸平初年，崇煦公便在庆元西门竹坑庄建造亭阁园林，取名豹隐洞，道衣杖屦，逍遥其间，并且聘请名师教授自己的四个儿子（吴毂、吴穀、吴觳、吴彀）应试制艺文章。他的儿子也不负众望，长子吴毂在宋仁宗天圣二年（1024）登甲子科进士，次子吴穀在宋景祐元年（1034）登甲戌科进士。两兄弟十年间共中进士，吴氏家族一时间名震乡里。

吴崇煦重文兴教，泽被子孙，他自己也是一个生性仁厚、轻财重义之人。在当时，受到崇煦公恩泽的人不仅包括他自己的亲戚好友，还遍及远近乡邻。他自幼努力学习，兼治家事，而立之年他感叹道："当其因于未俗自曷休于山林，与其溺于贷利，曷若存心为善。"也就是说如果一味地随俗，不如归隐田园；如果一味地沉浸于功利，不如存心做点善事。

在兴办豹隐洞期间，他重金聘请名士。在当时不太重视教育的情况下，读书之人凡是学业优秀稳重的，即使是家境贫寒，他也诚心诚意地聘请，教育他的子弟，因此很多学士都被他所感动。

当时有一个贫穷的学士，名叫陈生，向他借的钱已经累计达到十万钱。由于陈生生性无赖，家中多数人劝吴崇煦不要再借钱给他。吴崇煦说：因为贫穷困苦才能振作奋斗，因为做错事才知道悔改。来日方长，万一日后他能有一番作为，就算多次对他救济不是很值得吗？于是，崇煦公让家人继续借钱给陈生。没过多长时间，陈生又把钱花完了，两手空空又来借钱。家人告诉他，是不是不出所料，多次让你不要借钱给他，你就是不听。崇煦公说，陈生他已经感觉到非常羞愧了，我如果拒绝他，他就再没有脸面见我了。于是，崇煦公摆酒席接待，又把钱借给了陈生。陈生感动地流下热泪，对崇煦公说：你多次救济我，我如果再不做出一番成绩，死了愿意做枫庄的一只牛，以报答你对我的救济之恩。他还对崇煦公说，牛角折断的牛便是我。几年之后，有人告诉吴崇煦，说陈生已经死了。这时，吴崇煦家的长工告诉他，母牛生了一只牛犊，小牛刚生下来牛角就折断了。吴崇煦叮嘱长工小心饲养，直到这只小牛死掉，而吴崇煦从此也不再吃肉。

吴崇煦尊师重教，乐于帮助读书人，而且自身道德十分高尚，严于待己，宽以待人，乐善好施。

有一次，一位远道而来的人，在吴崇煦家里做事，与同事关系处理不好，便十分生气地走了。当他来到福建浦城，不幸生病死去。吴崇煦说：憎恨不好的人是人之常情，死了之后仍然埋怨就不该了。因此，他派遣家中仆人，到浦城找到旅馆，将此人尸骸运回并埋葬了他。

还有一次，有一位老翁得了重病，他知自己不久将死，便向吴崇煦说起他的后事。吴崇煦知道他家穷买不起棺材，就决定将自己自备的棺材送给他。他的儿子们觉得自己准备的棺材木质很好，做工又精致，舍不得送给老翁。吴崇煦说：我看老翁快要死了，十分悲惨，就答应给他，哪能食言。他不听家人的劝说，还是决定将棺木送给老翁。

有个叫王生的人死了，因为家里贫穷，他的儿子也向吴崇煦求助，希望帮助解决墓地的问题。吴崇煦便将自己选好的邵坞的墓地给了王生。他的儿子们对吴崇煦说：这块墓地是风水先生选的，风水较好，还是适宜于自己留下来用，让王生家人自己再去寻找吧。吴崇煦说：墓地都是要选择一块风水较好的地方，想求得子孙富贵平安。如果不给他人好的墓地，就是不想他人富贵平安，只是想要自己富贵平安。王生着急使用就先给他吧，我还可以日后再选。于是，吴崇煦决定把墓地给王生。

有个在吴崇煦门下做工的人说：我已经离开家好几个月，最近听说母亲生病，不过这里的事很忙，还是没能回家伺候母亲。吴崇煦听后非常不高兴，他说：虽然说孝无始终，但是患病不去照顾那是绝对不可以的，万一一病不起，难道不是悔恨终生吗！吴崇煦劝诫他立即回家照顾母亲，长工十分感谢他，回家后书写孝经贴在家中墙壁上，用来告诫自己。

吴崇煦对待别人很宽容，对待自己却很严苛，对自己的一言一行要求很高，从不做违背德行的事情。

吴崇煦在吃饭前，都要整理好衣服。家人认为没必要这样做，吴崇煦却说：天地赐给人食物，不只是让人活命，除此之外，还要相互尊重、感恩。我整理衣物不是为了自己，而是体恤天心，时刻警诫自己，人与人之间要相互关怀。家人听后，十分羞愧，之后一直秉承他的教诲。

有一次，家中仆人向菜贩买回的笋多了一倍，得意地对吴崇煦说：刚才我用了巧妙的方法，所以称的笋多。吴崇煦说：用欺骗的手段获得东西那是不仁义。吴崇煦十分生气，立刻叫人把多出的笋全部送还给菜贩。

吴崇煦所做的善事远不止这些。凡是亲戚朋友中有孤儿的他一定会收养,等到他长大了,还会为他操办婚事,为他盖造房屋,为他谋取一份差事。吴崇煦还喜欢施舍药物,药物每次都是亲自熬制,所以服用之后药效显著。同乡之人如果有过世的,吴崇煦会赠送钱财和粮食给他家人,即使是乞丐同样能惠及到。而所有这些,他认为都是他应该做的,从来不吝啬。

  吴崇煦平易近人,待人友善,轻财重义,经常施舍别人,因此乡邻十分爱戴他,对他的称赞从未停歇。他的善行义举成就了家族的辉煌,也塑造了大济良善的民风。

(文:王雅利)

松阳杨家堂村

诚信立家杨家堂

　　杨家堂村隶属于丽水市松阳县三都乡，坐落于对面山、屏风山、祖坟山、大山脚、上山头五座大山的环抱之中，犹如五龙抢珠。村中古民居依山而建，错落有致，是人们口中的"江南布达拉宫"。在夕阳映照之下，黄松土筑成的土墙泛出束束金光，显得古朴而又沧桑。

　　枝节交错的古樟树挺立在村口，迎来送往，见证了杨家堂悠久的历史。杨家堂村名也由这古樟而来，据《松阳地名志》记载，因村中有三棵交叉的樟树，所以此地最早被称作樟交堂，后因地方口音雷同，又改称为杨家堂。不知从何时起，村民又将这古樟树称作"樟树娘"，在树下奉上牌位，每逢良辰吉日，便来祈福天佑，求财开运。父母则希冀子女及第成名，光宗耀祖。

　　不知道是不是"樟树娘"庇佑，杨家堂村自古以来文风鼎盛。自清代道光年间以来，杨家堂就涌现出30余名国学生、邑庠生；自民国以来，又有46名杨家堂后人成为教授级别的专家学者；村中的小学更是早在1901年便已建成，甚至比松阳县城创办于1905年的毓秀小学还要早。事实上，杨家堂村之所以人才辈出还是要归因于崇文重教的村风民风，如此良好的风气还得从杨家堂村的先人说起。

　　杨家堂村的村民并不姓杨，而是姓宋。据村中的《京兆宋氏宗谱》记载，村中宋姓村民的先祖是唐代名相宋璟。明朝初年，宋璟第二十五世孙、文学家宋濂迁居浦江，为浦江宋氏一世祖。明弘治年间，宋濂之孙宋可三又迁居松阳县三都乡呈回村。清顺治初年，由于呈回村人多地少，宋可三第八世孙宋显昆迁至20公里外的杨家堂村。至此，宋氏家族在杨家堂村开基立业，已有三百余年历史。

　　据传，宋显昆迁居杨家堂村后凿井而饮，耕耘而食，创业维艰。但是由于杨家堂村的条件限制，一直家道消乏。直到宋显昆的曾孙宋宏堂，整个杨氏家族才发生了天翻地覆的变化。

宋宏堂与宋宏资两兄弟年幼之时，他们的父亲便已撒手而去，留下了他们的母亲蔡氏独自照顾两人。失去主心骨之后，这个本已清灰冷灶的家庭更是雪上加霜，时常是揭不开锅。蔡氏千辛万苦，以女性特有的毅力将兄弟两人拉扯成人。然而更了不起的是，蔡氏深知教育对这个贫困家庭的重要性，两个孩子不仅要成人，更要成材，只有习字读文，才有可能真正出人头地。无论生活如何艰辛，蔡氏总是要求两个孩子要做到"日耕夜读"。哪怕是辛勤劳作一天，晚上也要继续学习。在蔡氏的精心教育之下，两兄弟不仅学有所成，更是塑造了良好的品行。

　　有一天，宋宏堂像往常一样，挑着柴禾往城里走。走着走着，已感疲惫的宋宏堂走进了一个凉亭，没想到凉亭里竟有一个包裹。他打开一看，里面竟然是白花花的银子与银票，略略一数有2000两左右。这些钱对于仍然以耕作为生的宋宏堂而言，毫无疑问是一笔巨资，然而他却没有动心，母亲从小对他的教育便是要诚信为人，他想到的是失主此刻一定是焦虑万分。于是，他放下柴禾，守着包裹，决定等失主回来。很快，失主匆匆赶来，宋宏堂连忙将包裹交还回去。原来，这名失主是衢州木材行业的一名巨商，他见里面钱财一分未少，顿时激动不已，表示无论如何要感谢宋宏堂。推辞不下，宋宏堂就说，其他什么我也不要，不如你留我帮你做事，也算是凭自己的能力赚钱。于是，宋宏堂便留在这位巨商这里做了学徒。

　　在木材行，宋宏堂还是一如既往地勤劳诚信，他的品行和能力得到了大家的肯定。从学徒做起，宋宏堂慢慢地积累起了自己的人脉和资本，终于做起了自己的木材生意。宋宏堂晨兴夜寐，也成了富甲一方的巨商。

　　飞黄腾达之后，宋宏堂仍旧是省吃俭用，他要造福桑梓，回报家乡。他明白，他之所以能有今天的成就，靠的是母亲的教育，让他成为一个知书达理之人。宋宏堂继承了母亲的思想，想到杨家堂仍有许多孩子从小失学，他便在村中建起了学堂，请来教师，让杨家堂的孩子也能从小接受良好的教育，去改变贫困的现状。从此以后，杨家堂村书声琅琅，崇文重教之风日渐兴盛。

　　杨家堂村先人对文化教育的重视，在村中古民居的墙体文化上可见一斑。村中如今仍然存有大量三合院古民居，这些古民居建筑精美，令人惊叹，不过更令人惊叹的是几乎每座古民居的墙上都贴有各式各样的学报和官报。这些墨书文字力透纸背，入木三分，内容既有《朱子治家格言》

《程子四箴》《孝悌力耕》等古训，也有官府传来的喜报。墙体上官报学报数量之多，实为罕见，它无时不刻地告诉杨家堂的儿女们几百年来不变的信仰。正是在这种氛围之下，杨家堂才走出一辈又一辈的优秀儿女。

（文：松阳农办）

松阳横樟村

孝肃清风拂横樟

松阳县大东坝镇横樟村是一座有着八百多年历史的古村,村子坐落于松阳县城南部一处封闭的谷地之中。村子的四周是层层梯田,村南对着美丽的笔架山,背靠留明尖山,四周山峦拱卫村庄,呈"九龙戏珠"之势。村落按"燕子展翅"规划布局,两条小溪呈巨大的"人"字,在村中祠堂处交汇。一条松阳通往龙泉的古驿道横樟岭从村前通过,这是一条全用鹅卵石砌成的通衢大道。村头的水口处是一处观音殿,殿前有棵古樟树,树的枝干横伸至路外,村子因此而得名。

村中的村民大多数姓包,据横樟包氏家族谱牒可以知悉,他们的先祖正是被称作"包青天"的北宋名臣包拯。南宋宝庆年间,包拯第五世孙、大理寺右评事包仁因得罪当朝权贵,由兰溪避居松阳蟾湖。明朝末年,包仁第十七世孙包继昱又迁居至横樟村。包拯的清官形象以及清官故事在中国家喻户晓,成为中国历史上无人企及的正义的化身,包拯死后被追赠谥号"孝肃"。横樟包氏后人不忘祖训,讲孝道,重信义,刚正清廉。如此孝肃之风,从横樟包氏祠堂可窥一斑。

包氏祠堂建于清乾隆四十三年(1778),其规模气势宏伟,至今保存完好,在横樟村人眼中乃圣洁而钟灵毓秀之地。宗祠位于村中央,坐东朝西,大门正对古官道,正是东坑与横樟源交汇处。原有蟾湖包氏宗祠的"丹阳世家""孝肃遗芳""天朝司理""翰墨流芳""筠溪望族""四世进士""两代翰林""两浙宾选"八方匾额,现在仅留一方南宋绍熙五年(1194)南宋哲学家陈亮为当时礼部尚书包仝立的"翰墨流芳"匾额仍完好无损地悬挂在横樟包氏宗祠,这块牌匾族人视为镇堂之宝。祠堂内,除了匾额,还有多组珍贵的先祖像壁画,堂柱还镌刻多副楹联。如"睦族无他方,常念祖宗一脉;传家有大道,不外耕读两途"。这些楹联彰显出包氏宗祠的历史地位和文化品位,也道出了包氏子孙恪守耕读传家崇文重教的家风。包氏自始迁祖包仁开始就以"四世进士，两代翰林"而扬名于世，后裔中有贡生52人、庠生163人、国学生74人，而走上仕途的也达95人之多。出仕者，严守《包拯家训》："后世子孙仕宦，有犯赃滥者，不得放归本家；亡殁之后，不得葬于大茔之中。不从吾志，非吾子孙。"包氏后人尊崇祖训，不管是秀者为士，还是朴者为农、为工、为商，其中不变的是包氏家族的孝肃家风。为官者清正廉明，为农工商者，勤俭节财，为富举义，乐善好施，造福乡邻。

包氏家族耕读传家，孝肃为人，遗风蔚然。相传"登侯堂"建造初始，墙磡砌了三年，一年塌一次。主妇很贤惠，她对砌磡师傅说，不怪师傅，只怪自己无福气。师傅很感动，便更加用心，承诺"万年牢，万年牢"。于是打石师傅用一块从横樟源山上破的岩石，加工了整堂的石板，还用多余的石材打制了一对石鼓送给主家。墙磡至今牢固，石鼓依然摆在正堂前柱两旁。

经年累世之后，包氏后人富甲一方者不在少数，他们同样是崇仁重义。包氏后人包国宾修建了蟾湖至独山渡口四十余里路，包文明一次性捐出六百石粟，村前的古驿道横樟岭也是由包仁的第八世孙包可观出资建造。当地有一风俗，凡是建路结余下来的钱是不能够用到其他地方去的，所以包可观建好驿道之后，把钱埋在半山亭的地下。多年之后，有一个老人来到半山亭，在亭内吸着旱烟消遣时光。当他吸完烟，他把烟头拿到地下敲敲，突然地下发出一声声闷响，似乎这个地方下面是空的。老人感觉好生奇怪，于是赶紧拿来锄头，将地挖开。没有想到，他在地下挖出一个大锅子，里面竟然全是金银，这些金银正是包可观当年埋下的造路结余资金。乡人相传，清末包庭基出资在县城南门建渡船，过渡客人只要是包姓，或者斗笠上有个"包"字的，一律免费乘渡船。由是观之，其孝肃民风与族规家训之间应当不无关系。

包氏祠堂门口有一块碑石，称"永禁碑"，立于清朝咸丰年间。内容为除每月的初二、十六外，不许强丐强讨。为什么要立这个碑呢？乡人说，由于富裕，有很多外地来的乞丐成群结队到这里乞讨，当时的县衙为了保护包氏祠堂，就立了这么一块碑，禁止乞丐进入祠堂。正是因为包氏族人孝肃传家，崇仁重义，因此得到周边乡民钦敬，也让包氏祠堂躲过一次次的天灾人祸，至今保存完好。据村民回忆，历朝的农民起义军抑或土匪草寇来到这里，听说这是包氏祠堂，村民是包青天的后代，这是一个以

"孝义"和"廉洁"治家的宗族，便肃然起敬，绝不敢进入祠堂毁坏财物，因为这里是圣洁之地。据说，日本鬼子当年来过，奸杀过女人，抢劫过财物，但也没敢烧掉祠堂。

包氏后人的孝肃之风在近代的代表人物当属包芝洲。包芝洲（1873—1929），讳志周，字道生、岛笙，号耐思、留名山子。包芝洲原为贡生，历任清军一营、三营军需长，后参加革命，民国后为松阳县军政长，浙江军政府立法会议员，处州军政府参谋长，浙处陆师统领本部书记官，浙江省第一届省议会议员。

包芝洲参加革命，还得从他跟吕逢樵的故事说起。一天晚上，当时还在县学读书的包芝洲外出游玩，看到一中年汉子发高烧，躺在街巷口快不行了。于是，他马上将病人带去医治，还把自己的学费拿去付了药费。病医好后，患者了解到详情，十分感动。这患者可不是一般的人，他叫吕逢樵，早年追随孙中山、黄兴等人参加辛亥革命，是辛亥革命的先驱人物之一，曾率军光复处州，任处州军政府都督。多年之后，吕逢樵找到包芝洲，相邀参加辛亥革命运动。

参加革命之后，包芝洲机智勇敢，为革命作出了贡献，曾让大财主黄石增为一根辫子付出五万五银洋。相传，吕逢樵为报仇，要杀黄石增。那阵子"留辫不留头"，黄石增为保命，又不肯剪辫子，怎么办？包芝洲便出面斡旋，罚了黄石增五万五千块银洋，用于修筑县城南门的防洪堤。堤修好之后，银洋还有多余。包芝洲是监工，于是把多余的银洋一人一块，排队发放。人们听说有银子发，都来排队。修堤还发银子，这件事一时间在民间传为美谈。黄石增难以咽下这口气，万贯家财也难守，想想还是把子孙送去读书做官好。

有位龙泉的财主为了一条十多里的源头山场与人打官司，打到省里都没有打赢。财主便来请包芝洲，说这官司只要能打赢，就将山场相送。包芝洲决定出面，他悉心准备，最终将官司打赢了。龙泉财主也不食言，要将山场送给他。不过包芝洲却是坚决不要，后来只收了几年的山场租息，用这笔钱在县城荷田岭下盖了十来幢"三间两客轩"房屋。对待自家的长工，包芝洲也是悉心照顾。包芝洲有位长工老实本分，包芝洲就为他置办山场田地，四至界限都很明确，以免与他人发生纠纷。

包姓族裔子弟大都"负笈担囊，亲就门墙"，他们或以武艺高强，军功授职；或以文章显贵，位列仕宦；或以善行懿德，旌褒彰显；或以书文业儒，教育后生；或以精研岐黄，悬壶济世；或以习文致用，亦农亦商。正是包氏孝肃家风，孕育出了藏龙卧虎的横樟，生动地展现着传统乡村的生活体系。

（文：徐然虎）

第五章 乐善好施

淳安富泽村

光棍筑桥渡乡邻

富泽村位于淳安县千岛湖畔，是全县唯一的少数民族村。富泽村依山傍水，风景秀美，不仅盛产红曲茶、翠冠梨，更有着浓郁的少数民族风情。全村除畲族外，方姓居多。据说富泽村曾经有座石桥，名为"光棍桥"。提起光棍桥，富泽村的男女老少无人不知，无人不晓。

解放前，富泽村仅有5幢瓦房，8间茅草棚，人口不过百余人，其中畲民只有38人。当时，富泽村与外界联系的只有一条从原淳安县茶园镇通往建德山区的小道，村民生活常用的柴米油盐、衣物等日用品的购买都要经过这条必经之路。在富泽村的大山深处，一条山涧小溪蜿蜒而下，全长有8公里。小道依水而建，途经小道要涉水18处，而村民在小溪上简单搭设的木桥或摆放的石头在大雨后常常被冲走。

现富泽村村委门前就是其中的一个老渡口，是多条山涧水流汇合之处，一遇上下雨天，山涧小溪洪水泛滥，水大浪高，雨后不得不过好几天才能渡过这个渡口。其间村民就无法出门，生活极其不便。有一年春天发大水，这个渡口中断了好几天，村民们眼看也快断了粮，一些村民为了把砍下的柴禾挑到茶园镇换粮食，来到渡口想渡水，没想到洪水太大，几个村民渡水时不幸被洪水冲走，被冲走的几位村民家中大小数人因无强壮劳动力，也相继饿死。

在村后山湾住着一位名叫方不才的男子，三十多岁，父亲因渡水被水冲走，母亲平时就身体虚弱，加上父亲的离去，忧思成疾，而后离开人世。方不才是个老实人，平时不大讲话，在村里一直独来独往，一些村民在背后都用哑巴、笨蛋羞辱他。目睹父亲和村民的相继离去，方不才悲痛不已。方不才虽然平时不怎么讲话，但心里清楚，如果不修建石桥，富泽的日子没法过。他开始召集村民筑桥，但由于失去父母，又没有成家，村民都看不起他，说饭都吃不饱还想筑桥，说他是疯了。在别人的冷眼嘲讽下，他毅然开始了筑桥。

方不才在离渡口不远处的一块巨石旁砍柴割草，用了几天时间搭起一座茅草棚住下，而后他每天起早贪黑叮叮当当地敲打起这块大石头，站在那里看的人也有，叫他不要傻的也有，他都不去理会。大概花了半年多的时间，他终于把这块巨石打造成两块长5米、宽60公分、厚40公分左右的石条。随后，他又开始从石条往渡口处开挖了一条平坦的路。村里有老人问他这是要干嘛，筑桥，这不是笑话吗？他避而不答。路挖好后，方不才把原来的草棚拆掉，到渡口处重新搭起草棚，独自一人开始他的新劳作。他把原渡口的水改道而流，在原渡口两边的路头用石头砌起高高的石磅。

到了冬天枯水期，他又从附近取土，在河道里两石磅之间筑起与石头磅齐平的土坝。一块条石重达几千斤，方不才一个人当然搬不动；他想请一些人来帮忙，可是请人是要花工夫要花钱的。他想了想，就把老母亲攒下来给他娶老婆的本钱拿了出来，从外村请来十几名强壮劳力。大家一起用木棍等农具，通过滚、拉、推等土方法，把大石条往渡口搬。搬动途中由于搬运不当，有一块石条搬到离土坝不到几米处断为两半，方不才想了办法，砍了一根大栗树锯为两半，放在另一根大石条两边用于固定。石条搬好了，方不才付完了工钱，父母留下的老婆本就全没了，家里穷困潦倒。看到桥筑了起来，村民也被他这种愚公移山的精神所感动，纷纷参与到挖运桥下土坝的工作当中去。很快小溪上的第一座石桥就建了起来，然而方不才的手上、肩上都长满了厚厚的茧子，背也弓了，腰也挑弯了。看到村民都积极行动，方不才意识到筑桥修路有希望，他又开始了十余年的筑桥修路生涯。

岁月不饶人，方不才年龄越来越大，身体也越来越差，就算有钱也没有人愿意嫁给他。就这样，他一个人一直住在渡口的茅草棚，筑桥修路，维护着这座桥梁，并为往返的村民提供茶水。都说好人长寿，83岁那年冬天，方不才离开了人世。本村及邻村的村民得知这一情况，都赶到渡口茅草棚，悼念这位好心人，含着悲痛为老汉送行。为了纪念老人的恩情，人们就把这座石桥叫做"光棍桥"。

随着经济的发展，新技术新设备的投入，现代化桥梁道路逐步改变了山区农村面貌，这座石桥也随之被淘汰，久而久之就消失了，但人们对方不才筑桥修路的事迹仍赞不绝口。

（文：雷荣吉）

{淳安儒洪村}

造桥利民承父志

儒洪村位于淳安县大墅镇上坊溪口,与千岛湖相邻,千里岗余脉环绕四周。村中村民主要姓余,淳安余氏尊唐天宝年间由京口迁居遂安九势山下萝蔓塘的大康公为始祖,因家族繁衍兴盛,后汉隐帝年间(949),大康公第八世孙以礼公携次子万倾公开基儒洪,至今已逾千年。"儒洪"二字得名于"儒水钟灵、洪峦有象、八景钟奇、义有取尔"之景象,并有"洪儒辈出、人杰地灵"之寓意。事实上,儒洪历史上确实人才辈出,自宋至清,共出进士五人、六部官吏十人。因此,儒洪享有"千年古村洪儒辈出"的美誉。

儒洪村风景秀丽,桃林溪、上坊溪在此汇合而成儒洪溪从村中穿过。在儒洪溪上横亘着一座三孔石桥麟振桥,关于麟振桥的建造,村民之中还流传着数个版本的故事。

在1997年编著的《儒洪村村志》当中,收录了一篇时任遂安县知县邹锡畴所撰的《麟振桥记》,详细记录了麟振桥的建造过程。据《麟振桥记》记载,清朝乾隆年间,儒洪村内有一村民叫余彦招,字廷旗。余彦招天性善良,凡是能够帮助他人的事情从不推却。当时村内儒洪溪怪石林立,每逢春夏水涨,水流湍急。人们穿过这里时,一不小心跌落水中就容易丢失性命。到了冬天,溪水冷彻骨髓,过往行人涉水而过时极易因体力耗尽而不慎摔倒,随身行李也是摔个粉碎。这样一条河,对于过往行人可以说是险象环生,就算给很高的报酬役夫也不愿经过这里。余彦招见到此情此景,十分伤心,心中默念如何才能使过往行人免除举步维艰的局面。于是,余彦招动了在溪上建桥的念头,并且倾尽全力。可是由于家庭条件有限,余彦招始终没有凑齐建桥所需资金,最终抱憾而终。临终前,余彦招对妻子说:"如今溪上来往行人越来越多,行人遭遇危难的几率也是越来越大,想到这我就感到忧愁。我有志于在溪上建桥,可是并没有实现。我们宗族人丁兴旺,可是我却只有一子一孙,是不是因为我德行浅薄,才没有繁育更多的后嗣呀？这是我这一辈子仅存的两件遗憾事。"说完后，余彦招便离世而去了。

余士万，字萃一，余彦招之子。余彦招去世后，余士万十分伤心，哀毁骨立。这时，他母亲告诫他："你难道忘记你父亲的遗愿了吗？"余士万哭泣着说："不敢忘。"于是，余士万决定继承父亲遗志，继续在溪上筑桥，否则就是不孝。在母亲的鼓励下，余士万克勤克俭，平日除了赡养母亲十分慷慨之外，任何事情都是精打细算，节俭程度远甚之前。过了几年之后，余士万终于积累了一笔资金，他感慨地说道："我终于可以继承先人遗志了。"于是，余士万开始购买石材，召集工匠，准备造桥大业。造桥过程中，余士万是"量程聚粟，经理条密，小大不遗"，对待工匠也是无微不至地照顾，宽宏大量。大桥在乾隆二十七年（1762）春开工建造，于乾隆三十年（1765）冬完工，前后首尾相加总共历时四年。大桥建成之后被取名为麟振桥，以表达子孙对先人的怀念。更神奇的是，余士万第二年又生了一个儿子，实现了他父亲的第二个遗愿。麟振桥的建造凝结了余彦招和余士万两父子的心血，也是余士万孝心的体现，最终方便了过往路人的通行，得到了临近村民的赞扬。《诗经》说："孝子不匮，永赐尔类。"余士万子承父志造桥利民就是最好的例证。

不过说起麟振桥，儒洪村民知道的并不多，村民更愿意称其为儒洪卷桥。在村中，村民至今仍流行讲一句"余相旗卷卷桥"的口头禅，"余相旗卷卷桥"就是指余相旗造儒洪卷桥的意思，表示某项工程浩大，工程建设者心胸开阔。余彦招字廷旗，与余相旗仅一字之差。余相旗是否就是余彦招不得而知，不过儒洪村民中间的确流传着另外一个建造儒洪卷桥的故事。

据儒洪祖辈的口头相传，村中曾经有一对余姓中年夫妇，生活十分贫困，为了生计，终年在外奔走流浪。有一年秋天，他们突然发现流浪中的妻子已经怀有身孕，就打算回家。他们在翻越一座大山时，天色慢慢变黑，突然之间电闪雷鸣，风雨交加，他们只好在半山腰的一座凉亭里过夜。这一夜，妻子因怀有身孕，加上奔波劳累，很快就酣然入睡，而丈夫想到家里穷困，妻子又有孕在身，担忧今后怎样过生活，就是睡不着。

不知过了多久，忽然传来"叽咯""叽咯"的推车声。丈夫走出亭外，只见亭外金光闪闪，一队彪形壮汉推着独轮车向亭边走来，独轮车上装满金银。丈夫一数，正好有七辆独轮车，于是不禁问道："这么多金银，你们推到哪里？到什么人家去？"其中一个壮汉答回答："推到遂安儒洪余相旗家。"这时，丈夫一觉醒来，见天刚刚发亮，雨仍在下。想起梦中情景，他十分惊讶，因为他想不起来儒洪村还有一个叫余相旗的人。不过，他也没有多想，天已经亮了，他带上妻子继续赶路。

第二天天黑时分，两夫妻回到家中。到家之后，妻子的肚子马上痛得厉害，要临产了。妇女生孩子要大量热水，可是两人常年在外，家里什么也没有。于是丈夫就跑到屋后菜园地，去拔几个南瓜柱回来烧开水。可是将南瓜柱拔起来的时候，顺同把泥土也带了上来。借着月光，丈夫发现南瓜柱下面，泥土掩盖着一块青石板。他当时来不及细想，把石板盖上了事，赶紧回家烧水。等到水烧开，他的妻子已经开始生产。这时候妻子痛得厉害，她抓住床头的箱环，把箱也开启了，最终产下一男孩。两夫妻取"箱启"的谐音，为孩子取名相旗。第二天，丈夫又想起昨晚青石板的事情，走到菜园，撬开青石板，竟然发现七缸金子。原来梦里七辆装满金银的独轮车是真的，就是送给相旗的。

余相旗出生带着七缸金子而来，自幼也是生性善良，乐善好施。等到他慢慢长大，发现村中小溪阻断来往交通，十分不便，就决定出资建桥，建桥的资金就是七缸金子。

传说儒洪卷桥的开建，惊动了上天。八大仙人对余相旗造桥的动机议论纷纷，各持己见，最后决定派铁拐李下凡一趟，以验真伪。如果真是仗义疏财、乐善好施的义举就给予帮助。如果以建桥为名收敛钱财，就予以揭穿。

话说铁拐李摇身一变，手拄拐棍，脚生烂疮，整个人衣着破烂，肮脏不堪，拎着个破碗，跛着腿蹒跚来到遂安儒洪，见工匠们有的凿猪食槽卖，有的脱衣服捉虱子，有的躺着睡觉，余相旗见了也不加责备，照发工资照管饭。原来余相旗宅心仁厚，对待工匠们绝不会事事计较。他认为工匠凿猪食槽卖是因为家贫，脱衣服捉虱子是因为身体难受，工作时候睡觉是因为工作劳累。大家都是乡亲，就没有必要太过苛刻了。见余相旗一副菩萨心肠，于是铁拐李就试探性地来到余家要口饭吃，谋点事做，余相旗满口答应，用酒饭待之，并安排与工匠一起工作，能做多少就做多少。铁拐李想能帮什么呢？闭眼一想，工匠们凿的桥心石是不合的，到圆桥之日定当另造，那就帮他们造一块桥心石吧。铁拐李选好一块与众不同的石块后，每天吃了睡，睡了吃，有时凿几凿，有时又酣然入睡，又臭又脏，其他工匠都冷眼相待,以为是个叫花子来谋吃的,并不在意。等到桥心石打凿完工,铁拐李化身而去。到了乾隆三十年(1765),当石桥快竣工之时,人们发现最后上的桥心石怎么也合不拢。正当工匠们议论纷纷,准备选择石块另凿之际,主人余相旗想起了跛子工匠凿过的一块大石头,便找来一试,没想到不窄不宽正好合适。当大家开始寻找跛子工匠时,已经杳无音讯。此时,余相旗恍然大悟,这肯定是仙人相助,所以这块"桥心石"也被叫做"仙助石"。

　　麟振桥历经岁月沧桑,如今已是爬满藤蔓。虽然对于它的建造,村民有不同的传说,但是余氏先人正德行善却是一致的,这构成了儒洪村文化底蕴重要的一环。

(文:余允倜)

> 奉化大堰村

千年望族桑梓情

　　大堰村地处奉化县奉化江上游，背倚天台山余脉，旧属连山乡，是一个历史悠久、文化底蕴深厚的古村落，村内王氏为大姓。据考证，大堰王氏从始祖唐朝银青公开始，到明朝的先祖王玄溥、王训、王钫、王希文、王宪明，再到现代著名文学家王任叔（巴人）、女教育家王慕兰等，人才济济，不愧为千年望族。在大堰村，王氏先人所留下的不仅仅是千秋功绩，更有造福桑梓的美德。

　　大堰村内至今仍保留着造福一方的清官王钫的故居。王钫故居原为厅堂三进，如今尚存大门以及中堂。大门面阔三间，顶部耸起似牌楼，中门前左右各有石狮一只，昂首相向而蹲。三级踏垛左右各有拴马石，人称狮子阊门或尚书阊门。门楼最早取名为"尚义坊"，因为王钫的祖上王文琳在明正统六年（1441）曾捐粟2600石，以赈济灾民，朝廷因此授他宣议郎，又特地为他建造这个门楼，取名"尚义坊"，以表彰他急公好义、乐善好施。

　　王钫（？—1566），字子宣，号印岩，明工部尚书。王钫6岁从师读书，自幼聪慧勤奋，明嘉靖二年（1523）中进士，最初任南京工部都水司主事，不久转为刑部郎中，最后官至工部尚书。王钫在任期间，政绩卓著，71岁后引退居家，去世后追封太子少保，赐祭葬，谥简恭，著有《印岩集》。

　　做一名公正廉明的好官是王钫一生的志向。在刑部郎中任上，他审案周详缜密，不枉曲无辜，也不放纵罪犯，深得百姓爱戴。后迁任福建邵武知府，执掌一方政事，颇有政绩威望。但他刚直不阿的个性，使他的仕途产生了一些波折。在任福建邵武知府期间，王钫得罪了自己的顶头上司福建巡按白某。这位上司借机重新审查王钫判决过的刑事案件，从中寻找破绽和漏洞，以弹劾这个令他难堪的下级。但是，随着审查的深入，白某发现王钫办案条理清晰，精准到位，判案严谨合乎情理，没有把柄可抓。

王钫终于躲过这一劫，并且在任满考绩时，被评为"清操士"，得以升任福建都转运使兼福州知府。后又升迁为都察院右副都御史，提督南赣、汀、漳军务。当时辖地的侗族常常滋生事端，社会不得安宁，王钫选择的是去体恤那些老而无后或幼年丧父之人，抚慰那些流离失所的人们。但凡普通老百姓能够平安度日，除非有着深仇大恨或别有目的，谁愿意冒着生命危险去搞暴动、造反呢？就这样，王钫不用一兵一卒就将辖地治理得安定和顺。

后来王钫又出任兵部右侍郎兼都察院右佥都御使，总督两广军务，兼理巡抚事。当时两广山林间马天恩、李汝瑞为首聚众数千人，立寨两百余处，常常骚扰百姓，当地百姓苦不堪言。王钫上任后，调兵进剿，擒获了匪首和众多盗贼，使地方上恢复了安宁。于是朝廷对王钫予以嘉奖，他的一个孩子获得了世袭官爵。1558年，倭寇由海道入侵福建，进而屡次进入广东省揭阳、潮阳等地，烧杀掠夺，无恶不作。王钫再次调兵遣将，多次出击，均获奇胜，共歼俘倭寇700余人，解救被劫男女数十人，使倭寇不敢再轻易骚扰两广沿海。为表彰王钫的政绩，朝廷赏赐白金、文绮，他另一个孩子也获得了世袭官爵。次年，嘉靖帝任命他为南京都察院右都御史，负责监察、弹劾百官。因为他刚正不阿，不趋炎附势，又廉洁自律，因此官场一时间风纪肃然，权贵敛手。王钫最后改任南京工部尚书，直到71岁后引退居家。1566年，王钫在家乡大堰逝世。

固然年代已久远，但关于王钫的故事并没有被湮灭，他的品格，他的才情，他造福桑梓的故事代代相传。在大堰南溪西岸村山上，有一个叫近天塘的水塘，相传是嘉靖皇帝命名的。大堰是名副其实的山区，土地比较贫瘠，又因灌溉水源得不到保障，一年到头收成不好，百姓生活不易。有一年，王钫回家乡省亲，看到乡亲们种的稻谷因干旱颗粒无收，心里十分难受，决心做一件实事，替家乡的百姓减轻负担，便奏请皇上要求减免连山乡的皇粮。皇上要他作一首诗说明老百姓的贫穷，王钫当即写了四句诗："廿里横山九渡水，畈畈沙滩出芦苇，粮食种在高山上，十年倒有九年灾。"皇帝一听，心生体恤之情，正想下旨免粮赋，不料赵文华出列奏道："万岁，微臣也想作诗一首。"皇帝准许后，赵文华呈上刚作的诗："水源本是高山来，丘丘山田像楼台，万岁如若不相信，额角头上怎出汗？"皇帝听后，觉得赵文华说得也很有道理。正当皇帝举棋不定的时候，王钫又奏请说道："万岁，臣请万岁派人前去明察是否属实。"皇上采纳了王钫的建议，便命令钦差第二天一早就去连山乡探个究竟。

王钫连夜备好快马，暗地里派人快马加鞭、日夜兼程赶往家乡，教村民们如此这般地预先作了周密安排。等钦差赶到大堰南溪西岸村山上时，已经是晚上。钦差正想在不远处的驿站住宿，只见众多农民点着火把，挥镐铲土，汗流浃背。钦差赶紧上前询问原因，众人回答道："久旱无雨，为赶时间，只能日夜挖塘，以蓄水浇灌山田。"第二天一早，钦差不敢多加逗留，马上启程回京，面见皇上，将路上所遇到的情形如实相告。皇上知道大堰村民在几百米高的山上挖塘抗旱之后，心生感触："为求生存，高山挖塘，着实不易！山塘之高，已近天堂，此塘就叫近天塘吧。"并下旨减免了连山乡百姓的皇粮。

王钫心系家乡、为民请命的美德感染着大堰王氏后人。大堰村大溪路上有一栋三百多年历史的白闾门，记录了另一个造福家乡的故事。白闾门最令人称道的是梁上刻有反映我国传统文化的雀替图案，生动活泼、含意隽永，靠东横梁上的图案是一只羊用前脚跪着吃奶，母羊正扭头回盼。四周皆长草，随微风动处，草丛起伏。靠西的图案是一只乌鸦衔着食物飞回家，意即小乌鸦为了报答父母的养育之恩，当父母年老不能外出捕食时，就将食物口对口地喂养年老的父母。由此往南再走十步，横梁上又刻有两种图案。靠左的是一人在地上作熟睡状，附近有一只小狗在旁边守护，就是指狗为忠诚的象征。靠右的图案是一匹鞍马在四处寻觅主人，就是指马为义气化身，对主人始终不离不弃。这四种图案表达了建筑原主人对当时社会中的"忠孝节义"的欣赏，并将此作为座右铭来明志表节。

房子的主人叫王四佐，根据《大堰王氏宗谱卷二》（光绪庚寅年重修）记载，王四佐"生于康熙壬戌年八月十二日辰时，卒于乾隆庚申正月十五日辰时"，是当时的国学生，由柏溪迁徙至大堰白闾门，他为人慷慨好义，乐善好施。雍正五年（1727），他独自拿出五百金建造本邑明伦堂，被授予"敦善不怠""义揭公墙"的匾额。有一年遇到大饥荒，他又拿出千余石粮食救济族人，还在郡城育婴堂捐田四十亩。他去世后，有当地官吏十分哀伤，将其请入义祠，并命令将其载入郡县二志。

数百年后，王四佐的后人又走出了一位颇有名望的人。他叫王景池，官名鳞飞，字子霖，号个山，考中甲辰恩科举人，被分配到四川做官，历授峨眉、峨边、彭水、经、巴县、阆中等任。咸丰年间，太平天国将领石达开率军远征四川，王景池率部属进行抵抗，因有功"升用酉阳州钦加知府衔,赏换花翎"。据族谱记载,王四佐"宦蜀二十余年,廉明仁恕名,所在有声,蜀之称贤……首屈一指"。

王鳞飞为官为人的高尚品德深深地影响了他的女儿——王慕兰。王慕兰是奉化民国时期有名的女教育家。她出身书香门第,是我国现代著名作家、学者巴人的姑姑。王慕兰自幼随父入蜀,耳濡目染,秉承家学,博览经史百家,工诗词,国学基础甚好,成为奉化有名的"闺阁诗人"。

王慕兰热心教育,见到家乡只有男人上学,没有妇女读书的地方,便筹办了一所女校,特办一个启蒙班,专门接收乡下来的大龄女子。她曾指点蒋介石的元配夫人毛福梅学习文化,后来执教于大公岙、石门、宁海等地。1903年受聘官立作新女学堂首任堂长,推行新学,主张男女平等。其《女子世界》诗云:"大厦原非一木支,平权尚有可为时,炼得彩石天能补,漫惜蜗皇是女儿。"她反对女子缠足,并从学校推及社会。任作新女学堂堂长20余年时间,她每年捐出年薪十分之二,帮助穷苦学生就读,获县公署"巾帼丈夫"奖匾,名至实归。她72岁高龄仍任教大堰村锦平女校以及董家村霞溪国民学校,直至去世。从教40余年,王慕兰吟诗数百首,人称女教育家、"闺阁诗人",也被称为"宁波秋瑾",著有《岁寒堂诗集》2卷、《四明王女史诗稿》等。

千年的历史和典故,千年的建筑遗存,这些优秀传统文化是最深厚的文化软实力。大堰王氏在千年历史长河中文运常兴,名人辈出,它的背后是王钫的祖上、王慕兰的祖上一代代人的接力,那种造福桑梓助困帮贫的精神造就了大堰人文环境的厚重。

(文:陈峰)

文成岭脚村

红枫古道荫子孙

　　大会岭脚村位于文成县大峃镇西北部，村内盛产枇杷、杨梅和板栗。该村四周环山，山川秀丽，泗溪穿流而过，溪水清澈见底，空气新鲜，环境优美。

　　著名的大会岭红枫古道就位于岭脚村。文成大会岭红枫古道是一条元明时期的古道，相传明朝开国元勋刘基曾从这条古道经过，因由岭脚通往百丈漈大会村而得名。古道从岭脚逶迤而上南田山，全程东西走向，长达5公里，共4700级的石阶，全用整齐的青石沿山道铺到山顶。多种名木古树遍布古道两侧，葱郁竹林环绕四方。一路过来，人文景观同样众多，有会吉桥、岭脚亭、半岭亭、会云寺、云亭庵、云顶寺、元末吴成七农民起义时建造的白杨寨遗址等，在半岭亭还有一座用规整的桃花石和青石砌凿而成的正方体古灶台。古道历经数百年，仍保存完好，沿途不同年代的文物遗存，显示了各个时代的历史气息。秋日丹枫红似火，红枫与古道一同蜿蜒盘绕在群山之中，形成了独特的优美景观。相比红枫古道，更为优美的是在山间流传的美丽故事。

　　大会岭始建于何时如今已不可考，据传已有千年历史。在老人们的记忆里，文成通公路前，大会岭是当地一条交通要道，它下经大峃镇可通温州市区、瑞安、平阳，上可通南田以及周边的景宁、云和等地。而占据"咽喉之地"的岭脚村，路上行人总是络绎不绝。村民仍然记得小村盛极一时的繁华景象，林场的木材、城里的盐、村里的山货……往来的人们挑着、扛着各式各样的物件，途经岭脚，再各奔东西。村民们恨不得多长一双手，再多煮一些粥，再多编几双草鞋，以招揽过往的路人。

　　岭脚村里的垟条溪上有座会吉桥，始建于清初，一直方便着过往路人。但是在民国十二年，会吉桥不幸毁于洪水，严重阻碍了当地交通。据桥下石碑记载："往来者皆涉水而过，若遇大水暴涨不可涉，子孙有末路之嗟，慈母有倚闾之望，此情此景大可怜也。"岭脚村因大会岭而兴，岭脚村的村民们朴实善良，从未忘记感恩。民国十三年，勤劳勇敢的岭脚村民出资出力，重建会吉桥，并抬升桥梁。会吉桥至今仍挺立在大会岭脚下，成为村里的一座地标。

与红枫古道相关的故事当中，更具代表性的当属"流米岩"的故事。在古道半岭处有一座亭，名叫"半岭亭"。过去有专人烧茶水，供过往行人解渴消暑。亭边有一座庙，庙后有一块岩，名叫"流米岩"。早年间，大会岭被人踏出一条羊肠小道，岭峻路狭，过往行人时常发生失足死于非命的事。当地百姓见了，谁不寒心哪！只是那个时候，官府腐败，专权霸道，民不聊生，根本不会出钱给乡邻造路。附近百姓家家穷得都揭不开锅盖，就算有心也是无钱无力去修整道路。

直到清朝乾隆年间，半岭上有个打石师傅，人善心好，他不忍看行人遭此灾祸，决心修路以造福子孙后代。他招集乡里百姓，动员膝下儿孙去筹集修路的钱粮。他用了一年多的时间，才凑起一些钱，备起了开山凿岩的工具。只是修路的难度太大，远远超出了他的想象，靠一己之力或者是一村几户人家根本无法完工。再加上官府不闻不问，财主又不肯施舍，这打石师傅劳心劳力，终于一病不起。他知道自己在人世不久了，就把儿孙叫到床前，叮嘱他们一定要完成自己的心愿，把大会岭修好。

老人死了，儿孙们没有忘记他的话，继续开山修路。日复一日，年复一年，直到第四代子孙。有一天，打石师傅的曾长孙忽然梦见一位鹤发童颜的老人，拄着一根拐杖来到他的床前，对他说："我乃上界仙师，念你祖孙四代修行积德，特地拨粮千石，作为你们修路的钱粮，只要你在庙后的一个小岩洞上敲三下，自会流出白米来。"

第二天，老师傅的曾孙醒来，照着仙人的指点来到庙后，见石壁上真有一个小洞。小洞只有一个铜板大小，他用长篾丝戳戳，深不见底，随手在洞口敲了三下，只听见洞里发出沙沙的声响，慢慢地流出白花花的米来。一量，不多不少，正好一升。老师傅的曾孙这一下可快活了，捧着白米回家，还把消息告诉了这一带修路的百姓。大家听了，自然高兴，从此往后修路民工再也不愁吃了。就这样过了三年，大会岭宽阔的石板路终于铺成，从岭脚到岭头四千七百步，步步全是花岗石砌成，过往行人再也不用担惊受怕了。

可是这人世间的事情，总是难以预料。在好心人的身旁，贪心的人总是如影随形。就在路修好的第二天，其中一名工匠的老婆起了贪心，唆使她老公说："岭快筑好了，我们也快走了，何不将这流米的岩洞凿大点，让它多流点米，改善日后的生活呢？"她老公想想也对，于是就拿来铁锤、铁撬去凿那流米的小洞。不料，这一凿，流米岩竟然不流米了，而是钻出两只金鸡飞了出去。从此，流米岩再也不流米了。

如今，大会岭一带还流传着一首民谣："大会有一宝，只养哥哥不养嫂，不怕千人吃，只怕嫂嫂心不好。"当然，修缮大会岭更多的是以善扬善。自大会岭筑道以来，不断有村落族人和热心绅士为古道捐资、捐田产并设立茶堂，修建路亭寺庙。明成化年间，花园人王魁金、王魁珠在岭头建云亭庵和岭头亭，王魁尚在半岭岩下建佛龛和一简陋凉亭，供过往行人休憩。清朝时云亭庵改为云顶寺，凉亭亦重新修建，并增设茶堂，免费为行人供应茶水。一日，西坑敖里人周道亮担盐过岭，中暑晕倒，被半岭亭斋公所救。周道亮康复后即发愿心，并于乾隆七年（1742）出资在半岭兴建了会岭堂3间。施主潘淳也捐俸助建，徐村吴氏众人乐助山场，周道亮还捐出良田22石作茶堂经费所需。光绪十九年（1893），周道亮后裔再次出资修葺老茶堂，并在下首续建5间，塑佛像，招僧人，颇具规模。为感谢周家德行，会岭堂每年中元节盂兰盆会，均会送上一对各重3斤的寿桃给周家。半岭堂、会岭堂虽几度修葺，但如今行人日渐稀少，趋于颓败。半岭亭尚存一座用规整的桃花石和青石砌凿而成的正方体古灶台，约略可见当年情景。

如今，随着文成旅游业的发展，大会岭古道早已美名远扬。每至秋末冬初，游客便络绎不绝，其繁盛远胜古时。岭脚村，也因大会岭变得家喻户晓，村里家家户户开起了农家乐，当起了小老板，日子越过越红火，腰包也越来越鼓。

正所谓：前人栽树，后人乘凉。积善修德，福荫子孙。

（文：魏英雄）

安吉双一村

古村新韵话双一

闻名遐迩的双一村位于安吉县递铺镇东南郊,是一座典型的宋代古村落,依山傍水,风景秀丽。在这里,一座碧波荡漾的凤凰湖水库环村而筑,一条石头铺成的村道留下岁月的履痕,一株逾四百年的古银杏屹立村口,一股淳朴的古村遗风扑面而来。

双一村历史悠久,村中民居多为歇山顶、马头墙,古木移步成景,古井依稀可辨,小桥流水人家,古村风韵犹存。村中朱氏村民均为南宋一代大儒朱熹后裔,足有三百多户,近千人口,是双一村第一大姓。八百多年前,朱熹被钦封为徽国公,其第四代孙朱椿见安吉山水秀美,便举家从安徽歙县迁徙到此定居,寸耕尺垦,繁衍生息。

如今村中古建筑最引人注目的要数朱氏祠堂,至今已有三百多年的历史。整座建筑雕凿重梁,雕刻的人物故事与动物猛兽栩栩如生,惟妙惟肖。墙门门楣砖雕云气纹图案,正厅正中上悬两块匾额,一块为"百寿而康",为清朝康熙元年(1662)所立;一块为"五世其昌",为清朝乾隆元年(1736)所立。观瞻者到此无不肃然起敬,心中陡然升起对先人先贤的崇敬之意。

据《朱氏族谱》记载,朱氏先祖曾立下"圣贤六章",即孝顺父母第一,尊敬长辈第二,教训子孙第三,和睦乡里第四,各安生理第五,毋作诽为第六,作为做人准则和道德行为规范。"圣贤六章"成为朱氏后人的传家宝,在家训家规的熏陶下,古往今来贤人辈出。其中朱熹第二十四世孙朱岳年无疑是其中的典范,他的感人事迹依旧在村民中间传颂。

1924年,朱岳年出生在双一村一个贫困的家庭。在当地,有一首民谣唱道:"山里猫,山里猫,冬天火堆当棉袄,夜晚火蔑当灯照;吃靠背来,走的羊肠道;近山光,远山荒,毛竹树木稀朗朗。"可见当时的人们过着何等辛酸的苦难生活。

新中国建立后,穷人翻了身,朱岳年也是浑身是劲,他遵循祖训教诲，明志树德，立志做一个改造家乡面貌、建设新山村的"开拓人"。1954年，他联络五十多户贫苦农户，组建了安吉县第一个初级合作社，凭借着村民们的勤劳节俭，硬是把原来荒废的竹林劈山抚育，焕发生机。在他的带动下，村里相继办起了六个初级合作社。

1956年，血气方刚的朱岳年对合作社的建设倾注了满腔的热情，他认为"众人拾柴火焰高"，在他的带领下，全村百姓拧成一股绳，建成第一个高级林业合作社，积极开展以毛竹为主的林业生产。朱岳年天天深入林区，一心扑在毛竹丰产上。他总结出"八字育林法"，使全村毛竹生产比原来增加一倍以上，并在全县毛竹生产中推广应用，为当地经济发展作出了重大贡献。1957年和1962年，双一村两度受到国家林业部嘉奖，被评为全国林业先进单位，北京全国农业展览馆展出了"双一村毛竹丰产经验"，全国各地林业战线上的工作者陆续来到双一村取经学习。

朱岳年担任了村里党支部书记一职，他几十年如一日，带领村民致富奔小康。不过他从没有自满自足，并因此停顿不前，而是不断地外出参观交流，谦虚地学习人家的长处，进一步深入对毛竹生产种植技术的研究。他还应各地之邀，派出两百多人次的农民技术员，赴全国各产竹区传授竹林丰产技术。1979年，朱岳年获得全国科技大会奖，"全国劳动模范"荣誉称号，树起了全国林业战线上一面光彩夺目的旗帜。

朱岳年不仅心系村庄发展，而且为人做事坦荡磊落，从不贪占蝇头小利或居功谋私。有一次，村里创办针织厂，村民们推荐他大女儿朱凤琴当工人，但是朱岳年在审查时却把她划掉了，把名额让给了其他人。朱凤琴听说此事之后，很不高兴，朱岳年耐心地加以劝导。在父亲的劝说下，朱凤琴第二天又跟着大伙上山干活去了。又有一次，小女儿朱苏琴读完中学后，一心想回到村里当一个村小教师。他把这个想法跟父亲说了，可是父亲并不表态，而是带着她去看一棵绕在树上的野藤，他指着野藤说："这藤没有这棵树是爬不上去的。"父亲的话朱苏琴听了进去，她知道父亲叫她看藤的用意，绝对不能靠父亲的权力为自己安排安乐的生活。

古人云"居安思危"，朱岳年的家国情怀同样被村人传为佳话。1950年，"抗美援朝"战争爆发，他马上动员三弟报名参加志愿军，雄赳赳气昂昂地跨过了鸭绿江。1972年，他给自己的第二个儿子朱茂云戴上了大红花，送他去部队服役。1976年，"抗美援越"战争爆发，他又动员第三个儿子朱茂强去部队当兵。当时受战争形势的影响，茂强对参军有些犹豫，在村里有时还说些他父亲不愿意听的话。可是朱岳年却说："紧要关头，我不带头谁带头？是我儿子就得上。"面对爱国爱乡的父亲，茂强义无反顾地参了军。在一次战斗中，朱茂强英勇作战，一只眼睛被击中，荣立三等功。

  2005年，朱岳年因病去世，村民们泣不成声。他在双一村工作几十年，时刻谨记家传祖训，他以自己的言传身教，带领村干部一班人，为村民办实事做好事的故事还有很多很多。

  朱氏先人的"圣贤六章"是双一村宝贵的精神财富，如今也已经后继有人。在先人家规家训的基础上，村民又制定了新的家训家规："敬老爱幼家常事，与人和善不可忘，助人为乐心胸宽，宽厚待人乐安康，洁身自好是本分，遵纪守法意识强，富不悖持当自强，举止稳重要大方，待人和气要诚信，勤俭持家记心上，勿信邪教和谗言，知恩图报意义长"，并且将这一家训挂在了祠堂之上。

  对于朱氏祠堂家规家训，每个村民都耳熟能详，熟记于心。在家规家训的熏陶下，村民们自我约束，凝心聚力，以弘扬家风为己任，为朱氏家族再添荣耀。村里有一溜六排八十三间的"大寨房"被完整地保留下来，想当年朱岳年一家子人挤在旧屋里，也不去享受"大寨房"。"大寨房"留住了一代人的美好记忆，也见证了双一村民礼仪道德文化的传承，越传越浓。

（文：黄文乐）

诸暨周村村

乐于助人声名扬

周村村坐落于诸暨市街亭镇北部,由周村、江口两个自然村组成。周村三面临江,一面临山,东与青山头相接,南至开化江,西接双江口,北毗陈蔡江,属山区小平原地区。

周村因周姓聚居而得名,诸暨周氏尊周敦颐后裔周靖为始迁祖。周靖(1102—1163),宣和二年(1120)中进士,后随宋室南迁,定居杭州。南宋高宗绍兴十一年(1141),周靖有感北复中原无望,便隐居诸暨紫岩。他迁居于此后,子孙世代生息繁衍,并向四周迁移。据清光绪三年(1877)重修本诸暨《周氏家谱·紫岩分族图叙》记载:"周氏自南渡居诸暨之紫岩,历宋、元、明以迄昭代,子姓蕃盛,迁居成族者五十余处。"周靖后人形成众多分支族望,诸暨南门周、丰江周、梅山周均为其支裔。到了明朝永乐初年,诸暨南门三踏步人周仕昂,大年三十夜晚路过街亭周村时,被当地人留下过年,后来他就在周村娶妻生子,定居于此。

街亭周村历史悠久,文化底蕴十分深厚,村里流传着诸多仁人志士的故事。嘉庆末年正月初三,是诸暨街亭乡周村太学生周其楠(字石如)八十寿诞。他膝下有子九人,孙三十人,曾孙十二人,这一天纷至沓来,给周老太公奉觞称寿。一番祝词过后,周其楠对儿孙们说,"寿何足称……今吾公田若干,择其膏腴者,十亩产为学田,凡子孙游学泮者,准其收花以资膏火……"这八十老翁为何趁寿诞之际,当子孙面立下捐田助学公志?说来却有一个鲜为人知的故事。

乾隆二十四年(1759)正月初三,周其楠出生于街亭周村一个平常百姓家中。他自幼好学,熟读四书五经,13岁时就考中了秀才,由于成绩优秀,被保送到外地读书,到17岁时已经是太学生了。正当他壮志凌云之际,不料家中老父周文鳌来信说,他人老年迈,已无力操持家业,读书费用也交不起了。周其楠是长子,弟弟尚且年幼,无奈只得废弃举业,返乡打理家务。从此,留下终身遗憾。

回家后，周其楠一边从事田间劳动，种菜种瓜，一边自学。离家一里多路的街亭是一个集市，他靠集市做起小生意。天道酬勤，几年过去，他家境慢慢好了起来，竟成为富甲一方的商人。但他始终以不得不废弃举业为憾，因此把自己求学的愿望，寄托在他弟弟周其椿身上，家里的农活、商事从来不让他干，就让他安心学习，还不惜重资聘请名师教之。

乾隆四十年（1780）刚好是县试之年，周其楠亲自陪同弟弟去县城考童生。功夫不负有心人，周其椿最终榜上有名。周其楠趁热打铁鼓励他说："鸟欲高飞先展翅，人求上进先读书。回家好好学习，再去省城考秀才！"

可惜，周其椿志不在此，虽然多次参加乡试，最终还是以名落孙山收场。不过，周其楠重学好义，却名扬四方。当地的绅士名流都愿意和他交往，县里德高望重的先辈夏鼎、蔡君都成为他的莫逆之交。

嘉庆年间，多地发生农民起义，兵荒马乱造成民不聊生、饿殍遍野。一日，街亭大街上突然涌进了大批难民，不少商铺为防难民抢劫，纷纷关门，有钱的敲门想买东西，没钱的躺在街头哭天抹泪。消息传到周村周其楠那里，他急忙命令家人准备好几口大锅，烧好热粥放入大水桶，让家人挑着前往街亭亲自施粥。这件事情被当地名士雷悦、陈之喻知道了，他们也纷纷加入捐款捐粮的行动当中去，终于平息了难民涌入街头的困境，使店铺没有遭到哄抢，街亭很快恢复了往日的平静。通过这件事，周其楠同雷悦、陈之喻也成了好朋友。

又有一天，周其楠正在上头街一家茶店喝茶，突然听到街上有人大喊："死人了！下街头有人死了……"

周其楠急忙起身，前往出事之地。只见死者一身破旧衣服，蓬头垢面，横尸在布店门前。

于是，周其楠对布店老板说："此人死在你店面前，也是同你有缘。"

布店老板一看，是大善人周其楠，连忙躬身相问："此话怎讲？"

周其楠说："善缘善缘！我从你店买一块白布，再出一块墓地钱，你负责葬了如何？"

布店老板心想，人死在自己店前也不是办法，他肯出大钱，自己只要出点小钱，还能留下美名，何乐而不为呢！于是爽快地答应，马上请人将死者葬了。

一时间，周其楠为过路死人买布、买墓地，成为街头巷尾的一段美谈。

从此开始,每逢饥荒年景或有瘟疫灾情,他都首倡蠲赈。对饥民施以钱粮,对死无墓地的人出钱安葬,不胜其数。

还有一件事也值得一提。一年初夏,周其楠上街发现有家粮店出售稻谷和大米有短斤缺两的情况。于是,他在一家酒坊准备了丰盛的酒席,让店小二去邀请街上所有米市老板来吃酒。席间,只有一家规模较大的米店老板因出门没有来,其他的都到了。酒席开始,他只说现在不是粮食进仓之机,难得有空来作东一聚。说完频频举杯向米市老板们敬酒,却不说任何事情。正当大家喝得高兴之时,一个市民突然跑来向一家店主诉苦,说买的粮少了很多。周其楠一看,一斗粮只有八成多。

这家店主当着大家的面十分尴尬,说:"不会吧?也许是你的秤错了。"

周其楠接过话头说:"对,赵老板一向公平买卖,不会少人家的,少了一定补足!"赵老板急忙应允。

周其楠继续说:"现在正值青黄不接之际,来买米或来借的都是贫民,希望大家能够公平交易,不要让老百姓怨声载道。我自己带头做到,如果发现短斤缺两,大家可以罚我一桌酒席。"

大家吃酒正在兴头上,纷纷表态决不做这种短斤少两的事情,如果发生在自己身上也愿罚酒一桌。就这样,大家相互约定,形成了一个街亭商铺公约。

第二天一早,周其楠又亲自备酒,登门拜访了那家昨天没有来参加酒宴的米铺老板,并说明了昨天桌上形成的经商公约。店老板见状连连说好,也保证一定遵照执行。从此各铺买卖公平,声名远播八乡。

道光庚子年(1840)十月初九,这位助人为乐的大好人——周其楠先生,带着学子梦离开了人世,享年82岁。他亲自建造带有东西二厢的大古宅至今尚在。他当年以十亩良田收益,资助过的学子不下百人。他捐田、捐款、助人为乐的事迹,至今仍为乡人所传颂。

(文:陈孝平)

诸暨溪北村

弃政经商桑梓情

  溪北村坐落在诸暨市东南部，隶属于璜山镇，由溪北、下马宅两个自然村组成。溪北村依山傍水，前有萃溪从东山下过境，后有龙泉溪流经溪口接纳梅溪之水，沿山而下，经庵基湾口曲折向东流出。

  溪北村原本是一块无名小盆地，直至清康熙年间，溪北先祖到此开荒辟野，逐渐兴盛。村内村民主要姓徐，据《溪北村史》记载，徐氏祖籍东海郡，汉时避王莽之乱，南迁浙江姑蔑城北，后又迁至东阳。到明洪武年间，由道礼公再迁至诸暨大成坞。清康熙甲午年（1714），其后人徐俊（祥十八公）从大成坞迁至溪北，成为溪北徐氏始祖。

  当年居住在大成坞的徐氏家族人丁兴旺，而府邸狭隘，一众人口难以容身，于是纷纷外迁，择良地栖居，以另谋求生之道。其中有一族人徐俊，率部分家人来到龙泉溪江北面半山区中的一块开阔荒滩，发现此地地势低洼，南高北低，完全融合在一片无边的葱茏之中。由于此处水泄不畅，每遇山洪暴发，顿成泽国；若逢干旱，霎时河床干涸，沙石裸露，呈现出一派荒芜景象。然而祥十八公深通易理，熟谙阴阳之道，且独具远见卓识，经过反复勘察山水地域之利弊，洞悉其来龙去脉，认定吴峰山前是块风水宝地。于是决心移江造田，同时择地填土，与家人一起在干涸的溪滩上建造了第一幢宅院，名之"行五堂"。并于康熙甲午年（1714），携全家四代同迁新居。因全家老小成长于梅溪，深念梅溪之恩泽；而新居又位于梅溪之北，故以"溪北"命名之。从此，这支徐氏后裔就在溪山碧野的溪水之地——溪北村生息繁衍，开枝散叶。

  溪北以大量明清古民居而负有盛名。自从徐俊父子在溪北建造了"行五堂""燕翼堂"后，至清末徐氏后人又建造了"鸿顺堂""成三堂""德一堂"等二十多幢相当体量的古民宅。

  上百年来，溪北村家家户户种桑养蚕，日子过得红红火火。但要说是谁引进来的，这里有个家喻户晓的故事。

第五章 乐善好施

清同治十二年（1873），徐文耀出生于溪北，字荇生，号宿卿。其父以耕读传家，管教甚严。徐文耀潜心读书，修身养性，成年后俭朴自律，择善而从，终成正人君子。由于他知书达理，为人正直，被浙江省都督汤寿潜所赏识，委任他为都督府总务处长。辛亥革命后，他又被提任为萧山、嘉兴统捐局长，兼烟酒专卖局长等职。

徐文耀在杭任职期间，与马村马氏贡生静斋公长女结下姻缘。其妻生性恬淡，在家操持家务，孝敬父母，并为其生育了三儿一女。凭借徐文耀的为官收入，他们的日子过得还算富裕。然而过着富裕日子的徐文耀并未就此满足，一直以来他都有一个想法：独乐乐如众乐乐。他希望能在自己的有生之年，凭自己的聪明才智，带动全溪北的村民共同富裕。经过官场多年的历练和多方的考察，徐文耀认定种桑养蚕应当是适合家乡村民的致富之路。种桑养蚕，第一年种下桑苗，第二年晚秋可以养蚕，第三年春蚕就可以全面饲养，成本低、周期短、见效快、增资明显。蚕的一生须经历蚕卵—蚁蚕—蚕宝宝—蚕茧—蚕蛾这几个阶段，蚕宝宝仅以桑叶为食，一年能养三茬，每茬28天就可以见到现钱。而且养蚕生产期主要是在四月至十月间，其余五个月是休闲时期，不影响摘茶种田收番薯，是农闲赚钱的好良机。

有了这个想法之后，他便利用回家探亲的机会，招集父母叔伯，给他们讲解种桑养蚕的过程以及各种好处。但是苦于村民没有种桑养蚕的经验，即便知道好处却也不敢贸然把种麦子的山地拿出来种桑养蚕，唯恐辛苦劳作之后没有回报，还耽误了其他农作物的收成，得不偿失。看到村民们的顾虑，徐文耀并没有一味埋怨，也没有轻易放弃。他于是另辟蹊径，让村民在山地上套种桑树。这样既能保证小麦种植和夏种番薯，也不会影响养蚕的时节，村民听后一致认同，纷纷套种蚕桑。

村里有个村民叫阿毛，家里穷得揭不开锅，没钱买桑苗。徐文耀得知此事之后，当天傍晚来到他家了解情况，只见三个不大的孩子正饿着向父母讨要东西吃，常年卧床的老母亲因疼痛微微呻吟，而缸里没一粒米。徐文耀见状很是同情，从衣袋里取出五个银洋交给阿毛去买米。阿毛感激不尽，连声说谢。徐文耀趁机把种桑养蚕能赚钱的想法跟阿毛详细解说了一遍，最后还决定送他一亩地的桑苗，来年再送他蚕种，这样一年下来全家就不愁吃穿了。阿毛听后十分感动，表示一定会种好桑树养好蚕。

当时，村里有个别养蚕户在养蚕第一茬时，产量和质量都没有达到预期的目标，开始失去信心。徐文耀见状，便从外地请来专家查明原因，并进行针对性的指导。经查，原因主要是"出沙"不及时，消毒不及时造成桑蚕染上病，甚至死亡。在严格按照专家的指点操作之后，第二茬的产量、质量一下子提高了，收入也大增。通过试种，村民们尝到了甜头，开始主动扩大种桑养蚕，并逐年增加种桑面积。徐文耀还经常请有关专家和种植能手来村里进行指导，村民养蚕积极性越来越高，净收入也逐年增加。渐渐地，溪北村村民开始自主研究种桑养蚕的技术，劳动创新的积极性越来越高。几乎每个人都快乐地忙碌着，家家户户的日子过得红红火火。曾经的溪北村是一处荒滩，现如今是遍地桑树，家家有桑蚕，一派丰衣足食的繁荣景象。

民国初年，全国上下对改革呼声很高。当局对工业、农业、商业三者并重发展，颁布施行了一系列有利于中国民族工业发展的经济政策，扶持弱势的民族工商业，提倡国货，增加进口税并减少出口税，加强国货竞争力，扩大国货销售市场。徐文耀正是接受了这些新思想，怀着对家乡的热爱，抱着"官可不做，实业不可不办"的信念，解甲归田，返回家乡，扩大生产办茧灶。

由于徐文耀曾对溪北村做出很大的贡献，还时常给村民一些实质性的帮助，所以他在村子里拥有极高的威望。这次，徐文耀把想在溪北和东蔡两地集资开办茧灶收购站和茶厂，方便村民售卖桑蚕的想法与大家说了之后，村民们一致拥护，积极响应，纷纷表示非常愿意把自己养殖的蚕茧卖给他的茧站。

徐文耀的茧灶收购站和茶厂成立之后，他又奔赴多地考察学习，引进先进技术。经他家茧灶加工过的桑蚕，都能产出上等的蚕丝。与此同时，徐文耀还积极开拓销售市场，并在各界人士的帮助下，将全村的蚕丝、茶叶陆续销往上海。

一年夏天，徐文耀去上海谈生意，机缘巧合之下，在一家理发店里偶遇一位讲一口流利中文的洋人。两人志趣相投，谈商论经，相谈甚欢，并相邀理完发后至茶店一聚。交谈中，徐文耀得知该洋人乃一日商，而日商亦得知对面此人便是赫赫有名的徐文耀先生，当下欣喜不已。日商当即表示对有千年文化的中国丝绸颇感兴趣，希望日后能长期合作丝绸生意。徐文耀当然不会错过打开国外市场的好机会，当下双方便愉快地签订了合同。一收到订金，徐文耀就把银洋发给蚕农做本金，扩大生产。有了这个良好开端,溪北村的种桑养蚕生意越做越红火,溪北村村民的生活越过越富裕。诸暨的丝绸也正式走上贸易之路,产品远销国内外。

  徐文耀的生意做得如此兴旺,从不忘记对家乡行善做好事。他为村里捐款办学,大力支持教育事业;资助村里修路建房,搭建塘前光寿亭,改善村容村貌,对困难的村民无不解囊相助。然而天有不测风云,就在他的事业经营得红红火火如日中天之时,民国九年(1920)四月初七黄昏,徐文耀在陪同事外出视察时,不幸被人暗算身亡。惊闻此消息,所有认识徐文耀的仁人志士,无不扼腕长叹,为英才的早逝痛彻心扉。

  现如今,斯人虽然逝去,但他所建立的蚕桑事业一直流传至今。他一生关怀桑梓,热心公益事业,为活跃当地经济做出了极大的贡献,迄今犹为人们传颂。看如今的溪北村,到处都是新建的住宅,甚至有很多洋房和别墅。再看那些遗留的古宅,仍然雕刻如海,造作精美,无不透露着当年溪北村繁荣富裕的景象。这些古宅至今仍能保留完好,必定是村民对徐文耀及先人们的一种缅怀和感恩吧!

(文:楼茵)

绍兴上虞田家村

市井小人展胸怀

绍兴市上虞区小越镇田家村是一个宁静祥和的古村，坐落于杭甬运河之畔。全村由前田、后田、小金星三个自然村合并而成，位于小越镇最东端，与余姚市相连。田家村历史悠久，宋代景炎元年（1276）田氏先祖世本公由山东迁居于此，至今已有七百多年历史。村中有一座国内少见的专门祭祀白居易的"白大郎庙"，据说白居易晚年曾向田氏先人购买田地。白大郎庙五间三进，两侧有厢房，中间设有戏台。西大门两旁石柱上写有一联白居易的诗，"卯耕受社凝芳都荔展躬祠，蓬莱宛在棕榈叶战水风凉"。

不过对于村民而言，村中的田家祠堂有着更为重要的意味，它是几百年来联系田氏族人的精神纽带。自田氏先祖始创基业，一代又一代勤劳朴实的田氏后人怀着富裕、幸福的梦想，在这里艰苦奋斗。清代乾隆朝以后，更有众多田氏族人上京津、下淮扬、进沪杭，经商办实业，将赚来的钱带回家乡救济穷人，兴办公益事业，使田家村成了附近一带有名的富庶祥和之地。在众多田氏工商人士中，尤以田时霖最为突出，目前村中的祠堂正是田时霖在民国初年重建而成。

田时霖（1876—1925），名世泽，字时霖、澎霖（林），号柏祥、梦樵、不羁。田时霖从一个失学少年成为沪上著名木材商、金融家、社会活动家，却又过着清苦的生活，将赚取的绝大部分资财用于家乡的公益事业，力保家乡的安宁，留下了一个又一个佳话。

少年失学，进沪拼搏

田时霖的童年是在苦难中度过的，本来殷实的家庭由于"洪杨之变"（即太平天国农民起义）的波及，祖父将家产基本散尽，用于救济饥民。到田时霖出生时，家庭已捉襟见肘。他10岁时，祖父、父亲、叔父和婶娘相继病逝。母亲陈夫人独自支撑家庭，为抚养6个年幼的孩子（2个叔父的女儿，田时霖和3个妹妹），陈夫人不得不变卖家产，并日夜招揽针线活、纺纱织布以补贴家用。田时霖14岁时，家里实在无法继续维持，陈夫人只得忍痛让自小聪颖、学业优异的田时霖辍学，托人带他到上海木行做学徒。

做学徒期间，机灵的小时霖表现得十分好学、懂事。除了虚心学习木业交易各种知识，他还抢着做木行内其他力所能及的工作，深得木行业主的欢心。在满师后任"跑街"（即业务员）期间，业主甚至将押运朝廷采购的木材这样的重任交给他办理。在京城，时霖通过在朝廷工部任职的族人田徽祥，结识了包括汤寿潜、张謇在内的社会名流。很快，田时霖就被木行业主聘为经理。

没过多久，田时霖便利用自己积累的资金，在上海开办震升恒木行。由于人脉广泛，讲究信誉，木行发展很快。他还大胆开辟进口高档木材进销业务，成为上海为数不多经营"洋木"的木行之一。没几年，田时霖就成为上海著名的木材巨商。

不过田时霖并未就此止步，他还联络田祈原（田家村人）等46名绍籍在沪工商巨子，创办额定资本1200万元的中央信托公司以及国内首家华人自己创办的保险公司，同时出任首任董事长，终于成为上海滩著名的巨商。

恪守祖训，兴学施医

田时霖自幼受到良好家风的熏陶，他的祖父是闻名乡里的善人，接济穷人，排解纠纷，深得乡邻的尊重。父辈忠厚敦睦，其母更是贤惠晓达，自幼就教育子女要堂堂正正，做一个像祖父那样受人敬重的人。田时霖致富并将全家人接到上海共同生活以后，陈夫人更是时时叮咛田时霖："经商虽然是为了谋生，但不能唯利是图，更要服务于家乡父老，不要忘记乡邻在我们无助时给予的关心和照顾。"田时霖没有忘记长辈的教诲，致富以后倾力回报家乡父老。

1911年夏，田时霖与在外地的5名族人共同发起续修《田氏族谱》。经过四年的努力，10卷本的《上虞永丰乡田氏族谱》（清代以前，现小越镇属永丰乡地域）终于告成。田时霖不仅花费了大量精力，而且承担了大部分费用。续谱开始后没多久，续谱发起人之一，任四川松潘总兵的族人田征葵在辛亥革命中被杀。田时霖冒着危险，拿出巨款，派专人去松潘将田征葵的遗体和他的家人接回家乡，得到乡邻的一致称赞。

田时霖在家乡购置田地，修建了一座私宅"凤荫里"。不过，"凤荫里"并非仅仅用于私人用途，"凤荫里"落成之后，在宅第内建办的"凤荫学堂"也正式开学。学校招收田家所有学龄儿童免费入学，教师由田时霖家人担任，经费全部由田时霖支付。其后，由田时霖、田祈原等旅沪族人共同捐巨资兴建的田氏宗祠落成，宗祠内设学校用房 10 间，"凤荫学堂"随即迁入祠内，并改名为"紫荆小学校"。由于入学学生过多，祠堂还将后进功房祠的五间楼房也辟为学校用房。该校是当时余姚上虞两县交界地区规模最大、设施最完善的学校。学生读书免费，所有费用全部由田时霖等旅沪田氏族人按期认缴。

田时霖不仅在私宅内兴办凤荫学堂，后来还在家乡宅第内建办宝泽女子学校，招收附近因封建礼教无法读书的女童入学，女校还附设上虞第一家蒙养院。在田氏宗祠旁，田时霖又出资兴建平房 7 间，在五夫凤凰山购山 30 亩，建办"凤荫山庄"，为贫困无可告贷者、穷人和死后无钱无地殡葬的流浪者提供帮助。

由田时霖牵头、余姚上虞两县交界地区旅沪商人捐资兴建的永济医院在 1916 年开业。这是两县首家西医医院，医生均从上海和各地医科院校中招聘而来。附近地区贫困者、流浪人员入院治疗，凭董事会成员介绍，可以免治疗、住院等各项费用。医院还开办医科学校，为两县培养紧缺的西医基础人才。两年后，余姚上虞两县发生时疫，田时霖便在上海组织同乡捐款，用募得的巨款在上海招聘医生，采购药品，组织医护人员赶赴疫区，救治灾民。

1922 年前后，浙江遭受"壬戌水灾"，曹娥江圩被多次冲毁，由于资金短缺，上虞乡绅不得不请求田时霖回来主持救灾和修复江圩。很快，田时霖便募得救灾款 55 万元，在购买玉米 10 万石、棉衣 1 万件救助家乡的基础上，回乡任"曹江水利下游圩工董事会"董事长。他一面赴沪杭、上南京，与董事会其他成员一起募得银洋 24 万余元，一面请工程技术人员勘察灾情，制订抢险方案，组织民工修复水毁工程。历时两年，江圩修复工程告竣，田时霖却因工程操劳而旧病复发。

胸怀国家，关心社会

田时霖在经商中表现出了非凡的天赋，在社会活动中也表现出宽广的爱国情怀和卓越的活动能力、组织协调能力。但是，他牢记母亲"当今社会做官往往不思作为，当官往往为了捞取厚利。你对他人、对社会要给予，但不要为官，保持田氏先人淡泊名利的本色"的教诲，积极参加社会活动，却干事不入仕。20世纪初，在全国轰轰烈烈的"保路运动"中，他积极主持由中国人自己建设和经营的苏杭甬铁路，并带头入股浙路公司，并被推荐担任浙路公司股东会议议长。

1920年，为抵制西方列强对中国的经济侵略，上海总商会筹建国货商品陈列所。田时霖被推荐担任首任所长，直至1925年病逝。在任期间，他组织全国3.5万件民族工业产品在所内展销，还举办了丝绸产品等多个专题商品展览会，为国货商品的销售打开了局面。

在为抢夺上海鸦片烟税源和淞沪护军使地盘而发生的"江浙战争"中，为促使省政府改变抽调甬、绍两地维持社会治安的军警赴衢州参战的决定，两地分别组成请愿团，田时霖被推荐担任绍属绅商代表和甬绍两地请愿团团长，积极为家乡奔走。

不过，田时霖参与社会活动最为典型的事迹当属他在辛亥革命期间的表现。1911年11月5日，浙江宣布光复时，田时霖全力协助浙江都督汤寿潜做好全省社会治安工作。不久，浙江新军响应孙中山号召参加南京会攻，田时霖承担了军饷筹措、人员和物资转运的任务。后任南京临时政府大总统顾问的朱福诜在评价浙军时说："浙军获全功，转运之劳，澍林为最。"革命胜利之后，南京临时政府授予田时霖五等嘉禾勋章一枚。朱福诜和汤寿潜都劝田时霖到政府任职，田时霖收下了勋章，却回绝了任职要求。他谨遵母亲教诲，坚持回上虞经商。

1925年春天，由于为修复曹娥江圩以及"江浙战争"问题连续奔波，田时霖旧病复发，吐血不止，最终劳累致死，终年仅50岁。田时霖曾在他的一张照片上署名"市井小人"，以此表明自己仅是一个普通人。他一生低调做人，从不张扬。田家人中有个传说：如果时霖要乘火车，哪怕火车开过了也会退回来。但是事实上，田时霖从未如此行事。抢修曹娥江圩和救灾的大功德，他也从未在家乡提起。汤寿潜为照片题词："田时霖君商于沪市……助余而从无纤毫之私……君无私是以不羁，未见小人而无私，更未见小人而不羁也。其诸异于君子，其名小人其实者欤。"

（文：林章苗）

金华婺城石楠塘村

孝义传家石楠塘

　　石楠塘村地处浙中盆地边缘,坐落于武义江畔,隶属于金华市婺城区雅畈镇。走进村中,只见青瓦白墙,依旧是一副古色古香的风貌。村中老街上的青石板是这个古村最年迈的长者,青石板古朴素雅,细密的划痕是岁月的年轮,不知曾有多少车马打这里经过。老街小巷里,粉墙黛瓦,两侧高高的院墙,爬着与古时相仿的藤蔓与青苔,家家门前延伸出一道用以登堂入室的青石台阶,街头巷尾设有一个拱形门,包围出一个相对独立的静谧空间,别有一番风味。

　　走进老街旁的深宅大院,不经意间便邂逅了当年"石楠塘式的奢侈",这其中最具特色的建筑当属见证石楠塘四百多年盛世繁华的永清徐氏宗祠。村中有一首诗,"天然左右两丘陵,型肖双鱼跃水凌。春涨秋洪当砥柱,山明水秀映鱼灯",说的就是徐氏祠堂。祠堂始建于明朝万历年间,由徐姓十三村共同出资修建。徐氏宗祠结构严谨,规模宏大,占地1047平方米,特别是梁架结构全部采用石材,工程浩大,形制、雕刻古朴简练,具有鲜明的时代特征,展示了典型的明代风范。由于基本架构采用石材,能防火防蛀,所以历经数百年风雨而不塌不倒,十分罕见。祠堂共三进,规模空前地占用了五个大开间,立地共98根青石柱,石柱上装饰马腿。祠堂两侧各贴有对称的八块连体砖烧瓷片,据说与圆明园砖烧的形态及形制十分相似,并非普通规模的民窑可以烧制。这是巧合还是另有原委,不得而知。古往今来,它静静地目送每位石楠塘村人安全起航,又迎接他们胜利凯旋。

　　据村民回忆,石楠塘的人间烟火是泡在水里的。每到稻谷丰收季节,周边白杜塘、加全塘、西大路等十里八乡的村民都会挑担赶到石楠塘,借用这里的大、小两座水碓碾米,人多时能有数千人,石楠塘亦由此成为后起之秀,跻身周围村落的核心。村里人出行几乎不走陆路,两座水碓旁各设一处码头,其中小水碓一处位于祠堂正门前,叫"国湖码头"。发达的水上交通给这个村庄带来的不仅是出行的便利，更有无尽的财富。有村民说，石楠塘村曾经光山林就有三千多亩，大水缸里装满白花花的银元，米筛盛着圆滚滚的珍珠，徐家祖上更是一掷千金，捐助了通济桥第三柱桥墩。当时的石楠塘富甲一方，各家富商纷纷在周遭圈地购置房产。

石楠塘何以历经千百年而安然于世，享尽繁华？有村民认为徐氏宗祠占据了方圆内最好的风水宝地，前迎武义江，左右靠山，在保佑着后人。也有村民认为是因为徐氏先人积德行善，孝义传家，造就了勤劳善良的石楠塘人。

据《永清徐氏宗谱》记载，明万历三十五年（1607），徐氏先祖徐添从西大路村迁居到石楠塘村，造房子买田地，成为石楠塘村徐姓的开基始祖。徐添本是一名养鸭人，有一次他带着他的所有家当——数千只水鸭信步山野，忽然眼前出现一片近三十亩的偌大水塘，水边长满石楠树，徐添便称其为"石楠塘"。脚下这片不大的陆地，三面环水，一面靠山，尽显人杰地灵之气，是个放鸭的好地方。于是，他将水鸭放到这好山好水间嬉戏，不料鸭子们迷恋这山水，迟迟不肯上岸来，徐添只得遵从鸭子们的意愿，在水边建起茅屋，搭起鸭棚居住，从此在这里定居了下来。

徐氏太公徐添号柏亭，他为人禀性至孝，对母亲极尽孝道。有一次，徐添的母亲生病，徐添多方请医生医治，但都没有效果，母亲还是一病不起。徐添想起了割股救母的办法，决定舍身救母，他从自己大腿上割下一块肉，和药放在一起，煮给母亲吃。也许是他的孝心感动了上天，吃完肉后没多久，母亲的病竟然痊愈了。很快，徐添"割股救母"的事迹在当地传为佳话。当地村民纷纷说，家有节母，必生孝子，于是村民联名将徐添的事迹上报金华县、金华府。知府、知县知道这件事后，十分感动，马上聘请徐添为饮宾。知府、知县还专门派人上门给徐添母子二人送牌匾，以示鼓励。徐氏先祖徐添忠孝仁义，为后世树立了行为典范，石楠塘村也逐渐兴盛。

不过说起村落的致富史，村民之中还流传着另外一个传说。传说某地有块风水宝地，风水先生为此地的一户人家看完风水，泄露了天机，便从此失明，当家人许诺要将他养在家中安享晚年。果然，这家夫人先后诞下九个儿子，纷纷入朝为官，这家人也是一度富甲一方。无奈当年的当家夫妇先后离世，留守家中的九位儿媳不愿好好供养风水先生，以鸡食相待。风水先生于是心生一计，他对九位儿媳说，风水若还想更好，就把当家人的墓地挖了。没想到，儿媳们果然挖掉当家人的墓地，结果坏了风水，九个儿子也全部被杀。当时在墓前掘出一洞穴，飞出三只白鸽，一只飞到永康，一只飞到武义，最后一只飞到了石楠塘，意为风水轮流转，好风水转移到了石楠塘。据说，白鸽飞到石楠塘后，留下了宝藏。

多少年之后，到了清乾隆年间，宝藏被石楠塘的徐氏后人徐际兆挖到了。最初，徐际兆雇着十几个伙计经营着酒坊小生意，有一次不经意间在经堂山上发现了宝藏。一日夜近三更，他将酣睡的十名伙计唤醒，带队将金银挑回家中，挑回的金银装满了整整七只"七斗缸"。从天而降的第一桶金为徐际兆准备了足够的创业基金，他也成了富甲一方的大富豪。直到现在，村民之间仍有传言，大、小水碓各占一处高坡，高坡对着矮坡的位置埋着宝藏，这都源自当年白鸽飞到石楠塘的传说。

徐际兆虽然一夜暴富，却是天性善良，乐善好施。徐际兆一向不喜爱奢华，常常衣着朴素，云游四方。有一天，他乘船来到诸暨，并入住一家寻常客栈，嫌贫爱富的小二背后称他是"一袋客"。"一袋客"在当时是对一袋白米闯天下的贫苦人的戏称，徐际兆心中恼怒却也默不作声。没过几天，钱塘江涨潮，吞没了村庄，淹没了万顷良田，数万灾民游走他乡，乞讨为生。徐际兆见到此情此景，甚是怜悯，忽然又想起那"一袋客"的戏说，索性解一口闷气，买下了自金华到钱塘沿途所有的粮食，赈济灾民，不仅让那店小二瞠目结舌，更得到灾民的一致拥戴。

当时，乾隆皇帝正好巡游江南。乾隆皇帝本打算从附近县府调集粮食以缓解灾情，下属县府官员答复无米可购，却在街边见徐际兆义举。于是，乾隆皇帝便将徐际兆招来询问。徐际兆自知抢了帝王的风头，心中慌了，三跪九叩到了乾隆皇帝面前。乾隆皇帝是个开明君主，豁然一笑，赏了徐际兆一个金华府南平乡司粮吏的官职。可惜世事无常，两年后，当地粮仓起火，徐际兆获罪免职，不久后英年早逝。

徐际兆夫妇伉俪情深，徐际兆去世后，徐夫人一世守节。为旌表徐夫人贞烈，乾隆皇帝下诏封其为诰命夫人，按当时的礼制，谒见时文官须下轿，武官须下马，乾隆皇帝还特令在村中为其立贞节牌坊。

据《永清徐氏宗谱》记载，乾隆五年（1740）十一月，乾隆皇帝下诏建造徐际兆之妻申氏等节妇、贞女、孝子的牌坊，徐际兆之妻贞节牌坊于乾隆六年（1741）三月吉日造成，距今已有近三百年的历史。当时牌坊揭牌讲究良辰吉日，为赶时间，靠西一侧的骏马便以半成品状态问世。

如今，牌坊依旧保存完好。牌坊通体由当地出产的青石打造，高约六米，造型肃穆，气度宏伟，顶上正面刻有贞妇的姓名，背后即为乾隆的圣旨。两侧各雕有一匹飞奔的骏马，其中靠东一侧为镂空浮雕，靠西的一侧则是半成品。这贞节牌坊历来被村民视为荣耀，成为村中重要的标志性建筑。徐氏后人更在牌坊后面依势建了学堂，让子孙后代日日瞻仰。

（文：章一平、张苑、胡敏霞）

金华金东山头下村

沈氏家训引善行

地处浙中盆地的山头下村隶属于金华市金东区傅村镇，地处一座蝴蝶形的山坡之上。山头下村枕山抱水，绿树成荫，一条曾经连接金华与义乌的官道从村前经过，连接着古今。这里是一块双溪聚水的风水宝地，碧波荡漾的潜溪和航慈溪分列村子的东西两侧，最终汇聚一起，蜿蜒流淌，奔向婺江。这也是一块八塘聚水的风水宝地，村的四周是典塘、横塘、湾塘、安塘、柑塘、思姑塘、经塘、破塘八口池塘，形似八卦。村子的入口处还设有五座城门连接着五条街巷，这种独特的村落布局据说暗合传统的"五行八卦"之说。

山头下村是一个人杰地灵、精英荟萃的地方，村内村民大都姓沈，据《沈氏宗谱》记载，村民是曾任金华太守的南朝文学家沈约的后裔。据传，明景泰七年（1456），沈约第三十一世孙沈永进、沈永安、沈永计三兄弟在仙人吕洞宾指点之下，由义乌沈宅迁至山头下，从此在这里生息繁衍，距今已有五百余年历史。村内仍保有建于清嘉庆年间的沈氏宗祠，沈氏宗祠历经两百余年的风霜雨雪，见证了山头下沈氏先人曾经的繁华和辉煌。

山头下村民的先祖沈约是一代文豪，博学多艺，村内的沈氏后人自然是崇文重教，好学上进。在《沈氏宗谱》中存有一份珍贵的《沈氏家训》，读来犹如当今的"慈文化""德文化""善文化""孝文化"的教材，看看小标题就令人赞叹不已：孝父母、敬长上、敦友于、正内外、和乡族、率勤俭、禁游惰、革奢侈、惜孤寡、养贤才、尊师道、端士习、戒仆从、务耕读、正名分、崇嫡派。几百年前的古训，竟然与时俱进，基本契合当今社会所崇尚的道德规范，可见沈氏宗族的文化与整个中华道德文化一脉相承！从《沈氏家训》的字里行间我们依旧可以管窥山头下文风鼎盛的昨天，从当今沈氏族人身上我们同样可以闻到一阵阵扑鼻的文明气息。山头下村之所以人寿业昌、心齐气顺，沈氏后人之所以门庭兴旺、财源广进，与沈氏家训不能说没有关系。家训长期潜移默化，已然融入村民的习俗习惯，形成村风家风。试想之，山头下村所在之地五百多年前是荒山野岭，而今却已建成了一个国家级历史文化村落。全村规划有序，井井有条。村内的水利设施，从天井到排水沟，环环相扣，排水通畅，构成一个紧密的排水系统。村内的大街小巷均以鹅卵石铺就，高低相继，四通八达，构成一个畅通的步行系统。全村对外的五扇大门，开门可迎客，关门能防盗。周围是良田沃野，潜溪有堰，建渠引水自流灌溉。沿溪有堤可防洪，溪边有埠可洗涤，山间沃野有八塘可抗旱，周遭有成片的果林，还有与村同龄郁郁葱葱的参天大樟树。如果不是历代先人勤俭、智慧、团结、和谐，而且一代接一代持之以恒地努力，此情此景是不可想象的。是什么力量把五百年来二十多代人团结在一个目标上？想来唯有家族文化。家训是家族文化和中华道德文化的集中体现，文化名村的留存是以家训为核心的家族文化的具体见证。

在山头下村西的潜溪之上有一座"仁寿桥"，此桥的来历说来话长，它的故事正是沈氏家训最有力的证明。村里曾有一位富甲一方的绅士，名沈感卿，讳汝应，号普济，是沈约第四十一世孙，共育有五子。这一年，沈感卿年届八十，子孙们张罗着大办寿宴，着实要风光一番。没有想到，感卿公却有所感慨，他寓意深长地对儿孙们说："我无所需，所有志未逮者欲于西溪累石桥以济行人耳。"他别无他求，只是心中有一夙愿一直没有能够实现。他的愿望就是在西溪，也就是潜溪之上垒一座石桥以方便过往行人。三年之后，感卿公弥留之际，还是念念不忘他的宏愿，对这一未竟的公益事业耿耿于怀，至死萦绕。所以，感卿公将子孙唤至榻前，加以嘱咐："吾他无所恨，所歉者，西桥未成。"他的五个儿子谨遵遗嘱，捐金献银，终于在两年后即1843年建成此桥，让村民告别了蹚水过河的历史。这座桥主桥长约15米，宽约1.5米，它被称作"仁寿桥"，桥上镌刻着"沈感卿清道光二十三"字样以纪念感卿公。时异事殊，但感卿公致富不忘乡邻、造福桑梓的故事仍然历历在目，它已深深镌刻在沈氏后裔和周边百姓的心中。

还是这个感卿公，积极倡议建造宗祠，并"慨然捐己田"。在他的牵头之下，村内沈氏后人在1818年建成了"务本祠"；1825年，他又携其胞弟安卿公牵头修撰了首部"务本祠"版《山头下沈氏宗谱》，完成了山头下宗族文化史的文字延续；1835年，江南一带年景歉收，满目凄惶，感卿公"恻然伤之"，慨然捐出大洋160元赈济灾民，使"近村赖以活者甚众"。

总之，感卿公高山仰止，景行行止，德行高尚，是沈氏族人的杰出代表。其实在这个有着深厚文化底蕴的村落，一辈辈一代代都有感卿公式的人物涌现，可圈可点者甚众。因为村风民风熏陶，全村人总体上都能遵纪守法，一心向善。追根溯源，与家训家教、村风族风自然有着千丝万缕的内在联系。村中大善人不少，为富不仁的还真找不到，可以说未曾有辱没门楣之事。

沈氏家风代代相传，今日沈氏后人不忘将家族传统发扬光大。说起行善积德，当今的沈氏后人依旧有着感人的故事。从03省道通往山头下有三条大道，其中靠北这一条约500米长，2001年之前是一条"扬灰路"，一遇雨天就泥泞不堪，村民和来村里做客的亲朋好友深感无奈。这年沈约公第四十六世孙、1947年参加"八大队"的老革命沈仲阳之遗孀要办80大寿庆典，四个儿子在村里都是事业有成的人物，刚起意时总想办得热热闹闹。但后来四个儿子商量还是觉得效仿当年感卿公把做寿之款捐给村中公益事业更有意义，于是与老母亲商量，一贯心善乐于助人的老母亲听完之后，十分高兴，夸赞儿子们想得周全，懂得自己的心思，这是她乐于做的善事。老母亲的一席话，进一步调动了四兄弟的积极性。四兄弟一碰头一合计，决定将本来要给母亲做寿的20余万元款项用于翻修村里的"扬灰路"。这条路堪称当代"仁寿路"，如今已是村里通向省道的主要通道，使村容村貌焕然一新。老太太于2013年寿终正寝，享年91岁。老太太的善行在村中成为美谈，这种光前裕后之举正是沈氏家风熏陶的结果。

（文：金东农办）

金华金东蒲塘村

蒲塘王氏孝义传

蒲塘村隶属于金华市金东区澧浦镇，坐落于积道山山脚，为北宋开国名将王彦超后裔聚居地，建村至今已有九百多年历史。村庄三面环山，一面临水，当地人称"燕儿窝"。村内地势高低不平，古建筑依地势而建，目前保存完好的古建筑面积多达2万多平方米，村中两口宋代古井至今仍清流不断，滋养着村民。

蒲塘王姓村民先祖王彦超辅佐宋太祖赵匡胤建功立业，戎马一生，不仅战功赫赫，更具谦谦君子之风。赵匡胤即位之后，为定国安邦，杯酒释兵权。王彦超功成而不居，主动选择急流勇退，乞归田园，反受赵匡胤赏识。据《蒲塘凤林王氏宗谱》记载，王彦超最终以右金吾卫上将军之职悬车致仕，其后举家迁居义乌凤林，开基立业，以孝义传家，后世英才辈出。

王氏传至第六世孙王秉操又迁居至义乌下强，第十二世孙王世宗为避水患再从义乌下强迁居金华蒲塘。因崇尚先祖王彦超文功武德，蒲塘村民一向崇文尚武，孕育了文武兼备的村风民情。村内最能体现此种村风民情的莫过于文昌阁，蒲塘村的文昌阁不仅供奉文昌帝君，还供奉着武圣关公。门楼内"文昌武曲"的牌匾，大门上"文经武纬"的祖训，都在告诉人们这里是一个有文有武的宝地。

蒲塘古时除以文昌阁表征"文经武纬"之外，还以王氏宗祠倡导"孝义传家"。蒲塘王氏宗祠位于蒲塘村东北部，明朝万历年间始建，清康熙二十年（1681）迁建今址，康熙四十年（1701）、光绪十年（1884）、光绪十八年（1892）、光绪二十年（1894）多次重修，局部在民国时期再次修缮，2005年至2008年又大修。王氏宗祠坐西朝东，占地近千平方米，平面布局呈长方形，前后三进，左右设厢房。整座祠堂格局完整，规模宏大，做工考究，雕刻精细。第二进崇本堂内的青石圆柱上共镌刻有八副楹联，具有极高的历史、文物和艺术价值。牌坊式门楼上雕刻有戏曲人物、和合二仙、八仙、双龙戏珠、双狮滚绣球、蝙蝠、鹿、鸳鸯、喜鹊、仙鹤、梅花、莲花、牡丹、松树、二十四孝等题材，寓意美好，雕工极其繁复，且贴金髹漆并用，富丽堂皇，足以想见当年王氏家族是何等繁盛。

说起王氏族人孝义传家，明朝王敏祖孙三代可以说最为典型，宗谱之中载有许多他们可歌可泣的善举。王敏做了两件蒲塘历史上的大事，一是倡建祠宇，二是首修宗谱，尤其他在"歉年出余谷借贷缺食者，至秋收还贷只取本谷，粒利不收"，对他的子孙影响很大。

他的长子王景明曾是乡里管田地税的"乡赋之长"，因为他"敛积以公"，所以没有拖欠赋税的，得到上下一致的赞誉。更难能可贵的是他的孝道，凡有时新菜果，他总是先让双亲品尝，然后自己吃。每晚都与兄弟聚于父母身旁，与他们说些日常所发生的好事，让双亲高兴。邻里之间有什么矛盾，他也都处理得很好，得到大家一致好评。在他过世的时候，送殡的不下千人。

王敏第三子王景文，也是个"好义捐金"之人。比如当时有一古寺，因管理松弛而荒废，寺产被变卖，他就"用百金买回寺僧楼房四间，田五石七斗"，再召回寺僧继承前业。后来他被地方上推举为管理治安的"团长"，地方上便再无骚扰之事，没有暴力与抢劫事件的发生，乡民都得以安宁，王景文因此深受乡邻们的仰慕。

王敏幼子王景奎，在万历乙亥年（1575）大饥荒时，他家有积谷千余石，本想"减价以粜"，又怕"困乏者无措"，于是就在各路口张贴告示，说蒲塘他家有谷千余石，缺食者可将冬用衣被拿来借贷，到秋后只要还本谷，并不取利。结果，四面八方肩挑冬用衣被来贷谷的人把道路都挤满了。还有一次，因村上灵山寺的田产被一宦官所夺，他就拿出百金赎回，并召回僧人以奉香火。万历戊子年（1588），当地又遇大饥荒，国库里拿来赈济的粮食都不够了，他又拿出积谷代官赈济。另外，只要家族中有孤幼无靠的人，他就收抚恩养，还为他们娶妻，给他们田屋养家。

王敏父子的美德深深地影响了后人，王敏之孙的孝义之举也是难能可贵。王景明的儿子王良玉在饥荒之年借谷给缺食者，不仅待到秋收之后还本就好了，哪怕有过两三年再还的，也不收一粒利息。至于万历戊戌年（1598）那次大旱，赤野无收，十室九空，乡邻难以存活。他便对自己家人说："我们家有五十余口人，估量一下积谷好像还有点多的。现在如果全家吃薄一点，到来年开春可以把多余的粮食拿去扶助族人的春耕。"到第二年春天，果然到处都有剥树皮、掘草根充饥的人，更可怕的是还有不少乡亲坐闲等死，束手待毙。他估计除了供应自己家里吃的，大约可以拿出粮食百余石，供族人数十天的"薄煮之食"。于是他就叫自己的儿子把多余的粮食全部挑到祠堂里去，平均分给各家，使族人都赖以为生，没有一个因饥饿而死去的。更可贵的是，当大家全靠他的救济而度过这次饥荒，要荐举他到官府接受嘉奖之时，他却婉言相拒，说："救济族人是我的本分事，如果以救人之急去彰显自己的名声，我是绝对不会做的。"这事就这样被他自己阻止了。还有灵山寺田产被宦官所夺那件事，上代人赎回后他怕后代人保不住，又吩咐自己的儿子将自家在寺院附近的沃田二石七斗，每年的租谷一十二石，永远付给寺里僧人，让他们每年不但够吃，而且还可有余钱修葺寺院，让僧人安心侍佛。

王景文的儿子王良瑛，生母在他年幼之时就已去世，不过王良瑛对待继母依旧十分孝顺。在他父亲遭受重病时，他连夜秉香祈祷，持戒告天，并且五步一拜，远到杭州上天竺上香礼佛，沿途礼拜月余才到达，行程四百余里。等到父亲大病痊愈，他又装米一百二十石，直到普陀，供养僧众，为父祈福。在万历乙亥年（1575）的大饥荒，他捐谷一百多石，赈济缺食的穷民。万历戊子年（1588）又闹大饥荒，官仓赈济不够，他又独捐谷一百零五石，代官仓救济饥民。万历己丑年（1589），因大灾荒而发大疫，饥民缺医少药，他又施药付医，救活许多灾民。当年按院方公获呈报的王良瑛善事的材料，便发公文至金华府，说王良瑛捐谷赈饥施药疗病，实属良善，准许刻名于旌善亭，金华府还给王良瑛多次嘉奖发帖。

王景文另一个儿子王良秀的孝义之举除了与兄共侍双亲之外，还因季兄嫂早亡，抚养他们所留下的一双子女长大成人，直到两人各自成婚，并且还为他们举办了体面的婚礼。万历戊子年（1588）大饥荒，他借谷一百余石给村民，不收一粒利息。其中有姚姓等二十五家甚至无本可还，他也不再取。万历戊戌年（1598）大饥荒，他又捐助数百余两白银给以前曾向他借过谷的饥民，并且告诉他们说："今年又遇荒年，但你们都是我的父老乡亲，为你们捐助点钱，是我应该的。至于以前借过我的粮食到现在还没还的，就不用再还了。"说完便拿出当年的借据，当着大家的面烧掉。王良秀的另一义举就是修桥，他曾独自花费巨资建造了南阳官路石桥、湖陵石桥和傅麟桥，这些义举都让民众勒石感颂。王良秀的义举善行深深地感动了远近乡邻，地方上做好材料呈报于县衙，县衙便下令赐他

"冠带荣身"等称号。后来，巡按知道王良秀举义行善的事情，又下文命令县衙给匾嘉奖。

王敏三代所创造的蒲塘发展历史上的第二个高峰"百年孝义淳辉"，至今在祠堂悬挂的牌匾上存有遗迹，如"嘉奖义赈""积德广惠""敦厚崇礼""善士""扬善""慕义急公""尚义助塔""乌台族善""嘉尚贤劳""德善传家"等，大都是根据当时各级官府所发之帖建立。

（文：王克俭）

义乌雅治街村

三字自励朱献文

雅治街不是一条街,而是一个古村。这里古名野墅,以田野筑室而得名。南宋至乾隆年间,这里设立了集市,建了百余米长的街道,被称作野墅街。时间长了,由于地方方言的谐音,野墅街演变成雅治街,村又以街命名。这里曾经热闹非凡,各色店铺一应俱全,拥有辉煌的商业文化。

雅治街位于义乌市东南边境,处群山环抱之中。村的东面是凤凰山,连接"千里紫金桥,万里王坑岭",远望形如一只金鸡,东升报晓;村的北面是仙霞岭余脉金鼠山,山高岭峻,莲花盘顶;村的西面是青口岭,东西两面连绵不断的山丘,呈半月形,像一把龙椅;村的南面一马平川。村西有两株五百多年的古樟树,巍然屹立。村前一条龙溪犹如玉带盘身,绕村而行。在龙溪上,一座建于南宋嘉定六年(1213)的单孔石拱桥横跨两岸,名为古月桥。历经八百余年,古月桥未曾翻建,仍旧保持着古朴的风貌。

雅治街古色古韵,从北宋初年建村至今已有一千余年的历史,有着深厚的人文底蕴。雅治街一向有褒扬"诗书传家"的传统,民国时期就学政法专业者更是不计其数,任职遍布全国各地,享有"义乌政法第一村"美誉,朱献文便是这些人当中的佼佼者。

朱献文(1872—1949),原名昌煌,字郁堂。他祖上几代本是朴实的农民,生活艰辛。但在慈父严师的教诲下,勤奋刻苦,学业大进。光绪二十三年(1897),朱献文中丁酉科拔贡,后考入京师仕学馆。清光绪二十八年(1902),他又被选派到日本东京帝国大学留学,研习法政。回国后,到法律编修馆参与修订《大清律例》中的《民法·亲属》篇。光绪三十四年(1908)中法政科进士,次年授翰林院检讨。宣统三年(1911),成为资政院议员。中华民国建立后,他历任国务院法制局参事、大理院推事、江西高等审判厅厅长、京师高等审判厅厅长,对推行法制有颇多建树。1922年,调任江苏高等审判厅厅长,因军阀混战,阻碍法治,于 1927 年挂冠归里，又挂名任司法院参事。抗日战争前，奉命视察河北、山东、山西、绥远、察哈尔诸省司法工作；抗日战争前期，受聘国民政府，视察浙江、江西、福建等省司法事务，所提建议均被次第采纳施行。1942 年，日本侵略军侵占义乌，避居缙云棠慈。1945 年，浙江省临时参议会成立，当选议长。晚年信佛，隐居金华。1949 年 4 月 8 日，朱献文病逝，归葬于赤岸挂网山。

朱献文出身于科举，以封建士大夫转入民国，一生忧国忧民高风亮节，布衣蔬食不事奢华，一直以"清、慎、勤"三字自励，其思想境界足为后世之楷模而流芳百世，他造福桑梓的故事更是在村民之间广为流传。

调任江苏高等审判厅厅长之后，朱献文都会定期回家探亲。那时他已经官居高位，每次回到家乡，亲朋故交慕名前来探访，其中不乏知名人士，他家总是宾客盈门。不过朱献文念念不忘自己祖先都是布衣出身，不忘穷苦人家的苦楚，他不论来者尊卑贵贱，要求任何人都不准带礼品，否则不予接待。会客时，他常常起身在门前执礼相迎，嘘寒问暖礼貌让座，不时为客人斟茶，仔细听取客人的诉求，平易近人得一点架子都没有。当地百姓称赞："像献文这样尊重穿草鞋人的官，官场中是不多的。"

而且他还自定了一个"三不"规矩，每次探亲回家，始终坚持。一是低调做人。每次回家，他不愿意咋咋呼呼出风头，一定要在离村数里路远就下轿来，一边走一边与路边地里干活的人打招呼、问收成。外出做客也是待轿夫将空轿抬出村外才肯上轿，绝对不肯大摇大摆地张扬。有一次，一个在兰溪当官的官员前呼后拥地骑马回到村里，朱献文马上请他到自己家里，语重心长地劝导，让他低调做人、高调做事。二是尊重轿夫。朱献文从来不摆架子，对当时普遍被人看不起的轿夫也是如此。每次入宴前，必等轿夫就餐后再入席。上轿之前、离轿之后都要诚恳地再三致谢。三是体贴穷人。每逢上坡，他就叫停轿子，自己下轿步行爬坡。每次回家，他在离村数里路远的青口岭就要下轿步行。青口岭的路高高低低非常不好走，有时转弯太急，后面那个轿夫转不过来，就要踩进路边的水沟里。天气不冷还好，如果是寒冬腊月，轿夫的脚指头就会冻得通红，像红萝卜一样。而且山高路陡，后面那个轿夫很吃力，呼呼的呼吸声像风箱一样格外的响。骨子里流着农民血液的朱献文不好意思坐在里面，总是于心不忍，自己还是下来走路比较自在。"三不"规矩在当时曾经轰动一时，至今仍为家乡父老所称颂。

雅治街村当时有上千烟灶，但是由于生产力低下，难免有遭遇天灾人祸、孤苦无依的人家。尤其是多灾多难的年份，有的人家确实生活非常困难。朱献文从小就看在眼里、急在心里。等到他走上仕途之后，就觉得自己回报家乡的时候到了。于是，他平日节衣缩食，不事奢华，繁文缛节尽免。他设家用日记账，于账本封面题词："勿奢勿悭，节之以礼；堆金积玉，来去分明；以正当之道取之，向正当之途用之；月计如有盈余，则妥善存储，可免窘迫时求人，兼可济人之窘迫。"

有一年，朱献文携夫人回家过春节，一到家里就换上便服，四处走亲访友，察看村里的田地山场，询问年成好坏。当得知乡亲生活普遍困难，有的人家已经好久冷锅冷灶揭不开锅了，就自己掏钱买了好多上等大米进行救济，而且别出心裁，将农村办喜事用的红米掺杂进去，一是以此表示与普通大米的区别，二是预祝乡亲的日子早点红红火火起来。从此之后，朱献文每次救济的大米都非常多，在雅治街村附近的十里八乡名气很大。有一次，朱献文准备的救济大米在发放的头一天晚上被小偷偷走了，这下急坏了大家。朱氏宗祠理事会开会讨论如何破案，大家都认为救济米特征鲜明，查找不是很困难。族长更是怒发冲冠，说道："'三粒胡椒不要碾'，这肯定是村里哪个不肖之人干的，首先从我家搜起，挨家挨户进行搜查，找不到救济米决不罢休。"

想不到，在族长家弄堂的楼梯下，大家发现了那些独特的大米：白花花的大米当中红红的米在闪闪发光，特别醒目。族长当场羞得老脸通红，连忙差人四处查找小偷。后来终于查明是族长同一房的一个好吃懒做的人干的，他以为藏在族长家弄堂的楼梯下，一般人不敢去搜查，气得族长当众向小偷扇耳光，要求他向大家保证痛改前非重新做人。村民们钦佩地说："还是朱献文厉害，连救济大米都会抓小偷。"

自从朱献文发放救济大米的善举传开之后，每年来雅治街村领取"救济米"的人越来越多，其影响也越来越大，连东阳黄田畈那边的人也来了。有一年，前来领取救济米的人实在是太多，朱氏宗祠前面坐满了人，分辨不出哪些人是想冒领的。朱献文眉头一皱，计上心来，让家里人煮了几大锅佛豆，分给每个人一杯佛豆。并让佣人出去对大家说，朱先生不在家，今天这么冷的天这么远的路，大家都很辛苦，先生让大家先吃一点佛豆充充饥暖暖肚，大家不要客气。然后再让佣人去察看，哪个人的身边有佛豆壳吐在那里,就将那个人请出去,因为朱先生吩咐过:真正肚子饿的人吃佛豆,是舍不得吐出皮的。当然,这么辛苦过来,先生还是会送你一双草鞋。此计一出,那些心虚的人脸红耳赤地走了,真正需要救济的人连夸朱先生明察秋毫,了不起。

(文:何方、朱履生)

永康云路村

半个祠堂敬先贤

云路村隶属于永康市唐先镇，是一个历史悠久的美丽村庄。在村子的北边，有一座小山塔山。沿着小道拾级而上，四周绿意盎然。登至山顶，全村美景尽收眼底，风光无限。在山的后边有一座墓，墓的主人名叫施孟达，据说是村中施姓村民的"太公"。

施孟达是一位传奇人物，提起施孟达，云路村村民就会感到非常光荣和自豪。因为这位出生在明代的施姓先祖是一位乐善好施的义士，在永康、义乌、东阳一带闻名遐迩，曾得到明朝神宗皇帝的圣旨嘉奖，永康县志也将施孟达列入义民传记之中。施孟达生前造的九桥十寺，有的至今仍在利济后人。云路村中那两百多年前所建的半个祠堂、村边山坡上的孟达公墓、孟达公庙，以及村里保存至今的村志宗谱，都永远铭记着这位先贤的故事。

放粮赈灾民，崇祀忠义祠

明代万历年间，河南大旱，河塘干涸，谷麦歉收，百姓陷于饥馑之中。地方官员一方面向朝廷上报灾情，以求减免百姓赋税；另一方面想方设法募集赈粮，赈恤百姓，以免百姓流离失所。同时各地的粮商纷纷运粮前来，想趁河南旱灾，卖个好价钱。

施孟达及其父亲施茂盛也在金华、永康一带收粮数百担，准备运往河南出售。这天午后，从安徽东北通往河南开封的驿道上，数十驾马车正满载江南大米，匆匆赶路。孟氏父子坐在最后一辆马车上，颠簸前行。忽然从西边涌来层层乌云，接着狂风大作，雷声震耳，受惊役马引颈长啸。茂盛和孟达爷俩赶紧呼唤随行车夫停车，给车上大米盖上油布，以防雨淋。不料，转眼之间大雨倾盆而下，部分马车的大米没有来得及盖好就遭到雨淋。

顶着大雨，孟氏一行终于在傍晚时分赶到一个小镇。这时雨停了，可是人马都已经疲惫不堪。孟达与父亲决定在镇上投宿,顺便处理被雨淋湿的大米。

第二天太阳刚刚出来,孟达就与父亲安排车夫们翻晒大米。当他们将一袋袋大米运到晒场时,忽然间来了一伙蓬头垢面、衣衫褴褛的灾民。见到这么多白花花的大米,早已饥肠辘辘的灾民大抢出手,他们搬的搬,拖的拖,背的背,把晒场糟蹋得一片狼藉。车夫们虽然拼命阻止,但怎抵得过越聚越多饿狼似的灾民。

等孟达父子赶到时,近百袋大米已被哄抢一空,地上徒留着些许散落的大米。然而仍然有十几名灾民在地上争抢,有的竟将抢到的大米直接往嘴里送,以解辘辘饥肠。此情此景,令人望之凄然。

孟达紧锁眉头对父亲说:"这些灾民实在可怜,如果皇上再不放粮,必有大半饿死。我们这次贩粮,本想赚笔银两,可如此穷困的灾民,何来钱财买粮?"于是孟达爷俩决定略尽微薄之力,将剩下的三百多担大米都交给当地衙门用于赈灾,以缓解灾情。

孟达与父亲骑马来到衙门,将自己的意愿禀告知县。知县大喜,称这批大米是救命粮,夸奖孟达父子慷慨赈灾,义举不凡,并表示将奏明皇上,请求表彰。

孟达与父亲回到永康不到一个月,神宗皇帝的圣旨就到了施家。从此,施孟达父子河南放粮赈灾的善事就美名远扬,代代相传。乾隆二年(1737),施孟达因生平善行不胜枚举,被地方官列入忠义祠之中,受百姓崇拜奉祀。

石碑藏桥墩,祠堂独半个

1955年元旦后的一天,暖暖的阳光驱散了严冬的寒意。在永康城内仁政桥工地上,参加拆桥重建工程的徐文潮和工友们在拆除桥墩时,意外发现了一块宽约一尺五、长约三尺的石碑,上面镌刻着"万历乙未施孟达造"八个大字。

于是,不少人闻讯去观看石碑。有人说,万历乙未为公元1595年,到公元1955年拆桥重建,刚好是360年,六个甲子年,是巧合,还是天意?也有人议论说,造桥修路是积德行善之事,世人都将造桥修路捐资者的姓名镌刻在石碑上,立在桥头或路旁,流芳百世。然而这个施孟达却将石碑深埋于桥墩之中,与石桥融为一体,不是拆桥重建,谁晓得这桥是施孟达所造,真是奇人!

据永康市云路村《施氏宗谱》记载,施孟达风姿俊伟,度量恢宏,虽然富甲一方,但钟鸣鼎食不为奇,驷马高车不为美,慷慨乐善,轻财好施,几乎将一生所赚的钱财都用于济世利人。仅在永康县,他就捐资修建了九座桥梁、十座寺院。他从没想过将财产留给后代,让儿孙们享受荣华富贵,这是他最值得后人敬仰的品德。

清朝中叶,云路村施孟达的后人中有人建议为祖宗建祠堂,以表达对孟达公的纪念。这一建议得到了施姓众乡亲的积极响应,大家有钱出钱,有力出力,颇为热烈。可是当时云路村没有大财主,仅仅依靠普通农户,所捐资金十分有限,祠堂开工才建了半幢,捐献的资金就已用完,连工匠的工钱也无法支付,只好暂时停工,等有钱了再建。没有想到,这一停就是两百多年。

现在,云路村仍然保留着那座只有后厅、没有前厅的半个祠堂。它既没有精美的雕梁画栋,也没有粗壮的屋柱、镌刻精细的柱子藏磐。那简陋的柱梁和橡瓦,正是当时建祠堂时资金缺乏的证明。孟达公将自己所有的财富捐出,自己的子孙却连建造祠堂的钱也无法凑足。因此在云路村,至今流传着"孟达公富甲一方造九桥十寺,云路村子孙缺资祠堂造半个"的佳话。

关于孟达公的故事传说还有很多,许多故事颇具传奇色彩,在后人的口耳相传中,蕴含着人们对乐善好施美德的认同与希冀。

(文:柯高军)

衢州衢江棠陵邵村

棠荫流芳美德传

　　棠陵邵村位于衢州市衢江区云溪乡东南部，地处衢江以北的黄土丘陵之上，东接高家，南临衢江。这里是一个风景优美的地方，整个村庄被绿水青山环抱，铜山溪沿着村北缓缓流淌，妙山尖上绿树成荫，铜山源水清澈见底，犹如镶嵌在衢江畔的一颗明珠。村子的后方有一座山，形似海棠，村子因此得名。

　　棠陵邵村有着悠久的历史，建村至今已有七百多年的历史。村中的村民主要姓邵，据棠陵邵村《邵氏宗谱》记载，邵氏村民的先祖为曾辅助周武王灭商的召公。棠陵邵村始迁祖是邵广二公，明朝初年，邵广二公由淳安上梅村迁居至此，开基繁衍，家业逐渐兴盛。棠陵邵村同样有着深厚的文化底蕴，村中村民醇和朴实。坚守为人准则是邵氏村民代代相传的家训，在邵氏村民看来，邵氏先祖召公是一代名臣，而本村始迁祖邵广二公同样是一个积德行善之人，传承先人之风，是每一个后人义不容辞的责任。

　　棠陵邵村始迁祖邵广二公虽然只是一介平民，在当地却是拥有极高的威望。邵广二公生平做过的两件事，一直让当地乡人铭记在心。

　　其一，邵广二公创办义学，教书育人，一生广收门徒，培养了大量人才。邵广二公自己家中生活过得并不宽裕，但是自幼勤奋好学，深知读书学习的重要性，因此常年积累下来，家中的藏书也有百卷之多。等到自己的子女到了求学之年，邵广二公也是对他们严加教育。他凭借自己的才学，利用自己的百卷藏书，亲自在家中为自己的孩子授课。邵广二公在自己家中为子女授课的事情很快就在周边传开了，当地百姓纷纷为他的学识和重视教育的态度所折服，人们都希望自己的孩子也能受到邵广二公的教导。对于别人送来学习的孩子，邵广二公都予以接受，并且对他们一视同仁，严格要求。但是，邵广二公不收取任何学杂费用，一心传授知识，当地百姓十分感动，对于他的德行大加赞叹。对于邵广二公而言，这是理所应当的,他学习圣人之学,就是要造福一方,而不是从中牟利。教学之余,他也以读书自娱,除经史子集之外,更是博览稗官、医学等各类典籍,读书教书正是他人生乐趣所在。

其二,创办医馆,治病救人。邵广二公生平好学,通过研究医学典籍,也掌握看病开方之术。他在读书教学之余,常常给家里人看看病,邻里街坊有个小病小痛也愿意来请邵广二公帮忙,而且见效甚快。久而久之,来找邵广二公看病的老百姓越来越多。于是他就用自家房子开了一家医馆,又雇来几个学徒,治病救人。邵广二公看病开方,从不收取诊疗费,只收取少许的药费以维持医馆的正常运转。对于一些家庭贫苦之人,他甚至赠医施药。邵氏一族从迁居衢州至今,世代行医济世,只收药费不收诊费的传统正是从邵广二公开始的。

邵广二公虽然没有什么显赫的出身,但是他造福乡里的义举在当地百姓中间广为传颂,深受大家的尊敬。邵氏后人对于邵广二公的义举深感骄傲,传承邵广二公的美德成为每一个邵氏后人的自觉行为,整个家族因此形成了良好的家风。《邵氏宗谱》的家训篇对此有着明确的要求:"读可修身耕得粟,勤能致富俭恒丰。"邵氏族人把读书作为立世修身的根本,而不是作为做官入仕的途径,之所以要重视教育教学,关键在于身心修养,突出义字当头,造福一方百姓。

在邵氏后人之中,最能展现邵广二公遗风的当属康熙年间曾任延安府肤施县知县的邵有声。邵有声(?—1694),在延安府任肤施县知县期间,廉洁奉公,一心为民。他在任期间,实绩众多,其中一项便是传承家风,兴办社学。邵氏族人一向重视教育教学,因此邵有声在任期间,要求每乡都置社学一所,而且对社学的老师严加选拔,必须是"文义通晓,行宜谨厚"之人。凡是附近乡村子女,只要年龄十二岁以上,二十岁以下,想学习文化,都可以来社学读书学习,而且来读书的人,都可以免除杂役。对于那些家庭贫困的学生,他们的教学费用,全都由邵有声的俸禄负担。当时肤施县考生参加考试,县里并无室内考场,所有的考生都是在露天考场头顶烈日参加乡试,考试当中的艰辛可想而知。于是,邵有声省衣俭吃,从自己的俸禄中节约银两,修建了两个考场,使考生免受烈日暴晒之苦。邵有声传承邵氏古训,坚持为当地老百姓办实事办好事,坚持兴办教育,真正做到了一身正气,深受当地百姓的爱戴。

从棠陵邵始迁祖邵广二公迁入开始,再到邵有声,直到如今的邵氏后人，一代又一代的邵氏族人谨遵家训，将造福百姓的邵氏美德代代相传。邵氏大宗祠的十六字对联"棠荫流芳翠环玉水，秒峰耸翠脉接铜山"道出了棠陵邵千百年来的传承。虽然时过境迁，沧桑历尽数百年，但是邵氏先人为人处世的准则在当今社会仍然有重大的现实意义。

（文：魏海燕）

临海年坑村

延年积德修善行

年坑村隶属于临海市邵家渡街道，由年坑、应家湾、丛坑、大箬下、岭脚、应安山、金加山七个自然村组成，坐落于临海"大水缸"牛头山水库腹地。这里四周环山，中间一条溪流穿过，潺潺溪水，常年不绝，景色宜人，犹如风水中所说的藏风聚气。因为村前有横坑、直坑、大坑三坑汇合，坑水急流，严峻险恶，所以取名"严坑"村，后又演变为"年坑"。

村中村民主要为蒋、应、金三姓，迁居至此已有六七百年的历史。根据各族家谱记载描述，来到此地居住的先祖大多为弃官"归隐"或避难"隐居"之人。之所以选择年坑归隐，还在于这里优美的环境。年坑村虽说闭塞，只有一条古道通往村外，但走进村中，却是别有洞天。村中住房全是用石头砌筑而成，规格不一，顺着山势而造，错落有致。山间竹林里不时传来悦耳鸟语，山野上飘来阵阵山花芳香。绿水青山，空气清新，真有"世外桃源"之味。

正是优美的环境，造就了这个养生福地。年坑村是临海市有名的长寿村，2012年去世的李海妹老人享年113岁，是浙江省第一长寿老人。据《蒋氏宗谱》记载，乾隆年间，村里还出了一对百岁夫妇，台州知府还为他们送上百岁匾，上面写着"期颐逢吉"四个大字。走进大箬下自然村的四合院里，一眼就能看到堂前悬挂着的百岁匾，匾额至今保存完好，只是落款已模糊难辨。在村民中间，还流传着一个关于百寿匾的故事。

乾隆年间，在这座四合院里住着蒋开明与徐老同妹夫妇。夫妻两人恩恩爱爱，白头到老，年龄均达百岁。年轻时，两人永结同心，蒋开明长得身强力壮，浑身有使不完的力气，无论砍柴、烧炭、田垟农活、竹匠手艺都是一把好手；徐老同妹生得聪明贤惠，粗活细活、绣花结盘，样样皆会。夫妻两人共同劳作，互敬互爱。农忙时，两人出入田间，锄草收种。农闲时，上山砟来毛竹，劈篾做畚斗、团箕、米簌，丈夫劈篾，妻子编打。做好成品后，丈夫白天出门挑着成品沿着古道到村外叫卖。傍晚时分，妻子总是会站在村口，等候丈夫回来。说起这对比翼双飞的恩爱夫妻，村民们都是赞不绝口。

更令人敬佩的是夫妻两人都乐于做好事行善事。村民蒋行土由于常年生病，英年早逝，留下母女三人孤苦伶仃，他的妻子常常哭得死去活来。可是祸不单行，就在那年夏秋之际，台风呼啸，山洪暴发，蒋妻从田垟归来时，一不小心被山洪冲走，命丧黄泉，一家人只剩下四岁的女儿和两岁的儿子。蒋开明夫妻看在眼里，痛在心里，责问老天爷怎么如此不公。痛心之余，两夫妻想到，虽说自己家上有老下有小，六口人过活，日子过得紧巴巴，但是对这户天塌一样的人家，不能不管，于是决定收留这两姐弟，将他们抚养成人。斗转星移，转眼之间姐弟两人顺风顺水长大成人，开明的老夫妻还为他们操办婚事、成家立业奔忙。姐弟两人逢人就夸救命恩人，说他们比亲生父母还要亲。

因为年坑村有独特的自然环境，有和睦的家庭，有和谐的社会风气，有孝敬长辈的孝道，有乐做善事的美德，有邻里互助友爱的精神，造就了山里人的健康长寿，百寿匾就是最好的见证，它一直感动着人们的心灵，激励后世。而其后村民应氏建造的回龙桥，更是人心的见证。

在应家湾自然村，村前有一座石桥，桥头立着一块石碑，取名"回龙碑"。当年祖孙二代出巨资造桥，造福桑梓的好事村民至今仍然记忆犹新。

年坑村地处牛头山水库中上游，九龙跑山下，四周群山环抱，山清水秀，多溪流，是块风水宝地。村前有一条六米左右宽的溪流，溪水常年长流，清澈见底，可见鱼游蟹爬，但也隔开了村民的庄稼地，隔断了通往村外的古道。建村以来，临海、杜桥两地的客商和行人只能踩着矴步过溪，十分不便。村民经常去田间劳作，来回挑担，更是困难。若是到了雨季时节，过往矴步总是让人提心吊胆。特别是遇到台风暴雨天气，山洪暴发，溪水猛涨，淹没道路，过往行人客商都因交通受阻而延误办事，村民也无法去对岸田间劳作收种，只能隔岸相望，唉声叹气。有一年麦收季节，村妇金荷兰挑着麦束回家，路过矴步，当时水满流急，她力不从心，跌倒在溪坑里，摔伤了脚骨，冲走了麦束，医好后脚也跛了。还有一次，孕妇蒋仙花在深夜出现难产，又碰上台风暴雨，山洪暴发，溪水猛涨，交通受阻，夺去了两条生命。这些惨痛事例，村民牢记在心里，村民知道要改变交通条件必须要造桥。但是年复一年，村民急切相盼，桥一直没有建起来。

直到清朝嘉庆年间，应季清老人看在眼里，急在心里，盘算着在溪上造石桥的计划。他与全家人坐在一起，商议一天一夜，决定把家里多年卖猪、烧炭、做畚斗所积蓄下来的钱拿出来，最终得到了全家人的同意和支持。他找到村民，提出在村前矴步的地方造一座石桥的想法，同时号召村民各尽所能，出资出力。他这一提议，一石激起千层浪，立即得到村民们的全力支持，大家高兴地说："季清伯，你的点子出得好，我们坚决支持。"说做就做，他立即组织人员，请来师傅工匠，带着三个儿子和村民们一道干了起来。不懂技术，大家就群策群力想土办法。为了节省资金，材料石块就地取材。不顾炎热酷暑，不管刮风下雨，不怕严寒冰冻，石块扛的扛、垒的垒，酸了坐一会儿，饿了就吃番薯。通过大家一年的艰苦劳动，这座古朴的石桥终于建成。村民们舒了一口气，高兴极了，以后进出再也不用踩矴步了。每逢盛夏夜晚，村民们坐在桥上纳凉闲谈，畅谈丰收的喜悦，讲述造桥的经过。

可是年坑村地处深山，山陡水弯流急多溪滩，是山洪易发之地。碰着狂风暴雨，水流冲击力大，时常冲倒石坎，溪流改道，损坏庄稼。到了宣统时期，石桥经不起多年流水的冲击倒塌了。应季清的孙女婿马军鹤看到这场景，感到十分痛心。不能让爷爷和村民们多年的心血就此毁掉，不能让村民血的教训重演，他又慷慨捐出巨资，让村民们再次修桥。经过大家的共同努力，石桥重新修好，村民们喜笑颜开。为了不忘应季清祖孙二代出资出力建桥的恩德，村民们将这座桥取名为回龙桥，寓意祖孙两代两回为民造福建桥。桥头原有一块石碑叫回龙碑，记载着祖孙二代出资出力为村民们建桥的事迹。随着时间的流逝，山河的变迁，石碑不复存了，不过依旧留给村民们一个难以忘却的回忆。

（文：宋万军、周云秋）

仙居杜婆桥村

功德常驻杜婆桥

　　杜婆桥村位于仙居县城西北方向，紧邻西岙水库，隶属于安洲街道，是永安溪畔的一个美丽村庄。杜婆桥村历史悠久，古称大屋，往前可追溯至清朝，因村中有一石桥，名为杜婆桥，村便以桥得名，改称为"杜婆桥村"。

　　杜婆桥原本是村中的一座石桥，至今保存完好，因为地处村东，又被村民称作东婆桥。显然，杜婆桥是整座村子的象征，村民对这座桥有别样的热爱，村民还作了《杜婆颂》予以赞美：

> 杜婆造桥路人来往好方便，
> 杜婆建亭避风雨又纳凉。
> 桥知黎民喜怒和哀乐，
> 亭懂世人悲欢与离合。
> 杜婆人家开门杂事多，
> 柴米油盐酱醋茶。
> 遍尝民间咸淡酸甜苦辣味，
> 桥头桥尾亭里亭外觅文化。

　　对于这座石桥的来历，却有着不同的说法。据《光绪仙居县志》记载，杜婆桥是因"以杜氏妻建，故名"。不过在村民的口耳相传之中，有另外一个传说，内容更为翔实，而且与中国传统文化所倡导的行善积德观念相关。

　　据村中老人回忆，在很久以前，村中有一个姓杜的老太婆，祖籍黄岩。杜婆为人纯真温厚，勤劳俭朴。她有一项特殊的才能，就是善于纺棉。她的一生都靠纺织棉花维持生计，哪怕到了八十多岁的高龄，依旧是手不离纺车。杜婆心灵手巧，学有专长，虽说就是纺棉花，但是她精益求精，纺棉花的技术达到十分高超的水平。杜婆纺棉能够做到中途不断线，少有线结头，而且粗细均匀，纺的棉絮结实牢靠，样子美观不崩盘。杜婆不仅白天纺棉花，而且夜以继日，有时哪怕没有油灯取光，也照样纺棉不停，同时所纺出来棉的质量不会比白天或油灯亮时纺的差。这听起来有点让人吃惊，不过杜婆就是靠着自己千锤百炼的手艺赢得了大家的信任，靠着纺棉所赚的一毫一厘积攒起自己的家业。

虽说杜婆的家财来之不易，但是杜婆一生慷慨大方，乐善好施。穷苦人家生活过不下去了，只要向杜婆借钱借粮，杜婆从不犹豫，都是很乐意出手相助。有时穷苦人家借了钱粮没有能力归还，杜婆就不要人家还了。不仅如此，杜婆知道他人无力偿还，正因为家庭困难，这时候反而还会再接济人家一点钱粮。杜婆平生行善积德，在村民中间留下非常好的口碑，大家都称她是个大善人。

有一次，村中为方便过往行人，决定在后门坑造一座石桥。杜婆知道后心想：造桥是件为民造福行善积德的大好事，我不但不能置身事外，而且更应该出大力。于是，她把自己平生纺棉花积存下来的钱统统捐献出来，用于建造石桥。村民知道杜婆的善举后深受感动，都被杜婆无私奉献的精神所感染，大家纷纷学习杜婆的善举，有钱的出钱，有物的出物。一时间，村内热火朝天，在大家的齐心协力之下，石桥很快就造好了。

石桥建造好后，首先要进行开桥，举行剪彩仪式，之后才能使用。村子离仙居县衙不远，县太爷知道石桥造好了要开桥，表示要亲自参加剪彩仪式。不过知道杜婆的事迹之后，为了赞誉杜婆为造桥捐款的义举，县太爷提出让杜婆开桥剪彩。杜婆听了之后，却是连连摇头，杜婆说："要不得，要不得，开桥剪彩理应让大人物来，怎么轮得到我这个老太婆。"县太爷见杜婆推辞，也不好勉强，但依旧希望杜婆能在开桥当天受到民众的欢呼和赞美，于是就说："谁都不要推辞。不如我们大家来定个约，开桥那天，谁先到桥头就谁开桥剪彩。"众人都说这么办好。杜婆心想，自己都已经八十多岁了，又是一个小脚老太婆，无论走得怎么快，也比不过县太爷坐轿子来得早，也赞成这样办好。

等到开桥那一天，杜婆起个早，按照平时行走的速度，一摇一摆地往桥头赶。可是等到她赶到桥头时，却发现所有人竟然都没到，她是第一个到的。杜婆待在桥头，等了大半个钟头，终于等见县太爷坐着轿子不紧不慢地赶来了。县太爷走下轿，笑呵呵地对杜婆说："我们三个人六条腿赶路，还不如您老一个人走得快！这个开桥剪彩您就不要再推辞了。"杜婆好生奇怪，她怎么也不知道县太爷是故意推迟出发时间，走在她后面，有意让杜婆先到桥头开桥剪彩。于是杜婆也不再推辞，就同意开桥剪彩了。杜婆在桥上剪彩，村民们在桥下欢呼雀跃，大家十分高兴新桥的建成，也感激杜婆的义举。石桥是杜婆带头捐钱建造的，开桥剪彩的人也是杜婆，于是有人提议石桥应该叫杜婆桥，桥西边原来叫大屋的村子应该改为杜婆桥村。县太爷与众人听后，齐声说"好"。就这样，这里就有了"杜婆桥"，就有了"杜婆桥村"。事后，村民又在桥南约五十米处搭建了一座凉亭，也取名叫做"杜婆亭"。

  石桥建成后不久，在桥东端南边沿上长出一株山楂，桥中央的桥墩石四周爬满石莲藤。村里的老人对此有不同的解读，有人说这是建造石桥的石匠所留下的机关；也有人说这是石莲，即石连，意即石桥连着千千万万过桥人的心，山楂意味着石桥祝愿千千万万过桥人都能过上如山楂那样火红的日子。无论如何，这一切源自杜婆的恩情，她的美德一直为村民所铭记。

  如今的杜婆桥村民，传承着"杜婆精神"和"杜婆文化"，艰苦创业，奋发向前。在家庭伦理中，对父母重在孝字，对兄弟悌字为先，对下辈子女慈字当头，夫妻之间突出一个情字。在公共生活中，村民们行善积德，热心公益。在杜婆精神的引领下，村民的小康日子越过越甜蜜。

（文：仙居农办）

> 三门花桥村

李浩建桥传佳话

"君住溪之北,我住溪之南。隔岸相望,溪水淙淙。何年鹊桥相会,何时轿过鹊桥。名匠在前高僧在后,邀佳人入轿,一抬就是千年。"这首诗所说的是花桥,不过花桥首先是一座桥,然后才是一个村子,再是一个镇子的名字。花桥村隶属于三门县花桥镇,坐落于东海之滨,三面环山,一面临海,可以说是兼得山海之利。这里风景优美,一条流水潺潺的小溪绕村而过,一望无垠的滩涂上空常有海鸟掠过。

花桥是一座三孔石桥,位于花桥村南端,横跨甘东岙溪,采用当地蛇蟠石材建成,造型灵动,装饰精美,旧时为花桥村一带通往县城的交通要津,也是花桥村的历史标志。花桥穿越近八百年时光,至今依然忙碌地迎来送往,利济行人,凸显其不可替代的历史和艺术价值。历史上花桥就是一座熙来攘往的商贸重镇,受惠这座石桥的,不仅仅是花桥村的百姓,也包括整个镇子的百姓和南来北往的商贩。八百年过去了,如今人们一提到花桥,就会想起李熙孟,上了年纪的老人还能如数家珍、津津乐道。在当地,他捐资建花桥的善举被传为佳话,都说他是个大善人。

李浩,字熙孟,花桥李氏第十四世孙,品行端庄,性格开朗大方,宅心仁厚。李熙孟年少之时就有远大抱负,但由于元朝初年连年战乱,社会动荡,李熙孟没有心思博取功名,便隐居在家乡,躬耕田园,澹然自守,安分度日。尽管有人请他出来做官,但他从来都是坚辞不就。在亲戚朋友的帮助下,他凭着自己出众的经商能力,把当地的木材、木炭运往外地,又把外地的日常用品运回家乡,两头获利,生意做得风生水起。没过几年,勤劳积俭竟成了富甲一方的乡绅。

自古以来,桥梁与人类生产生活密切相关。当人们面对江河溪涧时,可谓无桥"咫尺千里",有桥"天堑变通途"。李熙孟发家致富以后,常年救灾赈贫,修桥铺路,散衣施药,做了数不清的善事,赢得了极好的口碑。可是李熙孟还是感到不满足,他最大的一个心愿就是想在穿村而过的甘东岙溪上造一座大桥,把村北和村南连接起来,使过往的客商、行人不再饱受涉水之苦。

甘东岙溪发源于狮子头山,数条溪流在五龙殿汇聚,一遇大雨,就像放荡不羁的巨龙,一路狂奔,直泻大海,如千军万马之势,锐不可当。当时村人在溪流中建有石矴步,但洪水一来,矴步就被冲垮。过矴步时,时常有人掉进溪里,夏天还好,冬天衣服一湿透,就难熬了。李熙孟聘请能工巧匠,准备物资,实施起了建桥的梦想。

哪想到天有不测风云,桥造到一半,突然山洪暴发,把即将竣工的桥墩冲垮,已投入的银子顷刻之间打了水漂。如果是一般人,肯定要打退堂鼓,但李熙孟不愧是位有善根的聪明人,决定继续造桥。不知老天是否故意想考验他的决心与诚心,第二年山洪竟提前暴发,把即将竣工的石桥又一次冲垮,投入的物资又一次被冲了个一干二净,唯听到一声巨响而已。

这种打击实在太大,但就是在这样沉重的打击下,李熙孟没有后悔,没有退却,甚至连一句怨言也没有。李熙孟总结前两次造桥失败的原因,是自己低估了造桥过程中的困难。甘东岙溪暴雨季节洪水汹涌,地形复杂,要建造一座多跨平梁石拱桥,工程规模巨大,建造技艺高超,对于这个穷乡僻壤来说,并非易事。光有钱没用,还要有懂设计会建筑的造桥高手,才能建造一座牢固的石桥,往来行人的安全才会有保证。但在本地又物色不到这方面的人才,就连百里外的县城也缺少造桥师傅。李熙孟急得团团转,想想自己年纪越来越大,要是在有生之年不能完成自己的夙愿,会死不瞑目的。

元至治二年(1322)春,李熙孟年轻时在杭州求学时的同学陈伯通一路游历来到临海,前往拜访李熙孟。闲谈之中,李熙孟谈起想为当地百姓造一座桥的愿望,可是力不从心,两次都被洪水冲毁,欷歔不已。不想陈伯通听了哈哈大笑,说有钱还不容易,我请人给你勘测设计,你放一百个心吧!

陈伯通,字汝明,原籍安州,出生于名门世家,是北宋宰相陈尧佐之后。陈伯通自幼丧父,一直跟随在祖父陈仲谋的身边长大,从小随长史公在塘栖读书。陈伯通长得魁梧绝伦,议论飚发,在塘栖结识了不少同学好友。南宋宣告灭亡后,陈伯通绝意仕途,布衣蔬食,节俭劳苦,躬耕自晦,连一向交往的好友,也不再往来。目的是告诉别人,时代已变,当忠于故国,此生不再入仕了。

陈伯通有个好友法名叫惠衍,在六和塔出家。惠衍早年也是一个热血青年，南宋灭亡后，万念俱灰，黯然神伤，干脆落发为僧，视功名利禄如粪土，想在清静中了却此生。惠衍的师傅博学多才，精通天文地理，深谙建筑学知识。惠衍耳濡目染，与老师一起设计、建造过许多桥梁、佛塔、寺庙等建筑，在当时的建筑界很有声望。

陈伯通马上修书一封，邀请惠衍前来帮助造桥。李熙孟本想亲自去趟杭州，当面邀请惠衍，以示真诚。但年迈体弱，不胜旅途劳顿，只好派儿子带上土特产，日夜兼程，赶往杭州六和塔，请惠衍来设计建造桥梁。惠衍也是一个深明大义的人，虽然年事已高，身体一直也不算太好，当听说李熙孟两次造桥失败，也没有气馁，为捐资造桥而寝食难安，造福桑梓的义举深深打动了他，当即答应了下来。

惠衍到了之后，也顾不上好好休息，马上与李熙孟、陈伯通一道，头顶烈日，仔细地踏勘了每一条溪流，选择了一处交通要道作为桥埠。随后便使人开山采石，准备石料。

元至治二年（1322）九月十五日，大桥开工了，各地赶来帮工的民众络绎不绝，每天都是挨挨挤挤，却秩序井然。民工们十分卖力，他们都知道，桥梁必须在溪流的枯水期间完成。他们自带粮食，吃住在工地上，有时还挑灯夜战，通宵不停工。经过一冬的奋战，大桥赶在洪水到来之前，如期完工！

桥梁南北走向，为三孔二墩石拱桥，全长21米，宽2.6米，高4米，中孔净跨3.6米。桥墩为条石砌筑，石板路面，平面微拱，两侧各有望柱10根，栏板各9块。栏板每块高0.55米，镌有两龙戏珠、双狮抢球、麒麟送子、骏马奔腾、喜鹊衔梅、凤穿牡丹、出水荷花以及白象、麋鹿、松鼠、玉兔等吉祥图案。图案雕刻精细，栩栩如生，呼之欲出。桥梁继承了我国桥梁建筑的优秀传统，气势宏伟，造型优美，结构奇特，远远看去，好像挂在空中的一道雨后彩虹，十分美丽壮观。

大桥建成之后，人们沸腾了！附近和邻县的百姓专门赶来看这座"花桥"，做工多精细，雕刻多细腻，桥面多平整，桥头的狮子多威风！白天，人们争相去桥上转转；夜晚，桥头红灯笼高挂，人们搬出椅子、凳子，到桥头纳凉，大谈《山海经》，享受桥面的凉风。随着时间的流逝，原来的村名渐渐地被人们遗忘，"花桥"成为人们口中的本地之名。

（文：齐国雄）

丽水莲都梁村村

梁氏行善千秋传

梁村村隶属于丽水市莲都区老竹镇，古称渥川，又称梁溪，坐落于丽水城西北六十里龟山之麓。狭长谷地之中，清流潺潺的渥溪穿村而过，气候宜人，土地肥沃，因此古称"渥川"。

村中村民主要姓梁，渥川梁氏在宋代的时候就是括苍望族。宋太平兴国年间（976—984），由福建移居处州城的梁旃兄弟见渥川泉甘土厚，便从城内迁居于此，繁衍子孙，至今已有一千余年。因为梁氏定居，所以村庄又改名为"梁村"。如今，梁村风貌依旧古朴典雅，文化气息浓厚。横跨于渥川溪上的梁村河桥建于明嘉靖二十一年（1542），是丽水此类桥梁中时代最早规模最大的一座。村落中心保留着一座古祠堂，那是梁村文脉的传承，也是梁村礼制文化传承和宗亲观念依托的象征。

梁姓先人迁居于渥川之后，以诗礼传家，富而崇文。在处州，渥川梁氏家族声名显赫，积善行德、乐善好施之义举传承千年。正如《国语》所说的那样："善，德之建也。"

梁佟（1153—1234），字叔奇，梁旃七世孙。梁佟年少之时就显现异于他人的才华，勤奋好学，过目不忘。他十二岁那年，在祖父梁孚先的寿礼上，祖父跟他说："我们家族一向积德行善，如此家业才会常青呀。"没过多久，祖父生病辞世离去。第二年，他父亲又不幸身亡。年少的梁佟从此继承家业，克勤克俭。他持家有道，很快便富甲一方。因为为人正直，附近乡邻如果遇到是非难平之事，都愿意找梁佟做公断。梁佟不畏豪强，更不会欺负本分之人，因此总是能让大家心悦诚服，村民都称他为"三隅官"。

梁佟一生以仁慈处世为志向，乐善好施。平日里，他到各地采集药材，请医生王明道施舍给前来治病的贫民；每到年底，他都会将家中的积谷分给贫困的乡民；他还创立义塾，供族中子弟以及附近相邻学子无偿就学，他甚至还会亲自去课堂讲学。村旁渥溪交通不便，乡人只能依靠矴步通行。一旦遇到大水，矴步被淹没，来往交通便被阻断。梁佼对此十分担忧，于是在宋大观年间（1107—1110），梁佼出资在渥溪上建设廊桥，并将其取名为"渥溪桥"。从此以后，乡民来往无阻。后来，他还在宅后倡建宗主汉太傅庙宇，在东岩修建先世忠孝义烈祠，并且捐出几亩田地作为祀田。

梁锜（1299—1363），字惠卿，渥川梁氏第十二世孙。梁锜生性忠正耿直，循礼好义，从不会占别人丝毫便宜。有一次，他为躲避兵乱，刚好客居温州车桥。有一天，他在路上拾到大珍珠四颗，价值百余金。与他同行的乡民看到后十分高兴，说他是运气可嘉。可是梁锜却哀叹道："这真是一件可悲的事情，一定有人会为这件事担心伤神。"于是，梁锜就待在原地等候。

没过一会儿，有一个家丁绑着一个哭泣不停的妇人经过此地。梁锜赶紧上前询问，原来这名妇人是王家的奴婢，带着一包珍珠随东家回娘家，没想到半路弄丢了。所以东家勃然大怒，要惩罚这个妇人，如果找不到珍珠，就要置她于死地。梁锜听了之后，连忙将珍珠还给了她，并告诉她的东家，绝对不可以惩罚这个妇人。妇人见后，感激不尽，连忙拜谢，称梁锜是菩萨再世，附近的乡民也称他是好心肠。

梁垚（1413—1458），渥川梁氏第十六世孙。梁垚生性宽厚，对租田借贷的人从来不收取重利。村中有一乡里名叫徐祖福，家中有所积蓄却没有后代。徐祖福病重之后，梁垚兄弟一同前往探视，祖福为感谢梁垚平日里的照料之恩，决定将家中所有积蓄和田地全部赠送给梁垚。当时，正好遇上官府要上交的粮赋上涨，梁垚与弟弟就决定将祖福所遗留下的粮谷上交，作为乡里充粮的赋税，使乡人都受到恩惠。

明正统己巳年（1449），有乱兵部队到处烧杀抢掠，梁村周边数十里的桥梁、神祠均被贼兵焚毁破坏，乡民们四处逃难。这时候恰逢溪水上涨，交通阻断，乡民们过不了河一筹莫展。这时，忽然有一木舟从远处撑来，对众人说道："因为梁垚代为交纳粮赋，我三年内无粮赋之忧，今天来助乡亲们一臂之力。"所谓善有善报，乡人最终得以安全避难。

后来又遇到贼党刘四造反，杀死了宣平县丞许中和。梁垚应都宪张楷之托，与弟弟宏坦等人一起去招降刘四同伙周伯隆，最终说服其中的五十八个人反正，并生擒刘四，将其押送官衙，而刘四同伙当中被胁从的人也得以活命。处州府衙将梁垚的善举上报朝廷，朝廷予以旌表并授予冠带。

梁垚力辞不受官衔,并将朝廷所赐的五十两白银全部分赠给亟需银钱的乡民。

梁应期(1563—1624),字子信,号忆庵,渥川梁氏第二十世孙。梁应期人俊貌美,髭髯清疏。他自幼学习儒业,事理通明,由掾选考授从八品迪功郎。有一年,当地遇到旱涝凶险,他捐谷四千石,与巨溪章蛟腾搭设粥棚煮粥,按人口施给乡民,拯救了无数饥荒中的乡民。丽水知县将他的善举上报朝廷,朝廷下文赐他"尚义"匾,予以旌表。他在新岭、墓岭、走马岭三地各建亭榭一座,使过往行人可以在里面憩息,而没有寒暑风雨的担忧。

应期有一个儿子,名梁一鸿,字思扬,号启吾。梁一鸿天性严毅,行事端正,继承了父亲慈善爱民的美德,修建高浦桥,方便了过往行人。梁一鸿还在新岭建造雪峰庵,向过往行人施茶,以济过往行人。因为他乐善好施,宣平知县李向芝赠送给他"纯嘏尔常"的匾额。

梁尚璧(1619—1699),字国玉,号韫生,渥川梁氏第二十二世孙。梁尚璧仪表清秀,英武豪迈,自幼聪颖过人,读书多是过目不忘。成人之后,他为料理家业,并未步入仕途。梁尚璧平时或留心于养生,或是以弦歌自娱,生活过得怡然自得。他对待父母十分孝顺,对待两位兄长也是非常恭敬。

当时,梁村一带有租种芋苎的福建人五十余家,他们经营不力,欠下的债务数以千计,于是他们就准备典妻鬻子,以偿还债务。清康熙九年(1670)庚戌科进士叶有挺是福建寿宁人,因为不肯替吴三桂卖命,便逃到浙江松阳古市,经常来往于宣平与松阳之间,和梁尚璧十分友好。叶有挺向梁尚璧说情,希望可以让租户缓交租谷。没有想到,梁尚璧当即找到租户,当面将他们的欠条全部烧毁,租户感激涕零。梁家的仆婢服役二十年之后,梁尚璧就会分给他们房屋,使他们能够安家落户;丫鬟成人后,还会帮忙出嫁,并赠送嫁妆。

所谓积德行善,诗礼传家,渥川梁氏可谓是典范。

(文:吴志华)

云和长汀村

护国救民陈一官

  古老秀美的长汀村位于云和县石塘镇西北部，长汀村坐北朝南，北依"荷花山"，南临云和湖。全村绕湖而建，自然环境优美，村庄干净整洁。青瓦白墙坐落于青山碧水之间，湖光山色，风光旖旎，素有"云和小西湖"之美誉。特别是初冬时节，湖上雾霭环绕，长汀村在其中若隐若现，宛如人间仙境。

  据史料记载，长汀村建村至今已有三百余年历史，最早的先民是从福建汀州迁徙过来的。汀州境内有汀江，郡因江得名。明朝年间，汀州武侯人王仅良外出谋生，入境浙江后顺龙泉溪而下至云和境内，见到此地山光秀丽，水土肥美，便决定在这里定居，落地生根。王仅良因思念故土，而且这里地形水势与故乡汀江相似，便将这里命名为"长汀村"。汀指的是水边的一块平地或小洲，长汀顾名思义就是水边的细长平地。长汀村依水而建，是一块长约2公里的狭长形平地，用"长汀"两个字来命名村庄那是再贴切不过了。王氏定居长汀村之后，刘氏、徐氏等家族也相继迁居于此，开垦荒地，繁衍子孙，长汀村日益繁华，人丁兴旺。

  因为地处瓯江这条黄金水道之畔，长汀村逐渐发展为一个大码头，村民便做起了水运生意，运出了货物，也载回了财富。村民在航运中迅速富裕，不仅衣足饭饱，更是富甲一方。长汀村还有一个别名，叫财主村。据说，当年村子里六成以上的人都是财主，在别处村民还是衣不蔽体、食不果腹的时候，长汀村的大多数村民早已经是广置田地，过上了有田有地、生活富足、衣食无忧的幸福生活。仓廪丰盈之后，村民开始大兴土木，一座座雕梁画栋的大宅大院在长汀村内拔地而起。如今的长汀村依旧较完整地保存了古村落的历史格局与传统风貌，连绵成片的古民居，错落有致的马头墙，沧桑的古道、古渠、古树……

  村内现存的几幢古民居都是清雍正年间建造的，其中"东海旧家"是面积最大、保存最为完好的一座古宅，距今已有一百余年的历史。这幢古宅五直两进，同年代的老宅，基本上都是一弄（一个楼梯），它却气派地建成两弄，马腿精美无比，花窗上雕刻着蝙蝠、梅花鹿、仙鹤、如意等图案，寓意着福禄寿禧。古宅的前院后墙上还绘有彩色壁画，但因岁月的侵蚀已看不太清楚。堂屋内的地砖每块都方方正正，颜色呈鸭蛋青色，因年代久远，上面已经覆盖了一层厚厚的苔藓。这看似普通的地砖却有一个响亮的名字——金砖，与故宫地砖的制作工艺一模一样。仅凭"金砖铺地"这四个字，就可以想见徐家祖上是如何地富有。

长汀村民不仅财货充盈，而且诗礼传家，明礼知耻，村中取得功名的也不在少数。在光绪年间，村中就竖有文武桅杆各两对，印证了这块土地藏龙卧虎。抗日战争期间，英士大学、浙江高级第二女中、云和简易师范因为战乱迁址长汀，又为这块土地增添了几分书香之气。

小小的长汀村，为何能在物质匮乏的年代聚集那么多的财富，出现那么多的能人才俊呢？村里那些上了年纪的老人给出的答案是——因为有了陈一官殿的庇护！

陈一官殿是长汀村村内一处独一无二的古宅，原建于咸丰元年（1851），后于民国十年（1921）进行重修。1990年，因下游修建石塘水电站移建到现址，2015年进行了重新修葺。绿竹掩映之下，陈一官殿修葺一新，黄墙红柱黑瓦相当醒目，殿门上"护国救民"的金字匾额以及殿门两边镌刻的"玉相金容光昭万古，民廉物阜泽沛千秋"楹联，在阳光的照耀下熠熠生辉。殿前的平安树上系满了村民们用来祈求"一生平安""一帆风顺"的红布条，挂满了大大小小、形状各异的长命锁，村民们的虔诚之心可见一斑。

"混沌初开，山河未明，有陈德善者，由闽徙龙泉山，搭棚而垦，生五孝子，分取一二三四五……"关于陈一官殿，村民祖祖辈辈相传着这样一个故事：几百年前，有一陈氏家族从福建迁徙到龙泉山，这家共有五个儿子，分别取名为陈一、陈二、陈三、陈四、陈五，他们一家人搭棚垦荒，砍柴种地，捕鱼捞虾，生活过得很是艰辛。一晃许多年过去，父亲也由壮年变成了花甲老人。一天，他把五兄弟叫到身边，对他们说："你们都已长大成人，也该成家立业了，老是困在这里不行。如果想要有更好的生活，就得想办法把这里的山货运出去换些银两回来。"陈一回答："这里山路崎岖，交通不便，山货运出去很困难。想要致富，一定要先开一条水路，用船把山货运出去才行。"陈一的想法得到老父的点头称赞。几位兄弟雷厉风行，说干就干。五兄弟各自分工，从龙泉山向东，一路探测，各负责一段工程，陈二于梓坊、陈三于道太、陈四于安福、陈五于安仁。最后，陈一顺溪而下，止于云邑长汀。兄弟们发动当地百姓，一起挖山治水，通渠成河。

生命不息，挖渠不止。一年又一年，五兄弟的手磨出了一个又一个的血泡，挖渠的锄头铁钎断了一根又一根。最后，他们愚公移山的精神感动了上苍，派遣天兵天将前来帮助他们完成通渠大业。只见电闪雷鸣间，风雨大作，暴雨如注，山洪一路咆哮而下，瞬间将山坑冲流成河，从龙泉山到温州的水路终于打通了，这条奔流不息的水路就是后来的瓯江水道。从此，山上的竹木山货就可以沿江顺水而下，运出大山，山外的食盐、布匹等物资也可以运回大山，因水路畅通而富裕起来的瓯江两岸百姓非常感谢他们五兄弟。一天，陈氏五兄弟乘坐竹排顺水而下，行至石塘西滩头时，兄弟五人一起神秘失踪。民间传言陈氏五兄弟因积德行善，已被上天解救，敕封为天神官。当地百姓闻讯后，分别在"长汀、安仁、安福、道太、梓坊"五个地方建庙供奉，以求庇护。

建于长汀村的陈一官殿结构独特，是一座通路大殿，南边是戏台厅，北边是陈一官正殿，中间是天井和一条石头铺设的通村之路，也是长汀村东行的必经之路，殿东西两侧各有一个与路同宽的月洞门。殿门上悬挂的"护国救民"金字匾额以及殿门两边镌刻的"玉相金容光昭万古，民廉物阜泽沛千秋"楹联，都是咸丰八年（1858）台湾游客刘松环女士所赠，距今已有一百余年的历史。

当年，刘松环携一家四口回云和探亲访友，来到以"财主村"闻名的长汀村游玩。不巧，正好碰上"长毛反乱"（洪秀全兵败），一时间村里鸡飞狗跳，村民四处逃难。刘松环一家四口也跟着村民往村东头的陈一官殿跑，当时殿内人心惶惶，拥挤不堪。刘松环携全家跪拜于陈一官神像前，祈求保佑一家平安，同时许愿"如保佑此次大难不死，等一家人平安回家后，一定重礼拜谢"。刘松环率全家叩拜后，起身穿过陈一官殿月洞门一路往东逃离。据说当日，有部分村民见殿中人多拥挤，逃行缓慢，不从殿中经过，而是绕过陈一官殿从后山逃跑，结果全被"长毛"杀死，而凡是从殿内经过逃难的村民全部安然无恙，可见是天神陈一官庇佑也。刘松环全家平安返回台湾之后，立即花重金请当地一位德高望重的人士题写了"护国救民"的匾额和"玉相金容光昭万古，民廉物阜泽沛千秋"

的楹联，千里迢迢从台湾送到长汀陈一官殿谢恩，此举轰动了当时整个云和。

陈一官殿的故事反映了当年先民开山辟路的艰辛和百姓对于"进出平安"的向往，诠释着"勇毅行善"的文化内涵，这是长汀村无法磨灭的辉煌历史，也是长汀百姓无法忘怀的乡愁记忆。

（文：邓雅玲）

云和梅源村

大爱无疆叶家人

云和县梅源村坐落于美丽的云和梯田景区东麓，四面群山环抱，一条小溪倚村而过。这里依山傍水，山环水抱，充分体现了传统聚落择地筑基的理想人居环境。

梅源村始建于明代，距今已有六百多年的历史，曾是古三都地方的交通要道，古时村中设有驿站。村中古树点缀，民风淳朴，清秀山水与古建筑融为一体，是典型的山乡古村。

村中村民主要有叶、杨、刘三姓，其中又以叶姓家族来此最早，人数最多。在数百年的村庄历史中，叶家人勤俭持家，崇书重教，心怀大爱，积德行善，造福于一方百姓，留下了一个又一个感人的故事。

叶姓祖母，林氏孺人，生于嘉庆年间。夫妻两人同心同德，为叶家兴盛不辞辛劳，艰苦奋斗，并为叶家积得一定产业。然而天有不测风云，夫君叶世宝三十七岁那年，不幸抱病身亡。当时叶家大屋正建一半，家事繁忙，尚有许多事务需要料理。林氏祖母送走夫君后，忍哀接任，毅然挑起叶家大梁，单枪匹马，持家扩业，不仅让大屋如期完工，还辅助其子叶裕楚娶妻生子，传承家业。然而，多灾多难的命运并没有放过这位坚韧贤淑的女子，夫君逝世十年之后，其子裕楚又英年早逝，逝世时年仅二十五岁。林氏膝下一子一女，裕楚是她叶家唯一的血脉。林氏祖母白发人送黑发人，悲痛欲绝，一夜间，徒增白发无数。只是想到家业庞大，家务繁杂，家中三个孙子蕃芝、蕃兰、蕃惠尚且年幼，林氏祖母忍住悲痛，送走其子后，再次节哀上任，与媳妇梅氏共同挑起叶家重担。

林氏祖母眼光深远，崇书重教，持家教子，为人处世很有一番能耐。在其后的数十年里，林氏抚养幼孙，操持家务，不仅没有让叶家产业损失毫厘，还为叶家购得一定的田地。三个孙子自幼生活在祖母膝下，从小受到祖母言传身教，骨髓里早已秉承了叶家祖训里勤耕苦读，勤俭持家，艰苦奋斗的秉性。三个孙子成年后均事业有成，家室人丁兴旺，其中蕃惠最为勤奋，后为国学生，着实为一方争得了荣誉。

蕃芝、蕃兰、蕃惠三兄弟分家时，叶家有粮食一千三百担，待到蕃惠为其膝下四子时溱、时沃、时湑、时济分家时，叶家已拥有粮食四千担。祖母林氏与其母梅氏在逆境中坚强不屈，坚韧不拔的叶家精神早已深深融进了后人的血脉之中，崇书重教的思想也为日后叶家后人志在四方，心怀大爱打下了坚实的基础。

时溱公，字秀棠，是蕃惠公的长子，二十岁时母亲不幸病故，二十二岁时父亲又离世而去。当时家中尚有弟弟未长大成人，长兄如父，时溱公挑起了家庭重担。当时时溱公虽然只有二十出头，却早已磨砺成顶天立地的男子汉。时溱公一边主持家务，一边供弟弟读书，辅助弟弟娶妻生子，成家立业。他不辞辛劳，先后资助三个弟弟建筑三栋大屋，占地上千平方米。

叶氏大屋筑基牢固，气派精美，如今村中保存较完整的四座古建筑中就有三座为叶家所有。其中的梅源湖老屋，端庄大气，古韵悠长，保存完整，更具有代表性。走近大屋抬头仰望，"南阳旧家"四个字饱满俊秀，刚劲内敛。石大门旁两柱顶部有扇形雕刻，门两旁墙体由五边形圆砖砌成。细细观之，犹如一张张花瓣铺于墙面，规整而不失灵动。整个大门高大阔气，做工讲究，精致绝伦，可见当时主人厚实的家底与细腻的心思。走进大屋，宽敞的中堂与宽阔的天井让大屋备显阔绰与大气。放眼细观，房梁、马腿、花窗、门栏，一处处的花鸟人物雕刻接踵而来，美不胜收。间或习习凉风穿堂而过，夹带着山风特有的气息，静憩于窗棂檐角。檐栏下，几位老人摇着蒲扇，悠然地叙说着往事。此情此景叫人备感心怡，流连忘返。

时溱公从小心怀仁爱，重情重义，不仅慷慨资助其弟造房建业，对一方百姓更是乐于施善，建庙、造桥、铺路、济贫救苦，无事不牵肠挂肚，热心备至，颇受邻里尊重。城邑先农庙便为时溱公出资建造，而村头村的积翠桥是时溱公一人出资一半牵头亲里修建，更是叫人敬佩。在造桥过程中，主雇俩你来我往，留下了一个忠义诚信的造桥故事。

坐落于梅源村东南面，村头村与外垟背之间有一座石拱桥，名为积翠桥。桥头古树掩映，桥体青藤蔽身，坚实牢固而古意盎然。桥拱长18米，拱高8.6米，全桥宽5.2米，长30米，桥头有积翠桥碑记。桥上原有雕栏桥屋，取名为积翠桥。因为建造年代久远，疏于管理，致桥屋倒毁，桥碑遗失，故其后人为此补志之。

明清时期，古三都为当时衙门炼铁重地，人口较密，通往云和需经过村头桥。当时这里的桥为木制桥，桥体狭窄破旧，已经不能满足来往交通需要。时溱公看在眼里，急在心里，光绪五年（1879），时溱公组织亲里重建此桥为石拱桥，自己个人出资一半以上，集资白银三千余两，承包给泰顺造桥师傅。造桥完工后，桥身坚固牢靠，桥屋精美气派。两岸群山掩映，取名积翠桥，周边乡亲一片赞叹。

在造桥的上千个日日夜夜里，主雇双方早已亲如兄弟。造桥师傅为人忠厚，从不偷工减料，但因当时社会已开始动荡，经济不稳定，当初的三千余两白银已不能完成石拱桥的建造。时溱公拿出银囊，一定要补足造桥师傅亏损的银两，然而造桥师傅宁可回家卖房卖地也不肯收下时溱公半两白银。主雇双方你推我让，催人泪下。最后，造桥师傅果真回家变卖了家中田地，以偿还欠款。也许是造桥师傅的忠义感动了苍天，从此造桥师傅一家风顺雨顺，短短几代人，很快便兴旺发达起来，成为当地一段佳话。

叶家后人更是人丁兴旺，人才辈出。清朝末年，社会动荡不安，孙中山领导的革命运动早已经深入人心，叶家后人也是一个个挺身而出，参与到革命当中去。光绪三十年（1904），叶家后人叶长蓝、叶乃青、叶瑞如与崇头吴一贞在魏兰、陶成章的带领下赴日本留学，求取救国救民之策，并于次年（1905）参加了东京的光复会。叶家人真正地走上了复兴中华的道路，成为一代爱国赤子。

（文：陈兆燕）

缙云前路村

行善积德收福报

前路村坐落于缙云县前路乡的丘间平畈之中,因古时缙云壶镇通往仙居的大路在村前经过而得名。村庄东依蝴蝶山,西南绕漳水,北连壶镇洋。村中前街南北蜿蜒,后水堰绿水长流,民居错落,活水萦绕。村中村民以应姓为多,另有李、沈、叶、麻诸姓和谐相处。据传南宋淳祐年间(1241—1252),应氏先祖应恒自小笈迁居于此。元朝中期,应世盛又从仙居迁入。自此,前路村逐渐兴盛,至今已有七百余年历史。

村前壶镇通往仙居的古道必须横跨漳溪,如今溪上依旧有一座保存完好的古桥"慕义桥"。慕义桥是村中的标志性古建筑,桥体二墩三孔,半圆石拱,桥西廊亭南北相向而建,桥亭结合,古朴优美,浑然一体。慕义桥建成于清道光十二年(1832),至今将近两百年,系应氏先人天祖公个人独资建造,共费银一万三千余两。令人称奇的是,天祖公出巨资造桥行善济世后,后裔子孙人丁大增,人才辈出。直到今日,村中七百多口应氏族人中,天祖公后裔超过一半。于是人们说:"古人云'行善积德,福有攸归',今日天祖公后裔旺盛,就是他建桥行善所积下的功德。"

话说前路村应氏分苍丘和长照两支,历史上苍丘应氏迁入较早,人丁兴旺。长照应氏又分为三房,到了清乾隆年间,长照应氏长房、二房人丁渐渐旺盛,而三房的老幸公已是两代单传。老幸公娶妻之后,连生六子,却因祖业凋零,生活贫困,长大成人的只有三个。他的第三个儿子正是应天祖(1760—1840),字仲义,天祖自幼聪慧勤劳,终因家底过薄,及至成家,生活仍然捉襟见肘,终日奔波也只能勉强解决家中一日三餐,难以摆脱贫穷。

有一年冬天,时近年关,天寒地冻。天祖挑柴到壶镇卖掉,买回十几斤稻谷,拿到上水碓舂米。一边舂一边叹息说:"就这么一点谷米,吃过大年,也吃不过正月半啊!想我天祖,做事没日没夜,却混不饱家人的一日三餐,有何面目活在人世啊!"天祖越说越是伤心,于是解下腰带,意欲上吊，了却此生。就在这时，有一个人刚好经过水碓门口，听到里面长吁短叹，悲戚哭啼，转身走进水碓，见有人想寻短见，急忙救下。说来也真是凑巧，救下天祖的不是别人，正是他自己的丈人——陈坑村张鼎仕公。丈人见女婿如此寒碜，安慰说："人生没有过不去的坎。过年缺米，明天到我家去挑就好了！"

第二天上午，天祖来到丈人家，丈母娘连忙给他烧面，丈人忙着给他装稻谷，又给他一块银元买肉过年。天祖吃饱喝足，便千恩万谢告别岳父母，兴高采烈地挑着两箩稻谷回家。走过好几里路后，看见有几个小孩正在漳溪里捉鱼，于是歇下来上前观看。忽然，一个小孩捞上来一条身透黄色、似鲤不是鲤、似鲶不是鲶的奇鱼，正准备倒入鱼篓，却又挣扎着掉落溪滩。鱼一着地，连连跳蹦而起，小孩急忙想用手中捞兜杆将鱼敲服。天祖见这条鱼形状颜色怪异，而且蹦跳起来特别高……不会是什么神灵吧？他当即拦住小孩，护着怪鱼，让它蹦回了水中，怪鱼立刻游匿不见。小孩哭闹不肯，天祖便从口袋中掏出那块银元给他补偿，小孩高兴地收起渔具回家，天祖也继续挑着稻谷往回走。走啊走，天祖觉得这担稻谷是越挑越重，拼命用力挑到水口村时，实在是挑不动了。没有别的办法，只得雇了一个水口人，把一担稻谷分做两担，再往家里挑。奇怪的是稻谷分成两担，仍然越担越重。等到挑回家中，两担稻谷竟然都已变得满满的了。两担稻谷倒进大谷仓，只是薄薄的一层。谁料第二天打开谷仓，金灿灿的稻谷竟然从仓门口哗啦啦满了出来。天祖家的奇事被传得沸沸扬扬，人们认为这是"仓龙"来到他家的结果，并认定他救下来的那条奇鱼就是"仓龙"。用现代科学分析，这当然是一件绝对不可能的事。但是天祖公由贫穷变成富翁，而且独资兴建慕义桥是绝对的事实。特别是这个故事，在壶镇一带可谓是家喻户晓，而且流传了两百多年，就这一点而言，应该就是一件奇事了。

自此之后，天祖一家再也不用为吃饭犯愁了。但天祖有自己的规矩：一是家中的稻谷，除了自己节俭食用和经常接济实在贫穷的人外，一概不得卖出换钱；二是保持自己辛勤劳动的本分。

有一天，天祖来到壶镇做帮工，天黑下来了还没有回家。妻子张氏心里非常担心，于是随手拿了一根扁担壮胆，火烧火燎地去接天祖。恰巧有一个贼人牵着一只不知从哪里偷来的大水牛，走在张氏前面。就在这时，天祖也正往回走，就快与偷牛贼相遇了。这贼人本来就是做贼心虚，看到前面有人迎面而来，听到后面又有急促的脚步声，猛回头一看，朦胧中还看见那人手持柴棒，认定是追他来了，于是立即放开牛缰，夺路逃跑。天祖夫妇见一人飞奔而去，却留下一头大水牛站在路中间，两人估计是贼牛，就把牛牵了回去，等到第二天再去寻找失主。第二天大早，天祖就到村里养牛户去问，可是大家都说没有丢。吃过早饭，天祖又到临近村子去打听，也都说没有听到谁丢了水牛。过了好几天，仍然没有失主前来认领。天祖只好先给牛做个牛栏，以待消息。孰料在西厢房挖牛栏宕时，竟然挖到一坛银子。有了银子做本钱，天祖决定改行做收购桐白、贩卖桐油的生意。说干就干，第二天一早，他就带着银两，准备到仙居一带去收购桐白、桐油。当经过马飞岭凉亭时，只见三个猎人正在凉亭内吵得难分难解。天祖走进凉亭，原来这三个猎人共同打到了一只很大的梅花鹿，因无法均分而争吵。天祖问他们这只梅花鹿卖不卖，猎人异口同声说卖。于是双方议好价钱，一手交银一手交鹿。猎人们平分了银子，高高兴兴回家去。做生意的银子买了梅花鹿，于是天祖就背着梅花鹿往回走。回到家后，天祖把梅花鹿的鹿茸、鹿鞭、鹿筋、鹿皮、鹿肉等逐一加工为成品，然后送到永康、金华等地出售，首次获得巨利。本银多了，生意也越做越顺、越做越大，渐渐成了当地的首富大户。

家中富有了，天祖勤俭持家、行善积德的本质没有变。为了子孙出息，家族兴旺，天祖雇来先生，教育自家以及族人子弟。当时，有壶镇吕氏母子若孙三世为善，于嘉庆二十二年（1817）至道光八年（1828）的十二年间，共费白银八万四千多两，在好溪流经的壶镇、五云、东渡三大渡口分别建起贤母、继义、竞爽三大石拱大桥。天祖非常仰慕吕家善行，暗下决心要建造村西漳溪大桥。

位于前路村西的漳溪，自古有壶镇通往仙居的大路在此经过。旧时，溪上只有矴步或架木过往。漳溪属于山溪，溪水枯涨无常。一旦大雨骤下或久雨不歇，旋即山洪肆虐，冲塌桥梁，阻绝交通，甚至给过往行人造成生命财产危害。而在旧桥冲毁，新桥未架的寒冬初春时节，行人赤脚过溪，寒冷刺骨，更是苦不堪言。天祖看在眼里，急在心头，苦于资金实力尚待积累，更怕技术难以过关，故迟迟不敢着手建桥大业。

道光十年（1830）隆冬，具体组织建造好溪三大石拱桥的壶镇吕建盛特地来到前路拜访天祖，动员他为首建造漳溪大桥，并声明在施工技术和管理经验方面给予帮助。天祖听后大喜，激动地对建盛说："我虽然年近七十，但身康体健，尤其是儿孙满堂，家财富足，却迟迟没有动手建造此桥，就是害怕技术不过关！今天有建盛兄诺言，为首倡建还不如改作独资兴建，不是更好吗！"建盛听后万分赞赏，建桥大事就此敲定。紧接着，天祖一边着手买下建桥要用到的土地，并租下溪西田地，用作堆放造桥石料的场所；一边请人设计施工图样。又亲赴李弄坑察看岩头质量，买下宫泽陈氏宗族所有的山地，开宕取石。道光十一年（1831）秋末，建造大桥的工程正式启动。经过一年艰苦的施工后，道光十二年（1832），花费一万三千两白银的漳溪石拱大桥和附属廊亭都顺利完工了。天祖建造此桥，首先是仰慕壶镇吕氏一门仁义大德，又得到吕建盛的启迪和大力支持，所以缙云知县张惟孝将其命名为"慕义桥"，并亲笔书写桥名。随即又要将天祖功德，上报朝廷请求旌表。天祖婉言谢绝，并告诫子孙说："善而不彰，方为真善。所以你们今后一概不准请人为建桥之事写记立碑。"

为了满足家中子孙住房需求，天祖又用造桥用过的木料，建造了三幢花厅。做大桥、建花厅，都没有影响到他的务农和经商事务，所以家中财产日益增多。相传到三个儿子分家析产时，田产多达七万余把（约合875亩）。每个儿子各得二万把，还剩一万把作为祭祀公田。直到解放时，天祖子孙们的田产仍然是有增无减。

国人自古相信"善行善报"，撇开神秘的因果文化不说，你在行善时一定可以体会到那种自身价值和给予他人帮助所带来的愉悦；你在看到他人遭受不幸时，一定会感悟到自己的幸运和知足，这些就是你行善时的善报。常行善事，为子女作出榜样，使之潜移默化，成为好人。家有好儿女，不正是大家最需要、最期望的善报吗？另外，敬人者，人恒敬之；助人者，人恒助之。行善可以互相感染，形成氛围，这岂不是更大的善报？"行善积德，福有攸归"，相信它、践行它吧，前路应氏就是最好的证明！

（文：麻松亘）

缙云夏家畈村

爱乡楷模李延品

夏家畈村地处缙云县新建镇西部,与武义县仅一溪之隔。这是一个有着独特地理位置的神奇古村,全村由夏群、合群和加丰三个自然村组成,但是夏群、合群两个自然村隶属于丽水市缙云县新建镇,而加丰自然村却隶属于金华市武义县泉溪镇。一条小溪从村中央流过,清澈的溪中红鲤畅游。溪上一座缙武桥在风雨中屹立着,桥的这边就是缙云,桥的那边就是武义。因此,夏家畈村素有"一水隔两县,一桥连两府"之称,村内村民普遍掌握缙云、武义、永康三地方言。

夏群、合群和加丰三个自然村虽然分属两县,但它们的的确确属于一个村,村中的房屋土地交叉在一起,村中的会堂、村庙由所有村民共享,村中甚至只有一个老人协会,村里并没有明显的界线。之所以出现这种情景,因为三个村同宗同族,他们有一个共同的祖先——李纲。李纲(1083—1140),字伯纪,号梁溪先生,是两宋之际力主抗金的民族英雄,随宋室南迁之后被称作"南渡第一名臣"。李纲共育有八个儿子,迁居夏家畈的李氏先祖李美正是李纲长子宗之的后裔。李美,字邦佳,被称为万九公。据《夏川李氏族谱》记载,宋元交战之际,万九公作为忠良之后,不愿效力于元,只得退隐山间。见夏家畈这里景色优美,东面虎头岩古瀑飞奔而下,北面山上云霞缤纷,东面群山连绵起伏,便从桐庐迁居于此。因为这里北面山上的云霞"精光四射,呈祥瑞之状,宜建家夏居",所以将这里称作"夏家"。又因为这里田地成片,又将这里称作"夏家畈"。如今武义的李纲祠正是由万九公在南宋景炎元年(1276)建造而成,至今已有七百多年的历史。李纲、李美两位先祖的民族气节一直激励着李氏后人,夏家畈自古文风鼎盛,人才辈出。据记载,村中出过的秀才、举人、进士不下三百人。

1931年冬天一个风雨交加的夜晚,李延品出生在夏家畈一个贫苦农民的家庭。他的父亲名叫李庆田,一生务农为主,兼营毛边纸厂。一家八口人，全靠父亲干活来维持生活，家境非常困难。李延品从小懂事，经常帮助家里干一些力所能及的农活。六岁时，他就进入中心小学读书。在小学读书期间，他不但学习好，还是一名尊敬师长、助人为乐的好孩子。当知道班主任身体不舒服时，他就经常上门关心老师，嘘寒问暖，把家里仅有的一只老母鸡也抱到学校送给班主任调养身体；当知道同桌学习成绩不好时，他总是耐心辅导，使其不断提高成绩。由于他时时处处严于律己，关心他人比关心自己为重，得到全校师生的一致赞扬。

十二岁那年，李延品以优异的成绩考入县立初中。在初中读书时，他仍然专心致志，学习成绩优秀。不幸的是，就在他读初中的第二个学期，一场灾难降到他的身上，他的父亲李庆田因为意外不幸身亡。这对于一个原本贫困的家庭来说，真是一个无情的打击，是雪上加霜。家中失去栋梁，他也难以继续读书。就在绝望关头，校长麻吉祥发现了这个问题，立即召集学校领导商量对策，决定在校内设三名书费学费全免的免费生。李延品正是其中之一，因此才幸免中途辍学，直至初中毕业。学校领导对他无微不至的关怀，李延品一一铭记在心中，师生之情让他终生难忘！

初中毕业后，他年仅十四岁。但由于家境贫困，李延品无力升学。出于生计，他决定要自力更生，奋发图强，用自己的双手去创造自己人生的未来，去养活全家。于是他来到宣平县国民党警察局，谋得一个职位。十五岁那年，他又进入国民党部队当兵。1949年，随着全国各地相继解放，他不得不随同国民党部队败逃台湾。离别母亲和兄弟姐妹，李延品十分伤心难过，常常在夜深时一个人痛哭不止。为了生活，他只得坚强地独自生活下去。1956年，他离开国民党部队，择居高雄，并通过了中等学校教师检定考试。他原以为凭此可以养家糊口，然而社会现实之残酷，是他根本料想不到的。在家整整等了两年却没有得到分配工作，他只得自觅中学当教师谋生。在此期间，他尊师重教，兢兢业业，任劳任怨，为了下一代，他付出了自己的辛勤汗水，结出丰硕成果。

由于当教师收入有限，哪怕节衣缩食，还是难以支撑整个家庭的生活。于是，李延品决定投身商海，他涉足海洋渔业、深山矿业、畜牧业等行业，甚至一度创办学校，但是因为财力不足，以及合资者贪得无厌，他数度失败。

看一个人的精神，不仅要看他在顺境时的状态，也要看他在逆境中的意志；看一个人的能力，不仅要看他在顺境上的表现，也要看他在困境中的作为。只要他遇到问题不回避，遇到困难不躲避，遇到风险不逃避，栽下梧桐树，总能引来金凤凰。李延品虽然屡战屡败，但是从未放弃，仍然是屡败屡战。他多年来的探索、实践，终于结出累累硕果，迎来了幸福的春天！

　　1971年，李延品再一次集资创办正义工商高等职业学校，这一次他赚了一大笔钱。之后，他又先后投资二氧化砂、水晶、制鞋等行业。他精打细算，兼程并进，谦虚谨慎。为拓展国际市场，他亲赴世界各地考察，足迹踏遍全球，多方学习取经。多年经营下来，他所经营的各项事业欣欣向荣、蒸蒸日上，生意越做越好，生活就像芝麻开花节节高，他也得到了当地人们的肯定。

　　光阴似箭，日月如梭。李延品先生背井离乡，一眨眼已经过去快四十年了。在这几十年里，他从没有回过家乡，未尽孝亲之道，心里感到非常惭愧。随着岁月的流逝，他怀念故乡亲人的心情与日俱增，苦于没有时机。1984年春，他终于迫不及待，冒着风雨，只身踏上了返乡的征途。回到故乡夏家畈后，左邻右舍的乡亲们都跑来看望他。当热腾腾的开水递到他面前时，他不禁感慨地说道："我已有四十年没有喝上家乡的水了，家乡的水真甜啊！"回到家乡后，他游历家乡的名胜风景。当他得知20世纪70年代缙云人民自力更生、艰苦奋斗兴建大洋水库时，深受感动。经过几天下来对家乡的参观游览、座谈、探亲访友，李延品了解了家乡的发展，对祖国、对家乡的爱进一步加深了。

　　从此以后，李延品先生又多次返乡探亲，对家乡进行考察。他常常见人就说："我出生于缙云，长大在缙云，是故乡的父老乡亲抚养我长大。我虽然背井离乡几十年，却时时不忘故乡的父老乡亲，时时不忘报国、报家乡之志。"

　　1985年7月2日下午，烈日当空，道路两旁成熟的稻谷热得弯下腰，低着头一言不哼，蚱蜢多得像蚂蚁，在田野山上的草丛中发出微弱而嘈杂的鸣声，狗躲在屋檐下伸出舌头发出"哈哈"的喘声。就在这天下午，李延品来到了家乡母校——夏家畈小学。当他看到母校还是那样破旧，当他得知家乡的小孩子还是在这样破旧的校舍里读书，心里久久不能平静。于是，他决心把自己一生中赚来的钱拿出来捐献给家乡建学校。李延品先生毫不犹豫，总共捐资折合人民币一百八十多万元，用于建设家乡的夏家畈小学、新建中学、舒洪小学、胡村小学等，以表达自己对家乡的怀念和感激之情！在庆祝母校建校五十周年的大会上，李延品高兴地说："在我读书最困难的时候，母校给了我最大的关爱，享受免费生待遇，使我能够继续上学而不辍学，从而得以读完初中，为我今后的成长和创业奠定了知识的基础。对此，我万分感激并终生难忘。现在我这个学子有了条件，理应为母校的兴旺发达与家乡的发展作出自己的贡献，以报答故乡父老乡亲和母校对我的关爱和培养……"简短的几句话，说出了李延品先生的心里话，这就是滴水之恩当涌泉相报的道理。

2015年6月，李延品先生辞世。提起李延品，许多人就会想起他对家乡的助学故事。虽然他走过了崎岖不平、千里迢迢的羊肠小道，经历了风餐露宿、雪虐风饕的坎坷历程，但是他那滴水之恩当涌泉相报、慷慨解囊助乡亲建学校的模范事迹，却永远铭刻在村民心中。

（文：李金南）